盾 构 篇

盾构始发仪式

盾构机刀盘吊装

盾构机组装

盾构管片预制场

盾构区间

明挖车站篇

明挖车站基坑施工

明挖区间土方开挖

高架车站(区间)篇

箱梁预制施工

现浇梁施工

预制箱梁架设

运营高架线

轨 道 篇

无砟轨道施工

有砟轨道施工

轨道焊接施工

盾构区间施工完成后的轨道板

场 段 篇

施工完成后的车辆段

五桐庙停车场整体移交

永义车辆段列检库

库前平交道

机电及装饰装修篇

主变电所 35kV 开关柜安装

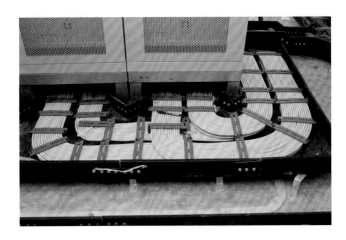

专用通信机房布线

气体灭火设备

凤溪河换乘大厅

明光站装修效果

机投桥站装修效果

富水砂卵石地层城市轨道交通关键施工技术

张 羽 编著

中国建筑工业出版社

图书在版编目（CIP）数据

富水砂卵石地层城市轨道交通关键施工技术/张羽
编著. —北京：中国建筑工业出版社，2022.11
ISBN 978-7-112-28033-9

Ⅰ.①富⋯　Ⅱ.①张⋯Ⅲ.①富水性-卵石-地层-
城市铁路-轨道交通-工程施工-研究-成都　Ⅳ.
①U239.5

中国版本图书馆 CIP 数据核字（2022）第 181445 号

责任编辑：李笑然　毕凤鸣
责任校对：张惠雯

富水砂卵石地层城市轨道交通关键施工技术

张　羽　编著

*

中国建筑工业出版社出版、发行（北京海淀三里河路 9 号）
各地新华书店、建筑书店经销
北京科地亚盟排版公司制版
北京盛通印刷股份有限公司印刷

*

开本：787 毫米×1092 毫米　1/16　印张：32½　插页：5　字数：807 千字
2023 年 2 月第一版　　2023 年 2 月第一次印刷
定价：**138.00** 元
ISBN 978-7-112-28033-9
（40151）

编写委员会

主　　任：张　羽

副 主 任：彭宝富　李维洲　陈云峰　蔡可瑞　贾培文

委　　员：陈　东　连逢逾　汤　徐　王毅元　陈　铭
　　　　　潘运宏　冯荣华　尉文祥　王军龙　马兴义
　　　　　陈　辉　李芙蓉　张代忠　杨　洋　张兆元
　　　　　高永斌　朱贤宇　周　勋　刘海勇　李柏霖
　　　　　董永平　杨明磊　孙鹤明　张　伟　于自鹏
　　　　　许明春　张　兵　王丽平

主　　编：中交成都轨道交通投资建设有限公司

副 主 编：成都轨道建设管理有限公司
　　　　　中交一公局集团有限公司
　　　　　中交第二公路工程局有限公司
　　　　　中交第二航务工程局有限公司
　　　　　中交第三航务工程局有限公司
　　　　　中交第四航务工程局有限公司
　　　　　中交路桥建设有限公司
　　　　　中交机电工程局有限公司

参编人员：任　权　周　伟　余光齐　王志国　白　杰
　　　　　张天刚　王海明　王　波　曹志勇　唐大双
　　　　　靳海涛　胡章强　刘极滔　刘海涛　刘　羽
　　　　　代　军　邹　帅　王弘波　朱建伟　肖　锐
　　　　　陈春雨　王正丽　梁飞龙　贺　威　刘海峰
　　　　　边　涛　钟　伟　袁　竹　简东明　马　昭
　　　　　韦永鹏　董福龙　魏　平　周　丹　雒伟勃

韦生达　徐　波　朱月华　吴文涛　王德勇
张书香　方华昌　李嘉骏　唐晓华　余　勇
吴　振　张　炜
主　审：王掌军　安爱军　李宗平　何文胜　朱晓东
刘博峰

序

　　成都轨道交通 17 号线一期工程 PPP 项目是中国交建在成都市投资建设的第一条城市轨道交通项目，是成都轨道交通第三期建设规划项目中的重要组成部分。项目建设管理切实贯彻"创新、协调、绿色、开放、共享"五大发展理念，坚持"高起点、高标准、高质量"原则，落实"优质中交"质量强企战略部署，形成了中国交建与西南区域交流合作的重要纽带，实现了中国交建在西南区域轨道交通市场滚动发展的总体战略目标。成都轨道交通 17 号线一期工程建成通车，对构建以轨道交通为主体的城市绿色交通体系以及带动沿线经济、文化、教育等产业的长足发展具有重要意义。

　　城市轨道交通是现代城市交通系统的重要组成部分，是城市公共交通系统的骨干。国务院《关于进一步加强城市轨道交通规划建设管理的意见》（国办发〔2018〕52 号）自印发以来，我国城市轨道交通总体保持有序发展，对提升城市公共交通供给质量和效率、缓解城市交通拥堵、引导优化城市空间结构布局、改善城市环境起到了重要作用。但同时，由于城市轨道交通投资巨大、公益性特征明显，行业对城市轨道交通发展的客观规律认识不足，对实际需求和自身实力把握不到位等问题日益突出。中国交建顺应时代潮流，加强 PPP 项目合作和管理模式研究，一是针对参建单位多，涵盖盾构制造、土建施工、机电装修、铺轨、运营维护等项目特征，如何统一思想、统一行动，如何建立更加高效健全的项目管理体系，发挥大兵团作战的优势，对现场管控能力和水平提出了更高要求。二是由"工"到"商"，打造"三核五商"新发展格局，由传统施工项目到投资项目，由单纯的施工管理到项目规划、设计、投融资、落实建管程序、运营管理、接口管理等，如何转身份、转观念、转思路，如何从组织架构、管控体系、资源配置、能力建设等方面匹配转型升级，是我们面临的挑战。

　　在 3 年 9 个月的建设过程中，参建各方联合攻关，迎难而上，群策群力，众志成城，创新了许多新技术、新工艺、新工法。编著完成的《富水砂卵石地层城市轨道交通关键施工技术》，以成都轨道交通 17 号线一期工程为背景，系统提炼总结了在富水砂卵石地层中大直径盾构的选型技术、始发与接收技术、掘进技术、渣土改良技术、卡机脱困技术以及换刀技术等；大直径盾构近距离穿越运营城市轨道交通线路、城际铁路的施工控制技术等；富水砂卵石地层明挖车站施工技术、异形断面明挖区间施工技术等，是一部很有实用价值的工程技术著作。

　　本著作凝聚了成都轨道交通 17 号线一期工程全体建设者创新发展的心血与智慧，我相信《富水砂卵石地层城市轨道交通关键施工技术》的出版，将进一步推动城市轨道交通建造技术的发展。我以此序向该书的作者、编委以及为中交轨道交通建设的同志们表示祝贺，愿此书在成都轨道交通建设中发挥重要的促进和推动作用。

中交集团党委常委、副总经理
中国交建党委常委、副总裁
2022 年 6 月

前　言

　　成都轨道交通17号线一期工程是成都市市域快速轨道交通层次中重要的西部快线，是成都轨道交通线网"西出"的第一条线路，连接成都主城区、温江区、双流区，线路的开通构建形成了以轨道交通为主体的城市绿色交通体系，并进一步带动了沿线经济、文化、教育等产业的长足发展。

　　成都轨道交通17号线一期工程是中国交建首条集投融资、建设、运营管理和维护为一体的轨道交通工程PPP项目。线路全长约26km，采用双线全封闭独立运行系统，起于金星站，终至机投桥站，共设置9座车站，包括2座高架站和7座地下站。线路设计标准高，采用市域快线A型车，交流25kV柔性接触网供电，最高时速140km/h，区间采用8.6m的大直径盾构机掘进，是目前国内城市轨道交通运营速度最快的线路之一；全线地处成都西部地区，地质条件复杂多变，存在大量孤石、漂石，盾构掘进异常困难，同时2次下穿成雅城际铁路、2次下穿既有城市轨道交通4号线，沉降控制标准极高。在此背景下，中交集团充分发挥全产业链优势，调集精干力量，科学配置资源，首先攻克了高富水、高砂卵石、高强度漂石的"三高"地质难题，全线投入20台8.6m大直径盾构机，采用大开口、无轴螺旋两项关键性技术，确保了盾构顺利掘进，并创造了单台单月429m、单日掘进24m的大直径盾构施工纪录；其次在下穿成雅城际铁路、既有城市轨道交通4号线时，在确保既有线不停运的条件下，将沉降严格控制在允许范围内，特别是下穿成雅城际铁路成都西特大桥是全国首例大直径盾构机在富水砂卵石地层穿越运营城际铁路；最后实现安全管控突破创新，采用"安全智慧云平台"，集轨行区安全管理、行车调度、人员定位、车辆定位、施工进度管理于一体，运用数据化、信息化管理手段有效提升了建设本质安全管理水平。全体建设者经过3年零9个月的时间完成建设任务，以最高标准通过了运营安全评估，成都轨道交通17号线一期工程于2020年12月18日开通运营。

　　本著作以成都轨道交通17号线一期工程为背景，系统总结了富水砂卵石地层城市轨道交通关键施工技术，主要内容可概括为三个方面：一是针对富水砂卵石地层，大直径盾构的选型技术、始发与接收技术、掘进技术、渣土改良技术、卡机脱困技术以及换刀技术等；二是大直径盾构近距离穿越运营城市轨道交通线路、高速铁路、高速公路的施工控制技术等；三是富水砂卵石地层条件下的明挖车站施工技术、异形断面明挖区间施工技术等。形成的技术成果直接指导了成都轨道交通17号线一期工程的修建，为顺利开通运营奠定了基础，同时也可为类似工程的修建提供借鉴。

　　书中参考或引用了国内外已有专著、论文、规范的部分研究成果和工程资料，同时编写过程中得到了许多同行专家的大力支持，在此向其作者及相关人士表示感谢。鉴于编写组认知水平及经验的局限，书中疏漏不妥之处在所难免，敬请读者批评指正。

目　录

第1篇　综述

第2篇　大直径盾构区间关键施工技术

第3篇 大直径盾构邻近既有建(构)筑物关键施工技术

第4篇　明挖车站(区间)及高架车站关键施工技术

第5篇　其他关键施工技术

第 1 篇

综述

第1章 ▶▶

绪论

1.1　建设背景

成都市又名蓉城，四川省省会，下辖 12 个市辖区、3 个县、代管 5 个县级市，面积 14335km²，是中国西部历史文化名城，西南地区科技、商贸、金融中心和交通通信枢纽。第七次全国人口普查结果显示，成都市常住人口约 2094 万，是继重庆、上海、北京之后，我国第四个人口超过 2000 万人的城市，成为全国人口城市的"第一梯队"。成都市 2021 年国民经济和社会发展统计公报显示，综合实力稳步提升，全年实现地区生产总值（GDP）19917 亿元，经济总量位居全国城市第七位。

随着国家《成渝地区双城经济圈建设规划纲要》的出台，成都都市圈将有更高的目标：到 2025 年（成长期），力争区域内地区生产总值突破 3.3 万亿元，常住人口城镇化率达到 75％左右，轨道交通路网密度超过 7.9km/百 km²，发展能级大幅提升，空间结构清晰、城市功能互补、要素流动有序、产业分工协调、交通往来顺畅、公共服务均衡、环境和谐宜居的现代化都市圈格局基本形成。到 2035 年（提升期），现代化都市圈格局更加成熟，参与国际分工、集聚全球资源的整体竞争力大幅增强，在支撑国家重大战略实施、参与全球竞争合作中发挥更大引领作用，基本建成面向未来、面向世界、具有国际竞争力和区域带动力的现代化都市圈。

在此背景驱动下，2016 年 7 月 11 日，国家发展和改革委员会正式批复了《成都市城市轨道交通第三期建设规划（2016—2020）》（发改基础〔2016〕1493 号文），其中 17 号线一期工程为 2016—2020 年新建项目。成都轨道交通 17 号线一期工程项目是连接成都主城区、温江区及双流区的重要轨道交通线路，该项目的建成将大大加强成都主城区与外围组团的交通联系，促进城市的快速发展，有效带动沿线城市开发建设，是加快温江区、双流区建设发展的有效动力。

1.2　建设目的和意义

遵循城市发展规律，体现成都轨道交通分阶段逐步实施的发展战略，满足不同阶段、不同层次、不同需求的原则。在成都市完成已批复建设规划项目的基础上，根据必要性分析，《成都市城市轨道交通第三期建设规划（2016—2020）》（发改基础〔2016〕1493 号文）有以下三大重点方向：第一重点是支持中心城优化。重点解决中心城区的交通需求，支持公交优先战略，缓解交通拥堵问题；强化南部 CBD 的轨道交通覆盖，提高放射线的周转效率。第二重点是支撑天府新区新核集聚。覆盖天府新区重点片区，尤其是已批建设规划覆盖存在缺失的片区，如新川科技城、中央商务区等。第三重点是支撑卫星城一体化发展。完善卫星城轨道交通覆盖，优先解决二圈层卫星城中与中心城交通供给存在瓶颈、轨道交通覆盖不足的区域，提供多层次的轨道交通服务；在三圈层卫星城中选择近期与中心城有紧密联系需求，需要通过轨道交通支撑其发展的卫星城，解决其轨道交通的有无问题。成都地铁 17 号线一期工程是成都市域快速轨道交通层次中重要的西部快线，通过主支线的方式串联了武侯、双流东升、温江组团，建成后将进一步加强各区域之间的快速联系。

为减轻地方政府的财政压力，提高城市轨道交通项目的运作效率，17 号线一期工程采用 PPP（Public-Private Partnership）模式。PPP 模式通过引入激励、借助约束机制和市场化的竞争来发挥政府和私人企业双方各自的优势，从而提高城市轨道交通项目所提供的公共服务、产品的质量以及运行效率。成都轨道交通 17 号线一期工程由成都轨道交通集团有限公司与中国交通建设股份有限公司共同组建项目公司（中交成都轨道交通投资建设有限公司）负责该项目的投资、建设及后期 22 年的载客运营和非客服经营活动。17 号线一期工程也是中国交通建设股份有限公司第 1 个采用 PPP 模式的城市轨道交通工程。

1.3　建设项目总体规模

成都地铁 17 号线为贯穿中心城、连接西南-东北方向的快线，途经双流、中心城，线路全长 81.48km，设车站 29 座，平均站间距 2.91km，大致呈西北-东走向。其中 17 号线一期为金星站（含）—九江北站—机投桥站（含），线路全长 26.136km，共设置车站 9 座（其中高架站 2 座，地下站 7 座）；线路主要沿生态大道、凤溪大道、凤翔大道、香榭大道、永康路等，自西向东敷设。车辆段 1 处，停车场 1 处，即永义车辆段、五通庙停车场，新建主变电所 2 座。

1.4　建设程序与决策

1.4.1　PPP 融资方案

1. 项目资本金

项目资本金拟定为 20%，按照可研报告估算总投资计算需资本金约 34.3 亿元，由PPP 项目公司各股东按股权比例分别出资。最终的项目资本金出资额需满足国家相关政策、金融机构贷款融资的要求。

资本金出资采用货币出资方式，按工程建设进度到位。实施机构对资本金到位情况实施监管。

2. 债务融资

由 PPP 项目公司负责项目债务融资和偿还。

如项目债务融资需要股东提供担保保证，由 PPP 项目公司股东按照股权比例各自承担担保责任。

允许 PPP 项目公司使用特许经营收益权质押的方式进行融资；但是，本项目合作范围内的各项资产不得用于抵押。

PPP 项目公司与贷款人的融资合同须提交实施机构审查，以确保融资合同不损害政府方利益和公共利益。

本项目在招标阶段，设置投标人的投标报价融资成本上限为中国人民银行公布的当期 5 年期以上基准利率，并在制定车公里服务价格时，拟定融资成本为 5 年期以上基准利率。PPP 项目公司的实际融资成本由 PPP 项目公司自行负责。但是为维护公共利益、控制金融风险，政府有权利在招标文件或者股东协议等文件中对项目公司的实际贷款利率提出要求。

3. 债权及再融资

项目公司因项目融资、再融资目的签订借款、融资、权益质押等合同前，应向实施机构书面申请并得到书面批准，并在签订合同后 10 日内将相关主合同和担保合同的副本报实施机构备案。

1.4.2 建设前期

（1）2016 年 8 月 25 日，中铁二院工程集团有限责任公司中标成都轨道交通 17 号线一期工程勘察设计总承包。

（2）2016 年 8 月 31 日，通过比选确定了设计单位及设计任务分工。

（3）2016 年 9 月 1 日，各分项设计单位进场，正式开展初步设计。

（4）2016 年 9 月 1 日，北京城建设计发展集团股份有限公司作为设计、监理单位进场开展工作。

（5）2016 年 11 月，编制完成《成都轨道交通 17 号线一期工程技术要求》《成都轨道交通 17 号线一期工程初步设计文件组成内容》《成都轨道交通 17 号线一期工程初步设计技术接口》《成都轨道交通 17 号线一期工程初步设计文件编制统一规定》等总体性技术管理文件，并通过设计、监理单位和业主的审查。

（6）2016 年 11 月，基本完成地形图、地质初勘、管线勘探、控制性建（构）筑物基础资料的收集、提供。

（7）2016 年 12 月，完成各专题报告编制工作。

（8）2016 年 12 月，完成人防系统、结构抗震、安全质量风险等专项审查。

（9）2016 年 11 月 30 日—12 月 2 日，成都轨道交通 17 号线一期工程可研进行专家评审。

（10）2016 年 12 月，完成初步设计文件。

（11）2016 年 12 月 22—25 日，在成都市组织召开了《成都轨道交通线 17 号线一期工程初步设计》预审查会。

（12）2017 年 10 月，完成初步设计修编文件。

1.4.3 工程审批

1. 规划批复

2016 年 7 月 11 日，国家发展和改革委员会批复的《成都市城市轨道交通第三期建设规划（2016—2020）》（发改基础〔2016〕1493 号）明确成都轨道交通 17 号线一期工程纳入第三期建设规划。

2016 年 11 月，成都轨道交通 17 号线一期工程初设线站位、停车场、主变电所及敷设方式，获得市规划管理局审查并批复同意（成规函〔2016〕618 号）。

2. 建设许可

（1）行政批复

2017 年 2 月 23 日，四川省发改委批复了《成都轨道交通 17 号线一期工程可行性研究报告》（川发改基础〔2017〕76 号）。

2017 年 2 月 24 日，成都市发改委下达了《关于转发成都轨道交通 17 号线一期工程可行性研究报告的通知》（成发改城市〔2017〕142 号），要求 17 号线一期工程按照批复内容开展工作。

2017 年 6 月 16 日，成都市城乡建设委员会批复了《成都轨道交通 17 号线一期工程初步设计》（成建函〔2017〕257 号）。

2017 年 11 月 13 日，成都市城乡建设委员会批复了《成都轨道交通 17 号线一期五桐庙停车场修改初步设计》（成建函〔2017〕523 号）。

2020 年 9 月 18 日，四川省发改委批复了《关于成都轨道交通 17 号线一期工程可行性研究调整报告的批复》（川发改基础〔2020〕538 号）。

（2）规划许可

2019 年 7 月 23 日，取得成都市规划和自然资源局《意向用地意见函》。

2020 年 3 月 25 日，取得温泉大道站建设工程规划许可证。

2020 年 3 月 30 日，取得市五医院站建设工程规划许可证。

2020 年 5 月 11 日，取得成都市双流区规划和自然资源局《建设用地意见函》。

2020 年 5 月 11 日，取得白佛桥站建设工程规划许可证。

2020 年 5 月 20 日，取得成都市温江区规划和自然资源局《关于成都轨道交通 17 号线一期工程的建设用地意见函》。

2020 年 6 月 12 日，取得九江北站建设工程规划许可证。

2020 年 8 月 7 日，取得机投桥站建设工程规划许可证。

2020 年 10 月 22 日，取得凤溪河站建设工程规划许可证。

第2章 ▶▶

工程概况

2.1 线路概况

成都轨道交通 17 号线一期工程西起温江区金星站，东至武侯区机投桥站，全长 26.14km，其中高架段长 4.75km，路基过渡段长 0.36km，地下段长 21.03km。全线共设置 3 座区间风井：明光—九江北 1 号区间风井、明光—九江北 2 号区间风井、九江北—白佛桥区间风井。正线平面最小曲线半径 450m，位于市五医院站至凤溪河站区间；最大坡度 29‰，坡长 980m，位于黄石站至市五医院站区间。永义车辆段入段线长 1209.13m，最小曲线半径 255m，最大坡度 4.4‰，坡长 653.42m；出段线长度 1124.69m，最小曲线半径 250m，最大坡度 4.4‰，坡长 650m。五桐庙停车场入场线长度 3793.71m，最小曲线半径 255m，最大坡度 34‰，坡长 567.35m。出场线长 3918.2m，最小曲线半径 250m，最大坡度 33.6‰，坡长 560m。总体线路图如图 2-1 所示。

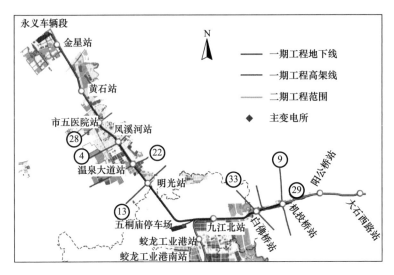

图 2-1　成都轨道交通 17 号线一期总体线路图

成都轨道交通 17 号线一期共设置车站 9 座，其中地面站 2 座，分别为金星站、黄石站，其余 7 座为地下站。换乘站 3 座，分别为凤溪河站（既有 4 号线）、九江北站（在建 19 号线）、机投桥站（同期建设 9 号线）。车站有效站台长度均为 186m；一般站台宽度为 11m，最大站台宽度为 14m，包括金星站、白佛桥站、机投桥站；最大站台面积为 2557m²，位于机投桥站；最小站台面积为 1939m²，位于黄石站；最大站厅面积为 7084m²，位于九江北站；最小站厅面积为 3059m²，位于黄石站；全线共设出入口 36 个，已建成 36 个，市五医院站出入口数量为 6 个，机投桥站出入口数量为 2 个，其余一般地下站出入口数量为 4 个；九江北站最小出入口通道净宽度为 2.4m，一般地下站出入口通道净宽度为 6.1m。

2.2 工程地质和水文地质

2.2.1 工程地质

根据勘察设计及开挖情况，17 号线一期工程线路穿越主要地质为富水砂卵石、富水卵漂石地层。线路自西向东南方向也是河流的大致流向，一般情况下，上游卵石搬运距离短，卵石粒径大，故也是自西向东漂石含砾逐步减小、粒径逐步减小的趋势。

大型漂石在沿线路走向上的分布规律性不强，具有较大的随机性。局部地段（如温江地区）漂石粒径高达 70～90cm。如图 2-2 所示的砂卵石地层的密实度差异性较大，卵石土级配、含量不均匀系数较大，加之局部夹透镜状砂层，其砂层的自稳能力差，施工中易发生坍塌、涌沙等地质灾害。线路沿线地质概况见表 2-1。

图 2-2 岩层照片

1. 地层岩性

场地均为第四系（Q）地层覆盖，地表多为人工填土（Q_4^{ml}）覆盖，其下为全新统冲洪积层（Q_4^{al+pl}）黏土、全新统冲积（Q_4^{al}）粉质黏土，粉细砂、中砂、卵石，上更新统冰水沉积、冲积（Q_3^{fgl+al}）砂土及卵石土。下伏基岩为白垩系上统灌口组（K_2^g）泥岩、砂岩。

地质概况表　　　　　　　　　　　　　　　表 2-1

大层代码	分层代号	时代成因	岩土层名称	岩土特征
<1>	<1-1>	人类活动形成（Q^{ml}）	素填土	黏土、卵石为主，局部夹碎石、建筑垃圾，松散至稍密
	<1-2>		杂填土	碎石、卵石土、建筑垃圾为主，松散

大层代码	分层代号	时代成因	岩土层名称	岩土特征
<2>	<2-2>	Q_4^{al}	黏土	可塑～硬塑
	<2-3>		粉质黏土	可塑～硬塑
	<2-4>		粉土	稍密，稍湿
	<2-5-1>		松散-稍密粉细砂	潮湿～饱和，透镜体发育
	<2-5-2>		中密-密实粉细砂	潮湿～饱和，透镜体发育
	<2-6-1>		松散-稍密中砂	潮湿～饱和，透镜体发育
	<2-6-2>		中密-密实中砂	潮湿～饱和，透镜体发育
	<2-9-1>		稍密卵石土	潮湿～饱和，夹透镜体砂层，含漂石
	<2-9-2>		中密卵石土	饱和，夹透镜体砂层，含漂石
	<2-9-3>		密实卵石土	饱和，夹透镜体砂层，含漂石
<3>	<3-4-1>	Q_3^{fgl+al}	稍密粉细砂	饱和，透镜体发育
	<3-4-2>		中密粉细砂	饱和，透镜体发育
	<3-5-1>		稍密中砂	饱和，透镜体发育
	<3-5-2>		密实中砂	饱和，透镜体发育
	<3-8-1>		稍密卵石土	潮湿-饱和，夹透镜体砂层，含漂石
	<3-8-2>		中密卵石土	饱和，夹透镜体砂层，含漂石
	<3-8-3>		密实卵石土	饱和，夹透镜体砂层，含漂石
<5>	<5-1-2>	k_2^g	强风化泥岩	泥质软，节理裂隙发育
	<5-1-3>		中风化泥岩	岩质较软，节理裂隙发育

（1）第四系全新统人工填筑土（Q_4^{ml}）

<1-2>人工填土（Q_4^{ml}）：灰褐、浅黄色等杂色，干燥，结构松敬，主要成分为黏土、卵石、建渣等，多含生活垃圾或砖块等建筑垃圾，场地内普遍分布，厚薄不均，层厚度约0～9m，区间内普遍分布。

（2）第四系全新统冲积、冲洪积层（Q_4^{al}）

<2-2>黏土（Q_4^{al+pl}）：黄褐色、灰褐色，可塑，局部硬塑，黏性一般，韧性一般，干强度高，呈层状分布于人工填土之下，层厚为0.6～2.7m，仅在局部场地分布。

<2-3>粉质黏土（Q_4^{al}）：黄褐色、灰褐色，可塑，局部软塑状，黏性较差，韧性一般，干强度高，呈层状分布于人工填土之下，局部地段缺失，层厚为0.6～5.0m。

<2-4>粉土（Q_4^{al+pl}）：灰褐色，稍密，稍湿，呈层状分布于黏土、粉质黏土之下，厚薄不均，层厚为0.5～2.6m，仅在局部场地分布。

<2-5-1>松散稍密粉细砂（Q_4^{al}）：黄褐色，松散、松散～稍密，稍湿～饱和，层厚14～4.4m，标贯基数7.5击，主要呈透镜状分布于粉质黏土（Q_4^{al}）下层。

<2-6-1>松散～稍密中砂（Q_4^{al+pl}）：黄褐色，稍密，稍湿，层厚约0.9m，呈层状分布于粉质黏土、粉土之下。

<2-9-1>稍密卵石土，灰色、浅灰色，稍密，潮湿～饱和，卵石多呈圆形及亚圆形，磨圆度较好，分选性差。卵石主要成分为灰岩、砂岩、花岗岩等，粒径一般为20～80mm，约占60%～70%，其余以中、细砂充填，层厚为1.7～6.4m。

<2-9-2>中密卵石土，灰色、青灰色，中密，饱和，卵石多呈圆形及亚圆形，磨圆度较好，分选性差，卵石粒径一般为60～150mm，约占60%～70%，成分以花岗岩、灰岩、

砂岩为主，其余以中、细砂充填，层厚为 2.2～10.0m。

<2-9-3>密实卵石土，灰色、青灰色、褐黄色，密实，饱和，卵石成分以花岗岩、灰岩、砂岩为主，磨圆度好，分选性差，粒径 60～180mm 约占 75%，局部地段见漂石，一般长度为 210～240mm，最大约为 350mm，其余以中、细砂充填，局部地段含有薄砂层，层厚为 4.2～11.5m。

（3）第四系上更新统冰水沉积（Q_3^{fgl+al}）

<3-4-1>松散～稍密粉细砂（Q_3^{fgl+al}）：黄褐色，松散、松散～稍密，饱和，层厚为 0.4～0.7m，仅局部场地可见，呈透镜状分布于卵石土层中。

<3-4-2>中密粉细砂（Q_3^{fgl+al}）：黄褐色，中密，饱和，层厚为 0.3～3.5m，仅局部场地可见，呈透镜状分布于卵石土层中。

<3-5-1>松散～稍密中砂（Q_3^{fgl+al}）：黄褐色，松散～稍密，饱和，层厚为 0.4～1.2m，矿物成分以长石、石英为主，次为云母片、岩屑及暗色细颗粒矿物。呈层透镜状分布于卵石土层中，仅局部场地可见。

<3-5-2>中密中砂（Q_3^{fgl+al}）：青灰、褐黄色，中密，饱和，层厚为 1～4m，矿物成分以长石、石英为主，次为云母片、岩屑及暗色细颗粒矿物。呈透镜状分布于卵石土层中。

<3-8-1>稍密卵石土（Q_3^{fgl+al}）：灰色、灰黄色，稍密，饱和，中细砂充填，局部含砂量较大，卵石成分主要为石英岩、花岗岩，呈圆状、亚圆状，层厚为 1～4.6m，区间内普遍分布。

<3-8-2>中密卵石土（Q_3^{fgl+al}）：灰色、灰黄色，中密，饱和，中细砂充填，卵石成分主要为石英岩、花岗岩，呈圆状、亚圆状，层厚为 1.2～3.6m，区间内普遍分布。

<3-8-3>密实卵石土（Q_3^{fgl+al}）：灰色、灰黄色，密实，饱和，卵石粒径一般为 20～190mm，中细砂充填，局部含砂量较大，卵石成分主要为石英岩、花岗岩、石灰岩，呈圆状、亚圆状，该段含漂石，最大约 380mm。该土层厚度较大，区间内普遍分布，该拟建场地所有钻孔皆未见底，呈层状分布于基岩之上。

（4）白垩系上统灌口组（K_2^g）泥岩、砂岩

<5-1-2>强风化泥岩（K_2^g）：紫红色，强风化，泥质结构，中厚层构造，岩芯多呈碎块状，块径在 2～8cm 之间，部分钻孔岩芯成柱状，但手可捏碎。泥质软，节理裂隙发育，层厚为 0.5～3.0m。

<5-1-3>中风化泥岩（K_2^g）：紫红色，中厚层状，泥质结构，泥质胶结。岩芯多呈柱状，柱长为 20～60cm，少量呈碎块状。岩质较软，节理裂隙发育，锤击易碎，部分地段软弱夹层或差异风化明显，易风化，遇水易软化。根据试验资料：天然密度 $\rho=2.21～2.53$g/cm，天然含水率 $w=7.00\%～9.10\%$，天然抗压强度为 4.38～11.50MPa，天然饱和抗压强度为 1.64～5.77MPa，饱和吸水率为 16.70%～32.73%，膨胀力为 10～147kPa，自由膨胀率为 12.0%～32.0%，属软岩。

2. 区间漂石分布

地铁 17 号线一期工程温江区段区间位于卵石最大含量可能超过 75%、漂石粒径为 20～70cm、卵石单轴抗压强度可能超过 132MPa 的大粒径、高强度、富水砂卵石地层中。

线路部分区间卵石最大粒径沿线路分布规律如图 2-3 所示，漂石最大粒径沿线路分布不均匀，由黄石站向明光站呈波浪曲线特征，漂石的最大粒径总体上呈现由西向东波浪式

递减的趋势，所统计工点的漂石最大粒径都超过了 43cm，粒径最大值为 60cm。

表 2-2 为探井所处位置内漂石数量统计，其中位于温泉大道站 2 号探坑漂石和市五医院站的 1 号探坑漂石分别如图 2-4、图 2-5 所示。表 2-3 展示了卵漂石体积比纵向分布，表 2-4 汇总了各探坑漂石沿埋深分布情况。

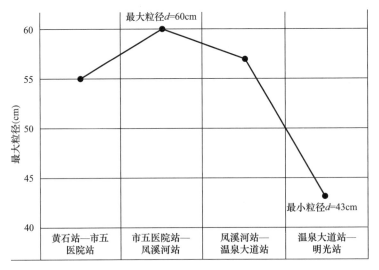

图 2-3 卵石最大粒径沿线路分布规律

探井所处位置内漂石数量统计　　　　　　　　　　　　　　表 2-2

探井位置	岩土分层	深度（m）	漂石个数
市五医院站	<2-9>Q$_4^{al}$	3.0～25.0	1053
凤溪河站	<2-9>Q$_4^{al}$	2～23.0	1498
	<3-8>Q$_3^{fgl+al}$		
温泉大道站	<3-8>Q$_4^{al}$	3.0～25.0	1096

图 2-4　温泉大道站 2 号探坑漂石
（最大尺寸：43cm×25cm×18cm）

图 2-5　市五医院站 1 号探坑漂石
（最大尺寸：55cm×32cm×28cm）

与中心城区内相比，砂卵石地层具有漂石粒径大、漂石含量高、部分地段卵石层密实程度差等特点，该地层对地铁施工，尤其是盾构法及暗挖法区间隧道施工影响较大。如盾构施工中可能会导致刀盘磨损严重、盾构姿态不易控制或增加换刀次数等风险。富水卵漂石地层在成都地区广泛存在，前期的地铁修建，已经为成都地区地铁施工积累了大量宝贵的经验。目前，国内对于无水砂卵石及富水砂卵石地层盾构施工积累了一定的施工经验，而对于粒径大的富水卵漂石地层的盾构施工实践经验较少。

卵漂石体积比纵向分布 表2-3

埋深（m）	位置			
	黄石站—市五医院站	市五医院站—凤溪河站	凤溪河站—温泉大道站	温泉大道站—明光站
0～5	9.77	6.5	/	3.13
5～10	19.86	12.7	10.9	12.49
10～15	32.43	20.3	14.1	15.48
15～20	29.81	18.5	15.5	19.96
20～25	21.79	21.2	13.1	16.75

各探坑漂石沿埋深分布情况 表2-4

埋深（m）	市五医院站	4号线二期凤溪河站		温泉大道站
	1号探坑（%）	1号～5号探坑（%）	2号探坑（%）	2号探坑（%）
0～5	9.77	6.5	—	3.13
5～10	19.86	12.7	10.9	12.49
10～15	32.43	20.3	14.1	15.48
15～20	29.81	18.5	15.5	19.96
20～25	21.79	21.2	13.1	16.75

3. 不良地质与特殊岩土

17号线一期线路范围存在的不良地质为砂土液化，特殊岩土为人工填土、膨胀土、膨胀岩、风化岩。成都轨道17号线桩基基础、地下区间隧道及车站主体结构均未处于该岩土层中，因此该岩层对17号线一期工程没有影响。

2.2.2 水文地质

1. 地表水

沿线隧道穿越的河流主要有江安河、江安河四支渠、战备二支渠、凤溪河、白河等地表河流，均属岷江水系金马河、府河支流及其次一级支流。上述河流主要受大气降水补给，沿河渠等低洼处径流，向岷江排泄，流量受丰、枯水期影响较大，在部分孔隙、裂隙或风化裂隙发育地段入渗补给地下水。

2. 地下水

17号线一期工程地下水主要有3种类型：①赋存于填土层的上层滞水；②第四系砂卵石层的孔隙水；③基岩裂隙水。对区间隧道影响最大的是砂卵石层的孔隙水，富水性强，渗透系数最大可达35m/d以上。

（1）上层滞水

上层滞水呈透镜体状分布于地表，赋存于地表填土层，大气降水和附近居民的生活用水为其主要补给源。水量变化大，且不稳定。

（2）砂卵石层的孔隙水

拟建场地内砂卵石层较厚，且成层状分布，其间赋存有大量的孔隙水，其为潜水，水量、水位较稳定，在卵石土层中大气降水和区域地表水为其主要补给源。根据成都地区水文地质资料，该层砂、卵石土综合含水层渗透系数 K 为 $24\sim28\text{m/d}$，为强透水层，靠大气降水和上游地下水补给。

（3）基岩裂隙水

区间内基岩为白垩系灌口组紫红色泥岩夹砂岩，仅在个别钻孔中揭露，地下水赋存于基岩裂隙中，含水量一般较小，没有统一的水力联系。但在岩层较破碎的情况下，常形成局部富水段。根据相关水文地质资料及已有工程资料显示，渗透系数 K 为 $0.027\sim2.01\text{m/d}$，平均为 0.24m/d，属弱～中等透水层。

17 号线一期工程各区间水位埋深如图 2-6 所示。

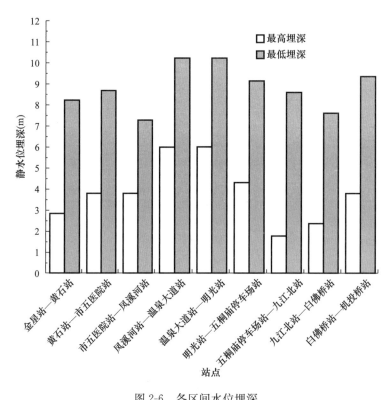

图 2-6　各区间水位埋深

2.2.3　地形、地貌及气象

1. 地形与地貌

成都轨道交通 17 号线一期工程均位于岷江冲积平原，地形平坦开阔，沿线海拔高程为 $509.00\sim578.00\text{m}$；成都市西部为龙门山隆起断裂褶皱发育带，岩性复杂，以构造侵蚀、溶蚀高山和中山、低山地貌为主；东部龙泉山断裂褶皱带为构造剥蚀低山丘陵地貌；中部广为平原。平原面积占 36.4%，丘陵面积占 30.4%，山区面积占 33.2%。平原地区西北高、东南低，平均坡降 0.3%。

成都轨道交通 17 号线一期工程金星站—机投桥站，起自成都市温江区金星站，线路主要沿成青快速规划路、凤溪大道、凤翔大道、香樨大道、永康路，自西向东敷设。位于川西成都平原岷江水系Ⅰ级阶地,地貌上属于岷江冲洪积扇状平原Ⅰ级阶地,为侵蚀~堆积地貌,地形开阔、平坦。

黄石站—明光站属于繁华城区,交通发达,高层建筑较为密集,人口众多;金星站—黄石站、明光站—机投桥站则多为郊区,交通较发达,但高层建筑较少;其中黄石站、白佛桥站更是游玩胜地,人流量大。整条线路场地地形总体较平坦,地面高程为 574.85~501.50m,从线路起点至终点,高程总体呈减小趋势。

2. 气象条件

成都市属中亚热带湿润气候区,四季分明,气候温和,雨量充沛,夏无酷暑,冬少严寒。多年平均气温 16.2℃,极端最高气温 38.3℃,极端最低气温−5.9℃;多年平均降雨量 947.0mm,年降雨日 104 天,最大日降雨量 195.2mm,降雨主要集中在 5~9 月,占全年的 84.1%;多年平均蒸发量 1020.5mm;多年平均相对湿度 82%;多年平均日照时间 1228.3h;多年平均风速 1.35m/s,最大风速 14.8m/s,极大风速 27.4m/s(1961 年 6 月 21 日),主导风向 NNE。

2.3 主要技术标准

2.3.1 线路平面

(1) 正线数目:双线。

(2) 最高行车速度:140km/h。

(3) 线路平面最小曲线半径。正线区间最小曲线半径及对应速度见表 2-5。车站正线:一般应设在直线,必须设置于曲线时,曲线半径不小于 1500m。配线:一般为 400m;困难地段为 200m。车场线:150m。

(4) 最小圆曲线和夹直线长度分布见表 2-6。

最小曲线半径表   表 2-5

序号	R_{min}(m)	允许的行车速度 v(km/h)
1	1200	140
2	850	120
3	600	100

最小圆曲线和夹直线长度表   表 2-6

序号	行车速度	140km/h		120km/h	
1	工程条件	一般情况	困难情况	一般情况	困难情况
2	圆曲线(m)	70	30	50	30
3	夹直线(m)	70	30	50	30

2.3.2 线路纵断面

1. 线路纵向坡度

(1) 区间正线最大纵坡宜采用 30‰,困难地段可采用 35‰。

（2）联络线、出入线最大纵坡宜采用 40‰。

（3）地下线区间线路最小纵坡一般为 3‰，困难条件下可采用 2‰。

（4）地下车站线路纵坡一般为 2‰，在具有有效排水措施或与相邻建筑物合建时，可采用平坡。

（5）具有夜间停放车辆功能的配线，布置在面向车挡或区间的下坡道上，隧道内的坡度宜为 2‰。

2. 坡度代数差、最小坡段长度

两相邻坡段的坡度代数差等于或大于 2‰时，应设圆曲线型的竖曲线连接；最小坡段长度不小于远期列车长；且相邻竖曲线间夹直线长不小于 50m。

3. 车站及区间竖曲线半径

车站及区间竖曲线半径见表 2-7。

车站及区间竖曲线半径表　　　　　　　　表 2-7

位置	半径（m）			
	140km/h		120km/h	
	一般情况	困难情况	一般情况	困难情况
区间	10000	6500	10000	6000
车站	5000	2500	4000	2500

4. 平面坐标系统与高程系统

平面坐标系统采用成都轨道交通独立工程坐标系，高程系统采用成都市高程系统。

2.4 设计与施工概况

2.4.1 设计特点

17 号线一期工程设计以建设"安全、可靠、经济、适用"的成都轨道交通工程为指导思想，从环保节能技术应用、线网间的资源共享与运能匹配、质量安全风险控制等方面进行了分析、研究。设计特点主要体现在：

1. 线网定位

结合新版线网规划，考虑既能独立又能贯通的运营条件。17 号线一期线网定位为快速干线和机场线功能。连接西南-东北方向，途经温江、双流、天府新区，在天府新站后与 18 号线共线运营，连接成都新老机场。

2. 供电系统

根据 17 号线一期工程线路特点，在供电制式方面采用了供电半径更大的 AC25kV 供电制式，柔性架空接触网，牵引负荷大，弓网性能高。

3. 环保节能

在总结成都地铁运营和在建轨道交通线路采用的节能环保技术的基础上，充分借鉴国内外城市轨道交通节能环保新技术，采用了"提高变压器负载率""UPS 整合"等节能环保方案。

4. 质量安全风险控制

根据《城市轨道交通工程安全质量管理暂行办法》（建质〔2010〕5号）的精神，强化了安全质量风险控制，在充分研究地质条件和调查周边环境的基础上，通过计算分析，对影响工程安全质量的风险因素进行识别，提出相应的控制措施，配套完成《安全质量风险工程》。

设计借鉴成都地铁运营和在建轨道交通系统安全保障的研究成果，从配线、车站建筑、疏散通道、疏散平台等线路、土建设施的布置，以及通风空调、综合监控、消防等机电设备系统的构成、灾害情况的联动等方面落实降低和消除风险因素的各项措施。此外，针对轨道交通防恐的功能需求特点，配置相应的安防设施（如X光机、防爆、防易燃易爆、防管制刀具等检测设备）。

5. 站位设置

与城市规划、建设紧密结合，符合城市规划、建设的要求。结合大量的前期研究工作，将轨道交通沿线车辆基地、车站、区间隧道用地纳入控制规划中严格控制；轨道交通沿线相关新建地块的规划、报建工作一并纳入轨道交通控制范围，如机投桥站、白佛桥站与市政立交桥同体同步建设，期间均进行了充分的协调，考虑了相应接口条件。

2.4.2　车站设计参数

成都市轨道交通17号线一期工程，共设车站9座，其中高架站2座，为金星站、黄石站；地下标准站4座，为市五医院站、温泉大道站、明光站、白佛桥站；换乘站3座，其中凤溪河站为通道换乘形式，九江北站为同步实施的平行双岛换乘形式，机投桥站为共用站厅T形节点换乘形式。

成都轨道交通17号线一期工程车站设计参数见表2-8。

成都轨道交通17号线一期工程车站设计参数　　　　　表2-8

序号	车站名称	结构形式	长（m）/宽（m）/高（m）	车站面积（m²）			出入口	安全口	风亭	换乘方式/换乘条件
				总面积	站台（公共区）	站厅（公共区）				
1	金星站	框架地上两层三柱两跨岛式车站	235.3/22/18.09	9706.7	2479	3537.6	4	3	—	
2	黄石站	框架地上两层三柱两跨岛式车站	231.6/19/17.29	8346.9	1939.02	3059	4	5	—	
3	市五医院站	明挖地下两层单柱岛式车站	309.6/21.3/14.38	17670.83	2147.6	3436	6	1	8	
4	凤溪河站	明挖地下三层双柱岛式车站	216.2/22.7/23.78	24204	2197	5485	5	3	8	通道换乘
5	温泉大道站	明挖地下两层单柱岛式车站	623.5/21.3/14.4	32622	2078	3766	4	3	8	—
6	明光站	明挖地下两层双柱岛式车站	394.6/22.3/14.5	21022	2212	3134	4	1	8	

续表

| 序号 | 车站名称 | 结构形式 | 长（m）/宽（m）/高（m） | 车站面积（m²） | | | 出入口 | 安全口 | 风亭 | 换乘方式/换乘条件 |
				总面积	站台（公共区）	站厅（公共区）				
7	九江北站	明挖地下两层单柱双岛式车站	621/42/14.98	49653.76	4154.3	7083.89	4	3	10	平行双岛换乘
8	白佛桥站	明挖地下两层双柱岛式	340.8/23.3/16.03	22735.06	2522.95	4348	3	2	8	—
9	机投桥站	明挖地下两层单柱岛式车站	420/23.3/15.07	22471	2557	3877	2	3	8	T形节点换乘

2.4.3 线路设计参数

成都轨道交通 17 号线一期工程线路设计参数详见表 2-9。

成都轨道交通 17 号线一期工程线路设计参数   表 2-9

| 序号 | 区间\场段 | 线路走向 | 里程 | | 敷设方式 | 最大坡度（‰） | 平面最小曲线半径（m） | 竖曲线最小半径（m） |
			起点里程	终点里程				
1	金星站—黄石站	东西	ZK51+708.000/YK51+708.000	ZK55+802.000/YK55+802.000	高架	8.974	600	5000
2	黄石站—市五医院站	东西	ZK56+033.600/YK56+033.600	ZK58+678.940/YK58+678.122	高架过渡至地下	29	600	5000
3	市五医院站—凤溪河站	东西	ZK58+987.816/YK58+988.459	ZK60+600.791/YK60+600.791	地下	10.063	450	5000
4	凤溪河站—温泉大道站	东西	ZK60+816.991/YK60+816.991	ZK62+234.316/YK62+234.316	地下	3.007	6000	5000
5	温泉大道站—明光站	东西	ZK62+857.816/YK62+857.816	ZK64+607.101/YK64+607.101	地下	22	1200	5000
6	明光站—九江北站	东西	ZK64+932.701/YK65+001.701	ZK71+019.852/YK71+144.845	地下	28.521	600	5000
7	九江北站—白佛桥站	东西	ZK71+640.852/YK71+640.852	ZK75+362.156/YK75+362.156	地下	16	600	5000
8	白佛桥站—机投桥站	东西	ZK75+702.956/YK75+702.956	ZK76+877.598/YK76+877.598	地下	26	1500	5000

2.4.4 典型区间结构设计断面

具有代表性的区间结构断面形式主要包括矩形断面、圆形断面、马蹄形断面、高架区间、路基。

1. 矩形断面

当采用明挖法施工时，区间隧道一般采用矩形框架结构，矩形断面分为单孔和双孔钢筋混凝土矩形框架形式，如图 2-7 所示。

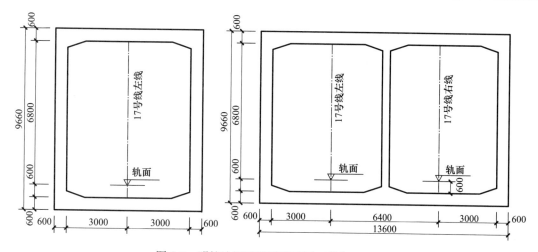

图 2-7　明挖法矩形隧道断面图（单位：mm）

2. 圆形断面

盾构法施工的隧道采用圆形断面（图 2-8）。根据区间隧道限界要求及线路平面条件，单线隧道内径为 7.5m，衬砌为装配式钢筋混凝土管片，每环由 7 块管片构成，管片厚 400mm，宽可选 1500mm 及 1800mm 两种。

17 号线大断面盾构也是首次在成都使用，采用 20 台"天河 2 号"盾构机掘进施工。

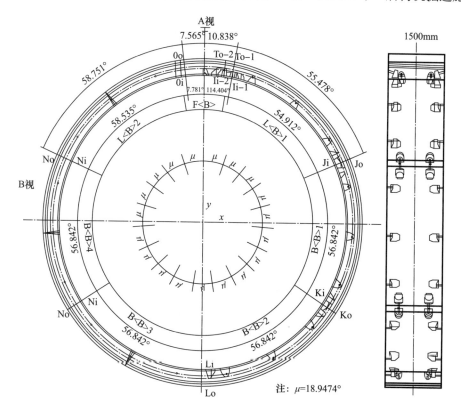

图 2-8　盾构法圆形隧道断面图

3. 马蹄形断面

喷锚构筑法区间单线隧道以马蹄形隧道建筑限界为基础，综合考虑施工工期、使用期结构的安全性、可行性，以及施工误差、测量误差、结构容许沉陷、结构受力及变形的需要，确定结构横断面的合理拱轴线及结构尺寸，内净宽采用5200mm。根据联络通道自身特点以及现场实际工程地质，联络通道也采用喷锚构筑法施工。

马蹄形断面结构采用复合式衬砌结构形式。支护体系主要由超前支护、初期支护和二次衬砌组成，其中初期支护与二次衬砌间设全包防水层，如图 2-9 所示。

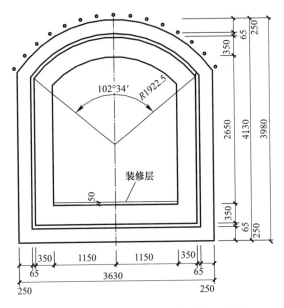

图 2-9　联络通道隧道断面图（不设泵房）（单位：mm）

4. 高架区间

高架结构标准段采用 30m 单箱双室简支梁，桥面宽度 10.8m，梁底宽 5.0m，梁高 1.8m（图 2-10）。

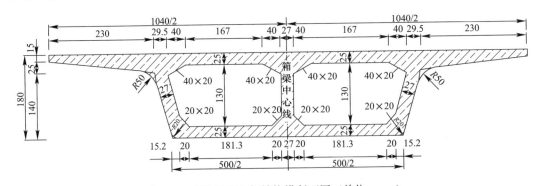

图 2-10　高架区间上部结构横断面图（单位：mm）

标准段下部结构采用花瓶墩，墩高均小于或等于 12m，桥墩横桥向宽 2.5m，纵桥向宽 2.0m。承台（长×宽×高）尺寸为 5.5m×5.5m×2.4m，采用 4 根直径 1.2m 的旋挖钻孔桩基础（图 2-11）。

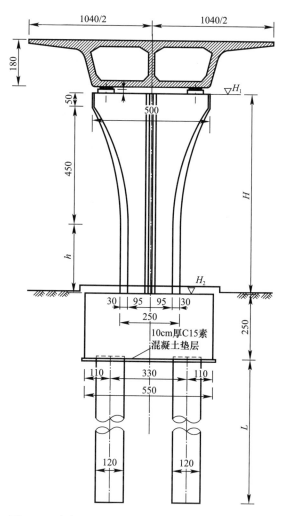

图 2-11　高架区间典型结构横断面图（单位：mm）

5. 路基

正线、车辆段及停车场出入段线均采用桥隧间过渡段短路基，按无砟轨道标准设计，接隧道开挖段设置 U 形槽（图 2-12）。

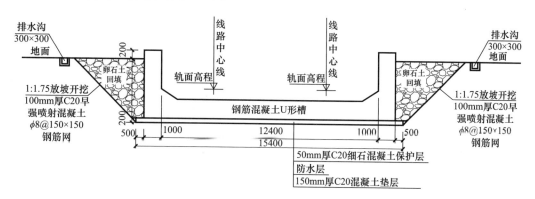

图 2-12　U 形槽段围护结构横断面图（单位：mm）

永义车辆段、五桐庙停车场为农田和临时建筑工地，地势平坦，场坪室外部分地基采用普通地基加固或挖除换填措施；场坪室内部分地基根据建筑、设备要求采取CFG、强夯等加固措施。

2.4.5 全线施工方法

成都轨道交通17号线一期工程共设置车站9座，其中2座地面站（金星站、黄石站），7座为地下站。本线换乘站3座，分别为凤溪河站（既有4号线）、九江北站（在建19号线）、机投桥站（同期建设9号线）。全线共设置3座区间风井：明光—九江北1号区间风井、明光—九江北2号区间风井、九江北—白佛桥区间风井。并设有永义车辆段和五桐庙停车场。

成都轨道交通17号线一期工程全线施工方法见表2-10。

全线施工方法概览　　　　　　　　　　　　　　　　　　表 2-10

序号	区间＼场段	里程		敷设方式/施工方法
		起点里程	终点里程	
1	起点—金星站	ZK50＋687	ZK51＋472.7	高架
2	金星站—黄石站	ZK51＋708.000/YK51＋708.000	ZK55＋802.000/YK55＋802.000	高架
3	黄石站—市五医院站	ZK56＋033.600/YK56＋033.600	ZK56＋183.180/YK56＋183.600	高架
		ZK56＋183.180/YK56＋183.600	ZK56＋349.898/YK56＋350.000	路基
		ZK56＋349.898/YK56＋350.000	ZK57＋132.458/YK57＋132.146	明挖
		ZK57＋132.458/YK57＋132.146	ZK58＋678.940/YK58＋678.122	盾构
4	市五医院站	ZDK58＋678.940	ZDK58＋987.816	明挖
5	市五医院站—凤溪河站	ZK58＋987.816/YK58＋988.459	ZK60＋600.791/YK60＋600.791	盾构
6	凤溪河站	YDK60＋591.691	NYDK60＋817.091	明挖
7	凤溪河站—温泉大道站	ZK60＋816.991/YK60＋816.991	ZK62＋234.316/YK62＋234.316	盾构
8	温泉大道站	YDK62＋234.316	YDK62＋857.816	明挖
9	温泉大道站—明光站	ZK62＋857.816/YK62＋857.816	ZK64＋607.101/YK64＋607.101	盾构
10	明光站	ZCK64＋608.101	YCK65＋1.601	明挖
11	明光站—九江北站	ZK64＋932.701/YK65＋001.701	ZK71＋019.852/YK71＋144.845	盾构
12	九江北站	ZDK71＋19.852YDK71＋19.852	ZDK71＋640.852YDK71＋640.852	明挖
13	九江北站—白佛桥站	ZK71＋640.852/YK71＋640.852	ZK75＋362.156/YK75＋362.156	明挖＋盾构
		ZK71＋640.852/YK71＋640.852	ZK72＋560.286/YK72＋560.000	明挖
		ZK72＋560.286/YK72＋560.000	ZK73＋648.007/YK73＋652.404	盾构
		ZK73＋673.007/YK73＋677.404	ZK75＋279.243/YK75＋152.634	盾构
		ZK75＋279.243/YK75＋152.634	ZK75＋362.156/YK75＋362.156	明挖
14	白佛桥站	ZDK75＋362.156/YDK75＋362.156	ZDK75＋702.956/YDK75＋702.956	明挖
15	白佛桥站—机投桥站	ZK75＋702.956/YK75＋702.956	ZK76＋877.598/YK76＋877.598	盾构

续表

序号	区间＼场段	里程		敷设方式／施工方法
		起点里程	终点里程	
16	机投桥站	YDKT6＋877.598	YDK77＋297.598	明挖
17	机投桥站— 终点接收井	ZK77＋297.598/YK77＋297.598	ZK77＋652.000/YK77＋593.000	盾构
		ZK77＋632.000/YK77＋573.000	ZK77＋652.000/YK77＋593.000	明挖
18	五桐庙出入场 线区间	RDK1＋034.992/CDK1＋171.492	RDK3＋255.099/CDK3＋391.207	盾构
		RDK3＋255.099/CDK3＋391.207	RDK3＋680.658/CDK3＋810.000	明挖
19	永义车辆基地 出入段线	RDK0＋511.001（CDK0＋511.262）	RDK0＋853.419（CDK0＋850）	路基
		CDK0＋511.262）	CDK0＋151.262	高架

2.5　工程主要特点

1. 施工专业多，工法多样，管理集成要求高

工程施工专业多，只有有效地集合技术、物资、组织、行为、信息等，加强施工过程的统筹协调，方能有序推进工程建设；车站、区间隧道、联络通道涉及明挖法、盖挖法、盾构法和矿山法等多种工法，主要辅助工法有地下水控制、注浆加固等，只有结合工程特殊地质条件与周边环境，加强施工工艺控制，才能有效减少工程风险。

2. 地质条件复杂多变，施工难度及风险大

沿线地质条件复杂多变，如孤石、大型漂石在沿线路走向方向上的分布规律性不强，具有较大的随机性。局部地段（如温江地区）漂石粒径高达 70～90cm。加之隧道施工面临高富水、大卵石、大直径盾构、长时间长距离降水。多项难点的耦合，极大地加剧了隧道盾构施工的难度和风险。

3. 周边环境复杂，工程受环境制约大，施工难度增大

盾构 8 次下穿既有运营高速公路和快速路，12 次下穿凤溪河、江安河等河流沟渠，9 次穿越 20 栋以上房屋建筑群，4 次下穿既有运营铁路。

4. 既有重要建筑物或管线对工程的影响

工程施工沿线既有重要建筑物复杂，有重大既有运营的交通线路和房屋建筑，也有各类管线工程，如施工中盾构需要诸多次下穿给水管、污水管，高压电塔，平行于污水管掘进等。

5. 社会关注度高，环境保护与文明施工方面要求高

地铁施工社会影响大，民众关注度高，且成都作为全国历史文化名城之一，在环境保护、文明施工方面有着比其他城市更高的要求。

6. 暴雨、雾霾等天气较多，对工程可能产生较大的不利影响

2.6　工程主要创新

2.6.1　成都地铁盾构直径之首

针对本工程 140km/h 的最高运行速度目标值，进行了压力波专题研究，并在隧道和车辆两方面采取了优化措施。采用了 AC 25kV 牵引供电制式，解决了高速度目标值条件下的长大区间牵引供电能力问题。盾构区间管片外径 8.3m，厚 40cm，盾构刀盘直径达 8634mm，为成都地铁盾构直径之首。温泉大道站—凤溪河站区间为首例成都富水砂卵石地层大盾构隧道净距离下穿既有运营地铁盾构区间，通过成都轨道交通 17 号线一期工程的实践与摸索，形成了自有的一套适用于成都富水砂卵石地层的大直径盾构掘进控制经验。

2.6.2 快速均衡组织富水卵漂石地层大直径盾构施工

17 号线一期工程盾构区间管片外径 8.3m，厚 40cm，采用直径 8634mm 复合式土压平衡式盾构机掘进施工。根据地层情况，凤溪河站—市五医院站区间、温泉大道站—凤溪河站区间采用大开口率、辐条小面板式、带式螺旋盾构；其他盾构区间采用小开口率、辐条面板式、轴式螺旋盾构。项目共有 12 段盾构区间，盾构施工体量大，共投入 20 台盾构设备同时进行掘进施工，且盾构刀盘直径达 8634mm，为成都地铁直径之首。

通过成都轨道交通 17 号线一期工程的实践与摸索，形成了自有的一套适用于成都富水砂卵石地层的大直径盾构掘进控制经验。对地层进行深入研究并做适应性调整后，17 号线一期工程 2 号风井—九江北站区间左线创单日掘进 16 环的纪录；黄石站—市五医院站区间右线月掘进 286 环（日均掘进 9.22 环/天）。这为下一步成都特殊砂卵石地层盾构施工提供了宝贵的经验，也为后续工程的施工奠定了坚实的基础。

2.6.3 大直径盾构在卵漂石地层小净距下穿既有线

成都轨道交通 17 号线一期工程温泉大道站—凤溪河站区间为首例成都富水砂卵石地层大盾构隧道净距离下穿既有运营地铁盾构区间。

凤溪河站—温泉大道站区间靠近凤溪河站 17 号线穿越 4 号线区域地层为 <2-9-3> 密实卵石土层，下穿隧道与 4 号线隧道最小净距仅有 3.4m，4 号线与 17 号线重叠区域设有素桩，车站施工期间降水至基坑底部以下，施工区域无水施工。

设计方案考虑超前支护措施和综合注浆措施：设置两排大管棚，沿盾构隧道顶部 120° 角范围内布置，管棚路径理论上离既有线最小竖向距离为 1.85m；综合注浆措施考虑地面垂直袖阀管及斜向袖阀管跟踪注浆、盾构机盾体惰性浆液注浆、盾构机盾尾同步注浆及盾尾脱出管片后二次注浆。盾构下穿地铁 4 号线沉降主要依靠既有 4 号线洞内监测数据作为主要指导，地表监测、管线监测、土体分层沉降监测等作为辅助指导，综合协调各阶段、下穿 4 号线段各部位的注浆进行应对。

实施阶段严格控制盾构机掘进参数，含推力、扭矩、掘进速度、土仓压力、注水量、泡沫用量等参数。

通过多轮专家论证、设计方案优化、施工前精细准备，同时制定了应对穿越时可能出现的异常突发情况及应急预案，在掘进过程中，参建各方实行 24 小时现场轮班值守，全力保证施工的正常进行与 4 号线的安全运营。

2.6.4 采用地铁快线低动力特性轨道减振技术

17 号线一期工程铺设地铁快线低动力特性轨道，包含被动式低频减振轨道、钢弹簧浮置板轨道两种减振形式。其中，被动式低频减振轨道在传统减振垫浮置板的基础上，附加了被动振子及低频阻尼装置，大幅提升了轨道减振性能。

被动式低频减振轨道采用现浇框架道床结构，后期运营时隔振元件可更换维修，采用基地组装钢筋笼轨排法和现铺法施工，T 型谐振器预制装配，利于抑制低频引起的减振问题，可有效保证对敏感建筑物的减振要求。

在高速行车条件下采用钢弹簧浮置板轨道，加大参振质量，调整隔振器布置及刚度，同时采用端部限位装置，重点对过渡段进行优化创新，保证减振效果、隔振器刚度、浮置板质量以及钢轨竖向位移的最优匹配（图 2-13）。

图 2-13　施工完成后的轨道板

2.7　重特大施工风险源

17 号线一期工程先后攻克 179 项重特大风险源，其中盾构 8 次下穿既有运营高速公路和快速路，12 次下穿凤溪河、江安河等河流沟渠，9 次穿越 20 栋以上房屋建筑群，4 次下穿既有运营铁路。在下穿成都地铁 4 号线过程中，沉降控制在 6mm 内，创造了成都轨道交通大直径盾构机首次成功穿越既有运营地铁新纪录。与此同时，盾构下穿川藏铁路成雅段，为全国首例大直径盾构机在富水砂卵石地层穿越运营中的高速铁路。

17 号线一期工程盾构施工共投入 20 台直径为 8.6m 的盾构机。采用大开口、无轴螺旋两项关键性技术，刷新了成都轨道交通原盾构设计施工理念，并创造了单台单月 286 环、单台单日 16 环的施工纪录。

2.7.1　重特大施工风险源分布

部分重特大风险源见表 2-11。

2.7.2　项目主要风险特征

1. 市政管线密集

沿线地上及地下多处布有军缆、国防光缆、高低压电缆、通信线缆、燃气管、供水管、雨管等管线，错综复杂，迁改及保护量大。

表 2-11

重特大风险源

危险源编号	标段	危险源名称	危险点	特征描述	危险源级别
17-Z003	TJ01标	起重吊装	金星站	轻钢结构吊装作业属于高空作业,吊装高度为12~20m,且单件起重重量超过10t(超过100kN),判定为重大危险源	重大
17-Z007	TJ02标	深基坑开挖	黄石站	车站为地上两层三跨岛式高架车站,长231.6m,宽19m,开挖深度7.7m。地层自上而下依次由人工填土层、卵石层组成	重大
17-Z010	TJ03标	施工降水	市五医院站	基坑开挖降水施工,地下水位高为地表下2m,降水位控制为20m	重大
17-Z022	TJ03标	高大模板施工	市五医院站	车站主体结构及附属结构高大模板施工,车站顶板采用满堂支架。模板高度8.3m,跨度9.7m,荷载22kN/m	重大
17-Z044	TJ04标	盾构到达	市五医院站	盾构到达处易发生洞门涌水、涌沙而导致地表大面积坍塌,建筑物倒塌,盾构机被埋等风险,需对盾构洞门上方土采用大管棚加固	重大
17-Z016	TJ03标	盾构到达	市五医院站	黄石站一市五医院站区间盾构到达为特殊掘进工艺段,易发生洞头沉降超限、坍塌等风险	重大
17-Z012	TJ03标	基坑开挖	市五医院站	黄石站一市五医院站区间主体结构标准段长308m,宽21.3m,地下2层,基坑开挖深度18.1~19.4m。主要地质为冲积层粉质黏土、粉土、卵石土夹粉细砂及卵石砂层地层,基坑开挖采用钻孔灌注桩结构,冠柱加独立支撑型式。夜板结构加独立基础,距凤溪河最近距离0m,距基坑范围内2倍范围刻时光(框架混凝土15层结构,独立基础,无地下室)。其中,雕刻时光距基坑主体结构最近约5.4m,距(地下室)和双凤苑小区(3F~4F混凝土双凤苑小区B2号出入口约2.9m,距双凤苑车站主体结构最近约6.7m)车站南侧为城西农贸市场(11F框架混凝土结构,柱下独立基础,无地下室)和楼下无地下室,距离C1号出入口约5.8m,距离C2号出入口约2.4m,上城距离车站主体结构最近约16.4m,距离B1号风亭约5.8m,距离C2号出入口约10.2m	重大
17-Z014	TJ03标	龙门吊安拆	市五医院站	盾门吊安装,70t、30t龙门吊安拆	重大
17-Z041	TJ04标	盾构始发	凤溪河站	盾构始发易发生洞门涌水、涌沙而导致地表大面积坍塌,建筑物倒塌,盾构机被埋等风险,需对盾构洞门上方土采用大管棚加固	重大
17-Z043	TJ04标	盾构到达	凤溪河站	盾构到达易发生洞门涌水、涌沙而导致地表大面积坍塌,建筑物倒塌,盾构机被埋等风险,需对盾构洞门上方土采用大管棚加固	重大
17-Z019	TJ03标	黄石站一市五医院站区间盾构	凤溪河站	河宽3~5m,河深3~4m,水泥铺底河床。走访了解凤溪河跨河床,河宽约400m,竖向净距约5~8m	重大
17-Z023	TJ04标	深基坑	凤溪河站	深基坑开挖施工。凤溪河站为地下3层换乘车站,车站主体基坑开挖长216.2m,宽22.7~30.3m,深28.7~32.4m。施工范围内的地层主要是富水砂卵砾石层,自稳能力差,卵石粒径大,极易发生坍塌	重大

续表

危险源编号	标段	危险源名称	危险点	特征描述	危险源级别
17-Z024	TJ04 标	降水作业	凤溪河站	深基坑降水施工。根据现场勘察情况及相关水文地质资料确定地下水。根据规范与设计要求，基坑开挖时地下水位需降至基坑底下约 3m 左右即会发现地下水。根据规范与设计要求，基坑开挖时地下水位需降至基坑底下 1m 以下，由于车站埋深较深造成降水位较低。地下水压承压水、水压力较高，地层透水性高，在施工过程中既有凤溪河对地下水持续进行补给	重大
17-Z025	TJ04 标	高大模板	凤溪河站	车站负三层层间净高 8.2m，混凝土模板工程搭设高度超过 8m，属于超过一定规模的危险性较大分部分项工程范围。施工过程中易发生高处坠落、物体打击，机械伤害等事故	重大
17-Z026	TJ04 标	45t 龙门吊安装	凤溪河站	盾构机起重吊装（含 45t 龙门吊安装）。起吊重量超过 30t	重大
17-Z028	TJ04 标	盾构机吊装	凤溪河站	盾构机起重吊装（含 45t 龙门吊安装）。单个起吊重量超过 10t	重大
17-Z030	TJ04 标	负环拆除	凤溪河站	在盾构负环拆除时，易发生起重吊装以及水平运输人员伤害，人员高空坠落等风险	重大
17-Z070	TJ06 标	60t 龙门吊安拆	温泉大道站	盾构起重吊装（含 60t 龙门吊）。安装位置：温泉大道站。使用开始时间:2017 年 11 月 15 日，使用结束时间:2019 年 2 月 25 日；门吊安拆过程中易造成机械伤害及物体打击	重大
17-Z027	TJ04 标	45t 龙门吊安装	温泉大道站	盾构机起重吊装（含 45t 龙门吊安装）。起吊重量超过 30t	重大
17-T003	TJC5 标	暗挖施工	温泉大道站	①B2 出入口跨温泉大道与 1 号风亭连接，温泉大道北侧人行道和绿化带内 DN529 和 DN427 的高压燃气管，DN219 中压燃气管，出入口及暗挖施工距离仅 0.61m；且有一处 110kV 高压电塔距离出入口边线仅 6m。B2 出入口高于穿高压燃气管，采用暗挖施工，开挖长度为 21m，暗挖施工降水困难，易卵塌。②车站西侧围护桩紧邻 10kV 电力排管。③大里程出入口及安全出口下穿风溪河，河宽 4.39m，河深为 3.521m，结构形式为钢筋混凝土结构，板厚 0.4m、墙厚 0.29m，该出入口附属结构采用暗挖法施工，河堤变形大、易塌。施工危险系数高	特别重大
17-Z045	TJ05 标	深基坑	温泉大道站	全长 623.5m，标准段宽度为 21.3m，最宽段 23.7m，盾构井宽 23.4m，基坑深度 18.2~20m。施工主要环境：主要为杂填土、黏土、粉质黏土，粉质黏土为 6~8cm 卵石，稍密卵石，中密卵石，密实卵石，卵石含量约占 55%~65%，余为中、粗砂充填，附属结构最大深度 11.05m。②车站西侧围护桩紧邻 10kV 电力排管 DN1200 污水管。④车站东侧围护桩悬吊保护；⑥车站东侧围护桩悬吊保护（10kV）、构跨基坑保护处线路较多，具体有：300mm×200mm 通信管，1200mm×400mm 通信管，DN159 中压燃气管，DN1200 污水管	重大
17-Z047	TJ05 标	高大模板	温泉大道站	车站总长 623.5m，标准段宽 21.3m，基坑深度 18.2~20m，盾构井最大高度为 7.65m，盾构井标准段最大高度为 8.49m，施工过程中混凝土浇筑高度及模板高度较高，标准段最大高度 8.49m，施工过程中混凝土浇筑高度及模板高度高，集中线荷载 21.3kN/m² 支撑体系采用满堂碗扣支架，混凝土对称施工	重大

续表

危险源编号	标段	危险源名称	危险点	特征描述	危险源级别
17-Z049	TJ05 标	基坑降水	温泉大道站	本场地的地下水主要为赋存于砂卵石地层中的孔隙型潜水。地下水位埋深约 4～10m。地层在具有一定渗透速度（或水力坡度）的地下水流作用下，其细小颗粒被冲走，土中较小颗粒之间的孔隙逐渐增大，慢慢形成一种能穿越地基的细管状态渗流通路，从而掏空围护结构进行渗涌至土层，使地基变形、失稳，形成管涌。地下水渗透系数为 20m/d。基坑施工时水位降至轨底以下 1m	重大
17-Z042	TJ04 标	盾构始发	温泉大道站	盾构始发易发生洞门涌水、涌沙而导致地表大面积塌陷、建筑物倒塌，盾构机被埋等风险；需对盾构洞门上方土体采用大管棚加固	重大
17-Z029	TJ04 标	盾构机吊装	温泉大道站	盾构机起重吊装时，易发生起重吊装风险以及水平运输人员伤害、人员高空坠落等风险	重大
17-Z031	TJ04 标	负环拆除	温泉大道站	在盾构负环拆除时，易发生起重吊装风险以及水平运输人员伤害、人员高空坠落等风险。单个起重重量超过 10t	重大
17-Z074	TJ06 标	盾构到达	温泉大道站	盾构到达易发生洞门涌水、涌沙而导致地表大面积塌陷、建构筑物倒塌，盾构机被埋等风险；需对盾构洞门上方土体加固	重大
17-Z141	TJ08 标	管线顶管作业	白佛桥站	污水管、雨水管改迁需顶管作业。白佛桥站污水管埋深 8.3m，顶管长度 438m；顶管埋深 4m，顶管长度 282m；顶管作业易发生坍塌、塌陷、后背墙碎裂、高空坠物等风险	重大
17-Z142	TJ08 标	管线顶管作业	机投桥站	污水管、雨水管改迁需顶管作业。机投桥站雨水管埋深 2.89m，顶管埋深 5.27m，顶管长度 36m；污水管埋深 5.1m，污水管埋深 5.5m，顶管长度 329m。顶管作业易发生管长度 340m；顶管长度 5.1m，坍塌、塌陷、后背墙碎裂、高空坠物等风险	重大
17-Z079	TJ07 标	深基坑	九江北站	九江北站车站主体结构长 621m，标准段宽 42m，基坑开挖深度 17.36m，采用桩+内支撑支护型式，超过建质 87 号文中基坑开挖深度超过 5m 的超过一定规模条款	重大
17-Z082	TJ07 标	高大模板	九江北站	九江北站拟采用整体单侧钢模板施工。单侧墙 90cm，侧墙厚度 80cm，搭设跨度为 42m。根据建质 87 号文中要求，故将上述四部分进行分块吊装，分块吊装车站顶板模板施工，混凝土总荷载 20kN/m² 及以上，施工总荷载 18m 支撑工程搭设跨度 18m 及以上、属于重大危险源	重大
17-Z051	TJ05 标	盾构机吊装	明光站	盾构机起重吊装（含 45t 龙门吊）。盾构机直径为 8.58m，分为前盾、中盾、尾盾和刀盘四部分，因盾构本体外观尺寸较大，故将上述四部分进行分块吊装，分块吊装，最重部位为 135t	重大
17-Z055	TJ05 标	负环拆除	明光站	在盾构负环拆除时，易发生起重吊装风险、水平运输人员伤害、人员高空坠落等风险	重大
17-Z058	TJ05 标	盾构始发	明光站	盾构始发易发生洞门涌水、涌沙而导致地表大面积塌陷，建（构）筑物倒塌，盾构机被埋等；需对盾构洞门上方土体加固，密实卵石<3-8-2>层	重大
17-Z073	TJ06 标	盾构始发	明光站	盾构始发易发生洞门涌水、涌沙而导致地表大面积塌陷，建（构）筑物倒塌，盾构机被埋等；需对盾构洞门上方土体加固	重大

续表

危险源编号	标段	危险源名称	危险点	特征描述	危险源级别
17-Z065	TJ06标	降水作业	明光站	结构标准宽度22.3m，总长395m。本工程基坑标准段深度17.88m。基坑标准段深度为17～27.5m。降水井沿维护桩外1.5m设置，间隔15m设置一孔，共计59孔。根据区域水文地质资料及地下水的赋存条件。地下水主要有三种类型：一是赋存于填土层的上层滞水，二是第四系砂卵石层的孔隙水，三是基岩裂隙水。孔深为30～45m，孔径为0.3m，水位降至地面以下17～27.5m。一是赋存于	重大
17-Z066	TJ06标	深基坑	明光站	结构标准宽度22.3m，总长395m。基坑深度为17.88m，基坑标准段深度为17～27.5m。最近距离：平面距离；最近距离0.93～2.46m；埋深0.88m）给水管（材质：铸铁；规格：DN400；埋深：1.2～1.52m）。基坑周边涉及燃气管（材质：钢；规格：DN159；压力：中压；埋深：雨水管（材质：混凝土；规格：DN600；埋深：0.9m）污水管（材质：混凝土；规格：300mm×200mm；埋深：通信管（材质：DX；规格：DN400；埋深：2.28～2.52m）通信管（材质：铜；规格：10kV；埋深：4.05～4.35m）；电力线（材质；规格：混凝土；规格：DN1200；埋深：混凝土；规格：DN400；上口为3m，深度为2m，现每分钟下口为梯形，下口为3m，质，风溪河为梯形，架空：15m）。电力线（材质：铜；规格：10kV；埋深：4.05～4.35m）180m³	重大
17-Z067	TJ06标	高大模板	明光站	结构标准段宽度22.3m，总长395m。模板采用组合钢模板。支撑系统采用碗口支架，碗口支架搭设最大高度为7.3m，长度为20m，宽度为22.2m。集中荷载为20kN/m²	重大
17-Z068	TJ06标	盾构吊装	明光站	盾构机盾体最大块重量约130t，采用400t履带起重机安拆	重大
17-Z069	TJ06标	20t龙门吊安拆	明光站	盾构起重吊装（含60t龙门吊）。车站施工采用一台20t龙门吊。明光站使用开始时间：2017年6月30日。使用结束时间：2018年3月15日。门吊安拆过程中易使用过程中易造成机械伤害及物体打击	重大
17-Z053	TJ05标	45t龙门吊安拆	明光站	盾构机起重吊装（含45t龙门吊）。起重量300kN及以上的起重设备安装工程	重大
17-Z071	TJ06标	负环拆除	明光站	盾构左右线始发时使用到负环管片9环（1.5m环宽），其中标准管块重量约6.8t。拆除过程中易发生物体坠落并造成人身伤害	重大
17-ZL50	TJ09标	盾构机到达	九江北站	五桐庙停车场出入场盾构区间。到达段盾构姿态控制、管棚施工、地面加固、水位监测，盾体的解体拆除等	重大
17-Z085	TJ07标	基坑降水	九江北站	九江北站北侧有在建的成蒲铁路高架桥，成蒲铁路是川藏线的成蒲铁路段的重要组成部分，也是成都的市内快铁，属于一一铁路线。成蒲铁路距车站围护桩21.5m。车站降水施工可能影响成蒲铁路的摩擦桩基础受力学参数发生变化，造成局部沉降。须监控以避免高架桥基础发生变形。根据建质87号文中要求，降水深度超过5m，为危险性较大的分部分项工程，属于重大危险源	重大
17-Z092	TJ07标	25t龙门吊安拆	九江北站	起重量300kN及以上的起重设备安装工程。盾构机起重吊装（含龙门吊）	重大
17-Z095	TJ07标	盾构到达	九江北站	明光站—九江北站盾构区间（以下简明九区间）2号风井—九江北站盾构区间。盾构到达为特殊掘进工艺段，易发生端头沉降超限、坍塌等风险。根据成都市的地层性质将到达的高危险定义为重大危险源	重大

续表

危险源编号	标段	危险源名称	危险点	特征描述	危险源级别
17-Z102	TJ07标	顶管施工	九江北站	位于九江北站成新蒲快速路与星空路四段交汇处的DN1800承压式给水管道横穿九江北站西南侧E号出入口及星空路四段深约7m,长约45m,该处车流量较大,交通导改难度大,拟采用顶管施工,根据建质87号文中要求,顶管施工为超过一定规模危险性较大的分部分项工程,属重大危险源	重大
17-Z109	TJ08标	高大模板	白佛桥站	模板高度9m,施工荷载27kN/m²,属于高大模板工程及支撑体系	重大
17-Z113	TJ08标	基坑降水	白佛桥站	基坑开挖降水施工,降水深度大于20m。卵石地层中,可能出现开挖面塌方	重大
17-Z105	TJ08标	深基坑	白佛桥站	两层车站,标准段基坑宽23.3m,端头井基坑宽24.8m,深度20m,桩基围护+4道内支撑,易出现地表塌陷,基坑失稳等隐情	重大
17-Z106	TJ08标	深基坑	机投桥站	两层车站,标准段基坑宽22.8m,端头井基坑宽23.8m,深度19m,桩基围护+4道内支撑,易出现地表塌陷,基坑失稳等隐情	重大
17-Z114	TJ08标	基坑降水	机投桥站	基坑开挖降水施工,降水深度大于20m。卵石地层中,降水深度大,可能出现开挖面塌方。建辉汽修等7间单层商铺距离基坑围护结构外边线仅0.8m(单层砖混浅基础结构),金宇钢材直销处等11间双层商铺距离基坑围护结构外边线仅1.1m(双层彩钢板浅基础结构),帝销大酒店与附属结构属最小间距为2.3m(5层砖混基础结构)	重大
17-Z110	TJ08标	高大模板	机投桥站	模板高度9.7m,施工荷载27kN/m²,属于高大模板工程及支撑体系	重大
17-Z009	TJ03标	施工降水	黄石站—市五医院站区间明挖段	基坑开挖降水施工,地下水位高为2~3.5m,降水位控制为18m	重大
17-Z011	TJ03标	基坑开挖	黄石站—市五医院站区间明挖段	基坑长633m,宽14.4~27.8m,开挖深度最大为21m,基坑开挖采用钻孔灌注桩加固内支撑型式	重大
17-Z021	TJ03标	高大模板施工	黄石站—市五医院站区间明挖段	主体结构及附属结构采用高大模板施工,顶板采用满堂支架。模板高度10.7m,跨度12.7m,荷载20kN/m	重大
17-Z013	TJ03标	明挖段盾构吊装	黄石站—市五医院站区间	70t,30t龙门吊门吊安拆,盾构起重吊装	重大
17-Z015	TJ03标	明挖段盾构始发	黄石站—市五医院站区间	盾构始发及盾构掘进工艺段,易发生端头沉降降超限,坍塌等风险	重大

续表

危险源编号	标段	危险源名称	危险点	特征描述	危险源级别
17-Z017	TJ03标	盾构换刀	黄石站—市五医院站区间	掌子面坍塌、换刀位上方地面塌陷	重大
17-T001	TJ03标	下穿成温邛高速	黄石站—市五医院站区间	里程YCK57+345～YCK57+385范围内下穿成温邛高速路基，此处隧道顶埋深约9.7m，漂石砂卵石层地层	特别重大
17-Z018	TJ03标	下穿全兴酒厂温江分厂建筑	黄石站—市五医院站区间	里程YCK57+203～YCK57+308范围1～3层，根据调访资料，浅基础（条形基础或柱下独立基础）隧道下穿，竖向净距约9m，多为废弃房屋	重大
17-Z020	TJ03标	战备渠路面涵	黄石站—市五医院站盾构	走访了解为浅基础，埋深3.5m左右，隧道下穿，竖向净距约6m	重大
17-Z034	TJ04标	下穿凤溪河	市五医院站—凤溪河站	在凤溪河区间内，存在一条宽约5m，深约2m凤溪河，该河采用条石进行人工砌筑，河水距大。区间在YCK58+996～YCK59+370段下穿凤溪河，下穿长度374m，凤溪河底引起凤溪河变形易开裂漏水，造成风溪河水与隧道周围潜水层联通，增大隧道掌子面水头压力，进而引起盾构机土压平衡失稳，最终导致风溪河水倒灌进隧道	重大
17-Z035	TJ04标	近距离侧穿建筑物	市五医院站—凤溪河站	本段盾构区间位于凤溪大道下方，其中 ZCK60+472.424～ZCK60+512.792, ZCK60+432.268～ZCK60+468.550, ZCK60+402.971～ZCK60+426.406, ZCK60+388.106～ZCK60+394.106, ZCK60+353.865～ZCK60+368.863, ZCK59+293.034～ZCK59+354.018, ZCK59+054.286～YCK60+070.980, YCK59+076.237～YCK59+122.537, YCK59+136.929～YCK59+152.526, YCK59+216.941～YCK59+223.239, YCK59+291.922～YCK59+319.765, YCK59+333.830～YCK59+373.730, YCK59+392.650～YCK59+413.855, YCK59+484.352～YCK59+545.340段地面建筑距隧道水平距离不到1倍洞径，盾构掘进施工风险大，盾构掘进施工所带来地层变形易引发地面建筑物沉降、位移、开裂、倾斜等事故	重大
17-Z036	TJ04标	平行于凤溪河掘进	市五医院站—凤溪河站	本段盾构区间部分隧道平行于凤溪河掘进，且YCK58+988.459～YCK59+300, YCK60+324.749段凤溪河距隧道水平距离不到5m，盾构施工所带来地层变形易引起凤溪河底开裂漏水，造成凤溪河水与隧道周围潜水层联通，增大盾构掌子面水头压力，进而引起盾构机土压平衡失稳，最终导致风溪河水倒灌进隧道	重大
17-Z032	TJ04标	联络通道暗挖施工	市五医院站—凤溪河站	1号联络通道长6.5m，联络通道顶覆土厚度16.11m，土方开挖量182m³，采用暗挖法施工，主要地层为砂卵石层。2号联络通道长6.5m，联络通道顶覆弧形结构，施工风险大，拱部为弧形结构，采用暗挖法施工，开挖量182m³，采用暗挖法施工，施工风险大，拱顶为弧形结构，主要地层为砂卵石层	重大

续表

危险源编号	标段	危险源名称	危险点	特征描述	危险源级别
17-Z039	TJ04标	区间盾构机换刀	市五医院站—凤溪河站	本段盾构区间主要穿越密实砂卵石地层，盾构机刀具磨损大。在洞内进行盾构机换刀，共须换刀7次。掌子面土体不稳定，安全风险大，易产生人员伤亡事故	重大
17-Z038	TJ04标	平行干污水管掘进	凤溪河站—温泉大道站	本段盾构区间平行于污水管隧道，且ZCK60+816.991~ZCK61+439.862段污水管隧道水平距离不到5m，盾构施工所带来地层变形易引起污水管渗漏，须对该段污水管进行注浆加固	重大
17-Z037	TJ04标	平行干凤溪河掘进	凤溪河站—温泉大道站	本段盾构区间平行于凤溪河掘进，且YCK61+382.203~YCK62+234.316段凤溪河底平行于凤溪河掘进，水平距离不到5m，盾构施工所带来地层变形易引起凤溪河河水与隧道倒灌进隧道潜水渗水联通，增大隧道掌子面水头压力，进而引起盾构机土压平衡失稳，最终导致河水倒灌进隧道	重大
17-Z040	TJ04标	区间盾构机换刀	凤溪河站—温泉大道站	本段盾构区间主要穿越密实砂卵石地层，盾构机刀具磨损大。在洞内进行盾构机换刀，共须换刀6次。掌子面土体不稳定，安全风险大，易产生人员伤亡事故	重大
17-Z033	TJ04标	联络通道暗挖施工	凤溪河站—温泉大道站	1号联络通道长6.5m，联络通道覆土厚度19.9m，土方开挖量182m³，采用暗挖法施工，施工风险大。2号联络通道长6.5m，主要地层为砂卵石层，联络通道顶覆土厚度16.23m，土方开挖量182m³，采用暗挖法施工，拱部为弧形结构，拱部挖弧形大，施工风险大，主要地层为砂卵石层	重大
17-Z076	TJ06标	盾构换刀	温泉大道站—明光站	区间地层为富水砂卵石，隧道埋深11.5~17m，常压情况换刀存在涌水、涌沙及有毒气体等风险；换刀工作主要为焊接作业，容易产生机械伤害及人身伤害	重大
17-T006	TJ06标	盾构始发	温泉大道站—明光站	盾构隧道在YCK62+857.8~YCK64+605.09段内下穿下穿砂卵石结构层，地下水丰富，且容易造成刀盘磨损，地表沉降。截面为8.3m；直径8.3m；每环钻进深度为1.5m。支护形式为：预支管片排装注浆支护。区间盾构始发下穿两根均为高压燃气管道，型号为RQ钢；材质为DN529，DN427；压力4MPa。埋设于原地面以下1.51m，距隧道顶6.66m。此管道与线路交叉，里程为YCK62+860~YCK62+880；埋深DN1200；埋深4.05~4.35m）	特别重大
17-Z072	TJ06标	联络通道矿山法施工	明光站—温泉大道站	3座联络通道中心里程YCK63+450.000、YCK64+000.000、YCK64+300.000；联络通道埋深11.5~17m，位于<3-8-3>富水砂卵石地层，易发生涌水、涌沙及地面塌陷等事故	重大
17-Z075	TJ06标	区间下穿高压电塔	温泉大道站—明光站区间盾构工程	区间盾构隧道在YCK63+815里程位置下穿110kV高压电塔。高压电塔位于右线上方，电塔杆基础底部距离区间隧道顶口距离为11.86m	重大
17-Z077	TJ06标	区间侧穿及下穿凤溪河	温泉大道站—明光站区间盾构工程	凤翔大道南侧临近凤溪河，盾构区间工作侧穿及下穿凤溪河。凤溪河为梯形，下口为3m，上口为5m，深度为2m，现每分钟涌水量为180m³。凤溪河离隧道中线最近距离为3.85m	重大

续表

危险源编号	标段	危险源名称	危险点	特征描述	危险源级别
17-Z078	TJ06标	下穿污水管	温泉大道站—明光站区间盾构工程	盾构区间掘进下穿污水管（材质：混凝土；规格：DN1200；埋深：4.05~4.35m）。污水管道在YCK62+857.805~YCK63+072里程段底部与区间盾构隧道顶部离距离约为3.88~5.0m。此管道与线路平行	重大
17-Z064	TJ05标	盾构换刀	明九区间1号风井—2号风井区间	盾构区间均穿越富水砂卵石土地层，盾构机刀具磨损较大，需在洞内进行盾构刀具更换。掌子面土体不稳定，安全风险较大，易产生人员伤亡事故	重大
17-T004	TJ05标	下穿成蒲铁路	1号风井—2号风井区间	区间下穿成蒲铁路。盾构在ZCK68+135/YCK68+115~ZCK68+160/YCK68+140范围内左、右线下穿成蒲铁路高架桥，影响290号、291号和292号桥墩，桥桩桩径1m，桩长14.5m。上部结构为32.7m跨度简支梁。隧道外边缘距桩基净距以下2.8m，盾构在该部位穿越的地层为<3-8-3>密实卵石土	特别重大
17-T005	TJ05标	下穿DN1800供水管	1号风井—2号风井区间	盾构区间里程在ZCK68+240处下穿DN1800给水管，给水管埋深3.85m，距隧道顶8.42m，供水管为PCCP管，盾构穿越地层为<3-8-3>密实卵石土	特别重大
17-T007	TJ08标	下穿绕城高速江安立交	九江北站—白佛桥站区间	ZCK73+122~ZCK73+550，YCK73+122~YCK73+550盾构隧道垂直下穿绕城高速立交建于2012年，桩基础，1.8m钻孔灌注桩，桩长22.6m。上部结构为4×30m预应力混凝土简支小箱梁，桥面连续；下部结构桥墩采用柱式桥墩，摩擦桩，桥台采用轻型桥台。该盾构隧道穿越中密实卵石层，隧道左线与桩基最小间距为7m	特别重大
17-T008	TJ08标	下穿江安河	九江北站—白佛桥站区间盾构段	盾构区间于YCK74+389.705里程处下穿江安河，江安河宽约18~33m（左线盾构区间穿越处河宽18.8m，右线盾构区间穿越处河宽20m。江安河桥上部为3×30m的预应力简支梁。右线距桥梁桩基1.6m，下部桩基直径1.6m，左右线分别穿越河道宽18.8m。江安河桥河底距31.2m，自然河床，河水流量较大，水深0.6~1.6m，盾构左线距桥梁桩基8.78m，线路与河道呈30°夹角。盾构区间该处存在隧道涌水、桥体变形沉降等安全隐患	特别重大
17-Z057	TJ05标	联络通道矿山法施工	明九区间	两条盾构区间—明光站—明九区间1号风井盾构区间共3座联络通道，开挖土和<3-8-3>中密卵石土层中，位于<3-8-2>中密卵石土层中。明九区间1号风井—2号风井盾构区间共4座联络通道（其中1座兼泵房，开挖长度分别为7.9m、7.9m、19.4m、22.5m，底板埋深16.35~18.23m，地层为<3-8-2>中密卵石土、位于<3-8-3>中密卵石土和<3-8-3>密实卵石土层中，采用暗挖法施工，拱顶覆土易受到扰动，安全风险大	重大
17-Z080	TJ07标	深基坑	明九区间明挖区间	明挖区间长947.155m，标准段宽24.2m，基坑平均深度约为20m，采用桩+内支撑支护形式，超过建质87号文中基坑开挖深度超过5m的超过一定规模条款	重大
17-Z083	TJ07标	高大模板	明九区间明挖区间	明挖区间高大模板施工。顶板施工总荷载超过15kN/m²，梁的集中线荷载超过20kN/m²	重大

续表

危险源编号	标段	危险源名称	危险点	特征描述	危险源级别
17-Z086	TJ07标	基坑降水	明九区间明挖区间	九江北站小里程明挖区间开挖深度为15.8~24.639m,开挖深度超过5m的基坑工程根据建质87号文定义为重大危险源	重大
17-Z046	TJ05标	深基坑	明九区间1号风井	全长66.6m,标准段宽度为29.5m,基坑深度为19.1~20.1m。施工主要为杂填土,松散卵石,稍密卵石,中密卵石,密实卵石	重大
17-Z048	TJ05标	高大模板	明九区间1号风井	1号风井为地下两层双柱矩形框架结构,风井长66.6m,宽29.5m,基坑深度为19.1~20.1m。施工过程中混凝土浇筑高度及模板高度较高,标准段高度为8.76m,盾构井最大高度为7.48m,纵向最大中线横跨为7.85m,横向最大净跨为10.9m,集中线段横向最大净载26.1kN/m²,支撑体系采用满堂碗扣支架,混凝土对称施工	重大
17-Z050	TJ05标	基坑降水	明九区间1号风井	本场地的地下水主要为赋存于砂卵石中的孔隙型潜水,地下水位埋深约3m。地层在具有一定渗透速度(或水力坡度)的水流作用下,其细小颗粒被冲走,慢慢形成一种能穿越地基的细管状渗透通道,从而掏空围护结构之间的土层,使地基变形、失稳,形成管涌。地下水渗透系数为20m/d,基坑施工时水位降至基底以下1m	重大
17-Z052	TJ05标	盾构机吊装	明九区间1号风井	盾构机起重吊装(含45t龙门吊),盾构机直径为8.58m,分为前盾、中盾、尾盾和刀盘四部分,因盾构本体外观尺寸较大,故将上述四部分进行分块吊装,最重部位为135t	重大
17-Z054	TJ05标	45t龙门吊安拆	明九区间1号风井	盾构机起重吊装(含45t龙门吊),起重量300kN及以上的起重设备安装工程	重大
17-Z056	TJ05标	负环拆除	明九区间1号风井	在盾构负环拆除时,易发生起重吊装风险,水平运输人员伤害,人员高空坠落等风险	重大
17-Z059	TJ05标	盾构始发	明九区间1号风井	盾构始发易发生洞门涌水、涌沙而致地表大面积塌陷,建(构)筑物倒塌,盾构机被埋等,需对盾构洞门上方土体加固,1号风井分体始发端头地层为:<3-8-3>密实卵石层	重大
17-Z060	TJ05标	盾构到达	明九区间1号风井	盾构到达易发生洞门涌水、涌沙而导致地表大面积塌陷,建(构)筑物倒塌,盾构机被埋等,需对盾构洞门接收端头地层为:<3-8-3>密实卵石层	重大
17-Z081	TJ07标	深基坑	明九区间2号风井	2号风井长67.969m,宽31.296m,深22.870m,采用桩+内支撑支护形式,挖深度超过5m的超过建质87号文中基坑开挖深度超过5m的超过一定规模条款	重大
17-Z063	TJ05标	盾构换刀	明九区间1号风井	盾构区间均穿越富水砂卵石地层,盾构机刀具磨损较大,需在洞内进行盾构刀具更换,掌子面土体不稳定,安全风险较大,易产生人员伤亡事故	重大
17-Z061	TJ05标	盾构到达	明九区间2号风井	盾构到达易发生洞门涌水、涌沙而导致地表大面积塌陷,建(构)筑物倒塌,盾构机被埋等,需对盾构洞门接收端头地层为:<3-8-3>密实卵石层	重大

续表

危险源编号	标段	危险源名称	危险点	特征描述	危险源级别
17-Z084	TJ07 标	高大模板	明九区间2号风井	明九区间2号风井长 67.035m,宽 31.296m,拟采用整体单侧钢模板施工侧墙,侧墙厚 1000mm,地下一层净高 5250mm,地下二层净高 10647mm,混凝土模板支撑工程搭设跨度 18m 及以上、模板搭设高度超过 8m,施工总荷载 20kN/m² 及以上	重大
17-Z062	TJ05 标	区间下穿成新蒲快速路	明九区间1号风井~2号风井区间	盾构在 ZCK68+196.8/YCK68+181.5~ZCK68+227.9/YCK68+213.7 范围内左、右线下穿成新蒲快速路,现状交通量大。隧道顶埋深约 11.7m,盾构在该部位穿越的地层为<3-8-3>密实卵石土	重大
17-Z088	TJ07 标	暗挖施工	联络通道	本区间共设置 3 座联络通道,分别位于里程 YCK69+600.000,YCK70+000.000,YCK70+600.000 处,地层为密实卵石土,联络通道施工均采用降水条件下的暗挖法施工,施工过程易发生坍塌	重大
17-Z087	TJ07 标	基坑降水	明九区间2号风井	开挖深度超过 5m 的基坑降水工程根据建质 87 号文定义为重大危险源	重大
17-Z089	TJ07 标	盾构吊装	明九区间2号风井	盾构机起重吊装(含龙门吊)。盾构机刀盘重 86t,中盾重 52t,前盾重 31t,尾盾重 46t,驱动系统重 135t,起重设备拟选用一台 500t 履带吊。根据建质 87 号文中要求,单件起吊重量在 100kN 及以上的起吊重量、属于重大危险源	重大
17-Z090	TJ07 标	25t 龙门吊安拆	明九区间2号风井	起重量 300kN 及以上的起重设备安装工程。起重量 300kN 及以上的分部分项危险性较大的危险设备安装工程。属于重大危险源	重大
17-Z091	TJ07 标	45t 龙门吊安拆	明九区间2号风井	盾构机起重吊装(含龙门吊)。起重量 300kN 及以上的起重设备安装工程	重大
17-Z093	TJ07 标	负环拆除	明九区间2号风井	在盾构负环拆除时,易发生起重吊装风险、水平运输人员伤害、人员高空坠落等风险	重大
17-Z094	TJ07 标	盾构始发	明九区间2号风井	明九区间2号风井~九江北站盾构区间盾构始发为特殊掘进工艺段,易发生端头沉降超限、坍塌等风险。根据成都市的地层特性盾构始发为高风险将其定义为重大危险源	重大
17-Z096	TJ07 标	盾构区间换刀	明九区间2号风井~九江北站盾构区间	易发生掌子面坍塌、换刀位置上方易发生地面坍塌,换刀需要带压换刀,针对带压换刀,地铁公司相关文件中已将其定义为重大危险源	重大
17-Z097	TJ07 标	盾构下穿处民用建筑	明九区间2号风井~九江北站盾构区间	盾构路线上下穿九江肉类加工场单层厂房,一处彩钢棚和一处饲养场,隧道埋深最浅 30m,上述建筑非重要建筑,故将此条定义为重大危险源	重大

续表

危险源编号	标段	危险源名称	危险点	特征描述	危险源级别
17-Z098	TJ07标	区间下穿给水管	明九区间2号风井—九江北站盾构区间	该管为直径1800mm，埋深约4m的PCCP承插式给水管，管底与区间隧道顶部净距约33m，属下穿重要管线	重大
17-Z099	TJ07标	盾构下穿110kV电力管	明九区间2号风井—九江北站盾构区间	明九区间2号风井—九江北站盾构区间右线穿越归属于国网成都供电公司的110kV电力管，沿东西方向延伸埋设。燃气管距离地表1.8m，距离右线隧道顶部距离8.7m	重大
17-Z100	TJ07标	盾构下穿燃气管	明九区间2号风井—九江北站盾构区间	明九区间2号风井—九江北站盾构区间右线穿越归属于双流区兴能天然气有限责任公司的DN273燃气管。燃气管距离地表1.8m，距离右线隧道顶部8.7m。燃气管管材料为钢管，管道直径为273mm，沿东西方向延伸埋设	重大
17-Z101	TJ07标	盾构旁穿附近成蒲铁路	明九区间2号风井—九江北站盾构区间	明九区间2号风井—九江北站盾构区间左线穿穿附近成蒲铁路，成蒲铁路结构形式为多跨简支梁桥，成蒲铁路距离地表16m，左线隧道顶部距地表8～33m，左线盾构隧道与成蒲铁路水平距离为11～19m。基础形式为群桩基础，桩基埋深16m	重大
17-Z107	TJ08标	高大模板	九江北站—佛桥站区间明挖段	模板高度8.8m，施工荷载27kN/m²，属于高大模板工程及支撑体系	重大
17-Z103	TJ08标	深基坑	九江北站—佛桥站区间明挖段	基坑长约920m，开挖深度13.5～19.7m。易出现地表塌陷，基坑失稳等隐情	重大
17-Z111	TJ08标	基坑降水	九江北站—佛桥站区间明挖段	基坑开挖降水施工，降水深度大于20m。卵石地层中，因地层不稳定，可能出现开挖面塌方	重大
17-Z104	TJ08标	深基坑	九江北站—佛桥站区间中间风井	目前，九白区间中间风井方案尚未确定，具体数据尚不清楚	重大
17-Z108	TJ08标	高大模板	九江北站—佛桥站区间中间风井	目前，九白区间中间风井方案尚未确定，具体数据尚不清楚	重大

续表

危险源编号	标段	危险源名称	危险点	特征描述	危险源级别
17-ZJ15	TJ08标	盾构机吊装	九江北站—白佛桥站区间	盾构机起重吊装（含65t龙门吊）。盾构机直径为8.58m，分为前盾、中盾、尾盾和刀盘四部分，因盾构本体外观尺寸较大，故将上述四部分分块吊装，最重部位为135t	重大
17-ZJ18	TJ08标	盾构段龙门吊安拆	九江北站—白佛桥站区间	盾构机施工时，垂直运输采用45t和60t门吊。门吊安拆作业，存在安全风险	重大
17-ZJ21	TJ08标	负环拆除	九江北站—白佛桥站区间	在盾构负环拆除时，易发生起重吊装风险以及水平运输人员伤害，人员高空坠落等风险	重大
17-ZJ24	TJ08标	联络通道矿山法施工	九江北站—白佛桥站区间	区间4座联络通道开挖过程中存在支撑失稳，地层明塌，地表沉降等安全隐患	重大
17-ZJ33	TJ08标	盾构换刀	九江北站—白佛桥站区间	盾构区间均穿越富水砂卵石地层，盾构机刀具磨损较大，需在洞内进行盾构刀具更换，掌子面土体不稳定，安全风险较大，易产生人员伤亡事故	重大
17-ZJ26	TJ08标	盾构始发	九江北站—白佛桥站区间	盾构始发，易出现地表塌陷和洞门涌水、涌沙等风险	重大
17-ZJ27	TJ08标	盾构到达	九江北站—白佛桥站区间	盾构到达，易出现地表塌陷和洞门涌水、涌沙等风险	重大
17-ZJ16	TJ08标	盾构机吊装	白佛桥站—机投桥站区间	盾构机起重吊装（含65t龙门吊）。盾构机直径为8.58m，分为前盾、中盾、尾盾和刀盘四部分，因盾构本体外观尺寸较大，故将上述四部分分块吊装，最重部位为135t	重大
17-ZJ19	TJ08标	龙门吊安拆	白佛桥站—机投桥站区间	盾构机施工时，垂直运输采用45t和60t门吊。门吊安拆作业，存在安全风险	重大
17-ZJ22	TJ03标	负环拆除	白佛桥站—机投桥站区间	在盾构负环拆除时，易发生起重吊装风险以及水平运输人员伤害，人员高空坠落等风险	重大
17-ZJ32	TJ03标	盾构换刀	白佛桥站—机投桥站区间	盾构区间均穿越富水砂卵石地层，盾构机刀具磨损较大，需在洞内进行盾构刀具更换，掌子面土体不稳定，安全风险较大，易产生人员伤亡事故	重大
17-ZJ28	TJ08标	盾构始发	白佛桥站—机投桥站区间	盾构始发，易出现地表塌陷和洞门涌水、涌沙等风险	重大

续表

危险源编号	标段	危险源名称	危险点	特征描述	危险源级别
17-ZI29	TJ08标	盾构到达	白佛桥站—机投桥站区间	盾构到达，易出现地表塌陷和洞门涌水、涌砂等风险	重大
17-ZI25	TJ08标	联络通道矿山法施工	白佛桥站—机投桥站区间	区间2座联络通道开挖过程中存在支撑失稳、地层坍塌，地表沉降等安全隐患	重大
17-ZI17	TJ08标	盾构机吊装	机投桥站—终点区间	盾构机起重吊装（含65t龙门吊）。盾构机直径为8.58m，分为前盾、中盾、尾盾和刀盘四部分，因盾构本体外观尺寸较大，故将上述四部分进行分块运输，分块吊装。最重部位为135t	重大
17-ZI20	TJ08标	龙门吊安拆	机投桥站—终点区间	盾构机起重吊装（含65t龙门吊）。盾构施工时，垂直运输采用45t和60t门吊。门吊安拆作业，存在安全风险	重大
17-ZI23	TJ08标	负环拆除	机投桥站—终点区间	在盾构负环拆除时，易发生起重吊装风险，水平运输人员伤害、人员高空坠落等风险	重大
17-ZI30	TJ08标	盾构始发	机投桥站—终点区间	盾构始发，易出现地表塌陷和洞门涌水、涌砂等风险	重大
17-ZI31	TJ08标	盾构到达	机投桥站—终点区间	盾构到达，易出现地表塌陷和洞门涌水、涌砂等风险	重大
17-ZI34	TJ08标	盾构换刀	机投桥站—终点区间	盾构区间均穿越富水砂卵石地层，盾构机刀具磨损较大，需在洞内进行盾构刀具更换，掌子面土体不稳定，安全风险较大，易产生人员伤亡事故	重大
17-ZI35	TJ08标	下穿绕城高速收费站及地下通道	九江北站—白佛桥站—机投桥站—终点区间盾构工程	九江北站—白佛桥站—机投桥站—终点区间盾构工程。在里程YCK73+840～YCK73+880，盾构隧道下穿绕城高速城及其地下通道。根据基础资料，该通道建于2012年，其工结构为闭合框架，隧道左线正穿。全长151.28m，净宽3.8m，净高3m，隧道左线正穿，该盾构隧道穿越密实卵石层，隧道顶与通道底的最小竖向净距为4.13m	重大
17-ZI36	TJ08标	穿越马家寺社区	九江北站—白佛桥站—机投桥站—终点区间盾构工程	九江北站—白佛桥站—机投桥站—终点区间盾构工程。盾构区间穿越马家寺社区，依次挂穿越1栋3层砖房（单层32间）、正穿4栋3层砖混居民楼，其1层为商铺（小店合计18间）。房屋结构为浅基础	重大
17-ZI37	TJ08标	下穿通信塔	九江北站—白佛桥站—机投桥站—终点区间盾构工程	九江北站—白佛桥站—机投桥站—终点区间盾构工程。盾构左线于YCK74+370处下穿通信发射塔1，发射塔基础尺寸为6.6m×5.2m×0.5m，固定螺栓高台尺寸为1.6m×1.8m×1.2m。盾构左线于YCK74+550处下穿通信发射塔2，下端可见扩大基础（尺寸为1.8m×1.8m×0.5m）	重大

续表

危险源编号	标段	危险源名称	危险点	特征描述	危险源级别
17-ZJ138	TJ08标	劳穿成新蒲铁路	九江北站—佛桥站—机枝桥站—终点区间盾构工程	盾构区间左线位于成新蒲铁路南侧，在江安河处，左线外边沿距成新蒲铁路最近处21.1m。路此处桥墩桩基为6根直径1.0m，桩长18m的钻孔灌注桩	重大
17-ZJ139	TJ08标	正穿建筑物	九江北站—佛桥站—机枝桥站—终点区间盾构工程	左线盾构隧道在ZCK77+350～ZCK74+620里程范围正穿建筑物群，建筑物均为浅基础，基础深度为3m，隧道顶与浅基础底最小竖向净距为5.83m	重大
17-ZJ140	TJ08标	下穿黄堰河及小桥	九江北站—佛桥站—机枝桥站—终点区间盾构工程	盾构区间左线下穿黄堰河，右线（在ZCK77+507里程范围）下穿黄堰河小桥。黄堰河及黄堰河小桥宽18m，桥为条形基础，2002年改建，基础深度为3.95m，隧道顶与浅基础底最小竖向净距为7.21m。河深约2m，水位变化较大	重大
17-ZJ143	TJ09标	降水施工	五桐庙停车场出入场线明挖段	本场地的地下水主要赋存于砂卵石层中的孔隙型潜水，具微承压性。该地层在具有一定透速度的水力坡度的水流作用下，其细小颗粒被冲走，土中的孔隙逐渐增大，慢慢形成一种能穿越地基的细管状态流通道，从而掏空周护结构之间的土层，使地基变形、失稳，形成管涌	重大
17-ZJ144	TJ09标	深基坑施工	五桐庙停车场出入场线深基坑施工	明挖段主要结构为"框架+U形槽"，总长460m，基坑深度由17.5m渐变到22.82m渐变到12m。位于密实、中密卵石层及粉质黏土层	重大
17-ZJ145	TJ09标	高大模板工程	五桐庙停车场出入场线明挖段	明挖段为地下一层结构，主要有"三框架""单框架""双框架""U形槽"四种形式，宽度由22.82m渐变到2m，基坑深度由17.5m渐变2m，侧墙厚度0.8m，仅模板自重荷载就高达28.6kN/m²，支撑体系采用满堂支架扣件式脚手架对称施工	重大
17-ZJ146	TJC9标	盾构机起重吊装（含龙门吊）	五桐庙停车场出入场线15号盾构机吊装	盾构组装需根据部件情况，场地条件选择组装设备。其中，盾构机刀盘重86t，驱动系统重135t，前盾重52t，中盾重31t，尾盾重46t，均为单个构件超过300kN的起重吊装工程。起重设备拟选用一台450t履带吊，出渣门机。考虑始发场地受限，起重设备设备安装工程，属于重大风险源	重大
17-ZJ147	TJ03标	55t及45t龙门吊安拆	五桐庙停车场出入场线	盾构机起重吊装（含龙门吊）。单个起重重量超过30t	重大
17-ZJ148	TJ03标	负环拆除	负环拆除	在盾构负环拆除时，易发生起重重吊装风险以及水平运输人员伤害，人员高空坠落等风险	重大

续表

危险源编号	标段	危险源名称	危险点	特征描述	危险源级别
17-Z149	TJ09标	盾构机始发	五桐庙停车场出入场线盾构区间	始发段管棚施工、地面加固、水位监测，盾体姿态测量定位，防扭转控制，洞门封堵等	重大
17-Z151	TJ09标	下穿福田村五组,石牛村大片民房,九江肉类加工厂	五桐庙停车场出入场线盾构区间	在里程RCK3+060~RCK3+200，RCK2+865~RCK2+912，RCK2+094~RCK2+019，RCK1+439~RCK1+620段，区间隧道下穿密集群房区域，根据调访资料群房屋为条形基础形式，浅基础，隧道顶距离最近正面的房屋基础底约6~8.7m	重大
17-Z152	TJ09标	上跨17号线正线下穿重要地下管线	五桐庙停车场出入场线盾构区间	盾构机在里程RCK1+350~RCK1+500区段上跨17号线明光站~九江北站区间隧道，两隧道夹土体厚度最小值约10.4m。盾构机在RCK1+439~RCK1+327穿越：（1）DN=273钢制中压天然气管道，新津方向供气，压力为0.7MPa，埋深0.8m；（2）DN=1800的钢制给水管，管线埋深0.8m，压力1.0MPa，目前已经通水	重大
17-Z153	TJ09标	盾构换刀	五桐庙停车场出入场线盾构区间	盾构区间主要穿越中密实及密实砂卵地层。盾构机刀具磨损较大，需要进行换刀。在洞内进行盾构盘更换，掌子面土体不稳定，易产生人员伤亡事故	重大
17-Z154	TJ09标	下穿白河	五桐庙停车场出入场线盾构区间	盾构机在RCK2+407~RCK2+401下穿白河，河床深度4m，目前水深50cm，水流自北向南，水流平缓。隧道顶距离河两底约12m	重大
17-Z155	TJ09标	下穿高压铁塔	五桐庙停车场出入场线盾构区间	本区间共2次穿越高压电塔基础（RCK3+005，RCK2+356.9），根据调访资料其基础为埋设2~3m左右的扩大基础。盾构覆土最小的地段为8.47m	重大
17-Z156	TJ09标	下穿10kV九成路兴福支线电杆	五桐庙停车场出入场线盾构区间	本区间共8次下穿高压电线杆基础，根据调访资料其基础为埋设2~3m左右的扩大基础。在RCK3+013.663处，人场线下穿高压电线杆基础，盾构覆土最小的地段为8.52m	重大
17-Z157	TJ09标	暗挖施工	废水泵房	在里程RCK1+650处有一座6m的废水泵房，暗挖施工降水困难，易坍塌，施工危险系数高为：卵石地层中，可能由于地层不稳定，造成开挖面的塌方	重大
17-T002	TJ04标	既有线施工	下穿既有地铁4号线隧道	在YCK60+825~YCK60+850段须盾构下穿既有4号线隧道，4号线为直径6m隧道，在其隧道下方有素混凝土桩加固处理，素桩采用Φ1000@1350mm预加固，盾构与4号线隧道最小垂直距离为3.16m，在下穿过程中风险较大，盾构机需破除素桩，掘进难度大，施工风险较大，对地面沉降要求高	特别重大

续表

危险源编号	标段	危险源名称	危险点	特征描述	危险源级别
17-Z001	TJ01标	挂篮施工	40m＋70m＋40m连续梁	40m＋70m＋40m连续梁采用挂篮悬臂施工，采用挂篮悬臂施工，悬臂高度离地面11.3～14m。每延米钢筋混凝土重量为9.7t，梁底宽为3m，施工总荷载为9.7×10/3=32.3kN/m²	重大
17-Z002	TJ01标	满堂支架搭设	区间高架桥现浇箱梁	现浇箱梁采用支架法施工，跨度为30～32m，施工荷载为32.3kN/m²；双线梁底宽3m，跨度为30m，施工荷载504/30×10/5=33.6kN/m²；标准段单线梁底宽3m，跨度为30m，施工荷载504/30×10/5=33.6kN/m²；连续梁跨度超过17.6m，跨度为32m，施工总荷载为537.5×26/32/17.6=24.8kN/m²，支架搭设跨度超过18m以上，施工总荷载超过15kN/m²，判定为重大危险源	重大
17-Z004	TJ01标	架桥机安装、拆	高架桥施工	架桥机安装、拆卸的单件起重重量超过300kN	重大
17-Z008	TJ02标	支架法施工	高架区间	现浇箱梁采用支架法施工，跨度为25～31m，标准段单线宽度为5.8m，双线宽度10.4m，车辆出入段宽度为23.8m；施工总荷载为20kN/m²	重大
17-Z005	T~01标	箱梁提、运、架	预制梁场、架设	预制箱梁重量为：标准双线预制箱梁，梁宽10.4m，重504t(5040kN)。采用非常规起重设备与方法，且单件起吊重量在100kN及以上，判定为重大危险源	重大
17-Z006	P~标	轨排吊装	铺轨基地	轨排吊装施工时单件起重重量（钢轨25×2×60＝3000kg，轨枕25/0.6×250＝10416kg，合计：13.416t)13.416t。起重量超过10t(超过100kN)，判定为重大危险源	重大

2. 建（构）筑物密布

线路主要沿灌温路、凤溪大道、凤翔大道、香榭大道、永康路等交通主干道铺设，多处穿越工业与民用建筑、高速公路、城市干道、铁路高架，具有地铁线 4 号线、高压线塔、凤溪河、江安河等，沿线交通繁忙，人口密集。

3. 地质水文条件差

沿线地层主要为粉质黏土、卵石土加粉细砂及漂石等构造，局部夹杂透镜状粉砂土。区域内地表水系及地下水丰富，水位高且降雨丰沛，多年平均降雨量为 947.0mm，最大日降雨量为 195.2mm，对地下水补给作用强。

4. 深大基坑施工多

全线有 7 座地下车站、3 座中间风井、1 座终点接收井、4 段明挖区间，均为深大基坑施工。开挖最深达 32m，最长达 2488m。开挖难度大，持续时间长。

5. 高大模板支撑体系多

项目所有车站、明挖区间、混凝土结构、机场段的建筑结构，均设计模板支撑体系，高处及临边作业频繁且点多面广。

6. 大型及特种设备作业多

施工过程中大量使用旋挖钻、龙门吊、履带起重机、塔式起重机、箱梁提运架设备、临时用配电设施等大型及特种设备，种类繁多且作业面广，持续时间长。

2.7.3 部分风险源概况

1. 黄石站—市五医院站区间风险源

黄石站（不含）—市五医院站（含）风险源如图 2-14 所示。成都轨道交通 17 号线一期工程为黄石站（不含）—市五医院站（含）一站一区间，盾构区间起讫里程为 ZDK57＋132.458～ZDK58＋678.940，隧道长 1547.994m。盾构区间隧道线路平面共有 4 组曲线，先后下穿全兴酒厂、成温邛高速公路、战备渠、侧穿凤溪河，在市五医院站小里程端接收。

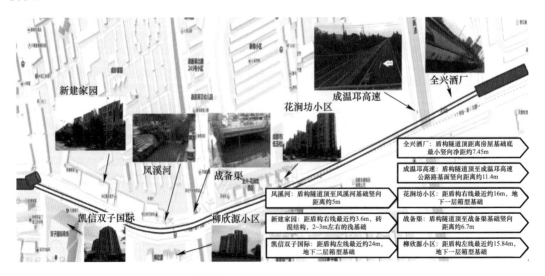

图 2-14　盾构下穿风险源平面图

2. 下穿全兴酒厂

（1）平面位置关系

盾构区间在里程 YDK57＋250.000～YDK57＋340.000 范围下穿全兴酒厂，线路中心线间距为 17.1m，隧道外径 8.3m，穿越段线路为直线段，隧道顶至地面竖向距离约 10.45m，加固区位于地基下 3m。平面位置关系如图 2-15 和图 2-16 所示。

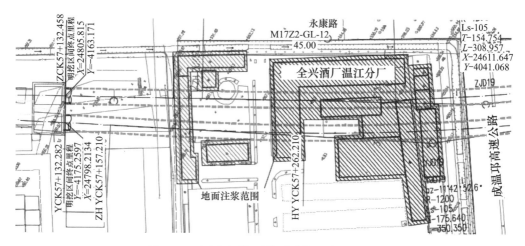

图 2-15　全兴酒厂与盾构隧道位置关系平面图

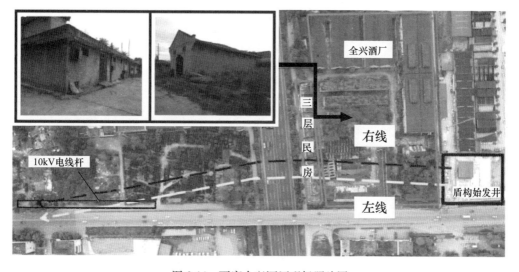

图 2-16　下穿全兴酒厂现场照片图

（2）剖面位置关系及地层情况

根据详勘资料，下穿段隧道所处地层主要为＜3-8-1＞稍密卵石土、＜3-8-2＞中密卵石土、＜3-8-3＞密实卵石土，卵石分选性、均一性差，透水性强。断面位置关系如图 2-17 所示。

3. 下穿成温邛高速路

主要介绍盾构区间隧道下穿成温邛高速路的位置关系及地质情况。

（1）平面位置关系

盾构区间在里程 YDK57＋340.000～YDK57＋410.000 范围下穿成温邛高速公路，线路中心线间距为 16.4m，隧道外径 8.3m，与成温邛高速公路线路正交，盾构隧道顶至成温邛高速公路路基面竖向距离约 11.37m。平面位置关系如图 2-18 所示，位置现状图如图 2-19 所示。

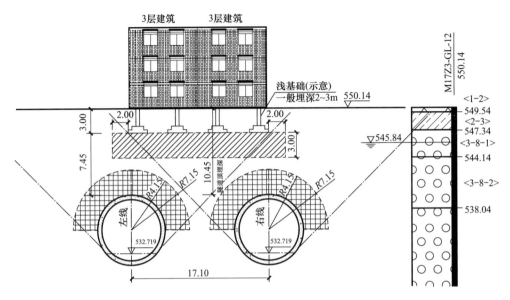

图 2-17 全兴酒厂与盾构隧道位置关系断面图

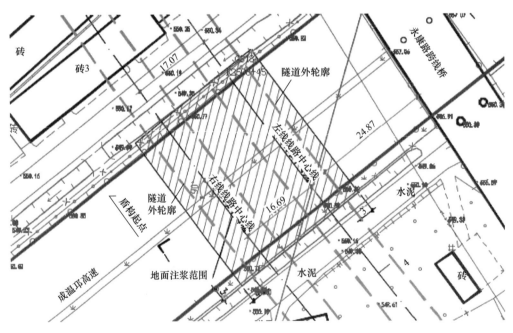

图 2-18 成温邛与盾构隧道位置关系平面图

（2）纵剖面位置关系及地层情况

根据详勘揭示下穿成温邛高速时，隧道所处地层主要为<3-8-1>稍密卵石土、<3-8-2>中密卵石土、<3-8-3>密实卵石土，卵石分选性、均一性差，透水性强。断面位置关系如图 2-20 所示。

图 2-19　下穿成温邛高速路现场照片图

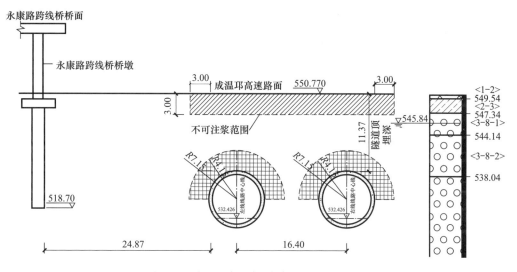

图 2-20　成温邛与盾构隧道位置关系断面图

4. 下穿战备渠

主要介绍盾构区间下穿战备渠的位置关系及地质情况。

（1）平面位置关系

盾构在里程 YDK58＋90.000～YDK58＋120.000 范围下穿战备渠，隧道外径 8.3m，线路中心线间距约 16.3m，盾构隧道顶至战备渠基础竖向距离约 6.7m。平面位置关系如图 2-21 所示。

（2）纵剖面位置关系及地层情况

根据详勘揭示下穿战备渠时，隧道所处地层主要为＜2-9-2＞中密卵石土、＜2-9-3＞密实卵石土，卵石分选性、均一性差，透水性强。断面位置关系如图 2-22 所示。

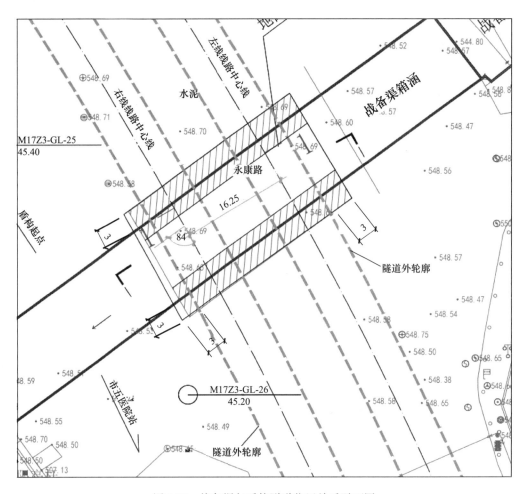

图 2-21 战备渠与盾构隧道位置关系平面图

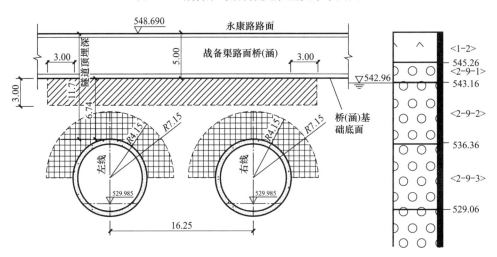

图 2-22 战备渠与盾构隧道位置关系断面图（尺寸单位：m）

5. 下穿凤溪河

主要介绍盾构区间下穿凤溪河的位置及地质情况。

（1）平面位置关系

盾构区间在里程 YDK58＋120～YDK58＋678.122 范围下穿凤溪河，隧道外径 8.3m，线路中心线间距约 16.3m，盾构隧道顶至凤溪河基础竖向距离约 5m。平面位置关系如图 2-23 和图 2-24 所示。

图 2-23 凤溪河与盾构隧道位置关系平面图

图 2-24 下穿战备渠、凤溪河航拍图

（2）纵剖面位置关系及地层情况

根据详勘揭示下穿凤溪河时，隧道所处地层主要为＜2-9-2＞中密卵石土、＜2-9-3＞密实卵石土，卵石分选性、均一性差，透水性强。断面位置关系如图 2-25 所示。

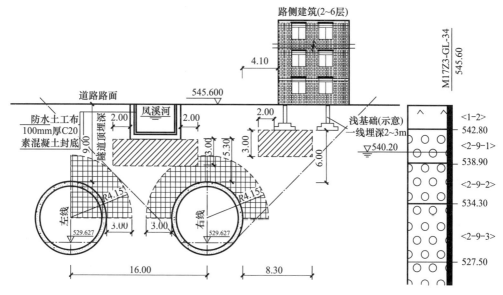

图 2-25 凤溪河与盾构隧道关系图（尺寸单位：m）

6. 侧穿凤溪河

盾构区间在 YDK62＋857.816～YDK64＋607.101 里程范围侧穿凤溪河。凤溪河为梯形，下口为 3m，上口为 5m，深度为 2m，现每分钟水量为 180m³，水流平缓。凤溪河与线路平行，距离线路右线边线 1～3.5m。隧道底位于＜3-8-3＞密实卵石土地层。平面剖面位置关系如图 2-26 和图 2-27 所示。

图 2-26　区间隧道与凤溪河平面位置关系图

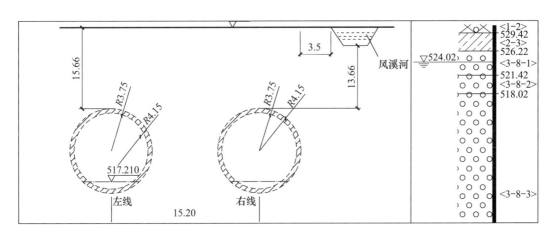

图 2-27　区间隧道与凤溪河剖面位置关系图（尺寸单位：m）

7. 盾构下（侧）穿 DN1200 污水管

盾构区间在 ZDK62＋857.816～ZDK64＋607.101 里程段下（侧）穿污水管（材质：混凝土；规格：DN1200；埋深：4.05～4.35m），盾构区间隧道顶部与污水管道底部间距为 4.3～13.84m，在 ZDK62＋910～ZDK63＋150（侧穿）、ZDK64＋375～ZDK64＋607（下穿）段与污水管底部间距小于 8.3m，线路整体与污水管平行。污水管与隧道位置关系如图 2-28 和图 2-29 所示。

8. 盾构下穿高压电塔

盾构区间隧道在 YCK63＋004.757、YCK63＋212.530、YCK63＋365.791、YCK63＋

505.666、YCK63+663.797、YCK63+814.911 处下穿该线路的 6 根 110kV 高压电力杆。隧道顶距离电力杆基础底约 9.6～18.2m，既有高压铁塔基础形式为扩大基础。高压铁塔与隧道位置关系如图 2-30 和图 2-31 所示。

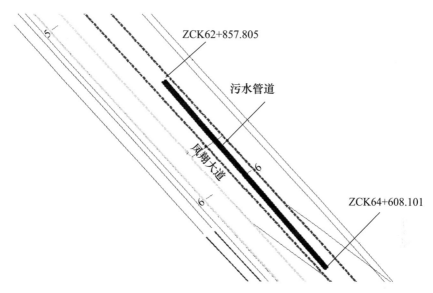

图 2-28　区间隧道与污水管平面位置关系

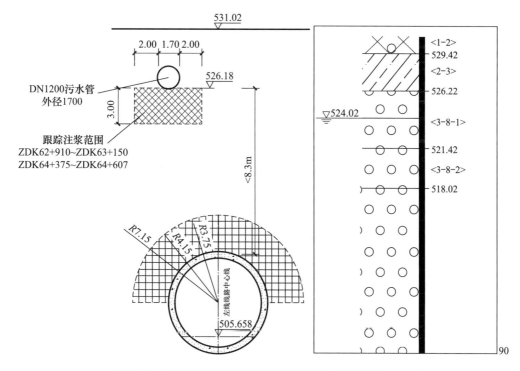

图 2-29　区间隧道与污水管剖面位置关系（尺寸单位：m）

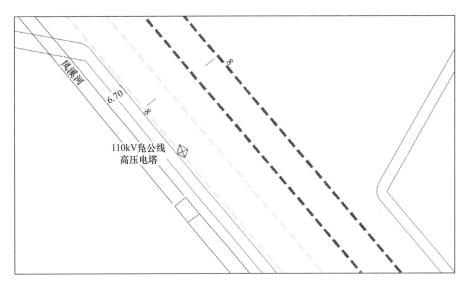

图 2-30　区间隧道与高压电塔平面位置关系图

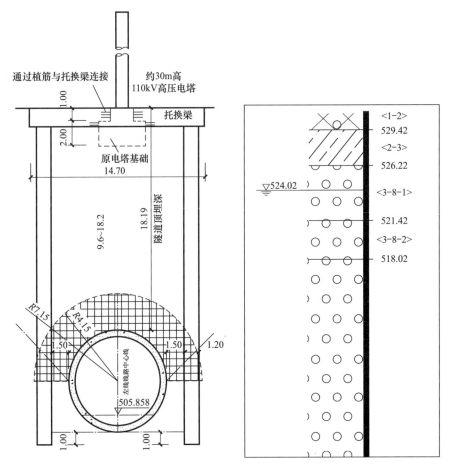

图 2-31　区间隧道与高压电塔剖面位置关系图（尺寸单位：m）

2.8 施工重点及难点

2.8.1 复杂地质对工程的影响

1. 孤石地层对盾构隧道施工的影响

盾构掘进过程中因遇到孤石导致刀盘被卡，扭矩突然增大，盾构机跳闸导致紧急停机，或者突然断电导致紧急停机，土仓压力下降，会造成既有线沉降或地面下沉等。

2. 富水砂卵石地层对盾构隧道施工的影响

富水卵漂石地层在成都地区广泛存在，前期的地铁修建，已经为成都地区地铁施工积累了大量宝贵的经验。而国内目前对于粒径大的富水卵漂石地层的盾构施工实践经验较少。粒径大的富水卵漂石地层的盾构施工更是无经验可循。

（1）地层充填物主要为细砂、中砂，盾构施工中漂石粒径、强度导致刀盘刀具及出碴系统磨耗增大，从而引发掘进效率低下、整体经济性差、换刀安全风险、盾构设备适应性及改进等一系列问题，对盾构施工影响较大，因此，设计应充分考虑不均匀分布的高强度、大粒径漂石对盾构机选型的影响。

（2）砂卵石层本身的工程地质特点，加之轨道交通17号线砂卵石分布广泛，横向和纵向上变化很大，不同区域的砂卵石层在粒径、成分、结构、风化程度等方面差异很大，纵向和横向上的不均一性，给设计、施工和盾构机选型等造成较大困难（图2-32）。

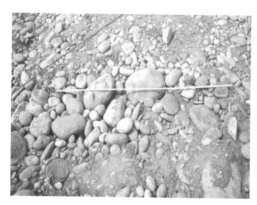

图 2-32　区间地层照片

（3）与中心城区内相比，该地段砂卵石地层具有漂石粒径大（最大粒径超过90cm）、漂石含量高（漂石含量超过17.9%）、部分地段卵石层密实程度差（卵石间只充填松散中细砂）等特点（图2-33）。该地层对地铁施工，尤其是盾构法及暗挖法区间隧道施工影响较大。如盾构施工中可能会导致刀盘磨损严重、盾构姿态不易控制或增加换刀次数等风险。

3. φ8634mm 大直径盾构施工国内首例

成都轨道交通17号线一期工程地铁设计时速140km/h，在富水含大漂石的全断面砂卵石地层采用φ8634mm大直径土压平衡式盾构机施工在国内尚属先例，因此按照已有的施工经验无法全部解决盾构在富水卵漂石地层面临的许多问题和难题。

17号线一期工程盾构施工共投入20台直径为8.6m的盾构机。采用大开口、无轴螺旋两项关键性技术，刷新了成都轨道交通原盾构设计施工理念，并创造了单台单月 286 环、单台单日 16 环的施工纪录。

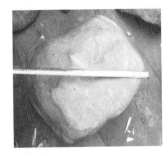

图 2-33　粒径 30～50cm、粒径 70cm、粒径 90cm×40cm 漂石

4. 极易发生喷涌现象

成都卵石地层级配差、地下水含量高且渗透性强，建立土压比较困难。盾构机在掘进过程中遇到水位高、砂层地层时，极易发生喷涌现象，在选择方案时既要充分考虑水和卵石空隙对加固效果的影响，合理增加注浆范围、深度和数量，又要认真研究穿越环境，采取针对性强的防坍突涌措施。

图 2-34 所示为明九区间局部施工出现螺旋排土口喷涌，导致开挖面压力失控、卵石堆积于底部、盾构掘进转矩推力过大、刀具磨损过快。

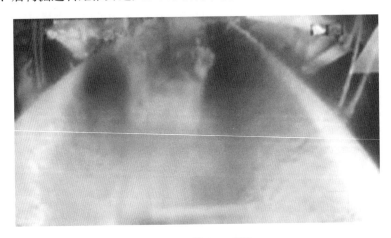

图 2-34　排土口喷涌

5. 施工时容易造成塌方

成都砂卵石地层具有卵石磨圆度好、含量高、分选性差、密实性差、均匀性差、抗压强度高、渗透系数大、透水性强、富水性良好等特点，导致自稳能力差，地层受扰动后变得松散，易产生掌子面及刀盘上前方土体超挖，甚至造成地层坍塌和地面较大沉降或塌陷。

明挖降水段经过长时间降水过后，土体呈现松散、无粘结和大小不均匀的颗粒状，颗粒之间粘聚力降低、孔隙变大；明挖段掘进过程中实测水位约为地下 15.5m，掌子面处于富水地层和临近富水地层，在盾构掘进的扰动中，容易打破土体的受力平衡，使掌子面或扰动面产生不稳定，造成局部土体坍塌或地表沉降。

2.8.2　复杂周边环境对工程的影响

1. 既有重要建筑物或管线对工程的影响

成都轨道交通 17 号线温泉大道站—明光站区间,在盾构始发端与线路垂直方向存在 6 条燃气管线和 1 根 10kV 的高压线(图 2-35 中管线 4)。管线群中距隧道顶部最近距离为 5.7m,此位置隧道埋深为 8.2m,各管线与隧道的剖面位置关系如图 2-35 所示。管线群中距始发井最近距离为 2.5m,各管线与始发井的平面位置关系如图 2-36 所示。

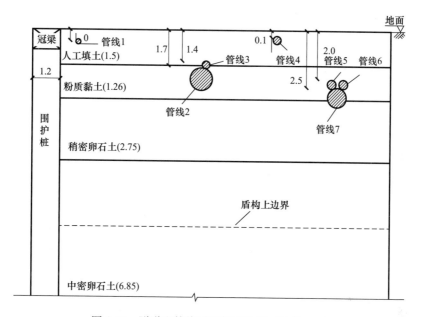

图 2-35　隧道和管线群的剖面位置(单位:m)

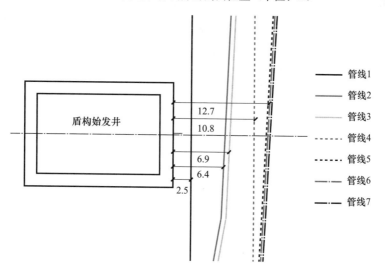

图 2-36　始发井和管线群的平面位置关系(单位:m)

盾构始发端管线多且复杂,所有管线距盾构开挖面垂直距离均不足 1 倍洞径,在盾构始发过程中,盾构很难建立良好的土压平衡,并且盾构机的掘进会导致地层应力重分布,进而导致管线的受力特征发生改变并产生相应的变形，此过程中管线一旦发生损毁或迁移，产生的经济损失和社会损失不可估量。

2. 高速公路对盾构隧道施工的影响

（1）增加了施工风险和难度

盾构8次下穿既有运营高速公路和快速路。比常规地段更容易发生隧道管片衬砌体系出现较大的变形、渗漏、破损、错台等迹象。为避免上述问题发生，确保盾构安全才穿高速公路和快速路，制定了穿越前、穿越阶段、穿越后控制措施。通过对掘进参数、同步注浆及二次补强注浆等过程控制及时地弥补地层损失以减少地表沉降，从而达到保护影响范围内建（构）筑物的目的。

（2）延长了下穿施工工期

如施工分阶段穿越、采取地层加固（图2-37）等措施势必延长施工穿越时间。如根据正常施工进度，成温邛高速路位于里程YDK57＋340～YDK57＋410处，施工穿越总长度约70m，正常穿越时间约8d（一天分2班，一班掘进3环）；考虑其他不确定情况，实际穿越时间为12d。

图2-37　黄石站—市五医院站区间盾构下穿成温邛高速公路管棚加固施工

3. 既有线对盾构隧道施工的影响

与轨道交通的4、9、13、22、28、29号线等有换乘衔接关系，与既有和规划的道路交通有平行、相交、衔接等关系。工程建设规模大，设计与施工技术难度高，工程接口协调复杂。

（1）施工中易发生坍塌、涌沙等地质灾害

成都砂卵石地层具有"高富水、高含量、高强度"的"三高"复杂地质特点，局部又伴有中、细砂充填，胶结性、地层稳定性差，施工中易发生坍塌、涌沙等地质灾害，其盾构施工环境被形象地称为"在流动的沙石堆里钻洞"，尤其是在这种地层进行大直径盾构下穿既有线施工，几乎无经验可借鉴。

（2）盾构接收风险与即有线安全运营风险并存

如下穿隧道范围内主要地层为密实卵石土，富水性良好，透水能力强，卵石含量 70%以上。既有 4 号线隧道与区间盾构施工隧道重叠区域设有素桩群，素桩底部深入新建区间隧道底部 850mm。且下穿段又位于盾构区间接收段，在盾构机脱出 4 号线影响线范围后距离接收洞门仅剩 2 环距离，因此盾构接收风险与 4 号线安全运营风险并存，下穿工程被列为全线特别重大风险源。区间隧道与既有 4 号线之间位置关系的平面和剖面图如图 2-38、图 2-39 所示。

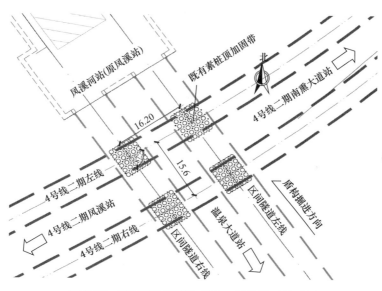

图 2-38　区间盾构隧道与既有 4 号线平面关系图

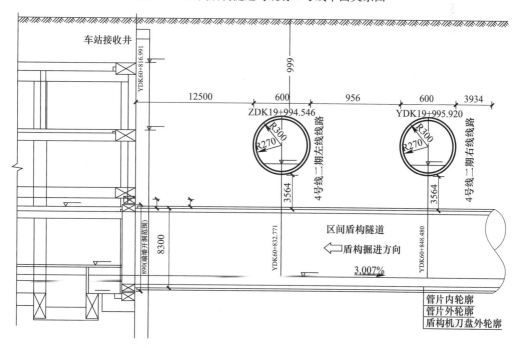

图 2-39　区间盾构隧道与既有 4 号线剖面关系图

（3）辅助施工措施增加

为确保下穿既有线的施工安全，增加了盾构下穿的施工降水、袖阀管注浆加固、管棚加固等辅助施工措施。施工降水保证了管棚打设、盾构下穿接收安全施工。

（4）分阶段、分区域穿越施工复杂

1）分阶段施工

盾构下穿试验段施工，如穿越施工前的试验段施工设在下穿地铁 4 号线前 50m 区域。通过试验段掘进，总结出适应下穿时的盾构掘进参数；同时验证了下穿各项技术措施的有效性、应急处置的可行性和及时性。后续左（右）线盾构隧道下穿前、刀盘下穿既有线、刀盘穿过既有线以试验段施工盾构参数掘进。

2）穿越区域划分

按照盾构穿越顺序，根据刀盘切口位置，对下穿既有线控制重点分为预警区和高风险区两大类型区域。

严格控制管片的拼装质量，特别是增设注浆孔管片，防止因管片拼装质量问题或选型错误导致既有线沉降加大。

（5）地铁的安全运营社会影响大

成都地铁 4 号线设计最高运行速度 80km/h，下穿段 4 号线二期于 2017 年 6 月 2 日开通，为温江区首条地铁线路，客流量大，每天运营时段为 6：10 至 22：50，全日运营约 17 个小时，地铁的安全运营事关重大，社会影响大。

（6）施工监测内容复杂

详细内容参见"第 10 章　大直径盾构超近距下穿运营地铁 4 号线"。

4. 江安河对盾构隧道施工的影响

（1）盾构区间侧穿江安河大桥及下穿江安河概况

YDK74＋365.380～YDK74＋448.580（ZDK74＋302.800～ZDK74＋391.520）里程范围内侧穿江安河大桥及下穿江安河（图 2-40、图 2-41）。此段区间为 1.1％的上坡直线段，位于＜3-8-3＞密实卵石土层。江安河河宽 20～50m，河水深 0.6～1.6m，两岸为一级

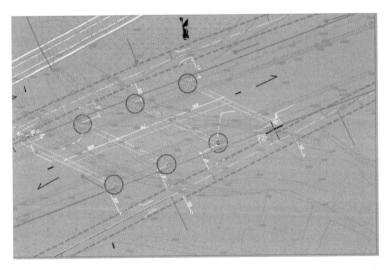

图 2-40　九江北站—白佛桥站区间下穿江安河及侧穿江安河大桥示意图

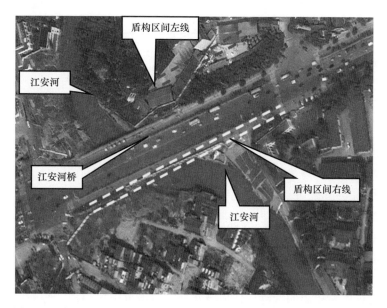

图 2-41 九江北站—白佛桥站区间下穿江安河及侧穿江安河大桥卫星图

阶地，江安河大桥上部结构为 3×30m 预应力混凝土小箱梁；下部结构：桥台为桩柱式桥台，桥墩采用 1.5m 柱式桥墩，桥墩基础为直径 1.6m 钻孔灌注桩。盾构区间右线上方无管线，左线上方有 1 根 DN219/中压/钢燃气管（埋深 4.18m）及 1 根 DN300/钢给水管（埋深 3.99m）（图 2-42）。

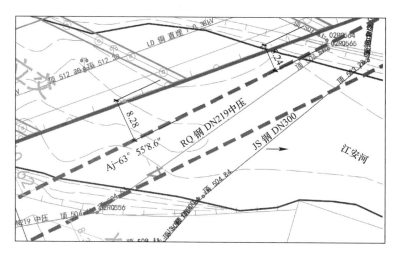

图 2-42 九江北站—白佛桥站区间下穿江安河及侧穿江安河大桥管线图

（2）主要影响

九江北站—白佛桥站盾构左右线分别侧穿江安河大桥及下穿江安河的主要风险有：河床坍塌、区间渗水、桥桩沉降管线及道路破坏、施工临时用电、机械伤害、火灾、气体中毒、高空坠落及物体打击等（表 2-12）。

为保证九白区间侧穿江安河大桥及下穿江安河的施工安全，在盾构掘进至江安河前进行围堰、铺砌、隔离桩及注浆加固处理，保证顺利通过江安河。

危险源辨识表　　　　表 2-12

序号	危险源名称	危险因素	导致后果	危险源等级
1	河床坍塌	盾构掘进超挖或欠挖	区间淹没、人员伤亡	特别重大
2	区间渗水	盾尾漏水或铰接漏水	区间淹没、人员伤亡	重大
3	桥桩沉降	盾构掘进超挖或欠挖	管线破损、道路破坏、人员伤亡	重大
4	管线及道路破坏	桥桩沉降	管线破损、道路破坏、人员伤亡	重大
5	施工临时用电	漏电	人员伤亡	一般
6	机械伤害	违章作业、机械故障	人员伤亡	一般
7	火灾	未按要求进行动火作业	人员伤亡	一般
8	气体中毒	人员中毒，危害作业人员生命安全	人员伤亡	一般
9	高空坠落	防护缺陷	人员伤亡	一般
10	物体打击	违章作业、防护缺陷	人员伤亡	一般

5. 先行隧道与后行隧道近距离施工的相互影响

（1）既有线隧道沉降变形

盾构下穿过程中对土层的扰动，造成既有线隧道下方土层垮塌，导致既有线下方产生空洞，既有线隧道管片失去支撑下沉变形，当沉降过大时会造成管片螺栓被剪断，既有线隧道破坏，进而列车轨道变形断裂、列车脱轨等。根据上述情况综合判定，既有线隧道沉降变形破坏属于特别重大危险源。

（2）既有线隧道隆起变形

管棚或地面袖阀管注浆压力过大、注浆量过多造成既有线隧道上浮，线路隆起，或盾体注浆、同步注浆、二次注浆等注浆量过多、压力过高，会造成既有线隧道上浮、列车轨道变形、列车脱轨等。根据上述情况综合判定，既有线隧道隆起变形属于特别重大危险源。

（3）管线破坏

既有线隧道内的各种管线固定在隧道管片上，当隧道发生沉降或隆起时，管片产生错台，部分刚性管道或无富余量的柔性管线会增加其内部应力，当应力增加到一定程度后就会引起管线破坏，地面沉降过大时引起地表浅埋管线发生断裂风险。

（4）超方出现坑洞

盾构掘进时未能严格控制超方，将会导致盾构机上方土层被掏空，发展到地面时就会导致地面变形过大，出现坑洞。地面车辆行人众多，将可能导致人员、车辆吊入坑内，导致车毁人亡。

（5）盾构涌水、涌沙

盾构机掘进时遇到暗河、沟渠或雨水管、污水管发生破坏漏水，会导致掌子面涌进大量的水；或者造成端头降水井失效，地下水位陡升，螺机闸门关闭不及时；或导致盾尾密封不良，水由盾尾进入隧道淹没隧道。

6. 盾构下穿成蒲铁路

（1）下穿成蒲铁路概况

明九 1 号～2 号风井区间隧道在里程 YDK68＋100～YDK68＋150/ZDK68＋105～ZDK68＋155 处下穿成蒲铁路高架桥，此段位于成都市香榭大道（成新蒲快速路）北侧，左右线盾构隧道从成蒲铁路第 290 号、291 号、292 号墩之间穿过。成蒲铁路高架桥上部结构为简支梁，跨度 32.7m，下部结构桩基为桩径 1.0m 钻孔桩，桩长 14.5m，桩底位于卵石土地层。周边均为农田，环境较单纯。成蒲铁路下穿处隧道埋深 6.36m，隧道与高架桥桩基最小净距 6.3m，桥桩深入隧道下方 1.89m。盾构下穿成蒲铁路平面、断面图如图 2-43 和图 2-44 所示。

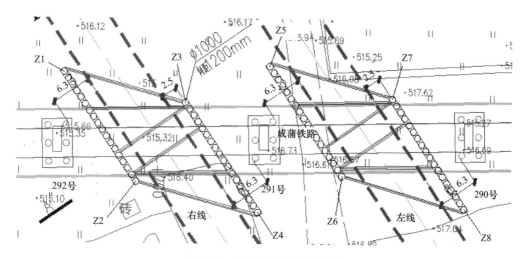

图 2-43　下穿成蒲铁路平面图

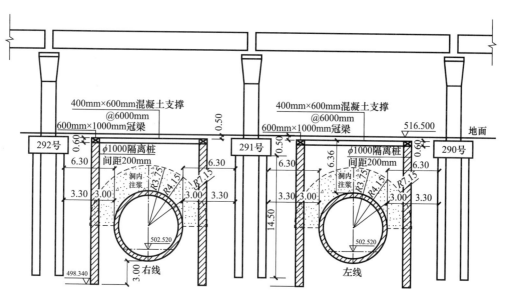

图 2-44　下穿成蒲铁路断面图（尺寸单位：m）

（2）主要影响

具体影响详见"第 11 章　大直径盾构在降水砂卵石地层中侧穿成蒲铁路"。

第 2 篇

大直径盾构区间关键施工技术

第3章 ▶▶

砂卵石地层盾构选型及主要技术参数

成都地铁17号线工程场区的富水砂卵石地层，一方面具有结构松散、卵石及漂石含量高、无胶结、渗透系数大、自稳能力差、单个石块强度高、卵石在地层中起骨架作用等特征；另一方面砂卵石地层在横向和纵向上分布变化很大，不同区域的砂卵石层在粒径、成分、结构、风化程度等方面差异很大，因此导致盾构掘进技术与砂卵石地层的适应性存在较多问题。本章重点对砂卵石地层盾构选型及主要技术参数进行阐述。

3.1 砂卵石地层对盾构的要求

盾构机的性能及其与地质条件的适应性是盾构隧道施工成败的关键。针对盾构在掘进施工中复杂多变的地层、周边环境和线路特点等情况，盾构机在设计时也做了相应的特殊设计，使盾构机具有安全、顺利通过特殊地段的能力。

1. 对地质的适应性

（1）对砂卵石地层掘进的适应性

砂卵石对刀盘、刀具、出渣系统的磨损性强。采购盾构时应重点考虑以下功能：

1）具备平衡掌子面水土压力的能力。

2）刀盘、刀具的高耐磨性。

3）合理的刀盘及刀具设计，恰当的刀盘开口率，合理的开口位置。

4）盾构本体在高水压状态下的防水密封性能。

5）带压进舱的功能。

6）管片壁后同步注浆系统能适应高水压。

（2）具备处理大砾石和大漂石的能力

地层中漂石含量高，最大漂石粒径960mm，大粒径卵石含量较高（达到80％以上）且硬度高，要求盾构必须具有处理大漂石的能力。具体如下：

1）刀盘及刀具具有中硬岩切削能力，通过双刃刀对大粒径漂石进行破碎。

2）刀盘和螺旋输送机满足大部分粒径的卵石和破碎后漂石的排出，具有高耐磨性。

（3）适应长距离在砂卵石地层与强风化泥岩与中风化泥岩中掘进

1）具备加泥土压平衡模式掘进功能。

2）具有足够的刀盘扭转力矩和盾构推力。

3）能承受大偏心力矩的主轴承设计，具有较长的主轴承设计寿命、有效的主轴承密封及刀具减震设计。

4）盾构机的铰接密封系统和盾尾刷密封系统在压力状态下的可靠防水密封性能。

5）优良的碴土改良系统：配备膨润土和泡沫注入系统。

6) 具有可靠的防喷涌设施：设置可靠的闸门密封系统。

（4）特殊地段的通过能力

长距离穿越砂卵石地层，盾构具有土压平衡掘进和保压能力。

2. 盾构机的适应性

（1）盾构刀具是根据在砂卵石、卵石密集区中不同的破岩机理来进行设计和选择的。在砂卵石、卵石密集区中掘进时，周边刀为单刃滚刀，其余刀具更换为重型齿刀；刀具十字形布置可适应对大块卵石、砾石及漂石的破碎或入仓，防止卵石、砾石在刀盘前滚动，对铲刀和刮刀有一定的保护作用。

（2）盾构机配置高密度膨润土注入系统。通过双柱塞泵将高密度膨润土注入土仓里、刀盘前和螺旋机中，经充分搅拌能使高渗水性的砂砾土达到较好的流塑性和止水性，再配合压缩空气控制单元的气压自动调节作用，可稳定掌子面和减少水的渗出，防止喷涌的发生及掌子面的坍塌。

（3）增大了刀盘中心开口率，使泥碴在刀盘中心能顺畅通过，减少了形成泥饼的机会，有利于降低掘进时的推力。

（4）盾尾处安装了4排钢丝刷，每两排钢丝刷之间都注入盾尾密封脂以保证良好的密封性。

（5）泡沫注入系统已广泛应用于EPB技术当中。使用发泡液和压缩空气混合产生的泡沫，可以提高开挖仓中泥碴的流动性、抗渗透性和弹性，可降低对刀盘及刀具的粘附性，减少对刀盘及刀具的磨损。同时能降低开挖掌子面的渗水性，有利于掌子面的稳定。

（6）在前盾承压隔板上部安装双室人员仓，双室人员仓之间用一个供人进出的压力门隔开。与承压隔板用法兰相连的一个仓室为主人仓，工作人员可以由此穿过至开挖室。另一个仓室为准备仓，可让工作人员安全地进入主人仓。人员仓安装了在压缩空气下工作所必需的标准配置，使用人员仓可以带气压进仓完成维修、检查和换刀作业。

（7）压缩空气自动调节系统能设定土仓内气体压力，当土仓内气体压力波动时能自动调节，保持土仓内压力的恒定。这一系统为人员进仓作业提供了可靠的保证。

3. 精确的方向控制

区间隧道距离较长，存在小半径曲线线路，要求盾构导向系统具备相应的精度，以保证线路方向的正确性。盾构方向的控制包括两个方面：一是盾构本身能够进行纠偏、转向；二是采用先进的激光导向技术保证盾构掘进方向的正确。

4. 环境保护

盾构法施工的环境保护首先是对周围自然环境的保护，即地面沉降满足设计要求，掘进中不能在主干道上采取加固措施；无大的噪声、振动等；另外，施工中所使用油脂、添加剂等辅助材料不能对环境造成污染。

5. 设备可靠性、技术先进性和经济性的统一

盾构的可靠性是工程施工的重要保障，盾构的关键部件必须在施工过程中万无一失，做到百分之百的可靠。盾构机的可靠性表现在以下方面：

（1）整体设计的可靠性，即地质的适应性。

（2）设备本身的性能、质量、使用寿命等的可靠性，但盾构机设计同时也应该考虑到对先进技术的应用及经济因素的考虑。

（3）盾构选型及设计应该按照"可靠性第一、技术先进性第二、经济性第三"的原则进行。

3.2 砂卵石地层盾构机选型

3.2.1 选型依据

（1）在对工程地质、水文地质条件、周围环境、工期要求、经济性等充分研究的基础上选定盾构的类型，对敞开式、闭胸式盾构进行比选。

（2）根据地层的渗透系数、颗粒级配、地下水压、环保、辅助施工方法、施工环境、安全等因素对土压平衡盾构和泥水盾构进行比选。

（3）根据详细的地质勘探资料，对盾构各主要功能部件进行选择和设计，如刀盘驱动形式、刀盘结构形式、开口率、刀具种类与配置、螺旋输送机的形式与尺寸等。

3.2.2 选型方法

1. 根据地层的渗透系数进行选型

（1）渗透系数是土渗透性强弱的定量指标，定义为单位水力梯度下的单位流量，表示水通过土体空隙的难易程度，量纲为距离/时间，常用 m/s，即水每秒钟透过土体空隙的距离。

（2）渗透系数越大，土体透水性越强，即土中空隙越大，土体越松散；反之则土体越密实。通常，渗透系数越大，地层含水量亦越大，即为富水地层。

（3）根据地层渗透系数与盾构的关系，若地层以各种级配富水的砂层、砂砾层为主时，宜选用泥水盾构，其他地层宜选用土压平衡盾构，具体参考范围如图 3-1 所示。

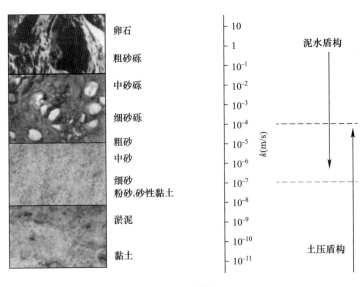

图 3-1 渗透系数参考表

2. 根据地层的颗粒级配进行选型

颗粒级配指组成土体的各种粒径颗粒所占的数量，有连续级配与间断级配之分。一般来说，细颗粒含量多，碴土易形成不透水的流塑体，容易充满土仓的每个部位，在土仓中可以建立压力，以平衡开挖面的土体，此时，选择土压平衡盾构比较适宜。

相反，砂卵石等粗颗粒含量多的地层，土渣无法均布于土仓中，不宜建立土压平衡模式，此时以泥水平衡盾构较为适宜。

大体上当岩土粉粒和黏粒的总量达到40%以上时，通常会选用土压平衡盾构机，相反的情况选择泥水盾构。粉粒的绝对大小通常以0.075mm为界，具体参考范围如图3-2所示。

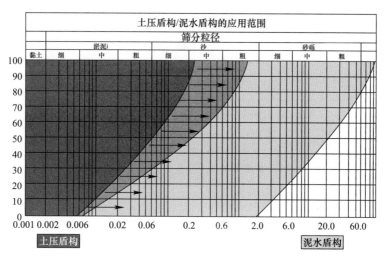

图 3-2　粉粒颗粒占比

3. 根据水压进行选型

水压选型可参考表3-1。当水压较大时，若采用土压平衡盾构，螺旋输送机难以形成有效的土塞效应，在螺旋输送机排土闸门处易发生碴土喷涌现象，引起土仓中土压力下降，导致开挖面坍塌，引起地表沉降甚至塌陷。

水 压 选 型　　　　　　　　　　　表 3-1

盾构机类型	水压
泥水式盾构机	>0.3MPa
土压式盾构机	<0.3MPa

4. 根据隧道断面与环境因素进行选型

盾构机类型可根据隧道断面与环境因素进行选型，具体见表3-2。

隧道断面与环境因素选型　　　　　　　　表 3-2

盾构机类型	适用条件
泥水式盾构机	大型、超大断面
	环保性能较差
土压式盾构机	中小型断面
	环境适用性强

3.2.3 盾构机选定

根据成都的地层地质，应选用封闭式的盾构机进行区间隧道施工。在封闭式盾构机中，目前最主要的为泥水平衡式盾构机和土压平衡式盾构机。盾构机选型可从土质适应情况、施工控制、工期、场地条件、环境保护、成本等方面进行比选，综合比较见表3-3。

泥水盾构和土压盾构的比较　　　　　　　　　　　　表3-3

序号	比较项目	泥水平衡式盾构机	土压平衡式盾构机	适应情况与方法比选
1	土质使用情况	地层适应范围很广，尤其在全断面砂砾等地层中有优势	适用于有一定细颗粒含量的地层（根据经验一般小于粒径0.075mm的颗粒含量要＞25%）；但可通过辅助工法扩大使用范围	根据成都地层，土压盾构优于泥水盾构
2	施工控制	施工平稳，扰动较小	施工控制较难，扰动较大，但通过合理的辅助工法可以实现平稳施工控制	均可，但泥水占优
3	工期	工期较固定，对于整条线施工而言，要求工期安排严密，环节间相互影响	工期较固定，对于整条线施工而言，要求工期安排严密，环节间相互影响	两者较接近
4	场地条件	需要有较大的泥水制备和处理场地	需要场地较小	土压盾构明显占优
5	环境保护	对环境影响大，控制不好，极易产生水污染，影响城市市容和交通等	对环境的影响很小，仅限于始发和接收的小范围内	土压盾构工法优势明显
6	成本	设备造价高，且施工成本亦高于土压盾构工法	设备造价较低，且施工成本亦低于泥水盾构工法	土压盾构优势明显
	结论	根据成都的地层情况、场地条件及环境保护的要求，选用土压平衡盾构机，同时配置合理的辅助工法确保重难点地段的施工		

因此，根据成都地铁17号线一期工程的地层情况、场地条件及环境保护的要求，结合已有的盾构施工工程类比经验，选择采用土压平衡盾构机。

3.3 盾构机主要组成及功能

土压平衡盾构机在结构上包括刀盘、盾体、人舱、螺旋机、管片拼装机、管片小车、皮带机和后配套拖车等；在功能上包括开挖系统、主驱动系统、推进系统、出渣系统、注浆系统、油脂系统、液压系统、电气控制系统、激光导向系统及通风、供电系统等。

3.3.1 总体设计

1. 盾构机驱动选用大扭矩配置

砂卵石地层对刀盘的负载扭矩巨大导致出现卡刀盘现象，因此盾构机驱动选用大扭矩配置。

2. 盾构机刀盘和螺旋机等部件强化耐磨层的设计

盾构机在砂卵石地层掘进时刀盘和螺旋机等磨损严重，需要对盾构机刀盘和螺旋机等部件进行强化耐磨层的设计。

3. 防喷涌设计

成都富水砂卵石地层地下水含量丰富，地层渗透性强。盾构机采用螺旋机，防喷涌设计和对土仓内的富水渣土的改良设计减缓了喷涌压力。

4. 微速推进系统及二次补浆系统设计

穿越成温邛高速、全兴酒厂危房、战备渠等重大风险源时盾构机需减小地层扰动、控制好地层的沉降。盾构机配置的微速推进系统，配合螺旋机的 PID 控制设计，在穿越重要风险源时能有效地控制盾构机掘进时对土壤的扰动及地层的沉降，盾构机配置的二次补浆系统可控制管片拼装完后的地面二次沉降。

5. 减阻措施设计

砂卵石地层摩擦系数较大致使盾体摩擦阻力增加。盾构机推进系统需进行大推力设计，并且考虑在盾构机壳体外周布置径向注入管，必要时向盾体外周注入膨润土以减小盾体外周摩擦阻力。

6. 提高土体改良设计

管片外径为 8300mm，所以比一般盾构开挖面积更大，需改良的土体面积大。需要在盾构机盘和土仓隔板上设计多个注入口，加强土体改良效果，延长刀具使用寿命。

3.3.2 盾构机主要组成

1. 刀盘

成都地铁 17 号线一期盾构穿越地层的卵石粒径为 200～700mm，因粒径比一般地层更大、漂石含量高、部分地段卵石层密实程度差，以及卵石单轴抗压强度可能超过 132MPa，难以破碎等特点，配滚刀以排为主、以破为辅的复合式面板刀盘设计。

（1）结构形式

以开口率 36％的盾构为例说明。刀盘特征见表 3-4，刀盘结构形式如图 3-3 所示。

刀 盘 特 征

表 3-4

序号	项目	特征	
1	刀盘	面板式结构	
		复合刀盘	6 辐条+6 面板
2	刀具配置	双刃滚刀	（10 把）
		单刃滚刀	（37 把）
		刮刀	（66 把）
		边缘刮刀	（36 把）
		超挖滚刀	（1 把）
3	开口率	36％	中心部位较大开口，并设有 6 个高压注水口，防止泥饼产生
4	渣土改良	喷口数量	10 个
		9 路泡沫	
		4 路膨润土（3 路与泡沫共用互换）	
5	最大开口幅宽	400mm	

（2）刀盘喷口

刀盘面板均匀布置 10 个刀盘喷口，如图 3-4 所示。每个喷口均为单管单泵设计，其中 4 路膨润土（3 路与泡沫共用互换）以便于更好进行渣土改良。

图 3-3　刀盘　　　　　　　　　　图 3-4　刀盘喷口

（3）耐磨措施

耐磨方面的具体措施见表 3-5。

耐磨具体措施　　　　　　　　　　表 3-5

序号	部位	耐磨措施
1	刀盘面板	正面全部覆盖耐磨板（HARDOX600）
2	刀盘锥面及背面	条形耐磨板（HARDOX600）
3	刀盘外周	采用耐磨合金块全覆盖，增加耐磨性
4	刀具	加大合金条，加厚耐磨块，加大耐磨量

1）耐磨板

刀盘面板正面全部覆盖耐磨板（HARDOX600）。刀盘锥面及背面设置条形耐磨板（HARDOX600），刀盘外周采用耐磨合金块全覆盖，增加耐磨性，刀盘外周合金块如图 3-5 所示。

2）磨损检测

刀盘设置 3 处液压型磨损检测刀和 3 处磨损检测条，可提前发现刀具及刀盘磨损情况，磨损后可实现刀盘背部更换，如图 3-6 所示。

图 3-5　刀盘外周合金块　　　　　图 3-6　磨损检测刀

（4）开口率

17 号线盾构机刀盘开口率为 45％和 36％，大开口保证卵石顺利进入土仓，中心部位设有 6 个高压注水口，防止泥饼产生。

（5）刀盘驱动及支承形式

刀盘采用电驱，由 14 个电机（250kW/台）通过 14 个减速器来驱动刀盘。刀盘采用中间支承方式、主轴承外径为 4500mm，设计寿命为 10000h。

（6）防卵石塌方设计

刀盘外圈板与面部采用直角形式，防止卵石塌方。

2. 刀具

滚刀安装形式如图 3-7 所示，滚刀、刮刀形式如图 3-8 所示。采用 17 英寸刀箱装载 18 英寸滚刀，滚刀高出面板 170mm，刮刀高出面板 125mm，两者高差为 45mm。

刀具互换性：通过转换座可以实现滚刀和先行刀的互换，以适应不同的地层掘进需要。

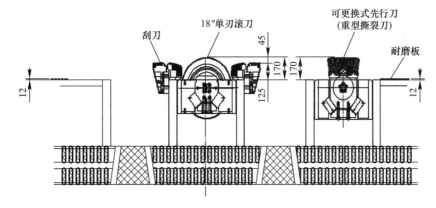

图 3-7　滚刀安装形式（单位：mm）

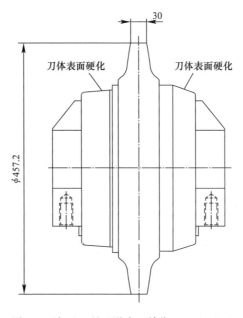

图 3-8　滚刀、刮刀形式（单位：mm）（一）

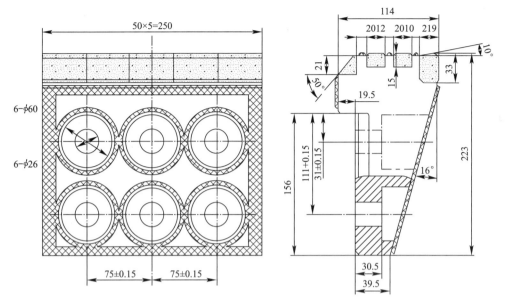

图 3-8 滚刀、刮刀形式（单位：mm）（二）

滚刀刀刃厚度约 30mm，具有较好的韧性，提高了耐磨性能。刮刀硬质合金采用宽合金条，提高了合金的耐磨性能和抗冲击性能。

3. 人舱

人舱是人员出入土仓进行维修和检查的转换通道，出入土仓的工具和材料也由此通过。人舱包括主舱和材料舱，主舱和中间舱之间有法兰连接，而中间舱直接焊接在压力隔板上。通过隔板上的门就可以进入土仓。材料舱和主舱横向连接，这样从材料舱出来必须要经过主舱。材料舱的作用是在带压工作时运送设备、人员和出现紧急情况时的出入。人舱配有保压系统，用以调节和控制舱内压力。人舱的结构如图 3-9 所示。

图 3-9 人舱

主舱可以进入 3 人，材料舱可以容纳 2 人。主舱和材料舱可以分开操作。

（1）舱内设备

人舱内配备有两套通信系统，一套常规电话和一套气路电话，在任何情况下都能保证舱内工作人员和舱外取得联系。

正常情况下，进出人舱由舱门负责人来操作。排气阀和通风阀只在人员被堵等意外情况发生时才使用；人舱内的消防喷头，可喷水消防和降温。

时钟、气压表、温度计等设备供舱内人员随时掌握环境情况。

（2）舱外控制设备

舱外设备有通信系统、排气阀和通气阀、带式记录仪、气压表、人舱通风用的流量表、保压系统。

人舱外的排气阀和通气阀与舱内的阀门连通，以备在特殊情况下紧急排气使用。

人舱外配备两套通信系统，通过气路电话可直接与人舱内的工作人员进行通话。通过常规电话既可与人舱通话，也可与盾构机内其他人员通话或直接到洞外取得联系。

带式记录仪是用来监视并记录人员舱内压力变化的设备。当使用人舱时，需要为两个带式记录仪上足发条，装上足够的打印纸并检查记录仪工作是否正常。

气压表、通风流量表等辅助设备有助于人舱外的操作人员掌握和控制舱内的压力环境。自动保压系统与通风流量表及土仓保压系统组合使用，通过人工设定压力的初始值，就可依靠设备本身的压力平衡功能自动调整送入人舱的压缩空气的流量。

（3）供气系统

对人舱进行加压的压缩空气由安装在盾构机后配套拖车上的空压机提供。为了保证人舱的正常工作和防止意外情况的发生，压缩空气供给系统采用双回路供气，配备两套空气压缩设备和有压缩空气的储气罐。

4. 盾体

盾体包括前盾、中盾和盾尾，用来支护盾构机与隧道外面土体接触部位。它由前盾、中盾、盾尾组成，整体结构成锥形，可以有效地防止卡盾壳的现象发生。

（1）前盾

前盾又称切口环或前体，如图 3-10 所示，用以确保掌子面及周围地层的稳定，同时为刀盘、人仓、螺旋机、驱动系统等设备提供安装接口。

（2）中盾

中盾又名支撑环，如图 3-11 所示，主要受地层压力、盾构机推进反力、切口入土的正面阻力以及衬切拼装时的施工载荷，采用高强度螺栓和焊接与前盾连接。中盾内配有铰接和推进油缸，并且在盾壳外布有径向孔，可以注入膨润土，以在不良地层推进中减少摩擦。

（3）盾尾

盾尾空间是管片衬切的作业空间，如图 3-12 所示，其尾部设有盾尾密封装置用以阻止外部的渣土、水、砂浆等进入盾构机的主机内，是保护盾构机安全掘进的关键所在。

5. 管片拼装机

管片拼装机安装在盾尾，由一对举重液压缸、大回转机构、抓取机构和平移机构等组成。管片拼装机的控制有遥控和线控两种方式，均可对每个动作进行单独灵活的操作控制。如图 3-13 所示为管片拼装机结构示意图。

图 3-10　前盾

图 3-11　中盾

管片拼装机的操作有 6 个自由度协同动作，把管片安装到准确的位置。管片拼装机由单独的液压系统供应动力，并具有紧急状况的自锁能力，确保了施工中的安全。

6. 盾构施工配套设备

盾构施工配套设备清单见表 3-6。

3.3.3　盾构机功能系统

本节主要介绍盾构机液压系统，包括驱动系统、推进系统、铰接系统、出渣系统（包括螺旋机系统）及辅助液压系统等。

图 3-12　盾尾

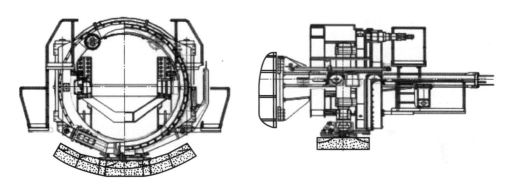

图 3-13　管片拼装机结构示意图

盾构施工配套设备清单　　　　　　　　　　　　　　　　　表 3-6

序号	设备名称	型号	数量	备注
1	龙门吊	75t/30t	2	—
2	龙门吊	32t	1	单侧有效距离 3m 的悬臂
3	砂浆搅拌站	1m³	1	有筛沙机, 3 个 100t 水泥仓
4	电瓶机车	55t	4	轨距 900mm
5	渣土车	27m³	10	轨距 900mm
6	砂浆车	13m³	6	轨距 900mm
7	管片车	25t	8	轨距 900mm; 2 台管片车配有 1m 平台
8	冷却水塔	100t/m³	2	—
9	静音发电机	300kW	2	盾构机应急备用发电机
10	高压轴流风机	SDDY-1NO11A/2X55kW	2	—
11	污水处理设备	—	1	—

所有液压泵站安装在 2 号拖车上。驱动系统、推进系统、螺旋机系统和管片拼装机系

统各自为一个独立的循环系统，保证液压系统的高效运行及系统的清洁。

1. 驱动系统

（1）驱动系统向刀盘提供旋转扭矩，驱使刀盘旋转掘进（图 3-14）。同时还具有脱困功能、自锁保护功能，可在紧急时刻自动停机。

（2）驱动系统工作流程：刀盘的驱动力按照"电动机→减速机→小齿轮→带齿圈大口径轴承→刀盘滚筒→中间扁担梁→刀头"的顺序进行传递。

（3）作用于刀头的轴向力、径向力由驱动部机壳内的带齿圈大口径轴承支承。该机壳相当于一个油浴槽，通过供油泵使润滑油强制循环，以减少轴承内部的摩擦阻力，防止烧结并进行冷却降温。

（4）刀盘旋转部装有轴向与径向密封，如图 3-15 所示，以防止地下水、土砂进入主驱动减速箱。为了确保密封部位的润滑和背压，通过压力控制来加注润滑脂。密封部的润滑不良会导致刀盘驱动部的故障和动作不良，因此需加强对润滑脂消耗情况的管理以及对供脂回路的维护。

图 3-14　驱动系统

图 3-15　密封

（5）成都地铁 17 号线刀盘驱动电动机采用变频控制，转速可调。刀盘扭矩可设定为"常用（100%）"或"最高（150%）"。

刀盘转速和刀盘扭矩有相应的动作区域，可获得"常用（100%）"扭矩的区域之刀盘转速为 0～1.37rpm。

2. 推进系统

推进系统由推进液压缸和推进液压泵站组成，提供盾构向前推进的动力。推进液压缸在圆周区域分为 6 组，通过调整每组液压缸的不同推进速度和推进压力来对盾构进行纠偏和调向。每组液压缸中有一只液压缸安装有位移传感器，通过液压缸的位移传感器可以知道液压缸的伸出长度和盾构的掘进状态。液压缸的后端顶在管片上以提供盾构前进的反力。

（1）推进系统是盾构机掘进时向前的动力，使盾构机沿着设定的路线前进、转弯，具有调整、控制运行姿态的作用。推进系统有液压泵、推进油缸、控制阀组和液压管路组成。

（2）成都地铁 17 号线 ϕ8580mm 盾构机共装有 38 根油缸，每根油缸的推力为 2000kN，总推力为 76000kN（开挖面单位面积的推力为 1299kN/m²）。

（3）油缸的速度和行程通过 No.1、No.8、No.14、No.21、No.27、No.33 油缸来检测，检测到的值显示在操作盘的触摸屏上。

（4）油缸分为 6 个区，可按区（顶部、底部、左上、左下、右上、右下）设定最大压力。另外，还可实现测量同步（仅使装有盾构千斤顶速度表、行程测量仪的千斤顶以低压伸出的操作）、全部同步（使推进时未选择的千斤顶以低压伸出的操作）。

3. 铰接系统

为了减少盾构的长径比，使盾构在掘进时能够灵活地进行姿态调整，特别是为了能够顺利通过小半径曲线，盾尾通过铰接系统和中体连接。铰接系统包括 16 个铰接液压油缸和铰接密封。在直线段掘进时，铰接液压油缸一般处于锁定位置，盾尾在主机的拖动下被动前进。当盾构需要转弯时，将铰接液压油缸处于浮动位置，盾尾可以根据调向的需要自动调整位置。

布置 16 根铰接油缸，总推力为 $3500 \times 16 = 56000$kN，铰接角度为左右 1.5°、上下 1.5°。铰接油缸分 8 组，其中上、下、左、右各组带有行程传感器（图 3-16），满足 250m 转弯半径要求。

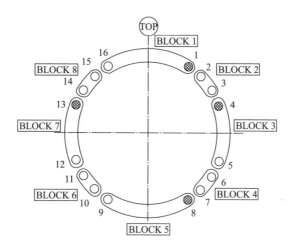

图 3-16　铰接油缸行程传感器分布图

4. 出渣系统

（1）螺旋机

螺旋机采用双闸门设计，可以有效地防止喷涌。

如图 3-17 所示，螺旋机驱动由三个液压马达和减速器组成，并采用无级调速控制，从而很好地控制出土量。调节螺旋机的出土速度是控制土仓压力的重要方法之一。螺旋机采用双后舱门，整机断电时舱门在储能器作用下可自动关闭，有效防止了事故的发生。

选用与刀盘最大通过粒径相匹配的机型，螺旋机形式设计为轴式，可通过卵石的最大粒径为 400mm。

螺旋叶片外周部焊接合金块，在螺旋叶片侧面及螺旋轴上进行耐磨堆焊，如图 3-18 所示。螺旋机前筒体内表面焊接 HARDOX500

图 3-17　螺旋机

的耐磨条，大大提高了螺旋叶片及螺旋机筒体的耐磨性能，如图 3-19 所示。

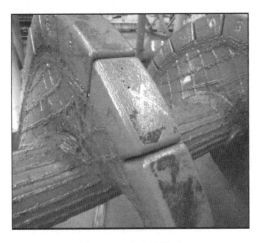

图 3-18　叶片耐磨块

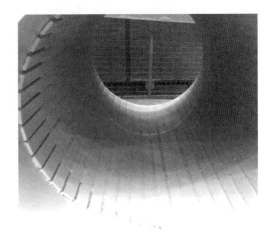

图 3-19　筒体耐磨条

螺旋机筒体前端设置 1 备 1 用 2 个膨润土、2 个高分子聚合物注入口和 1 个泡沫注入口，可向土仓壁和螺旋机内注入膨润土或高分子聚合物，防止螺旋机喷涌。

螺旋机主要技术参数见表 3-7。

螺旋机主要技术参数　　　　　　　　　　　表 3-7

序号	名称	参数
1	驱动方式	液压马达驱动
2	内径×节距	$\phi1000mm \times P670mm$
3	扭矩	240/295kN·m
4	最高转速	20rpm
5	最大能力	550m³/h
6	允许最大通过粒径	380mm×400mm

（2）皮带输送机

皮带输送机布置在后配套拖车的上部。皮带输送机用于将螺旋机输出的渣土送到盾构后配套的渣土车上。

图 3-20　搅拌棒

（3）土舱搅拌棒

主驱动采用中间支承方式，土仓隔板是固定的，刀盘旋转时牛腿和搅拌棒（图 3-20）对土仓内的土进行有效的搅拌，中心不易结泥饼。设置 5 个主动搅拌棒和 5 个被动搅拌棒，3 个被动搅拌棒上设置高压喷水口，可以对刀盘背面或牛腿进行冲洗，能够有效防止土仓中心泥饼产生。

5. 连接桥

连接桥为隧道上部的托架结构，它起着延伸 1 号拖车上管片吊机的作用。一个带着两个液压缸的液压装置连接着管片拼装机的移动架和连接桥，并且传送后面拖车的牵引荷载。在连接桥上两侧有连接盾构主体和拖车的液压机电气管线。

6. 拖车

盾构拖车用以放置液压泵站、注浆泵、砂浆罐及电气设备、皮带输送机等。拖车行走在钢轨上，拖车之间采用铰接形式相连。每节拖车上安装的主要设备详见表 3-8。

拖车上安装的主要设备　　　　　　　　　　　表 3-8

车架分类		主要装置、设备	作用
No.1 车架	右侧	变频柜	为刀盘电机提供电源
	左侧	盾尾油脂泵、集中润滑泵、操作室	润滑及密封作用；盾构机工作场所
No.2 车架	右侧	同步注浆系统	管片壁厚填充，止水
	左侧	液压动力单元	液压系统提供动力
No.3 车架	右侧	加泥系统	渣土改良
	左侧	泡沫原液箱、动力柜	除刀盘电机以后其他用电设备的电源
No.4 车架	右侧	水系统、二次注浆系统	冷却和渣土改良；再次止水和控制沉降
	左侧	空气系统	提供气源
No.5 车架	右侧	高压柜	变压、稳压
	左侧	高压柜	变压、稳压
No.6 车架	右侧	休息室、污水箱	污水抽排
	左侧	电缆储存、水缆卷筒	存储电缆和水管
连接桥	右侧	泡沫系统	渣土改良
	左侧	辅助电箱	控制电源

7. 注浆系统

盾构机配有 3 套液压驱动的注浆泵，通过盾尾的注浆管道将砂浆注入管片外径和围岩之间的环形间隙。注浆压力可以通过调节注浆泵工作频率实现连续调整，并通过注浆同步监测系统监测其压力变化。在主控室可以看到单个注浆点的注入量和注浆压力信息，在数据采集和显示程序的帮助下，随时可以存储和检索砂浆注入的操作数据。

8. 油脂系统

油脂系统负责注脂及润滑，包括三大部分：主轴承密封系统、盾尾密封系统和主机润滑系统。三部分都以压缩空气为动力源，靠油脂泵液压缸的往复运动将油脂输送到各个部位。

主轴承密封可以通过控制系统设定油脂的注入量（次/min），并可以从外面检查密封系统是否正常。盾尾密封可以通过 PLC 系统按照压力模式或形成模式进行自动控制和手动控制，对盾尾密封的注脂次数及注脂压力均可以在控制面板上进行监控。

当泵站油脂用完后，油脂控制系统向操作室发出指示信号，并锁定操作系统，直到重新换上油脂。

9. 激光导向系统

演算工房的自动测量系统和掘进管理系统是国内外主要系统之一，测量精度精准，自动导向精度测角 1 秒（测量距离不小于 200m），系统具备开放的数据接口，可满足远程数据管理的需要。

数据上传形式：盾构机掘进管理系统实时输出 CSV 文件（Excel）至现场地面监控室电脑的指定文件夹中，用户自行读取或实时传输该 CSV 文件至各自服务器端。

3.4 盾构机主要技术参数

以凤溪河站—温泉大道站等区间 ϕ8580mm 土压平衡盾构机为例，介绍盾构机主要技术参数，具体详见表 3-9。

中交天和 ϕ8580mm 土压平衡盾构机主要技术参数　　　表 3-9

序号	技术指标	参数	单位	备注
1. 整机	开挖直径	ϕ8634	mm	
	刀盘转速	0～2.8	rpm	
	最大推进速度	≈80	mm/min	
	最大推力	76000	kN	
	整机总长	≈106.6	m	
	主机总长（不包括刀盘）	10845	mm	
	总重（主机＋后配套）	≈800	t	
	适用管片规格（外径/内径/宽度/分度）	ϕ8300/ϕ7500～1200/1500/18.95°	mm	
	最大设计压力	5	bar	
	装机功率	1842	kW	
	水平转弯半径	250	m	
	纵向爬坡能力	±50	‰	
2. 刀盘	刀盘规格（直径×长度）	ϕ8580×980	mm	
	旋转方向	正/反		
	刀盘开口率	36	%	中心开口率38%
	结构总重	≈120	t	
	主要结构件材质	Q345B		
	泡沫口数量	9	个	
	膨润土口数量	4	个	与泡沫共用
	主动搅拌臂数量	6	个	
3. 刀具	焊接型切削刀	6	把	
	单刃滚刀	36	把	
	焊接型先行刀	25	把	
	刮刀数量	66	把	
	刮刀高度	140	mm	
	边刮刀数量	24	把	
	边刮刀高度	140	mm	
	仿形刀数量	1	把	
	喷口保护块数量	6	块	
	磨损检测点数量	4	个	
4. 中心回转接头	泡沫通道数量	9	道	
	膨润土通道数量	4	道	与泡沫共用
	液压通道数量	4	道	
	旋转编码器	1	套	

续表

序号	技术指标	参数	单位	备注
5. 主驱动	驱动形式	电驱动		
	驱动组数量	14	组	
	驱动总功率	250×14	kW	
	转速范围	0～2.8	rpm	
	最大扭矩	29189	kN/m	
	脱困扭矩	36487	kN/m	
	主轴承直径	3061	mm	
	主轴承寿命	＞10000	h	
	密封形式	唇形密封		
	内唇形密封数量	3	道	
	外唇形密封数量	4	道	
6. 盾体	形式	主动铰接式		
	前盾规格（直径×长度）	φ8580×2070（不含耐磨层）	mm	60mm
	前盾重量	≈84	t	
	被动搅拌臂数量	2	个	
	前盾壳体润滑孔数量	6	个	
	压力传感器数量	5+2+1	个	
	超前注浆孔数量	9	个	
	中盾规格（直径×长度）	φ8570×4190	mm	50mm
	中盾重量	≈257	t	
	超前注浆管数量	6	个	
	中盾壳体润滑孔数量	6	个	
	尾盾规格（直径×长度）	φ8560×3715	mm	50mm
	尾盾重量	≈58	t	
	尾盾壳体润滑孔数量	6	个	
	尾盾密封刷排数	4	排	4 道钢丝刷
	尾盾止浆板	1	排	
	盾尾安装间隙	40	mm	
	单液注浆管数量	6+6	根	6 用 6 备
	注脂管数量	12	根	
	铰接密封形式	两道聚氨酯橡胶＋一道紧急气囊		
	盾体主要结构件材质	Q345B		
7. 人舱	形式	双舱并联		
	主舱容纳人数	3	个	
	副舱容纳人数	2	个	
	主舱规格	1600×1700	mm	
	副舱规格	1600×1300	mm	
	最大工作压力	3	bar	
	最大试验压力	4.5	bar	
	刀具运输导轨	1	道	

序号	技术指标	参数	单位	备注
8. 螺旋输送机	螺旋轴形式	轴式		
	规格（直径×长度）	ϕ1080	mm	
	最大通过粒径	404mm×610mm	mm	
	最大出渣能力	460	m³/h	3/4 充满
	驱动形式	液压马达驱动		
	驱动组数量	1	组	
	驱动功率	440	kW	
	最大扭矩	320	ken/m	
	转速范围	0～20	r/min	
	旋转方向	正/反		
	闸门数量	2	道	
	观察窗数量	5	个	
	渣土改良注入口	9	个	
	压力传感器数量	2	个	
	保压泵接口数量	1	个	
	伸缩机构	1	个	
	伸缩长度	1000	mm	
	总重	≈25	t	
	低速大扭矩马达	1	个	
	圆锥滚子轴承	2	个	
	密封	1	套	
9. 管片拼装机	形式	环齿轮型		
	抓举头形式	真空吸盘		
	驱动马达数量	4	个	
	驱动功率	143	kW	
	转速范围	0～1.3	rpm	
	纵向移动行程	2000	mm	
	自由度数量	6	个	
	旋转角度	±200	°	
	提升力	80	kN	
	扭矩	270	kN·m	
	总重	≈23	t	
	控制方式	无线（具备有线控制接口）		
10. 管片运输小车	规格（长×宽×高）	5350×1600×660	mm	
	承载管片数量	3	片	
	负载管片能力	25	t	
	纵向滑动行程	1760	mm	
	控制方式	无线＋本地		
11. 管片吊机	形式	双梁		
	驱动形式	链轮链条驱动		
	起吊重量	7.5×2	t	
	提升功率	3.7×2	kW	

续表

序号	技术指标	参数	单位	备注
11. 管片吊机	起吊速度 v_1/v_2	1/4	m/min	
	起吊高度	2400	mm	
	水平驱动功率	3.6×2	kW	
	水平行走速度	10	m/min	
	卷筒布置形式	中置前后拉伸		
	控制方式	有线＋无线		
12. 皮带机	倾斜段角度	10	°	
	驱动功率	75	kW	变频驱动
	带速	2.5～3.15	m/s	
	输送能力	980	m³/h	
	带宽	1000	mm	
	带长	≈120	m	
	拉线开关	2	处	
	跑偏检测装置	4	处	
	清理装置	5	处	一道水清扫
	打滑检测装置	1	处	
	手动倒链	5	t	
13. 连接桥	规格（长×宽×高）	16271×6886×3754	mm	
	总重	≈12	t	
14. 后配套拖车	安全通道布置形式	外置式		
	净空尺寸	1600×3600	mm	
	拖车轨距	3700	mm	
	轨枕高度	637	mm	
	编组列车轨距	900	mm	
	拖车数量	6	节	
	拖车总重	≈90	t	
15. 推进系统	油缸规格	2000kN×2200s×35MPa		
	推进行程	2200	mm	
	最大推进速度	80	mm/min	
	油缸数量（包括带行程传感器油缸）	38	根	
	带行程传感器油缸数量	6	根	（内置行程传感器）
	分组形式（上＋下＋左＋右）	6＋6＋6＋6＋8＋8		
	最大推力	2000	kN/m	
16. 铰接系统	铰接形式	主动铰接式		
	油缸规格	3500kN×300s×35MPa		
	油缸数量（包括带行程传感器油缸）	16	根	
	带行程传感器油缸数量	4	根	（内置行程传感器）
	总推力	56000	kN	
17. 拖车拖动油缸	油缸规格（缸径×杆径－行程）	ϕ130×70－250	mm	
	油缸数量	2	根	

序号	技术指标	参数	单位	备注
18. 单液同步注浆系统	注浆泵形式	柱塞泵		
	注浆口数量（盾尾）	12	个	6用6备
	注浆泵功率	75	kW	变频
	注浆能力	12×3	m³/h	
	注浆泵出口最大压力	30	bar	
	注浆口数量（刀盘）	4	个	
	砂浆罐容量	15	m³	
	搅拌器功率	5.5	kW	
19. 二次注浆系统	A液注浆泵形式	螺杆泵		
	A液功率	5.5	kW	
	A液流量	200	L/min	
	A液压力	50	bar	
	A液搅拌电机	3	kW	
	B液注浆泵形式	螺杆泵		
	B液功率	2.2	kW	
	B液流量	40	L/min	
	B液压力	20	bar	
	A液搅拌罐容积	2	m³	
	B液罐容积	0.2×2	m³	
20. 膨润土注入系统与盾壳膨润土系统	改良膨润土泵形式	软管泵		
	改良膨润土泵功率	22	kW	
	注入能力	300	L/min	
	最大工作压力	30	bar	
	注入口数量	4	个	有3个可与泡沫注入口切换
	搅拌形式	立式搅拌		
	膨润土罐容量	14	m³	
	盾壳膨润土泵形式	软管泵		
	盾壳膨润土泵功率	22	kW	
	注入能力	8	m³/h	
	最大工作压力	30	bar	
	注入口数量	12	个	
21. 泡沫注入系统	泡沫泵功率	5.5	kW	
	泡沫注入量	45	L/min	
	混合液泵功率	6×2.2	kW	
	混合液泵流量	1.2	m³/h	
	泡沫发生器数量	9	个	
	泡沫箱容积	1	m³	
	混合液箱容积	5	m³	带搅拌

续表

序号	技术指标	参数	单位	备注
22. 工业压缩空气系统	空压机形式	螺杆式空压机		
	空压机数量	2	个	
	空压机功率	90	kW	
	空压机出口压力	8	bar	
	空压机能力	16.5	m³/min	
	空气罐容量	16.5	m³	
23. 工业供水及冷却系统	过滤器	A、B 两级过滤		
	设备要求工业水供应量	50	m³/h	
	设备要求供水压力	4～8	bar	
	额定进水温度	28	℃	
	管路直径	DN100	mm	
	水管卷筒数量	2	个	
	卷筒水管长度	40	m	
	冷却系统形式	内、外循环		
	内循环冷却水泵形式	离心泵		
	内循环冷却水泵功率	7.5	kW	
	内循环冷却水泵流量	30	m³/h	
	增压水泵功率	11	kW	
24. 齿轮油系统	油泵形式	螺杆泵		
	油泵功率	4	kW	
	油泵压力	6～30	bar	
	系统注油量	400	L	
25. 盾尾油脂系统	盾尾油脂泵形式	气动柱塞泵		
	盾尾油脂泵能力	8.25	L/min	
	盾尾油脂泵压力	315	bar	
	油脂桶规格	200	L	
26. HBW 密封系统	HBW 油脂泵形式	气动柱塞泵		
	HBW 油脂泵能力	3.7	L/min	
	HBW 油脂泵压力	350	bar	
	油脂桶规格	200	L	
27. 主驱动密封系统	油脂系统形式	多线式		
	主驱动油脂泵形式	气动柱塞泵		
	主驱动油脂泵能力	3.7	L/min	
	主驱动油脂泵压力	350	bar	
	油脂桶规格	200	L	
28. 排污系统	主机污水泵形式	气动隔膜泵		
	主机污水泵流量	800	L/min	
	污水泵功率	22	kW	
	污水箱	4	m³	
29. 保压及呼吸系统	保压系统形式	PI 控制		
	呼吸过滤系统形式	活性炭过滤器		

续表

序号	技术指标	参数	单位	备注
30. 二次供风系统	风管储存筒数量	2	个	
	风管储存长度	100	m	
	风管储存筒吊机功率	2.2	kW	
	二次通风管直径	$\phi 1000$	mm	
	二次风机形式	射流风机		
	二次通风机功率	55	kW	
	通风流量	16.7	m^3/s	
	隧道主风管直径	$\phi 1400$	mm	
31. 供电系统	初级电压	10000	V	
	次级电压	400	V	
	驱动电压	400	V	
	照明电压	220	V	
	阀控制电压	24	V	
	补偿装置	$\geqslant 0.9$		
	变压器形式	油浸式变压器		
	变压器容量	2000	kV·A	
	变压器数量	1	个	
	频率	50	Hz	
	电缆箱可容纳电缆	500	m	
	高压电缆截面	$3\times70+3\times35/3$	mm^2	
32. 导向系统	型号	演算工房		
	精度	2	s	
	管环选择功能（选配）	1	套	
	备用的快速人工测量系统功能	1	套	
33. 监视系统	监视系统数量	1	套	3台摄像头及1台彩色显示器
34. 通信系统	通信系统数量	1	套	7部电话（含3套声能电话）
35. 照明系统	照明灯规格	$2\times9W$		
	照明灯数量	45	盏	
	应急照明灯规格	$2\times9W$带应急装置		
	应急照明灯数量	15	盏	
36. 消防系统	灭火器类型	手提式干粉灭火器		
	数量	4	个	
	灭火器类型	手提式二氧化碳灭火器		
	数量	4	个	
37. 有害气体监测系统	监测传感器形式	便携式		
	监测传感器数量	1	个	
	监测气体类型	$CO_2/CO/O_2/CH_4$		
	监测传感器形式	固定式		

续表

序号	技术指标	参数	单位	备注
37. 有害气体监测系统	监测传感器数量	2	个	
	监测气体类型	H₂S/CH₄		
38. 装机功率	刀盘驱动	3500	kW	
	螺旋输送机	110	kW	
	推进	110	kW	
	管片拼装机	132+11+2.2×2	kW	
	注浆	30	kW	
	辅助泵	30	kW	
	液压油箱过滤泵	18.5	kW	
	主驱补油泵	55	kW	
	铰接泵	30	kW	
	控制油泵	11	kW	
	超挖刀	11	kW	
39. 其他	空压机 1	37	kW	
	空压机 2	37	kW	
	膨润土泵	18.5	kW	
	盾壳膨润土泵	7.5	kW	
	膨润土搅拌	4.4	kW	
	泡沫混合液泵	9	kW	
	泡沫原液泵	0.75	kW	
	混合液搅拌	1.5	kW	
	增压水泵	11	kW	
	内循环水泵	7.5	kW	
	污水泵	22	kW	
	砂浆搅拌	5.5	kW	
	齿轮油泵	4	kW	
	风筒吊机	2.2	kW	
	进水水管卷筒	1.5	kW	
	出水水管卷筒	1.5	kW	
	皮带机	37	kW	
	二次风机	15	kW	
	管片吊机	11	kW	

3.5　盾构机选型应用

　　以成都轨道交通 17 号线一期工程黄石站（明挖段）—市五医院站盾构区间和凤溪河站—温泉大道站等区间盾构机为例，介绍富水砂卵石地层盾构机选型应用。具体盾构机选型参数详见表 3-10。

　　另外，明光站—1 号风井区间、1 号风井—2 号风井区间均采用了 φ8580mm 复合式土压平衡盾构机，开挖直径为 8.6m，设备总长 105.471m，盾体总长 10.848m，刀盘驱动方式为变频电机驱动，推进油缸 38 个，最大行程 2.2m。三区间对刀盘磨损保护均采取刀盘板面焊 HARDOX600、外周焊合金耐磨环的方式。

区间盾构机机型、配置主要参数　　　　　　　　　表 3-10

凤溪河站—温泉大道站区间右线			明光站—1 号风井区间右线、1 号风井—2 号风井区间左线		
刀盘形式	辐条式	刀盘开口率	45%	刀盘形式	面板式	刀盘开口率	36%
刀盘直径	8580mm	前盾直径	8580mm	刀盘直径	8580mm	前盾直径	8580mm
中盾直径	8570mm	尾盾直径	8560mm	中盾直径	8570mm	尾盾直径	8560mm
盾构机主机长	10845mm	最大推力	76000kN	盾构机主机长	10845mm	最大推力	76000kN
脱困扭矩	36487kN·m	最大扭矩	29189kN·m	脱困扭矩	28740kN·m	最大扭矩	24636kN·m
螺旋机形式	带式	螺旋机直径	1080mm	螺旋机形式	轴式	螺旋机直径	1080mm
螺旋机最大通过粒径		560mm×1100mm		螺旋机最大通过粒径		404mm×610mm	
刀具组合	主刮刀 66 把，边缘刮刀 24 把，刀座保护刀 4 把，液压式磨损检测刀、磨损检测条各 2 把，注入口保护刀 10 把，18 英寸单刃滚刀 26 把，双刃滚刀 10 把，焊接型先行刀 31 把，焊接型切削刀 6 把，超挖滚刀 1 把			刀具组合	主刮刀 66 把，边缘刮刀 24 把，刀座保护刀 31 把，液压式磨损检测刀、磨损检测条各 2 把，注入口保护刀 10 把，18 英寸单刃滚刀 20 把，单联先行刀 16 把，四联先行刀 1 把，双联先行刀 8 把，焊接型先行刀 8 把，焊接型切削刀 6 把，超挖滚刀 1 把		
辐条式刀盘				面板式刀盘			
带式螺旋机				轴式螺旋机			

其中，凤溪河站—温泉大道站盾构区间双线采用的都是创新型 45% 开口率刀盘配备带式螺旋盾构机，"以排为主，排破结合"的设计理念，使成都地铁施工首次尝试使用如此大开口率刀盘和带式螺旋盾构机。

而明光站—1 号风井区间、1 号风井—2 号风井区间采用的是 36% 开口率配备轴式螺旋盾构机，"以破碎为主，排土为辅"为设计理念。

第4章 ▶▶

盾构始发与接收施工技术

4.1 整体始发与分体始发

盾构始发分为整体始发和分体始发两种。整体始发是指将盾体和全部台车安装在始发井下,盾构始发掘进时带动全部台车一起前行的施工技术。分体始发是指将盾体与全部或部分台车之间采用加长管线连接,盾体与全部或部分台车分开前行,待初始掘进完成后再将盾体与台车在隧道内安装连接进行正常掘进的施工技术。工程中由于始发井纵向长度小于盾构机总长,始发井不能满足盾构机整体始发的条件,采用分体始发方案。

4.1.1 整体始发

整体始发主要包括:施工降水与端头加固;始发托架的安装;盾构机进场、组成及调试;反力架安装;洞门延长钢环安装;洞门密封安装;盾尾油脂涂抹;安装辅助设施;探孔打设及洞门破除;始发负环管片安装;始发试掘进;始发及试掘进;垂直运输及水平运输;管片安装;同步注浆;盾尾通过洞门密封后进行回填注浆;二次注浆;负环管片、始发基座和反力架的拆除等工作。

鉴于后续小节对关键工序的详细说明,为避免重复,此处不再介绍施工降水与端头加固、始发托架的安装、始发基座和反力架的拆除等内容。

1. 盾构机进场、组成及调试

(1)盾构吊装准备

盾构机的场地分成三个区:后配套拖车存放区、主机存放区和吊机吊装区。盾构机分解为刀盘、前盾、中盾、盾尾、螺旋输送机、后配套等多块,最大单件重量135t。盾构机的运输委托有资质并有相关业绩的运输公司承运,进场时将盾构机的部件运至工地盾构始发井处。盾构机采用分部下井组装方案,经分析验算和借鉴盾构下井的经验,综合吊机的起吊能力和工作半径,用一台650t履带起重机和一台400t汽车起重机进行盾构机吊装作业。

(2)盾构机安装

组装井内放置的始发基座精确定位后及后配套车架处的轨道铺设完成后,方可进行盾构的下井组装。根据现场实际情况,尽量保证盾构机一次安装到位。

盾构机正常组装流程见表4-1。

(3)盾构机的检测、测试

1)对焊接部件进行磁探伤。

2)刀盘上刀具:安装牢固性、超挖刀伸缩。

3)检查刀具的转动情况:转速、正反转。

盾构机组装流程　　　　　　　　　　　　　表 4-1

序号	步骤	施工示意图
1	组装始发基座	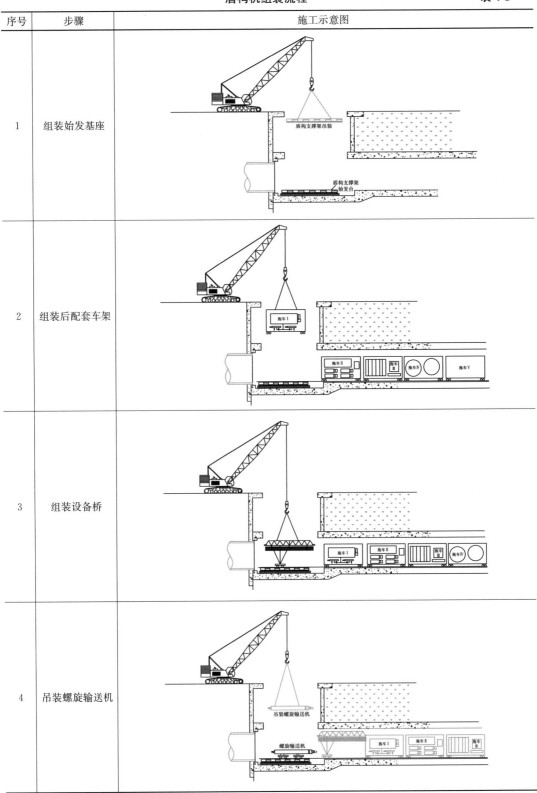
2	组装后配套车架	
3	组装设备桥	
4	吊装螺旋输送机	

序号	步骤	施工示意图
5	吊装前盾	
6	组装前盾与中盾	
7	组装刀盘	

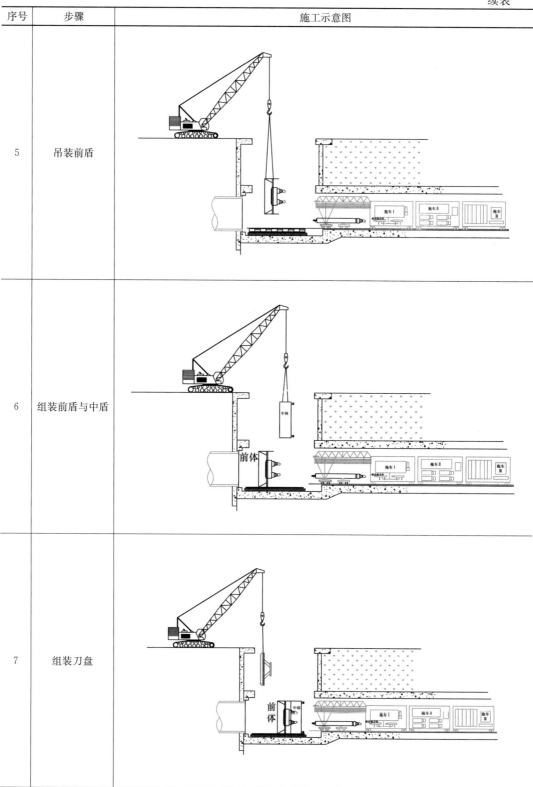

序号	步骤	施工示意图
8	组装管片 拼装机、盾尾	
9	组装螺旋输送机	
10	设备连接、安装	

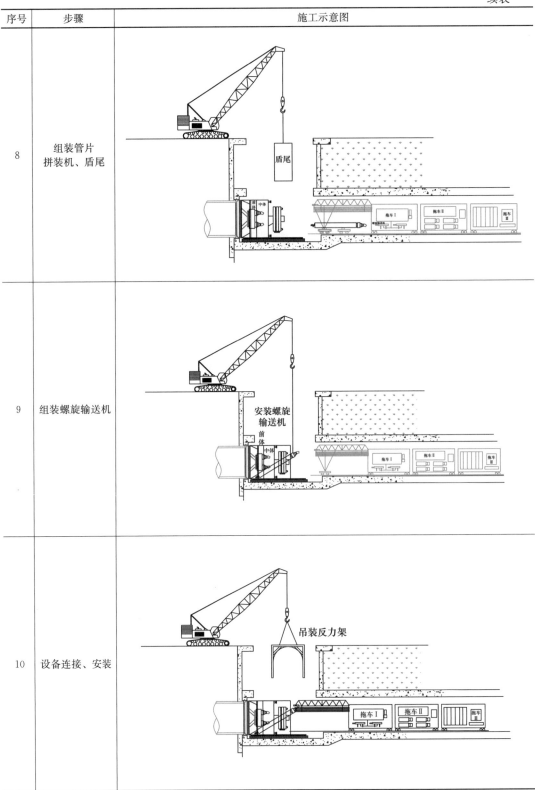

续表

序号	步骤	施工示意图
11	完成组装、准备始发	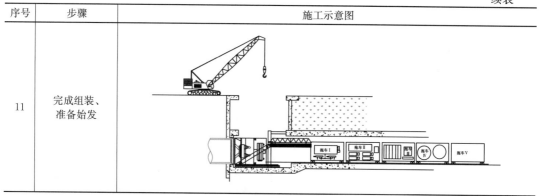

4）铰接千斤顶的工作情况：左、右伸缩。

5）推进千斤顶的工作情况：伸长和缩短。

6）管片安装器：转动、平移、伸缩。

7）真圆器：平移、伸缩。

8）油泵及油压管路。

9）润滑系统。

10）过滤系统、冷却系统、配电系统、操作控制板上各项开关装置、各种显示仪表及各种故障显示灯的工作状况。

（4）盾构机的调试

1）空载调试：盾构机组装和管线连接完毕后，即可进行空载调试。空载调试的目的主要是检查设备是否能正常运转。主要调试内容为：配电系统、液压系统、润滑系统、冷却系统、控制系统、注浆系统以及各种仪表的校正。

2）负载调试：空载调试证明盾构机具有工作能力后，即可进行盾构机的负载调试。负载调试的主要目的是检查各种管线及密封设备的负载能力，对空载调试不能完成的工作进一步完善，以使盾构机的各个工作系统和辅助系统达到满足正常生产要求的工作状态。试掘进时间即为负载调试时间。

调试工作由专业人员负责，调试工作完成后设备应该达到合同规定的技术状态。调试工作在安装完成后两周内完成。盾构机在完成了各项目的检测和调试合格后，即可认定盾构机已具备工作能力，可以进行初始掘进工作。

2. 反力架安装

反力架、反力环的安装在盾构组装过程中完成。反力架由横撑、竖撑、斜撑等组成，形成一个口字形平面，各部分均可拆卸，如图 4-1 所示。由于各车站端头井尺寸不同，故反力架后背部分装有可拆卸短节，以此适应始发需要。反力架（反力环）端面应与始发托架水平轴垂直，以便盾构轴线与隧道设计轴线重合。反力架与盾构始发井连接部位采用预埋高强度螺栓连接和焊接，保证反力架脚板及后背安全稳定。

（1）在地面以上将反力架的上、下横梁及两根立柱拼装成一个整体（全部是螺栓连接），水平放置，反力架的正面向上。

（2）将反力环没有螺栓孔的一面面向反力架，平放在水平放置的反力架上，准确地调整反力架的中心位置，并保证反力环处于正确位置。经反复校正中心定位及楔形定位后将反力环焊接在反力架上。

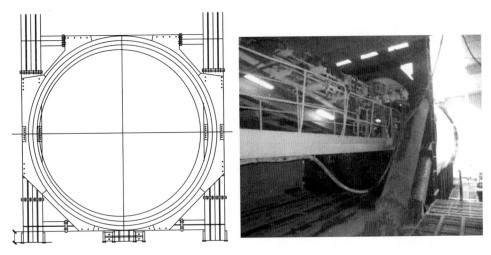

图 4-1　反力架组装示意图

（3）用汽车起重机将反力架吊入端头井，竖立在事先安装好的反力架预埋件上，经专业测量人员测量校正反力架的水平、前后的高度，确保反力环的中心与隧道的中心线重合，反力环的平面与隧道中心线垂直以后将反力架的立柱与预埋铁栓接。

（4）最后安装反力架剩余斜撑等部件，将反力架与后背端头井连接部分焊接，严格控制焊口焊接质量，保证焊接强度符合设计要求。

3. 洞门延长钢环安装

盾构隧道范围内端头围护桩采用玻璃纤维筋，采用盾构刀盘直接破除。由于端头侧墙厚度为 800mm，盾构机刀盘厚度为 910mm。为了减少进出洞风险，同时为了避免施工过程中掌子面塌陷的不利影响，采用洞门延长钢环施工技术，可降低掌子面暴露风险，避免掌子面暴露太久而发生失稳坍塌。通过使用延长钢环技术，可有效提高盾构始发进度。延伸钢环在工厂内分块加工完成，运至现场地面进行试拼，并下用螺栓连接及接缝坡口焊接牢固。延伸钢环外侧四周布置注浆球阀，用于洞门在应急情况下可及时采用聚氨酯进行堵漏（图 4-2）。始发前，所有的球阀与注浆泵进行连通。

4. 洞门密封安装

在盾构始发掘进时，为了防止洞内水和回填注浆沿着盾构机外壳向洞口方向流出，在内衬墙上的盾构机入口洞圈周围安装环行密封橡胶板止水装置，该装置在内衬墙入口洞圈周围安装 120 只 M24 螺孔的预埋板 A，用螺栓将密封橡胶板、压紧环板 B 和折叶压板栓连在预埋环板 A 上（考虑到使用了延伸钢环，这些都相应地安装在洞门延伸钢环上，延伸钢环与之前端墙进行螺栓连接并焊接牢固）（图 4-3）。

当盾构机沿推进方向掘进时，带铰接的扇形压板被盾构机带动而顺时针方向转动，并支撑密封橡胶板，封闭在 $\phi 8580mm$ 的盾体外径处，止住水向始发井内流入。当盾体通过洞门密封装置后，橡胶帘布紧缩，压住扇形压板，防止水流沿管片外径向始发井内流入，同时也防止同步注浆浆液外溢。在试掘进 100m 完成后拆除负环管片，将压板、扇形压板、密封橡胶帘布和螺栓拆除并清洁后，按同样的安装方法将密封装置安装至洞门，便于盾构机到站的密封止水使用（图 4-4）。

图 4-2　延伸钢环安装　　　　　　　　　　图 4-3　折页式密封压板

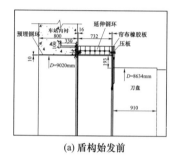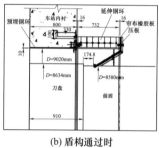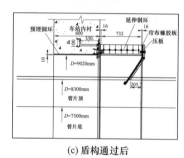

(a) 盾构始发前　　　　　　　(b) 盾构通过时　　　　　　　(c) 盾构通过后

图 4-4　始发洞口密封原理图（单位：mm）

洞门密封装置安装时，需注意橡胶帘布及扇形压板的安装方向。橡胶帘布端头的凸起方向与盾构掘进方向相同。盾构机进入预留洞门前在刀盘外围和帘布橡胶板外侧涂润滑油脂以防止盾构机刀盘磨损帘布橡胶板而影响密封效果。

5. 盾尾油脂涂抹

盾构始发前对盾尾刷仓内进行人工油脂填充。施工流程如图 4-5 所示，手抹油脂纵断面示意图如图 4-6 所示。

图 4-5　人工油脂填充流程图

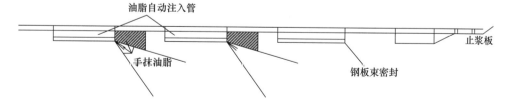

图 4-6　手抹油脂纵断面示意图

应对四道盾尾刷进行手工涂抹油脂，对每道钢丝刷都要进行充分的涂抹，每道钢丝刷分5层，用薄钢板撬开，对每道缝进行充分填充，填充到底、连续、饱满，涂至最后使钢丝刷表面被油脂覆盖住，总量控制在2t以上的condat盾尾油脂，经技术员及质检员检测涂抹合格后方可开始拼装负环。

6. 安装辅助设施

（1）安装盾构机反扭装置

盾构机刀盘进洞切削掌子面时会产生巨大的扭矩，为了防止此时盾构机壳体在始发导轨上发生偏转，在始发导轨两侧的盾构机壳体上焊接防扭装置（采用20mm厚钢板加工成箱型结构），防扭装置在距盾尾1.5m处盾构机两侧各焊接2个（注意避开铰接密封的位置）。防扭装置随着盾构机的前行靠近洞门密封处时，为防止其破坏洞门密封帘布，将防扭装置割除。

（2）三角支撑

拼装负环管片的同时，在负环管片侧面安装三角支撑，与始发托架螺栓连接，其上部用一型钢相连用以支撑负环管片，管片与三角支撑之间采用木楔塞紧，每环单侧不少于2个。图4-7为三角支撑施工现场。

图4-7　三角支撑

（3）防磕头安装

盾构机下井后在始发托架上进行盾体的拼装，拼装完后刀盘的直径为8.6m，预埋钢环的直径为9020mm，当盾构机推进至预埋钢环时存在193mm的落差，可能会发生"栽头"现象，为了防止盾构机在始发的过程中盾构机出现"栽头"，在预埋钢环上设置一个弧形水泥导台，刀盘最边缘距离导台不得大于20mm。具体布置形式如图4-8和图4-9所示。

（4）导轨安装

盾构机刀盘出始发托架端部时，及时在托架前端焊接延长导轨，导轨底部用25号工字钢进行支撑。

7. 探孔打设及洞门破除

盾构进洞前应进行掌子面超前探孔测量水量，探孔全断面5个探孔均匀布置，探孔直径为 50mm，深度为 3m，探孔后，要求每小时汇水总量不超过 20L，孔洞无泥砂流出等异常现象发生。

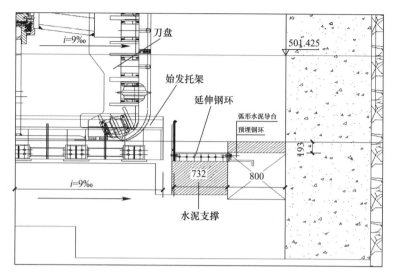

图 4-8　导台设置剖面图（单位：mm）

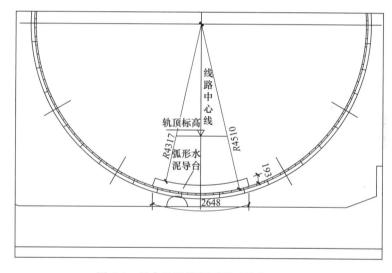

图 4-9　导台设置横断面图（单位：mm）

盾构始发到达洞门范围采用玻璃纤维钢筋进行替换，所以可以采用盾构机直接破除洞门。破除过程中，控制推力，防止推力过大损坏明挖段结构。盾构磨桩破洞门分为两个步骤：

（1）将直径 1.5m 的桩磨至 1.2m，推进过程中通过刀盘前方的泡沫管道向掌子面喷水磨桩，停机，按照成都地铁 100 号文要求升仓清理玻璃纤维筋，复紧刀具，将土仓内的惰性浆液填至 2/3 的土仓，惰性浆液采用膨润土浆液，膨水比为 1：5，加入少量的砂，通过同步注浆管道打入。

（2）继续磨剩下的玻璃纤维筋桩，磨桩前先不出渣，待土仓顶部压力出现波动时，开始推进出渣。

8. 始发负环管片安装

负环管片采用错缝拼装方式,且封顶块保证在上半圆。①采用直线标准环,共计8环;②盾构每推进一环,对已拼装的管片进行钢丝绳环箍加固;③防止管片移动错位,油缸压力差控制在3MPa以内;④根据盾构自动测量系统的测量结果及千斤顶行程差,确定下次推进的纠偏量与推进油缸的组合运用方式。表4-2为负环安装点位表。

负环安装点位表 表4-2

环号	−6环	−5环	−4环	−3环	−2环	−1环	0环
F块点位	19点	2点	19点	2点	19点	2点	19点

拼装−8环前,在盾尾内侧底部焊接9根长度1.3m、高7cm的双拼槽5,以保证盾尾间隙,双拼槽5与盾体连接时,只焊接靠近撑靴前面的746mm。为检验机打盾尾油脂是否饱和,−6环管片拼装前提前将其7个吊装孔打穿。双拼槽5布置、位置示意图如图4-10和图4-11所示。

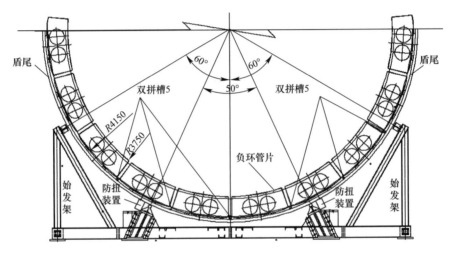

图 4-10 双拼槽5布置示意图(单位:mm)

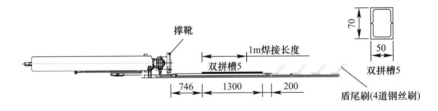

图 4-11 双拼槽5位置示意图(单位:mm)

第一环负环管片开始采取全环拼装,首先安装拱底块,再依次安装两侧的标准块及连接块,最后安装封顶块。在拼装连接块时,在管片拼装机归位之前,用L形钢板将这两块管片固定在盾壳的固定位置,L形钢板一边焊在盾壳内表面(每块管片2个),安装好封顶块并拧紧连接螺栓后拆除L形钢板,进行下一环掘进。

9. 始发

始发总体步骤见表4-3。

始发步骤表

表 4-3

施工步骤	图例	备注
第一步，负 8 环拼装	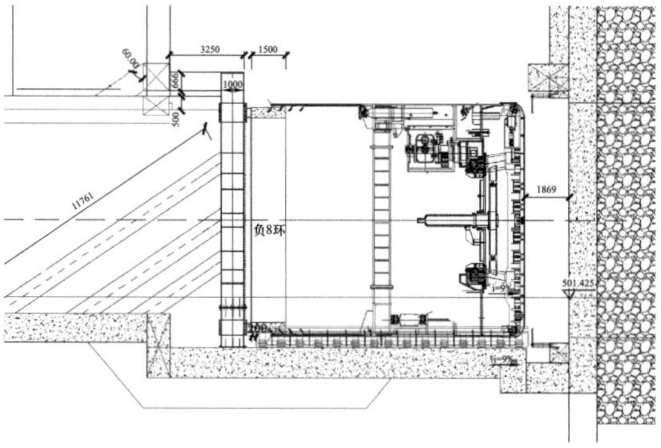	（1）拼装前检查盾尾油脂，保证油脂涂抹饱满，钢丝绳及各种应急物资到位，盾尾内拼装负 8 环，需在盾尾上部和下部焊接固定块，保证拼装过程安全。拼装完成后将整环管片螺栓进行复紧。 （2）负 8 环拼装完成后，利用推进油缸将负 8 环管片整体向前推，使负 8 环管片与反力架基准环紧密连接。 （3）空推推力控制在 300t 以内。 （4）在盾构机上做好标记，主要标记刀盘转动位置与刀盘抵达掌子面的位置
第二步，负 7 环拼装	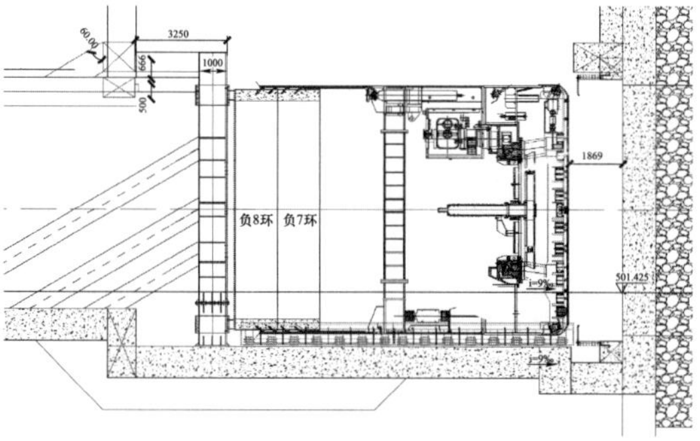	（1）负 7 环拼装完成后，利用推进油缸将负 7 环管片整体后移，使负 7 环管片与负 8 环管片紧密连接。 （2）及时对拼装完成后的管片螺栓进行复紧。 （3）钢丝绳箍紧负 8 环，负 8 环管片脱出盾尾，依次采用钢垫箱和木楔进行塞紧
第三步，负 6 环拼装	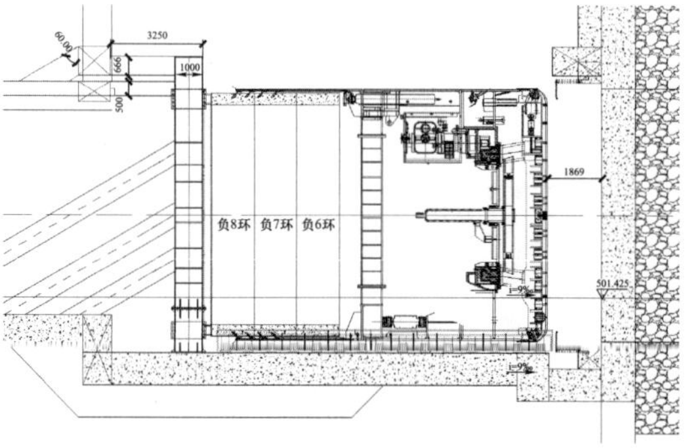	（1）技术员需对洞圈内进行检查，确认无障碍物后方可推进。 （2）检查钢丝绳是否勒紧、木楔子是否到位，检查各项应急材料堆场。 （3）检查聚氨酯泵和双液注浆泵是否到位，管路和球阀连接完成

续表

施工步骤	图例	备注
第四步，负5环拼装		(1) 掘进速度控制在 10～20mm/min，推力小于 600t，及时注入盾尾油脂，刀盘到达帘布前禁止转动刀盘。到达帘布时，注意保护帘布，检查折页压板是否到位，盾构机进钢环前在橡胶帘布上涂满黄油，防止刀具刮破橡胶帘布。 (2) 切口里程为 DK62＋234.316时，刀盘抵拢围护桩面。 (3) 预留－5环管片的拼装位置，用真空吸盘拼装－5环管片，连接纵向和环向螺栓。 (4) 对管片进行检查，并对拼装完成后的管片螺栓进行复紧。 (5) 对已经拼装完成的负环管片采用钢丝绳进行固定，检查钢丝绳是否紧固、下部木楔子是否松动
第五步，负4环拼装		(1) 掘进速度控制在 10～20mm/min，推力小于 1200t，及时注入盾尾油脂，刀盘在加固区中掘进，注意扭矩变化，扭矩控制在 300kN·m 以内，逐步建立土压，土压控制在 0～0.3bar，刀盘转速控制在 1.2rpm 以内。 (2) 磨桩完成 1.1m 后，开仓清理，后将惰性浆液填充 2/3 土仓，恢复掘进。 (3) 盾尾以外的－8 至－6 环三脚架支撑、钢丝绳抱箍完成后开始推进－3 环。 (4) 推进过程中对反力架进行检查与监测，对盾构周围可能碰到盾构机范围内物品进行处理，确认无障碍物后方可推进。 (5) 采用真空吸盘完成－4 环管片拼装，利用－5 环管片吊装孔打通检查盾尾油脂饱满情况
第六步，负3环拼装		(1) 按照 10～20mm/min 推进速度磨完剩余的桩；推力小于 1200t，及时注入盾尾油脂，刀盘在加固区中掘进，注意扭矩变化，扭矩控制在 3000kN·m 以内，土压控制在 0.1～0.3bar。 (2) 桩体磨完后，逐渐将推力加大，控制在 3000t 以内，推进速度增大至 30mm/min 以上，刀盘转速为 1.5rpm，扭矩控制在 7000kN·m 以内。 (3) 掘进过程中往刀盘正面中心冲洗口打水，方量控制在 8m³，泡沫控制在 4m³；膨润土泥浆控制在 12m³

续表

施工步骤	图例	备注
第六步，负3环拼装		(4) 安排专人观察周围洞门两侧，并对折页压板进行处理。如果发现洞门有较大漏水、漏浆，应对洞门密封进行加固处理。 (5) 采用真空吸盘完成-3环管片拼装
第七步，负2环拼装		(1) 刀盘在加固区中掘进，注意扭矩变化，扭矩控制在8000kN·m以内，逐渐建立土仓压力，土压控制在0.5bar以内，掘进速度控制在40mm/min以上，推力小于3000t以内，及时注入盾尾油脂。 (2) 对已经拼装完成的负环管片采用钢丝绳进行固定，检查钢丝绳是否牢固、下部木楔子是否松动。 (3) 采用真空吸盘完成-2环管片拼装，并完成喂片机安装
第八步，负1环拼装		(1) 掘进-1环速度控制在40mm/min以上，推力小于3000t，及时注入盾尾油脂，注意扭矩变化，扭矩控制在8000kN·m以内，刀盘转速为1.8rpm，土压控制在0.3以内0.5bar。 (2) -1环推进时严格控制盾构机姿态，垂直姿态控制根据盾构机与线性曲线具体情况进行控制，左右姿态根据盾构机与钢环之间的间隙进行微调，推进过程中安排专人观察间隙变化。 (3) 掘进过程中往刀盘正面中心冲洗口打水，方量控制在8m³，泡沫控制在4m³，膨润土泥浆控制在12m³。 (4) 采用真空吸盘完成-1环管片拼装
第九步，0环拼装		(1) 掘进0环速度控制在40mm/min以上，土压控制在0.3~0.5bar。推力小于3000t，及时注入盾尾油脂，注意扭矩变化，扭矩控制在8000kN·m以内，刀盘转速为1.8rpm。 (2) 严格控制盾构机姿态，垂直姿态控制根据盾构机与线性曲线具体情况进行控制。 (3) 掘进过程中往刀盘正面中心冲洗口打水，方量控制在8m³，泡沫控制在4m³，膨润土泥浆控制在12m³。 (4) 一号台车过反力架时，要注意加强观察，防止台车卡住反力架，注意桥架与盾体之间牵引连接油缸的观察，防止牵引油缸伸出过长，压力超限。 (5) 采用真空吸盘完成-1环管片拼装

10. 试掘进

盾构掘进的前100m作为试掘进段，通过试掘进段拟达到以下目的：

（1）用最短的时间对新盾构机进行调试，熟悉机械性能。

（2）了解和认识地质条件，掌握各地质条件下复合式盾构的操作方法。

（3）收集、整理、分析及归纳总结各地层的掘进参数（推力、扭矩、刀盘转速、掘进速度以盾构机PLC记录数据为准），制定正常掘进各地层操作规程，为实现快速、连续、高效的正常掘进打好基础。

（4）熟悉管片拼装的操作工序，提高拼装质量，加快施工进度。

（5）通过试掘进段施工，加强对地面变形情况的监测分析，反映盾构机进洞时以及推进时对周围环境的影响，掌握盾构推进参数及同步注浆量。

（6）通过盾构试掘进施工，摸索出盾构在地层中掘进姿态控制措施和方法。

试验段施工中详细记录：不同时段、不同地层所采取的不同掘进参数的进尺情况；相同的掘进参数对于不同地层其进尺和刀盘的磨损情况；以及相同的地层采取不同的掘进参数。同时，详细记录注浆压力与地层的关系。数据收集后，及时进行分析、整理，总结出隧道掘进过程中不同的地层应该采取的掘进参数，为工程的顺利进行提供技术依据。

11. 垂直运输及水平运输

（1）垂直运输

在出渣口上方分别布置一台跨度25m的60t龙门吊进行垂直运输，满足碴土车起吊，倒放于临时渣土坑内，用自卸汽车外运出土。另外在盾构始发井口布置一台跨度25m的25t龙门吊进行管片及施工材料下井。

（2）水平运输

水平运输主要靠电瓶车牵引渣土车、管片车和砂浆车进行运送。编组方式根据盾构机是否完全出洞进行区分。当盾构机未完全出洞时，如图4-12所示，采用1列编组列车，即1台电瓶车＋4台渣土车＋1台砂浆车＋2台管片平板车；当盾构机完全出洞后，安装道岔，如图4-13所示，采用两列编组列车，即1台电瓶车＋4台渣土车＋1台砂浆车＋2台管片平板车。

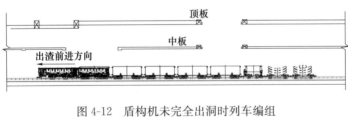

图4-12 盾构机未完全出洞时列车编组

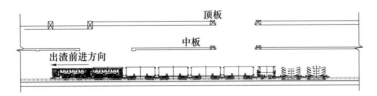

图4-13 盾构机完全出洞时列车编组

对于 2 列编组，当一列编组列车在洞内，另一列编组列车在车站内，此时列车编组如图 4-14 所示；当两列编组列车均在车站内，此时列车编组如图 4-15 所示。

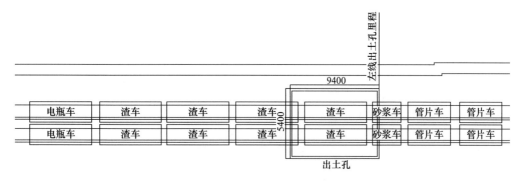

图 4-14　盾构机完全出洞后列车编组（一）

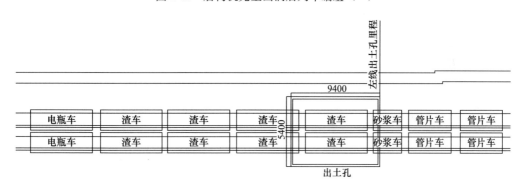

图 4-15　盾构机完全出洞后列车编组（二）

12. 管片安装

管片由管片车运到隧道内后，由专人对管片类型、龄期、外观质量和止水条粘结情况等项目进行最后一次检查，检查合格后才可卸下。管片经管片吊车按安装顺序放到管片输送平台上（即喂片机上），掘进结束后，再由管片输送器送到管片安装器工作范围内等待安装。

（1）管片选型以满足隧道线型为前提，重点考虑管片安装后盾尾间隙要满足下一掘进循环限值，确保有足够的盾尾间隙，以防盾尾直接接触管片。

（2）管片拼装采用真空吸盘，管片就位后，安排专人对管片内弧面进行清洗和清扫，保证表面没有油污和灰尘，环缝接触位置用海绵全部清理干净。

（3）管片安装必须从隧道底部开始，然后依次安装相邻块，最后安装封顶块。安装第一块管片时，用水平尺与上一环管片精确找平。

（4）安装邻接块时，为保证封顶块的安装净空，安装第六块管片时一定要测量两邻接块前后两端的距离（分别大于 F 块的宽度，且误差小于＋10mm），并保持两相邻块的内表面处在同一圆弧面上。

（5）封顶块安装前，对止水条进行润滑处理，安装时先径向插入 2/3，调整位置后缓慢纵向顶推。

（6）管片块安装到位后，应及时伸出相应位置的推进油缸顶紧管片，其顶推力应大于稳定管片所需力，然后方可移开管片拼装机。

（7）管片连接螺栓必须拧紧，螺栓紧固采取多次紧固的方式。管片拼装过程中安装一块初紧固一根螺栓，拼装结束后应及时对环纵向螺栓进行二次紧固，盾构掘进下一环时，借助推进油缸推力的作用，再一次紧固所有螺栓，尤其是纵向螺栓。隧道贯通后，必须对所有环、纵向螺栓进行复紧。图 4-16 为管片拉紧现场图。

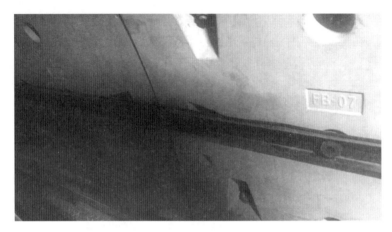

图 4-16　管片拉紧图

（8）为防止管片拼装时产生错台，紧固螺栓前必须认真地进行对位，对管片 3 环进行一次拉紧处理，拉紧选用 10 号槽钢与螺栓孔进行纵向连接。

表 4-4 为现场管片拼装流程。

管片拼装流程　　　　　　　　　　　　　　　　　　　　表 4-4

1. 管片运至现场后，对管片进行逐块验收，检查管片合格证	2. 管片进场逐个检查螺栓孔	3. 管片防水材料粘贴完成后需进行隐蔽工程验收
	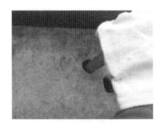	
4. 管片完成防水材料粘贴后做好现场防雨措施	5. 管片吊装采用起重吊带吊运，下井位置准确、上下对齐，不得超出界限	6. 管片清洗
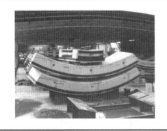		

7. 真空吸盘分片完成管片拼装	8. 螺栓复紧扭力扳手检查	9. 测量环、纵缝拼缝

13. 同步注浆

当盾片脱离盾尾后，在土体与管片之间会形成一道宽度为 167mm 左右的环形建筑空隙。同步注浆的目的是为了尽快填充环形间隙而使管片尽早支撑地层，以防止地面变形过大而危及周围环境安全，可同时作为管片外防水和结构加强层。同步注浆与盾构掘进同时进行，同步注浆是通过同步注浆系统及盾尾的内置注浆管进行。盾构向前推进过程中，盾尾空隙形成的同时采用三台泵 6 管路（6 注入点）对称同时注浆。

试掘进阶段的管片注浆是保证管片拼装质量的关键所在，其目的在于控制隧道变形，防止管片上浮，提高结构的抗渗能力。良好的浆液性能体现在以下几个方面：①浆液充填性好；②浆液和易性好；③浆液初凝时间适当，早期强度高，浆液硬化后体积收缩率小；④浆液稠度合适，以不被地下水过度稀释为宜。

管片背后的环形建筑空间容积是控制注浆量的主要依据。掘进过程中，从第正 3 环开始同步注浆，注浆量逐步增加，最后以注浆充满管片背后间隙为标准。注浆量根据注浆压力和保压时间来综合控制。

在不同的地层中根据浆液凝结时间及掘进速度控制注浆时间。做到"掘进、注浆同步，不注浆、不掘进"，通过控制同步注浆压力和注浆量双重标准来确定注浆时间。注浆量和注浆压力均达到设定值后才停止注浆，否则仍需补浆。同步注浆速度与掘进速度匹配，盾构掘进一环的同时需完成当环注浆量，并据此确定其平均注浆速度。

采用注浆压力和注浆量双指标控制标准，即当注浆压力达到设定值，注浆量达到设计值的 90% 以上时，即可认为达到了质量要求。注浆效果检查主要采用分析法，即根据压力-注浆量-时间曲线，结合管片、地表及周围建筑物量测结果进行综合评价。

14. 盾尾通过洞门密封后进行回填注浆

当盾构机拼装完成正 4 环，盾尾通过洞门密封后，立即对洞口位置进行补注浆，利用延长钢环上预留的注浆阀进行补充注浆（加工延伸钢环时，在顶部和正下方均需要预留注浆阀），同时加强在 0 环管片前的二次注浆，注浆采用水泥水玻璃双液浆，注浆压力适当减小，水灰比为 1∶1（根据现场实际情况进行调整），以避免洞门间隙处产生水土流失，造成盾构始发地面沉降过大。

15. 二次注浆

盾构推进至 12 环左右时，洞门 1～8 环位于连接桥位置，以便于二次注浆操作，即对加固区内脱出盾尾的 1～8 环管片进行二次注浆封堵，应采用单液、双液间歇交叉注入，分多次、均匀、少量进行，以达到扩散填充和加固效果，确保浆液不流失、漏出洞门，以达到封堵洞门的目的。掘进时，根据成型管片姿态情况每 5 环进行二次注浆，应采用单液、双液浆间歇交叉注入，分多次、均匀、少量进行，以达到扩散填充和加固均匀有效。

根据地表沉降监测数据，对沉降偏大处地表下方对应的里程，进行二次注浆，以补充土体损失，使沉降发展尽快趋于稳定。二次注浆配比中水灰比1∶1，施工过程中根据现场实际情况进行优化调整。

16. 负环管片、始发基座和反力架的拆除

盾构完成100m试掘进以后开始对负环管片、始发基座和反力架进行拆除，准备正常掘进，负环拆除将单独编制《负环管片拆除安全专项施工方案》。

（1）将反力架后座与车站结构分离，采用切割反力架后撑的型钢，并用千斤顶顶开后，将反力架和车站结构分离。

（2）采用专用工具，将管片分块吊出。

（3）拆除其他负环各连接螺栓，分别吊出井口。

（4）分块拆除始发基座和反力架并吊出井口。

4.1.2　分体始发

分体始发以明九区间2号风井—九江北站盾构区间始发施工为例。该区间右线长2274.048m，左线长2157.2m，最小曲线半径为600m，区间设置4座联络通道，隧道埋深为9.1～29m，穿越地层主要为密实砂卵石地层。隧道最大坡度28‰，盾构开挖直径8.6m，管片内7.5m，管片外径8.3m。区间主要穿越＜3-8-2＞中密卵石土以及＜3-8-3＞密实卵石土。明九区间2号风井—九江北站盾构区间平面图和纵断面图分别如图4-17和图4-18所示。

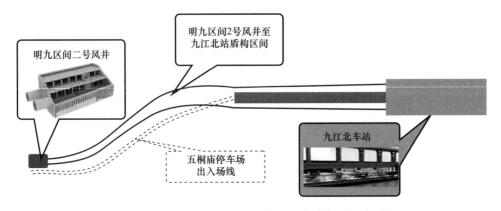

图4-17　明九区间2号风井—九江北站盾构区间平面图

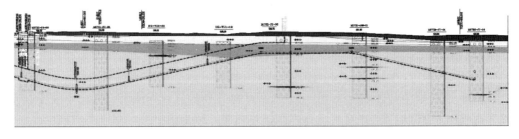

图4-18　明九区间2号风井—九江北站盾构区间纵断面图

1. 始发井条件

成都轨道交通 17 号线盾构多处位于风井始发，受风井结构及周边环境限制，无法为盾构整体始发提供充足条件。

其中场地狭小的 2 号中间风井，为地下双层矩形框架结构形式，主体结构尺寸为 66.45m×29.39m。设置有始发、轨排及接收井。采用 φ8.6m 大直径土压平衡盾构机，盾构机总长为 104m，不具备盾构设备主机及后配套台车全部下井的条件。根据现场施工情况，采用分体始发模式。

2. 分体始发掘进施工技术要点

（1）盾构后配套合理布置

采用分体始发模式，需避免现场台车布置影响掘进出渣及材料吊装，同时台车各部件配置应合理。从盾构机前期选型配置、台车各部件布局进行优化，避免后期过多地对设备进行改造。

尽量减少转接管线的使用。始发场地布置过程中，盾构隧道上方禁止设置建筑物及明渠等，避免增加始发难度。

该区间施工用盾构全长约 105m，盾构机长度 10.8m，连接桥长度约为 16m，每节台车长度为 12m，台车各部件布置见表 4-5。

台车各部件布置 表 4-5

序号	车架分类		主要装配的装置、设备
1	No.1 车架	右侧	变频柜
		左侧	盾尾油脂泵、集中润滑泵、操作室
2	No.2 车架	右侧	同步注浆系统
		左侧	动力单元
3	No.3 车架	右侧	加泥系统
		左侧	泡沫原液箱、动力柜
4	No.4 车架	右侧	水系统、二次注浆系统
		左侧	空气系统
5	No.5 车架	右侧	高压柜
		左侧	高压柜
6	No.6 车架	右侧	休息室、厕所、污水箱
		左侧	电缆储存、水缆卷筒

主体结构长 66m，根据始发掘进时，最少需保证出渣需要，则渣土箱（约 7m）位置。考虑盾构始发安全、施工工效及设备最大化利用，减少转接管线的连接（易损坏线路）。

分体始发布置为盾体、连接桥架、1 号台车和 2 号台车放置始发井内，3 号～6 号台车布置在始发井北侧（6 号可后期使用），考虑到基坑长度以及转接管线延伸异常等情况，设定转接管线长度为 120m（根据负环拆除条件进行确认），布置方式如图 4-19 所示。

分体始发掘进过程中，除出渣及设备故障外，影响工效的因素为转接管线移动困难。为便于转接管线移动，将转接管路与转接电缆线分类绑扎，下井转接电缆线不能以 S 形存放在线架上，应设置架设导轮悬吊转接电缆线，以方便转接电缆线的延伸（图 4-20）。

（2）电瓶车编组优化配置

出渣效率决定分体始发阶段盾构机掘进效率，合理选择电瓶车编组尤为重要。初期阶段，2号台车同步注浆系统位于井下，可在中板或底板设置砂浆管用于砂浆存放，后用泵送至井内，从而减少电瓶车砂浆罐，为出渣提供便利。因此出现可供变化编组空间时，及时对编组进行优化。

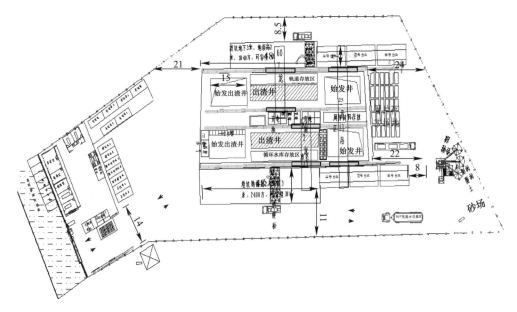

图 4-19 分体始发掘进场地布置图

图 4-20 转接管线布置

1）第 1 阶段

负 8 环至正 4 环只允许安装一节运输车，从而采用管片运输车、渣土箱交叉使用。下放管片前需将渣土车整体吊离轨道，电瓶车按照"渣土箱—电瓶车机头—平板车"的顺序摆放（图 4-21）。

2）第 2 阶段

盾构机掘进正 5 环时，轨排井可供出渣及吊装管片。此时台车至轨排井后有 12m 距离，满足增设渣土箱编组需求（图 4-22）。

3）第 3 阶段

正常阶段，每环掘进完成需 2 列编组，从而掘进至 15 环后，每环掘进可使用单列编组2趟完成。编组形式为电瓶车机头＋3节渣土箱＋砂浆罐＋2节管片平板（图4-23）。

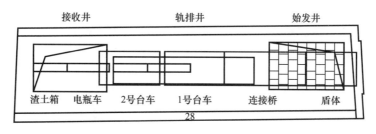

图4-21　第1阶段编组图

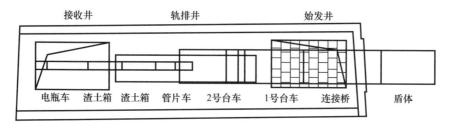

图4-22　第2阶段编组图

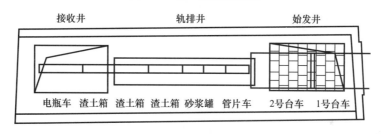

图4-23　第3阶段编组图

4）第4阶段

盾构掘进至负环拆除且后续台车（3～6号）下井不对出渣造成影响时，在洞口安装岔道，使用两列编组，节省出渣时间，此时同时转为整体掘进。

（3）始发托架与洞门相适应

始发托架根据隧道轴线进行设置，掘进前进行模拟掘进，合理设置始发托架方位。在定位时除中心轴线坐标外，需另外计算出2条托架轨道的中心线坐标，增加定位准确性。

托架垂直姿态应根据纵向设计轴线整体抬高30mm，防止盾构始发进洞时出现载头、下沉的现象。

同时，为防止洞门对盾构机姿态造成不平衡受力，应提前对洞门进行凿面处理，使洞门与盾构机面板平行，保证接触均匀，并设置防扭装置。

托架、盾构机安装完成后，应分别对其姿态进行复测，确保无误差。

另外对于出现的洞门封闭漏浆现象，主要原因是：初凝时间较长、注浆压力较人、注浆量不足。后期采用了调整浆液配合比、减少浆液初凝时间、降低注浆压力等措施，取得了非常好的效果。

（4）始发过程控制

盾体进入隧道后，及时进行管片封堵，同步注浆采用凝结效果快的配合比，同时加强二次注浆，保证管片质量，应采取拉结钢轨以防止管片上浮。

始发阶段位于玻璃纤维筋加固区，且设备处于磨合阶段，需控制推力、扭矩及掘进速度，应将速度控制在 10mm/min（实际控制），减少贯入度，保证推力、扭矩未超过反力架及始发架提供的支撑力。

（5）停机管控

在分体始发阶段，由于出渣及转接管线故障，造成停机时间较长，恢复掘进时造成掘进参数不理想，严重影响掘进工效，则停机期间需做好相应管控措施，从而有效减少复推难度。

始发阶段做好渣土改良，采用泡沫加膨润土的渣土改良方式，加大使用方量，并及时对渣样进行分析，及时调整，避免仓内环境出现异常或恶化。

1）停机前严格控制土仓压力（区间 0.6~1.0bar），其土仓压力需根据地质情况、埋深等进行确定。

2）长时间停机，掘进停止后将土仓内全部填满膨化好的膨润土，盾体外壳上部同时注入，避免盾体包裹。

3）采用膨润土保管，避免管路出现堵塞。

4）进行同步注浆泵、注浆管路、储浆罐等设备清理。

5）补充刀盘润滑脂及盾尾油脂等。

4.2　盾构始发施工技术

以凤溪河站—温泉大道站区间、明光站—1 号风井区间、1 号风井—2 号风井区间盾构施工为例介绍盾构始发施工技术，盾构区间平面位置图如图 4-24 所示，其对应的始发方式与区段见表 4-6。

图 4-24　盾构区间平面位置图

盾构始发方式与区段   表 4-6

序号	始发点	始发方式	接收点	备注
1	温泉大道站小里程端	整体始发	凤溪河站	2 台盾构机
2	明光站大里程端	整体始发	1 号风井	2 台盾构机
3	1 号风井大里程端	分体始发	2 号风井	2 台盾构机

三区间均为双线隧道，盾构施工所处地层为成都典型富水砂卵石地层，采用土压平衡盾构掘进。盾构机采用中交天和复合式土压平衡盾构机，共投入 6 台盾构机进行施工，盾构机直径为 8.6m；其中 2 台盾构机在温泉大道站小里程整体始发，掘进至凤溪河站接收；2 台盾构机在明光站大里程端整体始发，掘进至 1 号风井接收；另外 2 台盾构机从 1 号风井大里程端分体始发，掘进至 2 号风井接收。衬砌采用钢筋混凝土预制管片，管片外径8300mm，内径7500mm，厚度400mm，管片长度 1.5m。图 4-25 为盾构区间走向示意图。

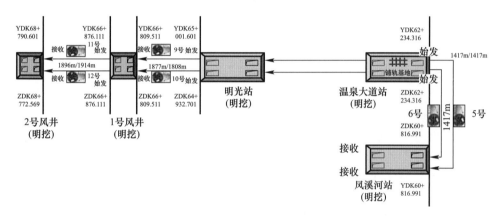

图 4-25 盾构区间走向示意图

1. 凤溪河站—温泉大道站区间

左线起讫里程 ZDK60＋816.991～ZDK62＋234.316，区间总长 1417.325m；右线起讫里程 YDK60＋816.991～YDK62＋234.316，区间总长 1417.325m。该盾构区间南起温泉大道站，沿凤溪大道向北掘进至凤溪河站，区间沿线经过 4 个交叉路口，分别为五洞桥路、永兴路、南江路及南熏大道。凤溪大道为温江区主干道，地面车流量较大，道路形式为 4＋2 车道，盾构施工环境复杂。掘进线路均为直线，线间距为 16.2m，共设 2 个联络通道。

2. 明光站—1 号风井区间

左线起讫里程 ZDK64＋932.701～ZDK66＋809.511，区间总长 1876.81m；右线起讫里程 YDK65＋1.601～YDK66＋809.511，区间总长 1811.81m。该区间均为直线，线间距为 16.2m，共设 3 个联络通道。

3. 1 号风井—2 号风井区间

左线起讫里程 ZDK66＋876.111～ZDK68＋772.569，区间总长 1896.458m；右线起讫里程 YDK66＋876.111～YDK68＋790.601，区间总长 1914.49m。该区间始发由直线掘进至 R＝2500m 圆曲线，最后 R＝600m 圆曲线接收，区间最小线间距 16m，共设 4 个联络通道。

4.2.1 施工降水

施工降水以温明区间掘进为例进行阐述。温明区间盾构从温泉大道站车站大里程端始发，明光站车站小里程端接收。

1. 降水设计方案

（1）降水目的

防止因地下水引起的工程事故（流沙、管涌、坑底失稳、坑壁坍塌），保证基坑施工无水作业；增加边坡和坑底稳定的能力；增大基坑抗剪的强度，提高基底的稳定性。

（2）降水方法

根据设计要求采用管井降水。管井采用 $\phi300m$ 壁厚 30mm 水泥管，沿基坑每侧设置一排（梅花形布置），纵向间距根据现场情况灵活设置。

（3）降水井、集水井设计

施工降水采用基坑外深井管井降水，井孔为钢丝绳冲击钻成孔，孔径 600mm，理论计算得出明光站井深 30m，纵向间距 15m。

（4）降水井结构

井管由多节水泥管组成，每节水泥管长 2.5m，内径 300mm，壁厚 30mm，每节长度 2.5m，井管超出地面 20cm。井管吊放好后沿其周围均匀投放滤料，滤料为直径 3～7mm 的碎石，滤料沿井管外四周均匀填入。

（5）降水井水泵选型

根据涌水量计算，结合单位施工经验，降水井采用潜水泵抽水。明光站基坑抽水深度为 30m，降水井距排水沟 0.5m，单口井出水量为 148.20m³/d。

2. 施工降水

根据前期温泉大道车站降水井降水经验，在温泉大道站大里程始发端，将采用"布置新降水井＋部分原降水井"的方法对盾构始发和到达端头进行降水。降水井应保持不间断抽水，对于新降水井应提前试抽水，以确保水位始终位于隧道底以下 1m。

由于温泉大道站大里程始发端前期施工时已布置 4 口降水井，并且目前均尚能使用，结合区间隧道施工情况，根据始发前水平探孔探测水位情况，在温泉大道站始发端可考虑增加 3 口降水井，降水井位置关系详见图 4-26。

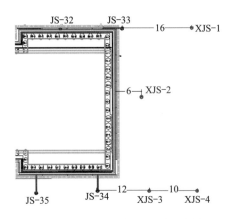

图 4-26　温泉大道站始发端头降水井布设图

3. 降水施工方案

（1）降水施工工艺

降水施工工艺流程图如图 4-27 所示。

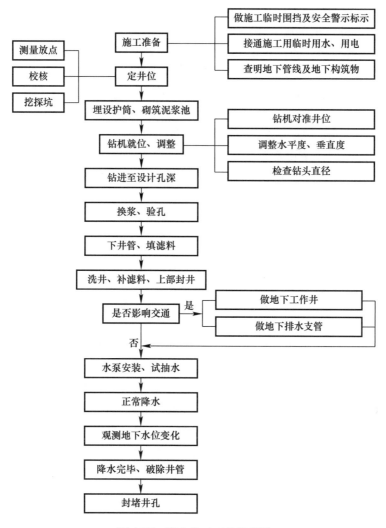

图 4-27　降水施工工艺流程图

（2）降水施工方法

1）定位探管

井位施放时详细调查核实场区地下管线分布情况，当无法确定时可采用人工开孔的方法，当确认地下无各种管线后方可施工。为避开各种障碍物，降水井间距可做局部调整，但间距最大不应超过 20m。基槽土方开挖前，降水井封闭布设。

2）钻机对中

将冲击钻机安装好后移至井位附近，核对井位，将钻头中心对准管井中心点，调节钻机垂直度，井身要做到井径误差±20mm，垂直度误差≤1%。

3）成孔

先人工埋设护壁管，护壁管装好后开始钻进成孔，钻孔采用泥浆护壁，施工时保持孔内泥浆高度为地面以下 1m，防止塌孔，孔深达到设计深度后终孔，钻进中应取土样并做好记录。

4）清孔

钻孔深度达到设计标高后，应对孔深、孔径进行检查，符合规范要求后方可清孔。清孔方法应根据设计要求、钻孔方法、机具设备条件和地层情况决定。用一台泥浆泵接导管，将泥浆反压，这时导管底离孔底 20cm，这样保持 1h 或更长时间，停止时必须立即下放井管。

5）井管安装

井孔深度经验收合格后，用抽渣筒清孔，清孔后采用汽车起重机吊装井管。各节井管之间应同心并连接严密，吊装时调整好井管中心位置与垂直度，井点管就位固定后，管上口设临时封闭，水泥管安装采用焊接，井管由多节水泥管组成，每节水泥管长 2.5m（泥岩顶面以下 4m，泥岩顶面以上 1m 设置溢水管，溢水管以上均为实管，溢水管管外缠绕 2～3 层 40目网布）。

6）填充滤料

井管吊放好后沿井管周围均匀投放滤料，滤料为 3～7mm 碎石，滤料沿井管外四周均匀填入。滤料投放前应清孔稀释泥浆。当投放滤料管口有泥浆水冒出或向管内灌水能很快下渗时为渗水性能合格。

7）洗井

采用空压机、活塞联合洗井，在空压机洗净之后再采用活塞洗井。重复洗井直至满足出水含砂率小于 1/100000，以保证抽水设备正常运转及不致使泥砂带出会引起地层下沉。

洗井要求达到"水清砂净"。下管、填充填料完成后应立即进行洗井，成井与洗井间隔时间不能超过 8h。如果泥浆中含泥砂量较大，可先进行捞渣，再进行洗井。

8）水泵安装

潜水泵用绝缘材料绳吊放。安装并接通电源，铺设电缆和电闸箱，做到单井单控电源，并安装时间水位继电自动抽水装置和漏电保护系统。施工现场用电将依据《施工现场临时用电安全技术规范》JGJ 46—2005 按"三级配电两级保护"设置开关箱并做到"一机、一闸、一漏、一箱"。电气设备保护接地全部采用 TN-S 保护系统。保护接地电阻小于 4Ω。供电线路严格执行规程规定按要求进行敷设、架空、埋设。

9）试抽

管井运行前先试抽，检查抽水是否正常，有无淤塞现象，如情况异常应进行检修。

10）正式抽降水

试抽正常后进行正式降水，基坑开挖至地下水位标高前的超前抽水时间不少于 20d。

11）停泵拔管回填

管井降水完毕后，可用起重设备将管井管口套紧缓慢拔出，滤水管拔出后可洗净再用，所留孔洞应用砂砾填实。如果直接废弃管井，应根据降水过程出砂量的情况进行回填处理，出砂量大，需进行地下注浆再回填，确保周边土体稳定，如果无出砂或者出砂量小，即将管井内用砂卵石填实，地表用土夯实。

（3）降水施工管理

1）降水运转及维护

基坑周边修筑 400mm×400mm 的水沟与沉砂池，排水沟与修筑的沉砂池形成排水系统，降水井通过出水管连接排水沟，降水通过沉砂池后流入市政排水设施。水沟及沉淀池防水处理，采用聚乙烯丙（涤）纶高分子防水卷材满铺于水沟及沉淀池内侧，防水卷材搭接不小于10cm。防水卷材表面采用2~3cm水泥砂浆做防水保护层。

降水采用降水自动控制系统来实现平稳，降水期间应对抽水设备和运行状况进行维护检查，每天检查不少于3次，观测和记录水泵的工作压力、电动机和水泵温度、电流、出水等情况，发现问题及时处理，使抽水设备始终处于正常运转状态。

2）水位及砂率控制

水位没达到设计深度以前，每天观测三次水位，水位达到设计深度后，每天观测一次水位。观测时记录水位、流量、含砂量，抽水过程中还应经常对抽水机械的电动机、传动轴、电流及电压等进行检查。

防止因降水带出地层细颗粒物质而造成地面沉降，抽出的水含砂量必须保证<1/100000。

3）降水效果检查

① 据水位观测情况，控制降水井排水时间和时间间隔。

② 安排人员日夜值班，进行排水降水控制操作、水位观测和数据记录。

③ 在基坑开挖过程中，须密切注意抽水效果，做好降水井保护工作。

（4）降水施工注意事项

1）基坑周边截水沟设置0.2%~0.5%的坡度。

2）土方挖掘运输车道不设置井点，且延道附近管井须加深。

3）基坑周围上部应挖好截水沟，防止雨水流入基坑。

4）定期进行检查，其出水规律应"先大后小，先浑后清"。若出现异常情况，应及时进行检查。加强雨季施工管理，做好抽排水各项记录。

5）在正式开工前，由电工及时办理用电手续，并设置备用发电机，保证在抽水期间不停电。抽水应连续进行，由于中途长时间停止抽水，造成地下水位上升，会引起土方边坡塌方等事故。

6）做好应急措施和应急物资的储备工作，以备于未然。

7）配备足够水泵，用于紧急替换。

8）作业人员必须经过岗前培训。非作业人员或项目管理人员一律禁止进入施工现场。作业人员进入现场必须正确佩戴好安全帽和其他安全防护用品。

9）专、兼职安全员对现场施工进行监控，对作业人员违规违章行为予以纠正或查处，对现场存在的安全隐患责令立即整改。

10）进场作业施工前，对新进场人员进行临电施工书面交底后，方可进入施工现场施工，并定期进行培训。水泵和现场照明线路必须由专业持证电工架设，采用TN-S系统三相五线制，必须配备过载和漏电保护装置。所有施工人员均应掌握安全用电基本知识和所用设备性能，施工用电设备必须专人使用，用电人员各自保护好自用设备的负荷、地线和开关箱，发现问题及时找电工解决，不用时必须切断电源。检修前必须先切断电源，严禁带电检修，非检修人员一律不允许启动或转动机械。

4. 常见的问题、产生原因及处理方法

（1）地下水位下降困难。

当井泵的排水能力有余，但井的实际出水量很少，即地下水位下降困难，主要原因及处理方法分别如下：

1）洗井质量不良，砂滤层含泥量过高。孔壁泥皮在洗井过程中尚未破坏掉，孔壁附近土层在钻孔时遗留下来的泥浆没有除净，致使地下水向井内渗透的通道不畅，严重影响单井集水能力。

2）滤网和砂料规格未按照土层实际情况选用。

3）水文地质资料与实际情况不符，井点滤管实际埋设位置不在透水性较好的含水层中。

（2）井深、井径和垂直度不符合要求，井内沉淀物过多，井孔淤塞。

1）在沉设井点管四周灌砂滤料后应立即洗井。一般在抽筒清理孔内泥浆后，用活塞洗井，或用泥浆泵冲清水与拉活塞相结合洗井，借以破坏深井孔壁泥皮，并把附近土层内遗留下来的泥浆吸出。然后立即进行单井试抽使附近土层内未吸净的泥浆依靠地下水不断向井内流动而清洗出来。

2）需要疏干的含水层均应设置滤管；滤网和砂滤料规格应根据含水层土质颗粒分析选定。

3）在土层复杂或缺乏确切水文地质资料时，应按照降水要求进行专门钻探，对重大降水工程应做现场降水试验。在钻孔过程中，应对每一个井孔取样，核对原有地质资料。在下井点管前，应复测井孔实际深度，结合设计要求和实际水文地质情况配置井管和滤管。

4）在井孔内安装或调换水泵前，应测量井孔的实际深度和井底沉淀物的厚度。如果井深不足或沉淀物过厚，需对井孔进行冲洗，排除沉淀。

（3）地下水位降深不足（观测孔水位未降低到设计要求）。

1）基坑局部地段的井点根数不足。

2）井泵型号选用不当，井点排水能力太低。

3）单井排水能力未能充分发挥。

（4）水文地质资料不确切，基坑实际涌水量超过计算涌水量。

1）按照实际水文地质资料计算降水范围总涌水量、管井单位降水能力、抽水时所需过滤部分总长度、井点进出水量及特定点降深要求。

2）选择水泵时应考虑满足不同降水阶段的涌水量和降深要求。

3）改善和提高单井排水能力。根据含水层条件设置必要长度的滤水管，增大滤层厚度。

4）在降水深度不够的部位增设井点根数。

5）在单井最大集水能力的许可范围内，更换排水能力较大的井泵。

6）洗井不合格时应重新洗井，以提高单井滤管的集水能力。

4.2.2　始发端头加固

在盾构始发过程中，极易出现较正常掘进段更多的超挖量，地面沉降往往更大，严重时甚至出现地面塌陷。对地层损失进行适时的补充和限制是减少地层沉降的有效措施。根据洞门处的地质条件确定加固措施，洞门主要位于中密及密实卵石土地层，采用"地面袖阀管注浆＋洞门大管棚注浆"方式加固。

1. 地面袖阀管注浆加固

（1）地面袖阀管注浆加固施工工序

地面袖阀管注浆加固并以黄石站（不含）—市五医院站（含）一站一区间轨道交通工

程始发端为例介绍其详细加固施工。地面袖阀管加固施工工序要点见表4-7。

地面袖阀管加固施工工序要点　　　　　　　　　　表 4-7

序号	工序	示意图
1	测放孔位	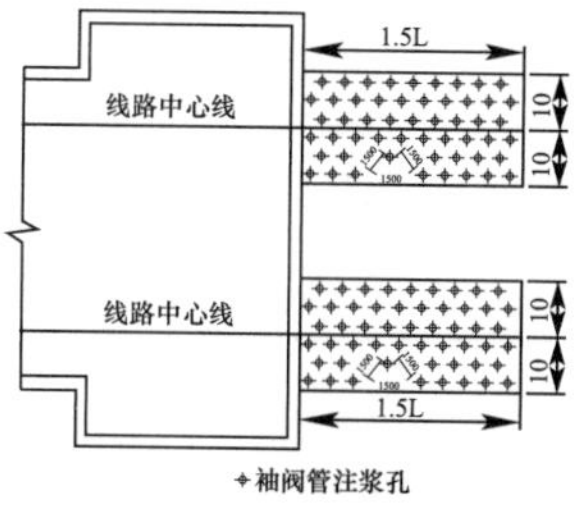
2	钻孔	
3	注入套壳料	
4	安装袖阀管	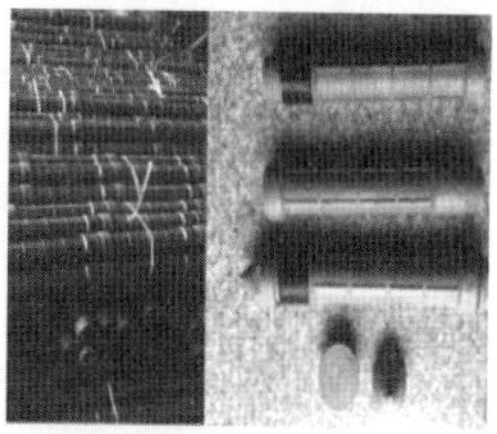
5	制备浆液	
6	注浆	 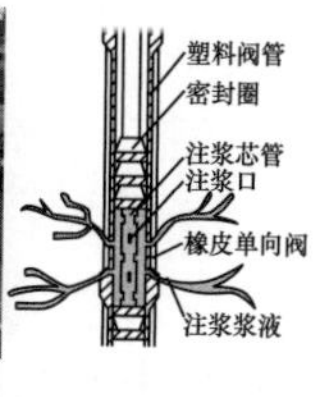

序号	工序	示意图
7	封孔	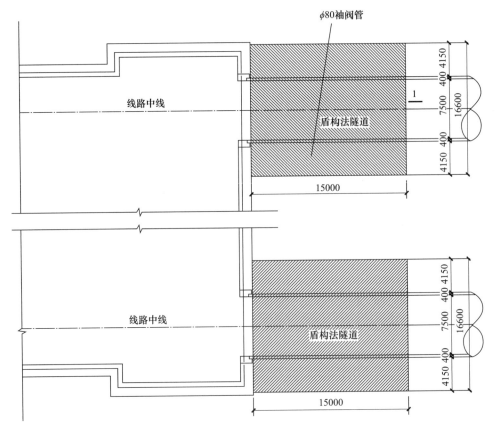

（2）加固范围

盾构进始发（到达）井前应对工作井端头一定范围内土体进行加固，加固措施采用 $\phi80@2000\times2000$ 袖阀管加固，经加固的土体应有很好的均质性、自立性，其中无侧限抗压强度不小于 1MPa，区间卵石层渗透系数为 28.7m/d。盾构井加固长度按始发端头加固 15m、到达端头加固 15m 考虑。以洞圈两侧为界限各延伸 4.15m，竖向加固范围为盾构隧道结构顶部上下各 4.15m。盾构井端头土体加固平面图、剖面图、横断面图分别如图 4-28~图 4-30 所示。

图 4-28 盾构井端头土体加固平面图（单位：mm）

（3）施工工艺流程

$\phi80$ 袖阀管注浆孔，孔中心间距为 2m，扩散半径为 1.5m，呈梅花形布置。采用的注浆浆液为水泥浆液，初拟参数：水泥浆水玻璃比 1：1，注浆压力：采用 0.2～0.4MPa。袖阀管施工平面图如图 4-31 所示。袖阀管注浆施工工艺流程图如图 4-32 所示。

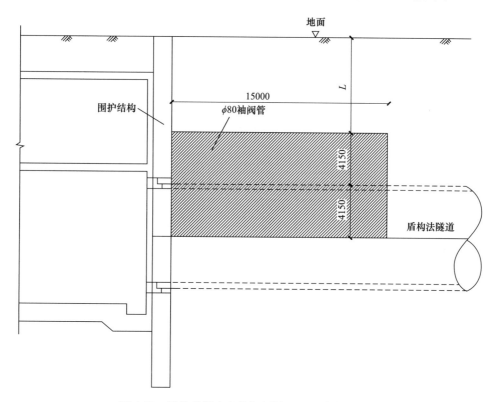

图 4-29　盾构井端头土体加固剖面图（单位：mm）

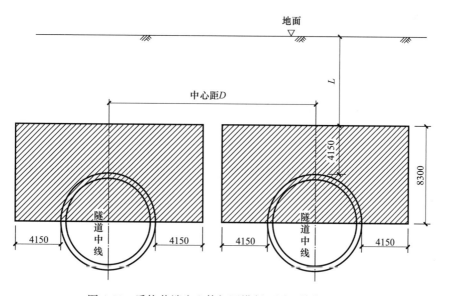

图 4-30　盾构井端头土体加固横断面图（单位：mm）

（4）灌注材料及配比

用 P.O42.5 普通硅酸盐水泥作灌注主料，确定各种灌注材料的合理配比，在施工中使用的灌注材料及配比（重量比）见表4-8。

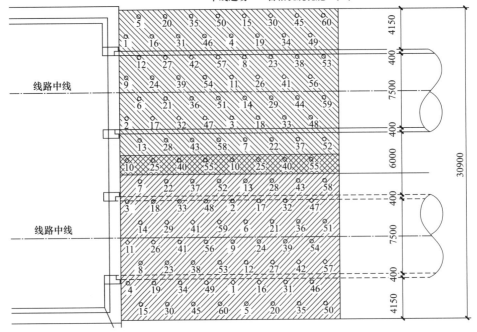

图4-31　袖阀管施工平面图（单位：mm）

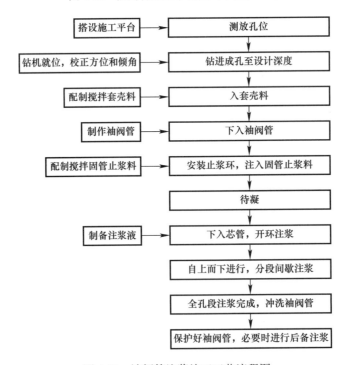

图4-32　袖阀管注浆施工工艺流程图

2. 大管棚加固施工

大管棚加固施工分别以黄石站—市五医院站明挖区间（以下简称黄市明挖区间）盾构

始发井大管棚加固和市五医院站—凤溪河站区间掘进时凤溪河站盾构始发端大管棚施工加固为例。

灌注材料及配比

表 4-8

序号	配比	数值	备注
1	水泥：黏土：水	1：1.5：1.88	重量比、配方由现场试验和试孔最后确定
2	水泥浆：水玻璃	1：1	固管料（双液浆）配比
3	水泥：水	0.8：1～1：1	袖阀管注浆的浆液配比

（1）黄市明挖区间盾构始发井大管棚加固

采用 2 台中交天和土压平衡盾构机从黄市明挖区间盾构井始发，止于市五医院站小里程端接收，区间单线长度 1549m，埋深 10.1～20.5m。

1）施工范围及要求

管棚布置范围如图 4-33 所示。管棚孔口位置沿隧道拱部开挖轮廓线外 200mm 布置，钢管环向中心间距 300mm，外插角约 1°～2°，以洞门中心点向拱部方向 120°的范围内为管棚加固区。管棚打设布置图如图 4-34 所示。

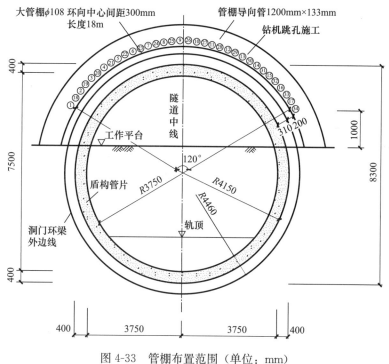

图 4-33　管棚布置范围（单位：mm）

施工误差：管棚环向中心距偏差不应大于 10mm，钻孔水平容许偏距沿相邻管方向不应大于 100mm，垂直偏距沿隧道内侧方向不应大于 200mm。设计要求需要进行大管棚钻孔、注浆施工，钻机平台位置可根据机具及工艺情况确定。

2）施工工艺流程

根据工程设计，结合施工场区地面条件、工程地质与水文地质条件，选用"有线仪器定向、一次性跟管钻进工法"，即成孔和埋设管棚一次完成，在完成跟管钻孔深度后，撤出内部导向钻具，然后封闭管口并向内部泵入水泥砂浆，直到管外返出水泥浆为止。

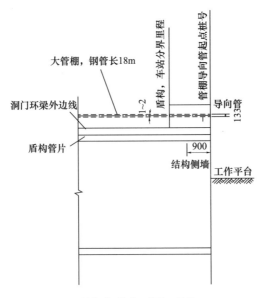

图 4-34　管棚打设布置图（单位：mm）

采用导向管（图 4-35）代替导向墙施工。管棚导向管采用 ϕ133mm、壁厚 4mm、长

图 4-35　管棚导向管

1m 钢管。管棚导向管应严格定位，管棚钻进过程中应采用水平测斜仪多次量测管棚的偏斜度，发现偏斜而不符合设计要求时，应及时纠偏。

钢管采用 ϕ108mm、壁厚 6mm 的无缝钢管（图4-36），单个管棚长为 18m，分节安装。两节之间用丝扣连接，丝扣螺纹段长度大于 150mm，相邻两根钢花管的接头要错开不小于 1.0m 的距离。注浆钢管上钻注浆孔，孔径 ϕ10mm、孔间距 200mm，呈梅花形布置。钢管尾部（孔口段）2.0m 不钻注浆孔，作为止浆段，以利于封闭孔口进行压浆。钢管前导端加工成尖形，以利于入孔。

图 4-37 为管棚施工现场画面。施工顺序为：采取 HTG350 钻机，按外插角 1°～2° 方向钻进成孔，跳跃式打孔和注浆，先顶部再周边。如：顶部打孔先打 7、8、9、10、11、12 号孔，再打 28、27、26、25、24 号孔。周边打孔，先打 1、2、3、4、5、6 号孔，接着打 23、22、21、20、19、18 号孔，再打 13、14、15、16、17 号孔，以及 34、33、32、

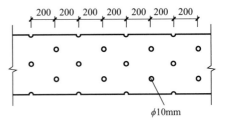

图 4-36　钢管构造图（单位：mm）

31、30、29 号孔，注浆采取打孔后同步注浆。施工工艺流程如图 4-38 所示。

3）灌注材料及配比

管棚注浆浆液采用水泥砂浆，水泥浆水灰比为 0.8：1～1：1，注浆压力：采用 0.2～0.4MPa，注浆压力控制在 0.6MPa 以内。

注浆工艺：采用 ϕ42mm 注浆管下入至 ϕ108mm 钢管底部，先注入清水清除孔内残留岩

屑和泥浆，然后封堵孔口进行压浆。注浆压力为 0.2～0.4MPa，注浆压力控制在 0.6MPa 以内。

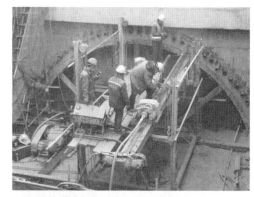

图 4-37　管棚施工现场

（2）市五医院站—凤溪河站

凤溪河站为盾构始发端，市五医院站为盾构接收端。凤溪河站盾构始发端大管棚施工，主要采用可调整角度的钻机在搭设完成的工作平台上进行施工。其主要目的是对盾构始发范围内拱顶地层进行加固，确保盾构始发及达到安全。

1）加固范围

洞门直径 9020mm，洞门大管棚加固管棚孔口边缘位置紧贴洞门，距离开挖轮廓线外 85mm 布置，钢管环向中心间距 300mm，外插角为 1°～2°，加固深度 18m。以洞门中心点向拱部方向 120° 的范围内为管棚加固区。图 4-39、图 4-40 分别为大管棚加固范围断面和剖面示意图。

2）施工工艺

大管棚施工工艺流程如图 4-41 所示。

3）施工方法

施工方法主要包括：搭设可调整高度的作业平台，钻机安装架设就位和对中，成孔作业，钢管制作及安装入孔内，安装注浆管及清孔，管棚充填注浆。

① 搭设可调整高度的作业平台

管棚沿拱顶呈弧形布置，因此要搭设作业平台以满足钻机就位需要。作业平台具体施工要求及安全技术措施如下：

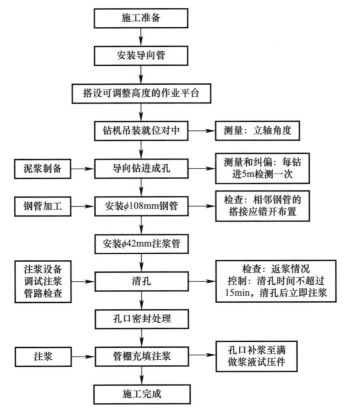

图 4-38　施工工艺流程图

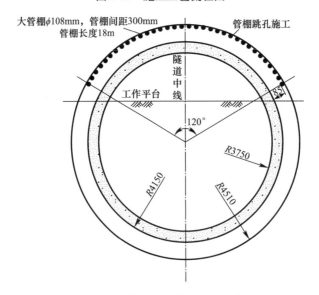

图 4-39　大管棚加固范围断面示意图

A. 管棚施工平台（图 4-42）采用碗扣式满堂脚手架，面板采取厚 18mm 竹胶板，立杆间距 0.9m×0.9m，水平横杆的步距为 1200mm，在支架四边与中间按规范要求设置横向和纵向的竖向剪刀撑，同时从上向下第一道水平杆、扫地杆设置一道连续的水平剪刀撑，中间部分设置一道连续的水平剪刀撑。

B. 在立杆底部沿纵横水平方向按纵上横下的顺序设扫地杆，扫地杆距离板底不得大于30cm。

C. 碗扣支架立杆底部垫底托，顶部加顶托，伸出长度不超过300mm，插入立杆内的长度不小于150mm，底垫厚度不小于6mm。

D. 满堂支架每根立杆顶部配可调顶托，可调范围45cm。顶托标高调整完毕后，在顶托上方沿纵向设I10工字钢作为主龙骨，在纵向工字钢顶部横向铺设100mm×100mm方木作为次龙骨，次龙骨净间距300mm，最后铺设18mm厚竹胶板。

E. 安放工字钢与方木时，应注意接头应

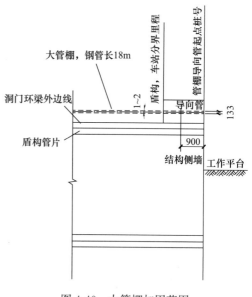

图 4-40　大管棚加固范围
剖面示意图（单位：mm）

在立杆顶托中心。横向方木接头位置要和纵向工字钢接头位置错开，且任何相邻两根横向方木接头不在同一平面上。

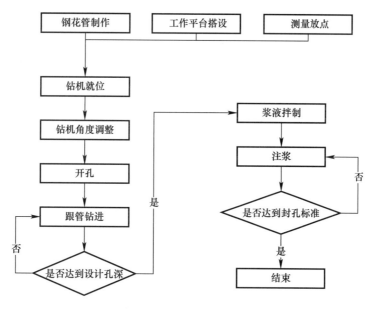

图 4-41　大管棚施工工艺流程图

F. 架体周边、内部纵向和横向剪刀撑纵、横向距离不应大于4.5m，每幅剪刀撑宽度为6～9m，斜杆与地面夹角宜在45°～60°之间；剪刀撑每段应沿架体外立面整个长度和高度连续设置；剪刀撑的斜杆宜搭接，其搭接长度必须大于1m，且至少用两个旋转扣件扣牢；剪刀斜撑杆用旋转扣件固定，在与之相交的横向水平杆的伸出端或立杆上，旋转扣件中心线距主节点的距离不大于150mm；水平剪刀撑与支架纵横向夹角为45°～60°，宽度宜为 6～9m。

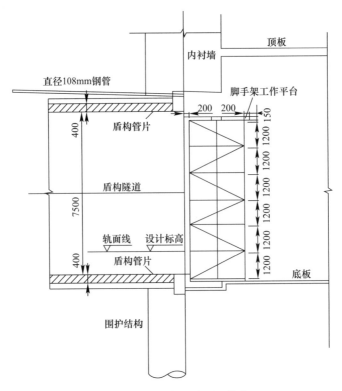

图 4-42　管棚施工平台示意图（单位：mm）

G. 在施工脚手架作业层按规定设置围挡防护，工作人员按规定佩戴安全带、安全帽。

H. 钻机为全液压橡胶履带自行式钻机，由吊机吊至工作平台上，钻机在脚手架平台平行移动行走，两层拱顶打完拆除一层脚手架，再进行周边打孔，不可采取后退式行走。

脚手架洞门示意图和脚手架图分别如图 4-43 和图 4-44 所示。

② 钻机安装架设就位和对中

洞口管棚施工时利用吊车把机械设备垂直吊放至施工平台。

钻机安装前，先行测量布置管棚各个方向的后视点，可在后方的支撑上做标记。

钻机安装底座水平，机身稳固可靠。调整钻机高度，立轴对正孔位，将钻具放入孔口管内，使孔口管、立轴和钻杆在一条直线上，用罗盘、水平尺和辅助线检测方向和外插角。

③ 成孔作业

成孔作业设备采用 FDP-15LA 型全液压钻机，该钻机具有分体结构重量轻、钻进效率高、成孔质量好等特点。采用 ϕ121mm、长度 150mm 的钢管做钻头。现场成孔作业如图 4-45 所示。

全站仪量测，并在钻杆方向和角度满足设计要求后方可开钻。钻孔开始时选用低档，待钻到一定深度后，退出、接钻杆，继续钻进。钻孔过程中要始终注意钻杆角度的变化，并保证钻机不移位。因为管棚长度不长，钻进 3m 时用仪器复核钻孔的角度是否正确，以确保钻孔方向。

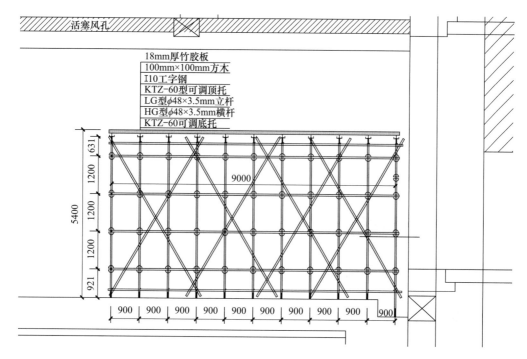

图 4-43 脚手架洞门示意图

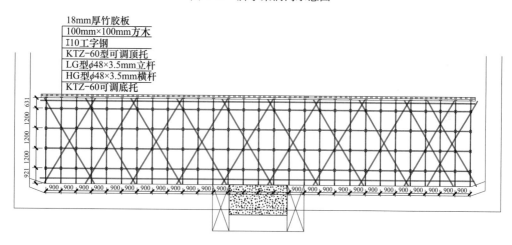

图 4-44 脚手架图

④ 钢管制作及安装入孔内

管棚采用外径 $\phi108mm \times 6mm$ 的垫轧无缝钢管，分节安装。管棚分节为 $\phi108mm$ 钢管加工成 4m、5m、6m 三种规格，两节直接用丝扣连接，丝扣螺纹段要长于 150mm，相邻两根钢花管的接头要错接，其错接长度不小于 1.0m。沿管壁钻 $\phi10mm$ 压浆孔呈 @200 梅花形布置。钢管前导端加工成尖形，以利于入孔。

钢管在地面加工场加工成型后，按设计要

图 4-45 现场成孔作业

求对每个钻孔的钢管进行配管和编号，保证相邻钢管的搭接错开 1.0m。

⑤ 安装注浆管及清孔

注浆管采用 $\phi42$mm 镀锌管，加工成 3.5m/节，采用丝扣连接，在钢管内安放至底端。注浆前先注入清水进行洗孔，将孔内浓泥浆置换。清孔时间不得超过 15min，清孔后立即进行注浆。

⑥ 管棚充填注浆

管棚施工完成一根，注浆一根，其目的是充填管棚，增加管棚的刚度。注浆时钢管尾部设止浆塞，并在止浆塞上设注浆孔和排气孔，当排气孔出浆后，应立即停止注浆。水泥浆水灰比为 0.8∶1～1∶1。注浆前应预先做好配合比试验。根据设计要求，注浆压力为 0.2～0.4MPa，注浆压力高于设计 1.5 倍，压力不断上升时采取调整浆液凝胶时间或间歇注浆方式，试注浆压力达到设计压力 0.4MPa，停止注浆。管棚施工现场如图 4-46 所示。

采用高速拌浆机拌浆，并注意控制原材料用量及水灰比，使浆液既满足强度要求又有良好的泵送性能，注浆泵采用注浆泵 KUBJ 型或 UB-3 型。

图 4-46 管棚施工

注浆施工流程为：浆液搅拌→储浆池→注浆泵→注浆管→注浆接头→棚管→钻头出水口→管外环状间隙→回水阀门出浆→关闭回水阀门→增压→保压→注浆终止。

4) 施工注意事项

① 每根管棚施工前及施工过程中直至钻孔完成，应随时检查管棚外插角为 1°～2°，避免管棚"栽头"导致掘进时与刀盘干涉。

② 相邻钢花管接缝位置应错开，使其不处于同一断面。

③ 管棚施工时，应采用跳孔施工。

4.2.3 始发托架的安装

根据始发端头底板标高与洞门圈的位置关系，始发托架需要进行调整后才能满足施工需求，采用 80mm 混凝土垫高层配合钢板进行垫冲，保证标高一致。

始发托架是盾构机在始发井中的支撑和定位托架。首先依据隧道在此处的设计轴心线确定始发托架中心线，通过测量放线，以指示托架的安装位置。期间在始发托架上用 2cm 厚的钢板吊耳焊接在始发托架的四个角点位置，后利用履带起重机进行吊装就位。为防止盾构始发时会出现低头现象，将始发托架抬高 20mm 安装，托架安装采用钢板垫高找平，利用预埋在车站底板的钢板与始发基座进行焊接；托架安装就位后，在井底采用Ⅰ25 的工字钢将托架四周与井壁进行支撑（左、右各 7 根，前后各 4 根，均匀布置），焊接定位之后，开始在托架上组装盾体。在盾构机主机组装时，在始发基座的轨道上涂硬质润滑油以减小盾构机在始发基座上向前推进时的阻力。

始发托架安装示意图和安装现场分别如图 4-47 和图 4-48 所示。

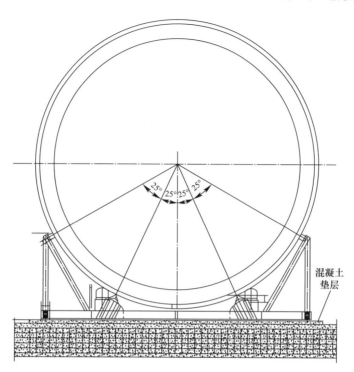

图 4-47　始发托架安装示意图

1. 始发托架、反力架安装位置确定

区间使用盾构机长度 10.845m，因盾构机需在始发托架上组装，始发托架长度应不小于盾构机长度，同时考虑后期人防门施工预留钢筋位置，故确定托架长度 11.5m。始发托架安装时，前端紧挨人防门预留钢筋。

反力架设计时，应综合考虑区间使用管片外径与内径，确保整环管片能完全将推力传递至反力架上。

根据设计要求，区间 0 环管片需伸入端墙

图 4-48　始发托架安装现场

内 70cm，始发托架前端距离端墙 2m，托架长度 11.5m，区间采用管片环宽为 1.5m。可计算出所需负环管片为"（托架长度＋始发托架前端和端墙间距）/管片环宽"，即（11.5＋2－0.8）/1.5＝8.5m。由此可确定使用负环为 9 环，同时也确定了反力架安装位置。

2. 始发托架、反力架安装

（1）始发托架下井组装

在盾构机组装前，依据隧道设计轴线、洞门位置及盾构机的尺寸，然后反推出始发基座的空间位置，要求盾构机中心轴线比隧道中心轴线高 30mm。始发架基座安装位置按照测量放样的基线，吊入井下定位加固结实，基座上的轨道按实测洞门中心居中放置。盾构始发基座采用型钢始发架，主要承受盾构机的重力荷载和推进时的摩擦力。考虑盾构机重量，始发基座必须具有足够的刚度、强度和稳定性。在盾构机主机组装时，在始发基座的轨道上涂硬质润滑油以减小盾构机在始发基座上向前推进时的阻力。

在完成盾构机的组装调试之后，及时安装始发架两侧的三角支架，用于固定负环管片，三角架下部用钢板进行垫实。

始发托架断面、平面及加固示意图分别如图 4-49～图 4-52 所示。图 4-52 为现场始发托架安装完成现场画面。

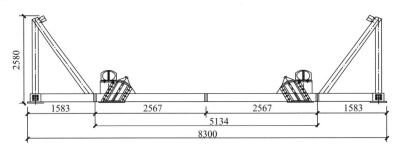

图 4-49　始发托架断面示意图（单位：mm）

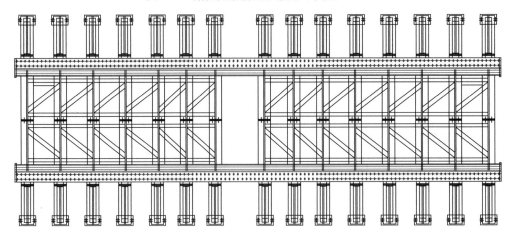

图 4-50　始发托架平面示意图

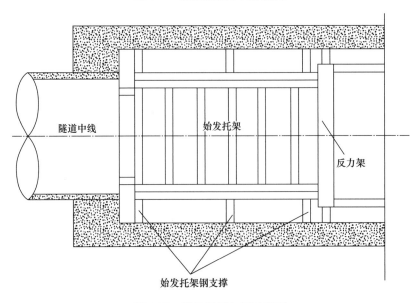

图 4-51　始发托架加固示意图

图 4-52　始发托架安装完成现场画面

（2）反力架下井组装

反力架的安装在螺旋输送机安装完成之后、与连接桥连接之前进行。

盾构始发反力架为拼装式全圆钢架结构，以确保足够刚性，如图 4-53 所示。

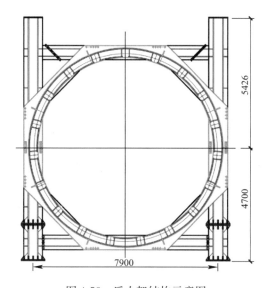

图 4-53　反力架结构示意图

反力架安装时，首先测量反力架位置起始里程断面的中心线，并标识在始发井侧墙上，以便反力架中心的定位，定位关键是反力架紧靠负环管片的定位平面，并与此处的隧道轴线垂直，如图 4-54 所示。

反力架一侧立柱支撑在主体结构上，缝隙位置用钢板填实；另一侧立柱上端支撑在主体结构上，缝隙位置用钢板填实，下端采用钢板焊接的箱形梁支顶在后面的底部台阶处，位置确定之后，再焊接固定后部一排斜撑。

3. 始发托架、反力架安装控制要点

（1）始发托架安装时，需确保托架中心线与隧道中心线拟合，同时确保盾构机中心高于隧道中心不低于 20mm。

（2）托架连接完成后，需对螺栓连接位置采用 2cm 厚钢板焊接牢固以增加此位置受力强度，避免托架承受盾构机重量后螺栓剪断变形。

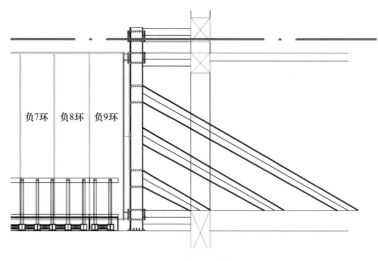

图 4-54　反力架安装示意图

（3）因螺旋机安装时需将盾体前移，且盾构机中心主要集中于前部，托架前端至结构端墙距离 2m，为防止始发时盾构机出现"栽头"现象，故需在托架前端至端墙位置内安装引轨。

（4）反力架加工后进行试拼装合格并检查平整度合格后方可使用。

（5）车站结构施工时，需根据反力架安装位置及反力架支撑位置预埋钢板。

（6）安装反力架前，检查底板预留钢板位置是否正确，是否被混凝土覆盖，及时将预留钢板清理出来以便于反力架加固，避免掘进过程中反力架发生位移。

（7）安装前先将反力架位置定位，然后分节安装反力架部件并调节好位置。

（8）定位反力架，利用垂线和全站仪测量调整反力基准环平整度，使基准环与隧道中心线水平轴垂直，调整好后将反力架与底板的预埋件焊接固定。

（9）增加反力架预埋钢板与反力架的连接，确保反力架抗浮等稳定性，加强反力架斜撑的焊接质量，防止施工过程中发生剪切变形，加强始发阶段巡视检查。

4.2.4　止水帘布、折页压板安装

除始发阶段根据洞门情况提前进行降水作业外，为保证盾构机与洞门建筑间空隙密封，在始发过程中不造成水土及同步注浆流失，须在洞门口安装始发止水装置。始发止水装置包括环形密封橡胶板、预埋环板、扇形压板、连接螺栓、螺母和垫圈。止水装置示意图如图 4-55 所示。

当盾构机始发掘进时，折页压板被盾构机带动向掘进方向转动，并支撑密封橡胶板，封闭在盾体外径处，防止岩层裂隙水或同步注浆浆液向始发井内流入。

密封环的安装安排在盾构机下井组装调试完成之后、刀盘到达预留洞门之前进行。洞门密封装置安装时，需注意密封橡胶帘布及扇形压板的安装方向。密封橡胶帘布端头的凸起方向与盾构掘进方向相同。

图 4-56 为止水装置安装完成现场画面，洞门预埋环板 A 上预留有 120 个螺栓孔。在

安装前，应测量螺孔的位置偏差，如发现偏差过大的，应相应调整环形密封橡胶板上孔的位置，同时，逐个清理螺孔内螺纹，在其内侧均匀地涂上黄油。安装时，先安装环形密封橡胶板，然后安装预埋钢板 B，最后安装折页压板，压板螺栓应尽可能拧紧，使环形密封橡胶板紧贴延伸钢环。

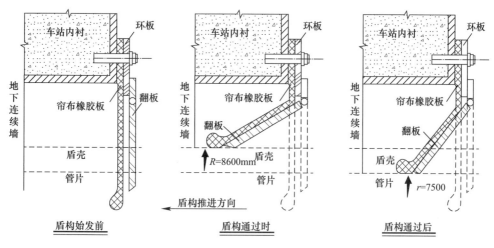

图 4-55　止水装置示意图

4.2.5　负环管片拼装

在盾构机全部组装调试完成后进行负环管片安装。负环管片共拼装 10 环（包括负环 9 环和 0 环），负环管片与隧道衬砌管片相同。负环管片示意图如图 4-57 所示。

1. 负 9 环拼装

（1）负 9 环开始拼装前，为保证负环管片不会破坏盾尾刷，且拼装好后可以顺利顶推到基准环位置，根据负 9 环拼装点位，在盾尾内时钟方向 3、9 点位置以下安装 6 块高度 7cm 的方钢或圆钢，作用是支撑管片和保证盾尾与

图 4-56　止水装置安装完成现场

管片之间的间隙。圆钢安装示意图如图 4-58 所示。方钢安装现场画面如图 4-59 所示。

（2）负 9 环拼装前，应确定第一块管片（B3）的拼装位置，拼装示意图如图 4-60 所示，并于推进油缸及管片上做明显标记。

（3）第一块管片（B3）拼装就位后，拼装机真空吸盘不泄压，紧贴管片后部及侧面焊接厚 2cm L 形钢板后，将推进油缸伸出接触上管片即可，避免拼装第二块管片（B2）时第一块管片产生位移。此时将真空吸盘泄压，完成 B3 块拼装。L 形钢板焊接剖面示意图如图 4-61 所示。

（4）B3 块拼装完成后，开始拼装 B2 块，拼装示意图如图 4-62 所示。B2 块就位后，采用管片螺栓将 B2 块与 B3 块连接成一个整体并将螺栓拧紧，同时与拼装 B3 块时一样，对 B2 块管片后部及侧面焊接 L 形钢板。

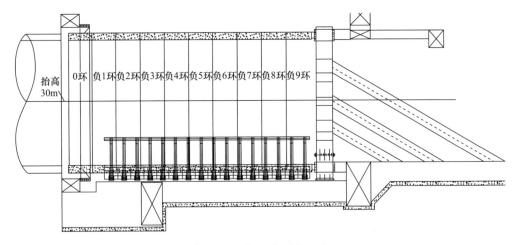

图 4-57　负环管片示意图

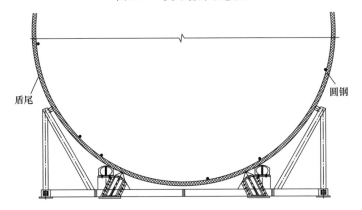

图 4-58　圆钢安装示意图

图 4-59　方钢安装照片

（5）B4 块拼装前，需将 B3 块管片侧面 L 形钢板割除，其余均与 B2 块拼装时一致。B4 拼装示意图如图 4-63 所示。

（6）B1 块拼装时，需将 B2 块侧面 L 形钢板割除。拼装完成后，为防止管片下掉，除在管片后部及侧面焊接 L 形钢板外，还需在管片前端避开推进油缸位置焊接 L 形钢板。B1 拼装示意图如图 4-64 所示。

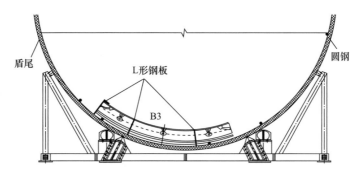

图 4-60 B3 拼装示意图

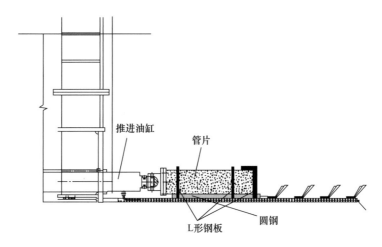

图 4-61 L 形钢板焊接剖面示意图

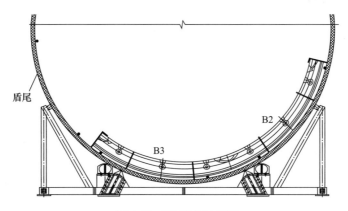

图 4-62 B2 拼装示意图

（7）标准块管片（B1、B2、B3、B4）拼装完成后，开始进行邻接块管片（L1、L2）拼装，邻接块拼装示意图如图 4-65 所示。L2 拼装时与 B1 块拼装一致，均需在管片前后端及侧面拼装 L 形钢板，如图 4-66 所示。L1 拼装时则不需在管片侧面拼装 L 形钢板。

（8）邻接块拼装完成后，进行最后一块封顶块（F）拼装。因封顶块采用 4°楔形块接头角和 9°插入角设计，因此 F 块拼装时，需先将管片后退至少 1/3 环宽的距离以便于管片纵向插入，到位后再后移到位与邻接块连接，其拼装示意图如图 4-67 所示。

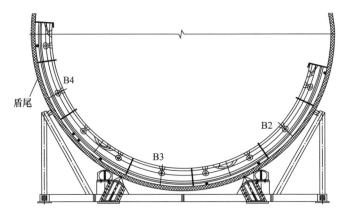

图 4-63　B4 拼装示意图

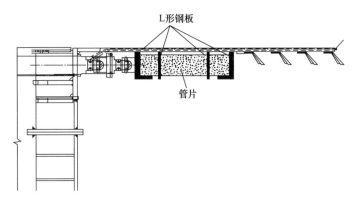

图 4-64　B1 拼装示意图

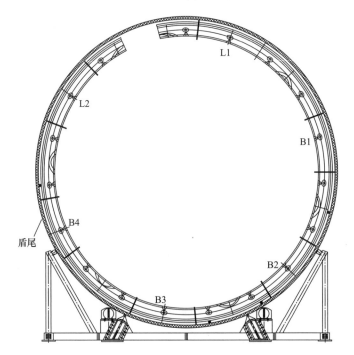

图 4-65　邻接块拼装示意图

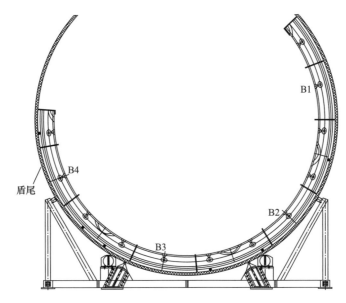

图 4-66　上半部管片 L 形钢板焊接示意图

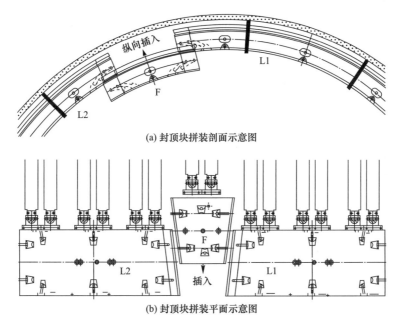

(a) 封顶块拼装剖面示意图

(b) 封顶块拼装平面示意图

图 4-67　封顶块拼装示意图

2. 负 8 环管片拼装

（1）负 9 环管片后移

负 9 环拼装完成后，将管片前后端 L 形钢板全部割除，然后使用拼装模式缓慢伸长推进油缸将负 9 环推出。推出过程中需保证所有推进油缸伸出速度一致以确保管片环面垂直度，同时，还应保证推进油缸伸长量足够拼装负 8 环管片时，负 9 环管片不脱出盾尾内焊接圆钢，避免管片脱出圆钢后下掉导致负 8 环与负 9 环管片无法连接。负 9 环后移示意图如图 4-68 所示。

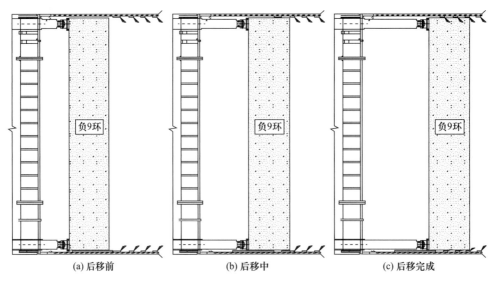

图 4-68　负 9 环后移示意图

（2）负 8 环管片拼装

负 9 环后移到位后，对管片与反力架之间存在的间隙使用工字钢填充，避免负 8 环拼装时负 9 环后移。工字钢填充间隙时切记勿将工字钢与基准环环面焊接，避免基准环环面不平整。工字钢支撑示意图如图 4-69 所示。

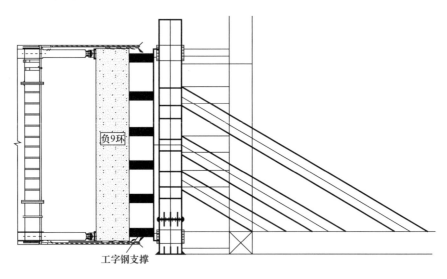

图 4-69　工字钢支撑示意图

负 8 环拼装与负 9 环拼装顺序一致，每完成一块管片拼装后，需将相邻两块管片用管片螺栓连接并紧固。负 8 环拼装示意图如图 4-70 所示。

3. 负 7 环拼装

负 8 环拼装完成后拆除工字钢支撑，缓慢伸出推进油缸将负 9 环管片顶推至反力架基准环上。如图 4-71 所示。

负 9 环与基准环环面完全贴紧后，停止推进，将负 9 环使用特制螺栓与基准环连接牢固。同时在下部管片外径、上部管片内径焊接钢板以承受管片脱出盾尾后的重力。钢板焊接照片如图 4-72 所示。

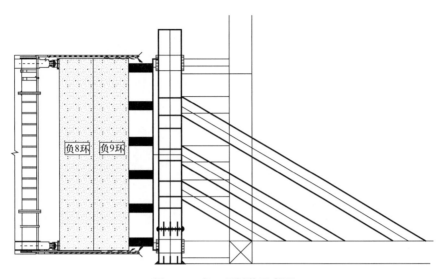

图 4-70　负 8 环拼装示意图

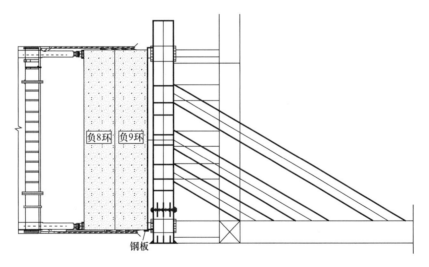

图 4-71　管片与基准环接触示意图

完成上述工作后，继续负 7 环推进，此时开启盾尾油脂系统，向油脂腔内注入油脂直至油脂从盾尾刷内溢出。盾构机前进时，可于轨道上涂抹黄油，减少盾体与轨道之间的摩擦力。

推进油缸伸长至足够距离后，开始负 7 环拼装。

4. 负 6 环～负 1 环管片拼装

负 6～负 1 环管片拼装方式与负 7 环一致。随着盾构机不断前进，负环管片逐渐脱出盾尾。因管片与始发托架间存在一定空隙，因此在整环管片脱出盾尾前，应采用方木或工字钢填充进此间隙，支撑管片并保证管片在脱出盾尾后不产生位移翻转，同时应用钢丝绳将整环管片拉紧以保证管片正圆度，管片在传递推力过程中不会上浮。图 4-73 和图 4-74

分别为管片固定示意图和管片固定现场画面。

图 4-72　钢板焊接照片

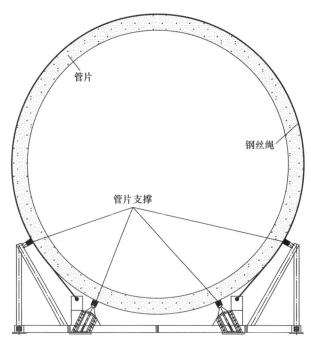

图 4-73　管片固定示意图

5. 0 环管片拼装

负 1 环管片拼装完成后，开始掘进 0 环，掘进完成后进行 0 环管片拼装。因 0 环管片有 70cm 伸入端墙内，为保证管片密封性，0 环管片拼装时，需在管片上安装止水条与软木衬垫。

4.2.6　盾构始发掘进

随着管片的不断拼装，盾构机开始前进，标志着盾构机开始进入始发掘进阶段。

1. 刀盘进洞

盾构掘进负 5 环时刀盘开始进洞，图 4-75 所示为刀盘进洞示意图。刀盘进洞时，可于刀盘边缘位置涂抹黄油，减少其与洞门帘布摩擦力，避免刀盘损坏帘布而影响其密封性，同时应派专人观察刀盘是否与大管棚钢管发生干涉。刀片进洞现场照片如图 4-76 所示。

因始发托架端部与掌子面存在一定距离且盾构机重量主要集中于中前部，为防止盾构机进洞后出现"栽头"现象，应于盾构机进洞前，在洞门内焊接引轨，引轨高度应略低于始发托架轨道高度。防"栽头"装置如图 4-77 所示。

2. 盾构机磨桩

图 4-74　管片固定现场图

当盾构掘进负 4 环时刀盘顶上掌子面开始磨桩。图 4-78 所示为刀盘磨桩示意图。

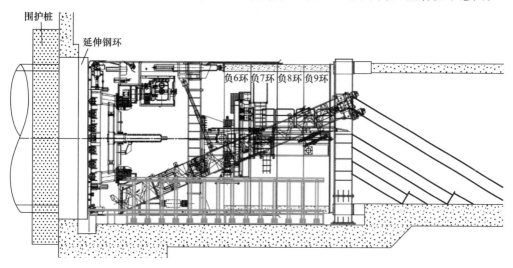

图 4-75　刀盘进洞示意图

图 4-76　刀片进洞现场照片

图 4-77　防"栽头"装置

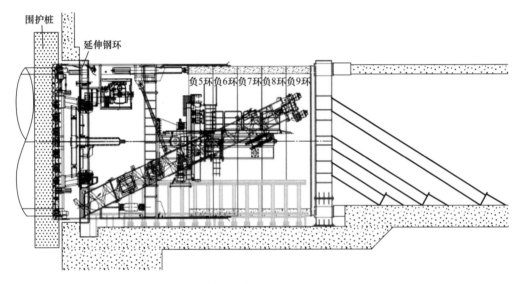

图 4-78　刀盘磨桩示意图

　　刀盘掘进至距离掌子面 10cm 时,开始缓慢转动刀盘,并开启泡沫系统润滑掌子面。刀盘接触掌子面后,盾构机扭矩及推力会逐步增大,此时盾体处于无约束状态,为防止盾体因扭矩增大旋转,在刀盘进洞前,应于盾体紧挨轨道处焊接防扭装置并于盾体进洞前逐一割除,同时在刀盘磨桩开始后,应派专人观察反力架受力情况。图 4-79 所示为防扭装置示意图。

　　随着推力的逐渐增大,应对负环管片螺栓进行多次复紧。

　　刀盘磨桩时,主要控制盾构机推力在反力架所能承受范围之内,避免反力架因受力过大产生位移或变形,磨桩时推力一般不大于 3000t。同时应控制掘进速度不大于 10mm/min,刀盘扭矩不大于 10000kN・m。

　　刀盘磨桩开始后,开启螺旋机逐渐开始出渣,油缸行程伸长量满足下一环管片拼装时停止掘进,开始拼装管片。

　　当围护桩剩余 30cm 时,停止掘进,打开仓门,采用高压水枪冲洗刀盘,以便于全面检查，判断是否存在不转动的滚刀、螺栓未紧固的刀具，是否有掉落刀具，并清理卡在刀盘内的玻璃纤维筋，以避免卡住刀盘造成刀盘偏磨。同时观察土仓内是否存在掉落的大管棚或钢筋，避免后期掘进过程中卡住刀盘或螺旋机。

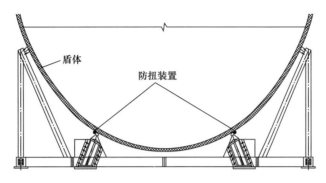

图 4-79　防扭装置示意图

完成上述工作后，关闭仓门，往土仓内注入半仓稠度 35s 的膨润土以维持掌子面土压后恢复掘进，此时，螺旋机应停止出土，待土仓内渣土充满 2/3 时再恢复出土，同时应观察洞门密封是否存在漏浆漏泥现象，如洞门密封漏浆漏泥，应适当减少泡沫气体注入量及土仓压力。

3. 盾构机进洞

盾构机掘进第 2 环过程中，盾构机全部进洞。此时，立即全面检查洞门密封效果，观察是否存在折页压板外翻现象，如出现折页压板外翻，应立即采取补救措施，避免因水土大量流失而造成地面塌陷。图 4-80 为盾构机进洞示意图。

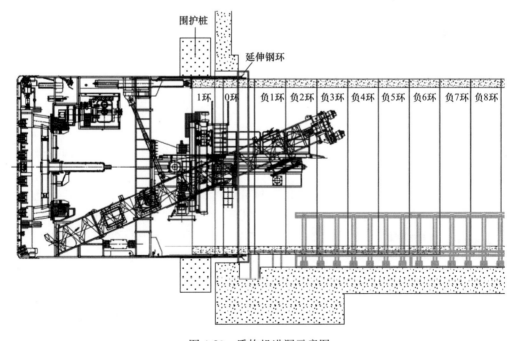

图 4-80　盾构机进洞示意图

盾构机进入洞门后掘进至第 4 环时开始同步注浆填充洞门，同步注浆量适当增加，第一环注浆相对计算体积稍大，根据洞门渗漏情况严格控制注浆少量多次注入直至填充满洞门，同时，注浆压力需低于土仓压力，避免压力过大击穿洞门、环形密封橡胶板渗漏及击穿盾尾止浆板而进入土仓，注浆过程中现场人员应全程值班监控洞门情况。

盾构机推进至 12 环左右时，洞门 1～8 环位于连接桥位置，以便于二次注浆操作，即对加固区内脱出盾尾的 1～8 环管片进行二次注浆封堵，应采用单液、双液浆间歇交叉注入，分多次、均匀、少量进行，以达到扩散填充和加固均匀有效，不流失、漏出洞门，达到封堵洞门的目的。必要时通过延伸钢环预留注浆孔进行注浆来封堵洞门。图 4-81 所示为洞门封堵示意图。

洞门封堵完成恢复掘进后，逐渐提高土仓内土压以稳定掌子面水土压力。

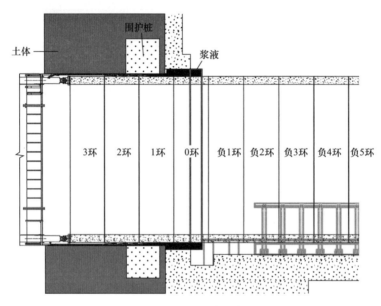

图 4-81　洞门封堵示意图

4.2.7　盾构始发控制要点

（1）托架安装定位时，应保证盾构中心高于设计中心 2cm，同时托架前端高于托架后端 1cm，使盾构机呈仰头趋势始发。

（2）折页压板设计时，充分考虑盾构进洞不利因素以确定折页压板长度，避免盾构机整机进洞后折页压板无法压在管片上而导致外翻现象。同时，为防止折页压板出现外翻现象，压板安装前，可于压板上焊接钢筋以防止其外翻。图 4-82 所示为防外翻钢筋示意图。

（3）负环安装前，应对四道盾尾刷进行手工涂抹油脂，对每道钢丝刷都要进行充分的涂抹，每道钢丝刷涂抹 4 层，用薄钢板撬开，对每道缝进行充分填充，填充到底、连续、饱满，涂至最后，钢丝刷表面被油脂覆盖住，经技术员检测合格后方可开始拼装负环。图 4-83 为

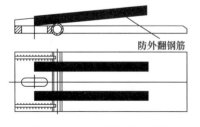

图 4-82　防外翻钢筋示意图

油脂涂抹效果照片。

（4）盾尾内方钢或圆钢焊接定位时，需考虑其长度不低于一环管片环宽，同时需保证负9环后移至足够拼装负8环时，负9环不能脱出圆钢范围下掉。

（5）负9环第一块定位时，需确保管片前端距离推进油缸不低于30%管片环宽以确保封顶块能顺利拼装。

（6）洞门延伸钢环安装之前，应于其上设

图4-83 油脂涂抹效果照片

置6个注浆球阀以用于应急情况时二次注浆封堵洞门使用。

（7）防"栽头"引轨安装时，其后端距离掌子面距离不低于刀盘宽度，避免刀盘接触上掌子面后还位于引轨上无法转动刀盘，同时其前端距离帘布距离不低于盾体进洞时帘布弯折长度，避免盾体前进时帘布损坏。

（8）开启同步注浆后，注浆压力需小于土仓内土压，防止浆液进入土仓。

4.2.8 盾构始发常见问题及防治措施

盾构始发常见问题有始发托架变形、反力架变形位移、盾构机姿态突变、洞口水土大量流失。

1. 始发托架变形

（1）现象

在盾构的始发到达过程中，始发托架变形，使盾构始发到达姿态偏离设计轴线，有时还会造成洞门止水装置损坏，严重影响盾构进出洞甚至不能出洞。

（2）产生原因

1）盾构基座的中心夹角轴线与隧道设计轴线不平行，盾构在基座上纠偏产生了过大的侧向力。

2）盾构基座的整体刚度、稳定性不够，或局部构件的强度不足。

3）盾构姿态控制不好，盾构推进轴线与基座轴线产生较大夹角，致使盾构基座受力不均匀。

4）对盾构基座的固定方式考虑不周，固定不牢靠。

（3）预防措施

1）盾构基座形成时中心夹角轴线应与隧道设计轴线方向一致，当洞口段隧道设计轴线处于曲线状态时，可考虑盾构基座沿隧道设计曲线的切线方向放置，切点必须取洞口内侧面处。

2）基座框架结构的强度和刚度能克服出洞段穿越加固土体所产生的推力。

3）合理控制盾构姿态，尽量使盾构轴线与盾构基座中心夹角轴线保持一致。

4）盾构基座的底面与始发井的底板之间要垫平垫实，保证接触面积满足要求。

（4）治理措施

1）对已发生变形破坏的构件分析破坏原因，进行相应的加固。对需要调换的部件，先将盾构支撑加固牢靠，再调换被破坏构件。

2）盾构基座的变形确实严重，盾构在其上又无法修复和加固时，只能采取措施使盾构脱离基座，创造工作条件后对基座做修复加固。

2. 反力架变形位移

（1）现象

在盾构出洞过程中，盾构反力架在受盾构推进顶力的作用后发生支撑体系的局部变形或位移。

（2）原因分析

1）盾构推力过大，或受进洞千斤顶编组影响，造成反力架受力不均匀、不对称，产生应力集中。

2）反力架混凝土充填不密实或填充的混凝土强度不够。

3）反力架的部分构件的强度、刚度不够，各构件间的焊接强度不够。

4）反力架与负环管片间的结合面不平整。

（3）预防措施

1）在推进过程中合理控制盾构总推力，且尽量使千斤顶合理编组，使之均匀受力。

2）采用素混凝土或水泥砂浆填充各构件连接处的缝隙，除充填密实外，还必须确保填充材料强度，使推力能均匀地传递至工作井后井壁。在构件受力前还应做好填充混凝土的养护工作。

3）对体系的各构件必须进行强度、刚度校验，对受压构件一定要做稳定性验算。各连接点应采用合理的连接方式保证连接牢靠，各构件安装要定位精确，并确保电焊质量以及螺栓连接的强度。

4）尽快安装上部的后盾支撑构件，完善整个后盾支撑体系，以便开启盾构上部的千斤顶，使后盾支撑系统受力均匀。

（4）治理措施

1）对产生裂缝或强度不够的缝隙填充料凿除，重新充填，并经过养护后达到要求强度再恢复推进。

2）对变形的构件进行修补及加固。根据推进油压及千斤顶开启数量计算出发生破坏时的实际推力，对后靠体系进行校验。

3）对于发现裂缝的接头及时进行修补。

3. 盾构机姿态突变

（1）现象

盾构进洞掘进时姿态偏离隧道轴线较大，影响管片拼装姿态及质量，进而影响后期铺轨。

（2）原因分析

1）推进油缸分组油压不均匀或油压显示有误，导致进洞段姿态突变。

2）始发托架变形影响盾构进洞姿态。

3）反力架变形位移导致盾构受力体系改变，影响盾构进洞姿态。

4）始发托架、反力架定位不准导致盾构进洞姿态突变。

5）盾构进洞时未设置防"栽头"装置，盾构进洞姿态突变。

（3）预防措施

1）盾构调试时，确保各分区油压显示的准确性。

2）始发托架安装时，做好托架加固措施，防止始发托架在始发时出现变形现象。

3）做好反力架加固措施。

4）始发托架、反力架下井定位后，多次复核托架与反力架位置，确保定位准确后再进行加固。

5）盾构始发前，于洞门内设置盾构防"栽头"装置。

（4）治理措施

1）对始发托架、反力架进行修复处理。

2）管片拼装时，使用软木衬垫调整管片环面，使其与隧道轴线吻合。

3）盾构驶出围护桩范围后及时开启铰接调整盾构机姿态。

4. 洞口水土大量流失

（1）现象

盾构进洞时，水土大量从洞门流失导致地面沉降甚至塌陷。

（2）原因分析

1）端头加固质量不好，强度未达到设计或施工要求而产生塌方，或者加固不均匀，隔水效果差，造成漏水、漏泥现象。

2）进洞姿态偏差过大，导致管片与洞门间隙大于折页压板长度，折页压板外翻造成水土流失。

3）洞门密封装置安装不好，止水帘布外翻，造成水土流失。

4）洞门密封装置强度不高，经不起较高的土压力，受挤压破坏而失效。

5）盾构外壳上有突出的注浆管等物体，使密封受到影响。

6）进洞时未能及时安装好洞圈钢板。

7）进洞时土仓压力设置不当，致使洞门装置被顶坏，大量井外土体塌入井内。

（3）预防措施

1）洞口土体加固应提高施工质量，保证加固后土体强度和均匀性。

2）合理控制盾构进洞姿态，折页压板设计时按最不利因素考虑。

3）洞门密封圈安装要准确，在盾构推进的过程中要注意观察，防止盾构刀盘的周边刀割伤橡胶密封圈。密封圈可涂黄油增加润滑性；洞门的折页压板要及时调整，改善密封圈的受力状况。

4）在设计、使用洞门密封时要预先考虑到盾壳上的凸出物体，在相应位置设计可调节的构造，保证密封的性能。

5）盾构进洞时要及时调整密封钢板的位置，及时地将洞口封好。

6）盾构进洞后，合理设置掘进土压，确保密封装置的密封性。

（4）治理措施

1）将外翻的折页压板重新压回洞口内，同时焊接防外翻钢筋，恢复密封性能，改善密封橡胶帘布的工作状态。

2）对洞口进行注浆堵漏，减少土体的流失。

3）在地面进行打孔回填混凝土。

4.3 负环与零环拆除技术

4.3.1 负环拆除受力验算

为了能够为后续工作提供空间，必须在掘进一定距离后将负环拆除，拆除负环后必须保证正环管片能够提供足够的摩擦力来支持盾构机的正常掘进。因此在负环拆除前，需对其受力进行分析以判断负环拆除的适时性。

管片的摩阻力：

$$F=\mu\times\pi\times D\times L\times P \tag{4-1}$$

式中：μ——管片与土体的摩擦系数，取 0.3。

D——管片外径，取 8.3m。

L——已安装的管片长度。

P——作用于管片背面的平均土压力，取 100kPa。

$L=F/（\mu\times\pi\times D\times P）=76000/（0.3\times3.14\times8.3\times100）\approx98m$。

以盾构最大推力为额定推力 76000kN 进行验算，98m（即 66 环）时即可进行负环拆除工作。

综合考虑同步注浆浆液强度达到 2.0MPa、盾构机以及后配套长度等相关因素，当盾构始发到 110m（即 74 环）左右，即盾构机及后配套全部进入隧道后，即可拆除反力架及负环管片。

4.3.2 负环拆除的时机

若在盾构掘进过程中进行负环管片拆除，则对盾构掘进有以下影响：

（1）负环管片拆除前须改移污水管、水气管、高压电缆、照明线路等管线，对盾构掘进有一定的影响。

（2）负环管片拆除过程中存在交叉施工。受管片拆除吊装影响，对水平运输车辆有一定的干扰。

（3）负环管片拆除与盾构施工同步注浆的浆液下料口相冲突，无法同时进行。

（4）负环管片拆除后管片开口不整齐，需要平整。

（5）负环管片拆除工期长，会造成一定程度的盾构掘进停工。

综上所述，负环管片拆除应在盾构隧道掘进停机较长时间时进行。

4.3.3 负环拆除准备工作

负环拆除是一项极具风险的施工作业，在进行负环拆除前必须做好相应的准备工作，为负环拆除作业有条不紊地进行创造必要的条件。其要点如下：

1. 盾构机停机

根据工程负环拆除专项施工方案，反力架及负环管片拆除、工作井行车轨道调整时间大约需一周，而此时盾构机停止掘进，且处于长时间停止状态，因此在盾构掘进具备负环管片拆除条件下，应根据地质、地面建筑等情况，避让管线、道路等建（构）筑物，合理选择停机位置。

2. 洞口封堵

0 环在洞通后再进行拆除，拆除前为防止洞口出现漏水、流沙等不利情况，在 0 环拆除前需采用二次注浆机对洞门 1～3 环管片进行填充注浆，形成止水环，达到封堵洞门的效果；在注浆完成后对注浆效果进行检测，保证注浆效果。填充浆液为水泥-水玻璃双液浆，浆液初凝时间暂定为 20s（根据现场双液浆凝结速度及洞门封堵情况调整配比）。浆液水灰比为 0.8∶1～1∶1，注浆压力不宜过大（0.2～0.4MPa），注浆点位 1、11 及 6 点位（时钟点位），具体可根据现场实际情况进行选择。洞门注浆回填完成，并达到浆液初凝时间后再跟进 0 环拆除。

3. 拆除循环水及运输轨道

在负环拆除前，需将负环区域循环水管、支架及走道板先行拆除，运输轨道待负环腰部以上管片拆除后，再进行拆除。

4. 高压电缆及管线保护

为确保高压电缆及通信线安全，在拆除前需断开高压电，同时将电缆及各类通信线聚拢，而后在上方覆盖 20 号 U 形槽钢，在槽钢上部覆盖砂袋，防止管片意外掉落砸到高压电缆，确保电缆安全。

5. 负环拆除操作平台搭设

为便于负环拆除操作平台的移动，在管片拆除时利用电瓶车土斗，在土斗上焊接 $\phi50$ 架管，搭设排架并铺设走道板作为操作平台，操作架管纵向、横向及竖向步距均为 1.5m。

现有渣斗高 2.65m、宽 1.8m，走道板尺寸为长 3m、宽 0.5m、高 0.05m，排架两侧加设平台，上部平台便于拆除负环顶部螺栓，两侧平台便于拆除负环腰部以上螺栓，腰部以下螺栓利用临时爬梯拆除，同时为防止人员坠落，在顶部平台四周加设护栏并悬挂密布网以防止物品掉落，在操作平台上摆放走道板时需用铁丝绑扎牢靠，确认无跳头板。

负环拆除操作平台搭设示意图如图 4-84 所示。

6. 起吊工具制作

根据现场实际情况确定使用直型吊具和弧形吊具两种，在满足使用的基础上多加工 2～3 个。具体制作方法如下：

（1）直型吊具

负环拆除时，封顶块与邻接块一起拆除，拆除吊点为管片预留吊装孔，吊具采用材质为 Q345 钢，由 $\phi110cm$ 圆钢加工而成，吊具长 65cm，其螺杆直径 40mm，丝口长 100mm，杆长 450mm（不包括丝口长度），吊装头长度 150mm。吊装工具尺寸详图、吊装工具成品图及吊装现场图如图 4-85～图 4-87 所示。

（2）弧形吊具

图 4-88 所示为弧形吊具加工示意图。根据现场吊装情况，在封顶块及邻接块拆除后，剩余管片采用弧形吊具吊装，吊具采用现有 8.8 级 M30 螺栓及 2cm 厚的钢板焊接制作而成，具体形式如图 4-89、图 4-90 所示。

4.3.4　反力架的拆除

根据现场情况，在负环管片拆除前、反力架拆除后方可跟进负环管片的拆除工作。反力架拆除顺序：

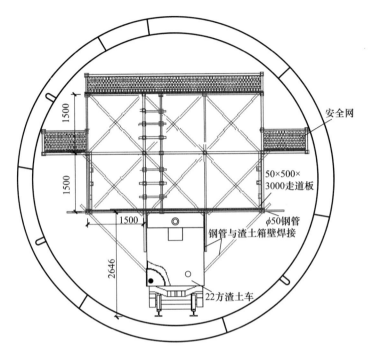

图 4-84 负环拆除操作平台搭设示意图（单位：mm）

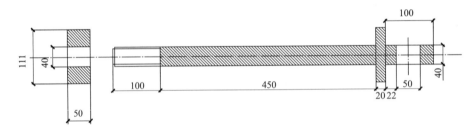

图 4-85 吊装工具尺寸详图（单位：mm）

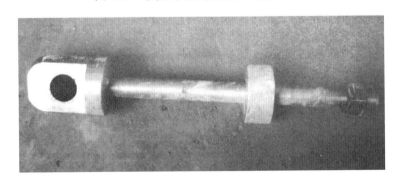

图 4-86 吊装工具成品图

（1）割除背后斜撑→割除横向支撑→割除纵向支撑，在气割前，用吊链将支撑进行固定，割除遵循"从上往下"的原则。

（2）用气割割除斜支撑与地板预埋铁焊缝，焊缝从西向东割，待焊缝留到 4～5cm 时，降低气割速度。

图 4-87　吊装现场图

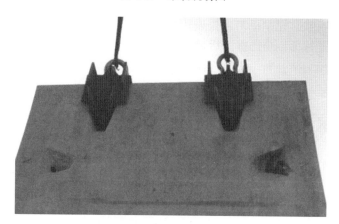

图 4-88　弧形吊具加工示意图

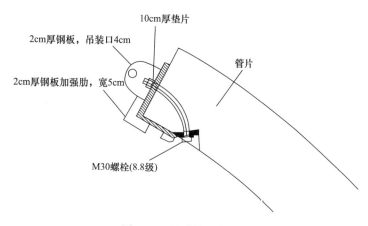

图 4-89　弧形吊具成品图

（3）在上端横梁上焊上吊耳，用 20t 葫芦拉上斜撑，气割斜撑与反力架间焊缝，斜撑与反力架脱离后用葫芦将斜撑缓慢放到底板上。

图 4-90　弧形吊具现场吊装图

（4）横向支撑割除时，在始发井东西两侧框梁上固定 20t 葫芦，用葫芦拉上支撑，再用气割从上往下进行割除，支撑斜撑与反力架脱离后用吊链将斜撑缓慢放到地面上。

（5）纵向支撑割除时先割除与顶板连接部位，再割除与底板预埋钢板的连接部位。在反力架与主体结构连接部位全部拆除后，将反力架进行分部吊运，反力架采用钢丝绳绑扎牢固后进行吊装。反力架分布吊运顺序图如图 4-91 所示。

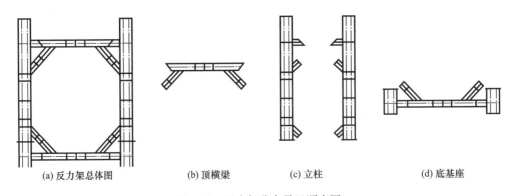

(a) 反力架总体图　　　　(b) 顶横梁　　　　(c) 立柱　　　　(d) 底基座

图 4-91　反力架分布吊运顺序图

（6）反力架拆除顶横梁前，起重设备利用钢丝绳在顶横梁 K 字梁位置处将顶横梁进行固定，收紧钢丝绳，然后进行顶横梁拆除吊装工作。拆除立柱前，利用钢丝绳在立柱 K 字梁位置对立柱进行固定，收紧钢丝绳，然后进行立柱的拆除吊装工作。

（7）反力架拆除过程中，斜撑、横撑割除后，底部 K 字梁的支撑暂不割除，待上部 K 字梁以及左右两侧立柱拆除后方可进行割除。

4.3.5　负环与零环拆除步骤

1. 负环拆除顺序

（1）F 块位于 11 点拆除顺序

F 块位于 11 点拆除顺序为：F、L1→L2→B1→B2→B4→B3，F 块位于 11 点的管片布置图如图 4-92 所示。

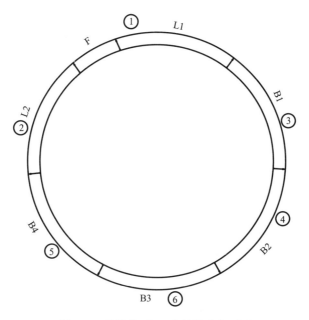

图 4-92　F 块位于 11 点的管片布置图

（2）F 块位于 1 点拆除顺序

F 块位于 1 点拆除顺序为：F、L2→L1→B4→B3→B1→B2，F 块位于 1 点的管片布置图如图 4-93 所示。

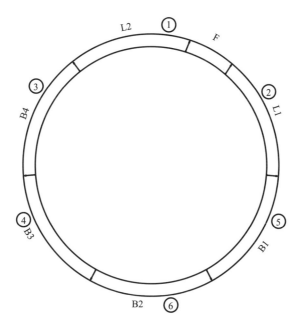

图 4-93　F 块位于 1 点的管片布置图

2. 负环拆除工序

拆除加固负环的钢丝绳及楔块→凿通管片注浆孔→在注浆孔中安装专用吊具→安装钢丝绳悬挂于吊装设备上→拆除管片连接螺栓→起吊负环管片。

由于负环管片按照 1 点和 11 点位错缝拼装，两种拼装形式的管片成轴对称，F 块位于 1 点位时的情况参照 F 块位于 11 点时的情况拆除。

（1）顶部管片的拆除

负环第一块拆除时，拆除前先将 F 块与 L1（或 L2）的管片连接螺栓进行复紧。利用电锤将 F 块和 L 块负环管片注浆孔打穿，通过注浆孔安装吊具，穿过预制的吊耳内挂至龙门吊或汽车起重机挂钩上，绷紧钢丝绳，钢丝绳受力后，先拆除该块负环管片的纵向螺栓，再拆除管片环向螺栓，在管片上设置缆风绳，待人员撤离至安全区域后，将其吊至地面。顶部管片拆除示意图如图 4-94 所示。

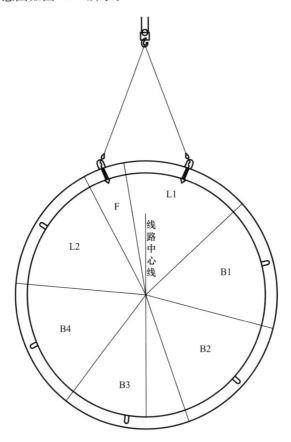

图 4-94　顶部管片拆除示意图

将 F 与 L1 块管片起吊后，F 块一侧放置在方木上，将吊装构件拆除，与 F 块侧安装弧形吊具，对 F 与 L1 块进行起吊，完成对管片的翻转。

（2）腰部以上管片拆除

待 F 块和 L1（L2）块拆除完成后拆除 L2（L1）块，接着拆除 B1 块。将预制专用吊具穿入侧面螺栓孔，而后将钢丝绳安装并悬挂于起重设备上，并将钢丝绳拉紧，钢丝绳受力后，先拆除该块负环管片的环向螺栓，再拆除管片纵向螺栓，在管片上安装缆风绳，待人员撤离至安全区域后，将其吊至地面。在拆除最后一根螺杆时，螺杆应预留 2/3 暂不取出，稳定管片，使其不摆动，而后通过门式起重机提吊拉出螺杆。上部侧边管片拆除示意图如图 4-95 所示。

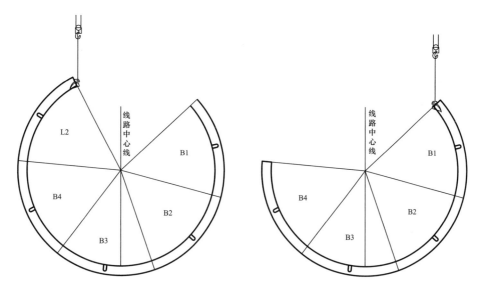

图 4-95　上部侧边管片拆除示意图

（3）下部管片拆除

下部管片拆除前，需待所有负环上部管片拆除后，且将电瓶车轨道、高压电缆等设施拆除后方能跟进下部 B4、B2、B3 管片拆除。下部管片拆除示意图如图 4-96 所示。

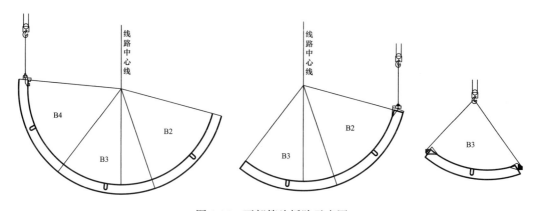

图 4-96　下部管片拆除示意图

3. 零环拆除

根据设计图纸，0 环管片嵌入洞门 70cm，由于进洞及出洞环注浆孔洞位于侧墙内，无法从吊装孔内穿钢丝绳，在管片横向螺栓孔内安装吊具作为吊点。

零环拆除之前，将零环背后 3/4 填充注浆层进行凿除，考虑到始发零环 F 块为反插，始发零环拆除顺序为：L1 块（或 L2 块）→F 块→L2 块（或 L1 块）→B1 块→B4 块→B2 块→B3 块。零环拆除流程图如图 4 97 所示。

拆除 L1 块时，将管片吊装孔处凿透，在 L1 块管片吊装孔安装特制吊具，吊具吊孔安装 U 型扣件，挂至龙门吊吊钩上，在 L2 块横向螺栓孔处安装特制吊具，吊具吊孔安装 U 型扣件，扣件内穿过钢丝绳，钢丝绳水平穿过顶板定滑轮后另一端挂在卷扬机上，安装好吊具和钢丝绳后，将钢丝绳拉紧绷直，人工先拆除 L1 块周围的环向螺栓，横向螺栓不用拆除，只需卸掉螺帽即可，螺杆不需拔除。环与环之间的螺栓拆除时，人员应站在尚未拆除的管片底部，待螺栓拆除完成，作业人员站在安全区域后，卷扬机启动并逐步收紧，同时门式起重机大钩根据所拆块的拔除速度，逐步跟随收紧钢丝绳，待管片完全拔离侧墙后，卷扬机缓慢松绳，让管片自然下垂，通过起重设备起吊垂直运输管片至地面。零环下半部分拆除时直接使用起重设备将管片分块吊起，起吊步骤与负环管片类似，先将钢丝绳绷直再拆除横向和纵向螺栓，吊起过程中人员应远离。

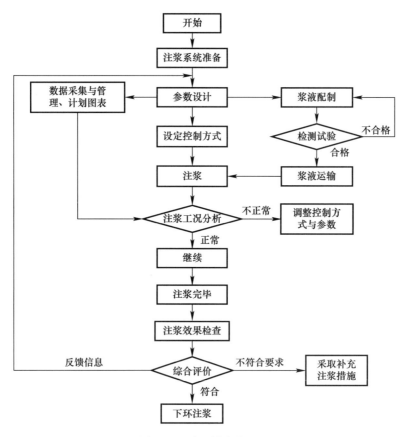

图 4-97 零环拆除流程图

4.3.6 盾构机停机注意事项

1. 盾构机停机保压

（1）由于负环拆除时盾构需长时间停机，停机前土仓压力应根据掘进参数、地表沉降及水文地质情况来判定。

（2）停机过程中，土仓压力应在 2h 内无变化，才确认停机。

（3）为防止停机时土仓压力降低，在停机前 1 环掘进时，尽量采取实土保压，同时向土仓内加入膨润土，提高开挖面密封效果，防止土压下降。

（4）盾构机停机期间向土仓内注入高压膨润土，并启用盾构停机保压装置。上部土仓压力控制在 0.04MPa 左右。

（5）为防止停机时土仓压力下降，由值班盾构机司机掘进 2～5cm 以进行压力保持。

如土仓压力持续性下降，向土仓内注入高压膨润土进行保压。

2. 在停机前

在停机前，应在注浆管内注入膨润土，防止注浆管被封堵，同时清洗储浆罐。

在盾构处注入膨润土，包裹盾构，防止盾构被同步注浆浆液封死；同时在盾尾后 5 环注入双液浆，形成止水环，并注入盾尾油脂，防止盾尾漏水。

3. 停机过程中

停机过程中，应安排专人在盾构机内 24h 值班，同时加强地面巡视。

4. 复核盾构机姿态

待负环拆除，盾构恢复掘进时，应对盾构机姿态进行复核，以确保盾构机正常掘进。

5. 加强负环拆除过程的监控

安排专人巡查，保证在负环拆除的过程中，每一步工序都有人监控，并填写检查记录。

4.4　盾构接收施工技术

4.4.1　盾构机定位及接收洞门位置复核测量

盾构机到达接收施工是指从盾构机到达下一站接收井之前 50m 到盾构机贯通区间隧道进入车站或吊出井时被推上盾构接收基座的整个施工过程。

在盾构机推进至盾构到达范围时，进行最后一次联测，对盾构机的位置进行准确的测量，明确成洞隧道中心轴线与隧道设计中心轴线的关系，同时对接收洞门位置进行复核测量，确定盾构机的贯通姿态及掘进纠偏。在考虑盾构机的贯通姿态时注意两点：一是盾构机贯通时的中心轴线与隧道设计轴线的偏差，二是接收洞门位置的偏差。综合这些因素，在隧道设计中心轴线的基础上进行适当调整，纠偏要逐步完成，每一环纠偏量不能过大。

4.4.2　接收端加固

以明光站和市五医院站为例介绍盾构井接收端加固。由于接收端头基本上都处于砂卵石层中，地下水位较高且端头井施工场地狭小，为了降低施工风险，确保施工安全，确保盾构机顺利进出洞，端头加固采用大管棚加固，地面以袖阀管注浆加固同时辅以地面井点降水措施。盾构接收端施工与盾构始发端相同。明光站接收端头加固信息详见表 4-9。

明光站接收端头加固表

表 4-9

里程	埋深（m）	主要地层	加固措施
YDK64＋607.101	9.4	＜1-2＞杂填土、＜3-8-1＞稍密卵石土、＜3-8-2＞中密卵石土	以大管棚加固为主，地面袖阀管注浆和井点降水为辅

1. 端头降水

（1）根据前期明光车站降水井降水经验，将采用布置新降水井＋部分原降水井的方法对盾构始发和到达端头进行降水。降水井应保持不间断抽水，对于新降水井应提前试抽水，以确保水位始终位于隧道底以下 0.5m。

（2）由于明光站小里程接收端前期施工时已布置 3 口降水井，结合区间隧道施工情况，明光站接收端降水时需增加 3 口降水井，明光站接收端头井降水井布设图如图 4-98 所示。

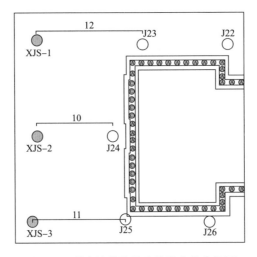

图 4-98 明光站接收端头井降水井布设图

2. 大管棚注浆加固

大管棚施工主要目的是加固地层和止水。盾构洞门加固利用车站预留盾构吊出孔作管棚工作室。对洞门顶部 120°范围内施工 34 根管棚，每根长度为 18m，直径为 108mm，然后注浆加固地层。管棚设计要求：

（1）管棚材质：为 $\phi=108$mm、壁厚 6mm 的无缝钢管。

（2）管棚长度：18m；分节：3m×6＝18m；分节：5m×3＋3m×1＝18m。

（3）管棚分布范围：拱部 120°范围内，钢管环向中心间距 300mm（根据现场地质情况适当调整，以保证盾构机顺利出洞为准），外插角为 1°～2°。

（4）注浆：注浆浆液采用水泥砂浆，初拟参数：水泥浆水灰比为 0.8：1～1：1，注浆压力为 0.2～0.4MPa。施工中通过试验调整确定具体参数；注浆时注浆压力不能太大，以免浆液压力影响邻近地下管线等建筑物。应在适当位置检查注浆效果，并据检查结果调速注浆压力等有关施工参数。

（5）施工误差：水平方向不大于 100mm，垂直方向不大于 200mm。

3. 地面袖阀管注浆

接收端地面袖阀管注浆加固以市五医院站盾构接收端加固为例，其平面及剖面示意图如图 4-99 所示。市五医院站—凤溪河站区间沿凤溪大道由北向南布设，盾构竖曲线半径 $R=5000$m，埋深 15.7～27.1m，平曲线最小半径 $R=450$m，凤溪河站为盾构始发端，市五医院站为盾构接收端（图 4-100）。市五医院站—凤溪河站盾构区间起止里程为 ZDK58＋978.815～ZDK60＋600.791，区间长 1619m，区间采用盾构施工，隧道断面形式采用圆形，刀盘开挖直径 8.6m，管片外径 8300mm，内径 7500mm，衬砌为装配式钢筋混凝土管片，管片厚 400mm，管片幅宽 1500mm。

（1）加固范围

地面袖阀管加固长度为 15m，宽度为两倍管片外径，深度为进入隧道顶部 1/2 管片外径，以 8.3m 外径管片为例，加固范围平面、剖面示意图如图 4-101、图 4-102 所示。

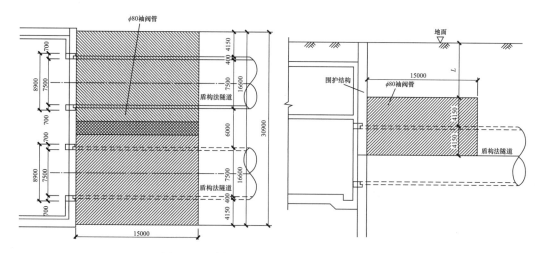

图 4-99　袖阀管注浆加固平面及剖面示意图

图 4-100　盾构区间概况

（2）施工工艺

地面袖阀管注浆施工工艺流程如图 4-103 所示。

（3）施工方法

地面加固主要采用垂直钻孔，地面加固钻孔布置示意图如图 4-104 所示。加固范围内钻孔中心间距为 2m，呈梅花形布置，后埋设袖阀管注浆管路，采用前进式循环注浆方式，通过注浆泵将水泥浆液通过注浆管路均匀地注入土体中，以填充、渗透和挤密等方式，驱走砂层和黏土颗粒间的水分和气体，并填充其位置，通过水泥中所含矿物与土体中的水土分别发生水解、水化反应以及团粒作用等，形成悬浮胶体和团粒，硬化后形成强度大、压缩性小和抗渗性高、稳定性良好的水泥土。

注浆浆液为水泥浆液，初拟参数：水泥浆水灰比 1：1，注浆压力：采用 0.2～0.4MPa，洞门端头加固主要考虑对地层既有空隙进行填充，并将地层固结，地层加固后无侧限抗压强度不小于 1MPa。由于地层中水泥颗粒大小及渗透系数不同，在袖阀管施工前，采用试孔的方式，调试出对于端头地层注浆最优的配合比参数，来达到浆液最好的扩散及凝固的效果，保证端头加固，确保盾构机安全始发、到达。

水泥土结硬后，土体的孔隙率和含水率降低，密度加大，同时由于水泥土挤压土体，使土体变形能力增加，提高了变形模量，从而防止或减少洞门端头土体坍塌的情况发生。土体孔隙率降低后还提高了土体的抗渗能力，减少地下水和周围水系对端头土体水波动压力的影响。

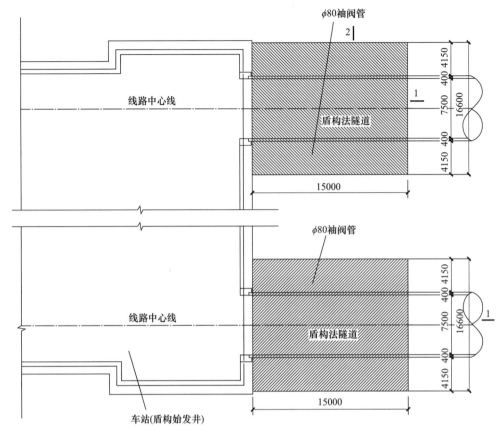

图 4-101 地面袖阀管加固范围平面示意图

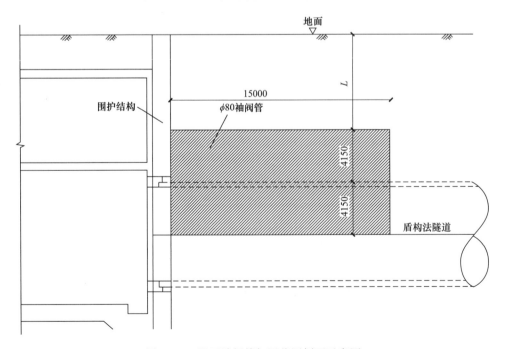

图 4-102 地面袖阀管加固范围剖面示意图

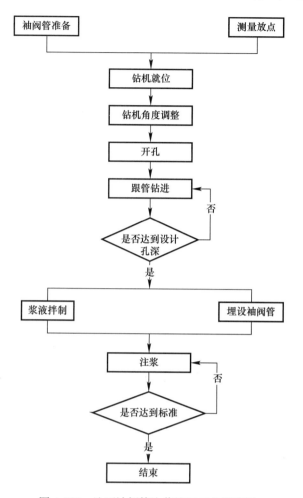

图 4-103　地面袖阀管注浆施工工艺流程图

所以根据设计要求采用水泥浆压密注浆的施工方法来解决卵石地层加固止水的难题。注浆可以改善土体，快速形成止水帷幕，使其遏制土体运动；注浆还可以形成强度较高的水泥土，提高端头土体的变形能力，从而达到加固止水的目的。

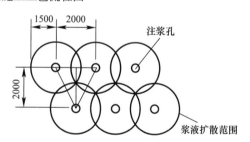

图 4-104　地面加固钻孔布置
示意图（单位：mm）

（4）施工步骤

地面袖阀管注浆加固主要施工步骤如下：

1）钻孔及洗孔

成孔设备和钻进方法的选择：选用 XY-100 型钻机，针对较软土层采用合金钻具回转钻进方法成孔，该钻机重量轻，利于迁移，并有较高的钻进效率。图 4-105 所示为现场袖阀管钻孔画面。

钻机安装：底座水平，机身稳固可靠。调整钻机高度，立轴对正孔位，将钻具放入孔口管内，使孔口管、立轴和钻杆在一条直线上，用罗盘、水平尺和辅助线检测立轴方向和倾斜角度。

钻孔护壁：采用优质稀泥浆护壁。当砂层较厚、孔内塌孔时，用 $\phi80$mm 套管护孔，待孔内注入套壳料并下入袖阀管后，再将 $\phi80$mm 套管提出孔外。

钻孔顺序：钻孔和注浆顺序先外围、后内部，从外围进行围、堵、截，内部进行填、压，同一排间隔施工。

洗孔：将注浆芯管下到注浆管底部，将高压水打入注浆芯管内，经注浆管底部单向阀进入孔内，对孔壁进行清洗，一直达到顶部返水出现清水位置，最后将注浆芯管抽出。

2）安装袖阀管、浇筑套壳料

钻孔至设计深度并采用清水洗孔后，立即将套壳料通过钻杆泵送至孔底，自下而上灌注套壳料至孔口溢出符合浓度要求的原浆液为止。依次下入按注浆段配备的袖阀花管和芯管，下管时及时向管内加入清水，克服孔内浮力，顺畅下入至孔底。现场孔深检查及袖阀管安装如图 4-106 所示。袖阀管结构示意图和施工程序分别如图 4-107、图 4-108 所示。

图 4-105　袖阀管钻孔

图 4-106　孔深检查及袖阀管安装

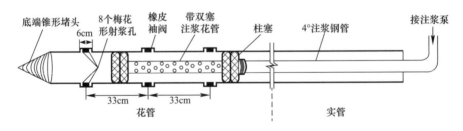

图 4-107　袖阀管结构示意图

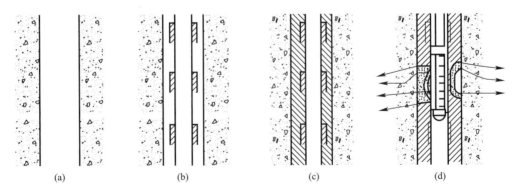

图 4-108　袖阀管法施工程序图

3) 灌入封闭泥浆 (即套壳料)

套壳料一般以膨润土为主、水泥为辅组成，主要用于封闭袖阀管与钻孔孔壁之间的环状空间，防止灌浆时浆液到处流窜，在橡胶套和止浆塞的作用下，迫使在灌浆段范围内挤破套壳料 (即开环) 而进入地层。套壳料浇筑的好坏是保证注浆成功与否的关键，它要求既能在一定的压力下，压开填料进行横向注浆，又能在高压注浆时，阻止浆液沿孔壁或管壁流出地表。套壳料要求脆性较高，收缩性小，力学强度适宜，既要防止串浆又要兼顾开环。

套壳料采用黏土和水泥配制，配比为水泥：黏土：水=1：1.5：1.88，浆液比重约为 1.5，漏斗粘度为 24~26s；实际施工时应通过多组室内及现场试验，选取最佳配比。根据工程中的要求，套壳料凝固时间和强度增长速率应控制在 2~5d 内可灌浆。

套壳用量 Q (m³) $=V_1-V_2=1.3×π×R^2×H$，式中，$R=R_1^2-R_2^2$ (其中 R_1 为钻孔半径，R_2 为袖阀管半径)，H 为注浆段高度。

套壳料浇筑方法：成孔后，将钻杆下到孔底，用泥浆泵将拌合好的套壳料经钻杆注入孔内注浆段。

固管止浆封口：根据设计要求采取双液浆。使用受压泵将适量的聚氨酯经小铝管注入 3 道密封弹性橡胶管内，聚氨酯膨胀并密封橡胶管，从而达到封口目的。当密封橡胶管压力达到 0.5MPa 时，连接 3 道密封弹性橡胶管之间小铝管上的单向阀开启，聚氨酯进入 3 道密封橡胶管之间的 2 个腔内，聚氨酯遇水迅速膨胀将 2 个腔填满，一直达到手压泵注不进去为止，封口完成。

4) 待凝

要待孔口段止浆料凝固后才能灌浆。待凝时间控制在 2d 以内。

5) 开环灌浆

开环：灌浆的前期阶段，使用稀浆 (或清水) 加压开环。在加压过程中，一旦出现压力突降，进浆量剧增，表示已经 "开环"。开环后即按设计配比开始正式注浆。

灌浆：采用双栓塞芯管进行灌浆。根据各组注浆参数表要求，从孔底自下而上进行注浆，每排孔眼作为一个灌浆段，其段长为 50cm。

注浆液采用 P.O42.5 普硅硅酸盐水泥，注浆时按先灌入稀浆后灌入浓浆的原则逐渐调整水灰比。开环压力为 0.25MPa 左右，具体数值根据现场试验调整。正常注浆压力为 0.2~0.4MPa。注浆压力控制在 0.6MPa 以内，并由上而下逐渐减小，视具体情况分别采用或做适当调整。

清洗注浆管：水泥-水玻璃注浆结束后立即将注浆芯管再次插入到注浆管底，上部止浆圈密封拆除，注入清水对注浆管进行清洗，将注浆管底部的沉积水泥清洗掉，到注浆管顶部返出清水为止，然后抽出注浆芯管。

注浆次序：每次都必须跳开一个孔进行注浆，以防止发生窜浆现象。

间歇注浆：全孔段注浆完成后，间歇一段时间再进行第二次注浆，间歇时间控制在 10~30min 之内。

图 4-109 为袖阀管现场注浆画面。

6) 终灌标准

注浆压力≥0.6MPa，吸浆量<2.5L/min，稳定时间 25min。

发现地面有上抬的趋势时，立即停止注浆。发生窜浆或浆液漏失严重时，立即停止注浆。

图 4-109　袖阀管注浆

7）压力注浆时的监测措施

在注浆过程中，要密切监测地面及建筑物的沉降情况，如发现被加固建筑物有上抬的趋势，立即停止注浆，严格控制注浆前后建筑物的上抬量不得超过 2mm。

8）灌注材料及配比

用 P.O42.5 普通硅酸盐水泥作灌注主料，确定各种灌注材料的合理配比，在施工中使用的材料配比（重量比）见表 4-10。

袖阀管套壳料配比　　　　　　　　　　　　　　　　表 4-10

序号	项目	配比	备注
1	水泥：黏土：水	1：1.5：1.88	重量比，配方由现场试验和试孔最后确定
2	水泥浆：水玻璃	1：1	固管料为双液浆的配比
3	水泥：水玻璃	1：1	袖阀管注浆的浆液配比

（5）施工注意事项

钻孔作业前应对钻孔区域内的管线进行详细的排查，并对钻孔位置进行人工探挖，避免钻机钻到地下管线。

4.4.3　到达前测量和盾构姿态调整

1. 盾构机姿态人工复核测量

盾构贯通前严格按照要求在距贯通面 150～200m 时进行井上井下、洞内联系测量。对洞内所有的测量控制点进行一次整体的复测，对所有控制点的坐标进行精密、准确的平差计算。

在 100m 和 50m 处对演算工房导向系统进行复核测量。在盾构到盾构井前的最后一次导向系统搬站时，充分利用在贯通前 150～200m 时线路复测的结果，精确测量测站、后视点的坐标和高程。同时，在贯通前 50m 时，进一步加强管片姿态监测与控制。

2. 盾构到达洞门复核测量

为准确掌握盾构到达洞门施工的情况，在盾构贯通前 100m 之前对盾构到达洞门进行复核测量，测量项目包括：洞门中心位置偏差、洞门全圆半径等。必要时根据测量结果对洞门进行相应的处理。

3. 盾构姿态调整

根据盾构姿态测量和洞门复测结果，确定盾构机的贯通姿态及掘进纠偏。在考虑盾构机的贯通姿态时须注意两点：一是盾构机贯通时的中心轴线与隧道设计轴线的偏差，二是接收洞门位置的偏差。综合这些因素，在隧道设计中心轴线的基础上进行适当调整。到达时纠偏要逐步完成，坚持一环纠偏不大于4mm的原则。

4.4.4 到达段掘进施工

1. 距围护墙前 50m 段掘进注意事项

（1）提前在到达段地面、盾构井端墙及洞门埋设监测点。

（2）根据地质条件及隧道埋深情况，合理确定该段隧道掘进施工参数。

2. 距围护墙 20m 段的掘进

（1）盾构进入贯通前 20 环时，需派人 24h 在盾构井对工作井端墙及洞门处进行监视，监视人员以电话与工地调度或主控室直接联系。

（2）盾构进入贯通前 20m 段掘进时，在加强地面监测的同时需对盾构井端墙及洞门进行监测，监测频次每天两次以上，并及时将监测结果反馈至掘进施工现场，指导现场施工。

（3）在贯通前 20m 时，根据最后一次导向系统复测测量结果确定的盾构贯通姿态进行盾构姿态调整，确保盾构按预计的姿态顺利贯通。

（4）严格控制各项盾构掘进施工参数，土仓压力根据地面、盾构井端墙及洞门监测结果进行适当调整。

3. 距围护墙 7m 段的掘进

盾构刀盘进入加固体，距围护墙 7m 段时，为保证盾构井端墙的稳定，需逐渐降低土仓压力、总推力和掘进速度、刀盘转动速度，控制注浆压力等。

4. 盾构机在围护桩范围内的掘进

（1）盾构进入围护桩范围掘进时，由技术负责人、现场负责人等在盾构到达洞门前进行观察指挥并与盾构主控室保持不间断的联系，盾构掘进严格按照技术指令进行控制。

（2）盾构在围护桩范围掘进时，遵循"低推力、低刀盘转速（根据情况可以停止转动），减小扰动"的原则进行控制，确保盾构推进不对盾构井端墙造成影响。

（3）当盾构机刀盘抵达围护结构时，应立即在盾构进行注浆，封堵加固体、土体及盾壳间渗水通道，具体措施见注浆封堵。

4.4.5 洞门防水装置安装

为防止盾构机到达时推出的渣土损坏帘布橡胶板，洞门防水装置在盾构机贯通开挖面、渣土被完全清理干净后安装帘布橡胶板。

当盾构前端盾壳被推出洞门时调整翻板使其尽量压紧帘布橡胶板，并将翻板焊接在进洞预埋钢板上，以防止洞门泥土及浆液漏出。

在最后一环管片拼装完成后，对洞门圈压注双液浆进行封堵。注浆的过程中要密切关注洞门的情况，一旦发现有漏浆的现象立即停止注浆并进行处理。

当盾构前体盾壳被推出洞门时通过压板卡环上的钢丝绳调整折叶压板使其尽量压紧帘布橡胶板，以防止洞门泥土及浆液漏出。在管片拖出盾尾时再次拉紧钢丝绳，使压板能压紧橡胶帘布，让帘布一直发挥密封作用，如图 4-110 所示。

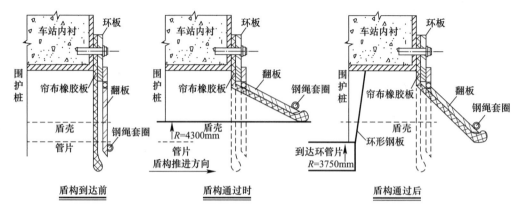

图 4-110　密封橡胶帘布示意图

4.4.6　注双液浆封堵

到达时在刀盘推出隧道后立即将洞门密封的折叶式压板用钢丝绳牢固地捆绑在盾壳上，在刀盘推出洞门前一环开始采用水泥＋水玻璃双液浆对盾尾建筑空隙进行回填。同时通过盾尾预留注浆孔压注聚氨酯浆液封堵加固体、土体及盾壳间隙。最后一环脱离盾尾后，在到达环外侧采用钢板密封管片背部间隙，然后用双液浆进行第二次封堵。注浆过程中密切注意洞门情况，一旦发生漏浆，应立即停止注浆。

注浆配合比见表 4-11。

表 4-11

注浆配合比

序号	项目	配合比	备注
1	水泥：水	0.8：1	—
2	水泥浆：水玻璃	1：1	先将水玻璃与水 1：4 稀释

4.4.7　盾构到达前施工注意事项

（1）盾构到达前检查端头土体质量，确保土体含水量及稳定性满足到达要求。

（2）到达前，在洞口内侧准备好砂袋、水泵、水管、方木、风炮等应急物资和工具。

（3）准备洞内、洞外的通信联络工具和洞内的照明设备。

（4）增加地表沉降监测的频次，并及时反馈监测结果指导施工。

（5）橡胶帘布内侧涂抹油脂，避免刀盘刮破帘布而影响密封效果。

（6）在盾构机刀盘距洞门掌子面 0.5m 时应尽量出空土仓中的渣土，减小对洞门及端墙的挤压。

（7）在盾构贯通后安装的几环管片，一定要保证注浆饱满密实，并且一定要及时拉紧，防止引起管片下沉、错台和漏水。

第5章 ▶▶
砂卵石地层盾构掘进技术

5.1 砂卵石地层盾构刀具破岩机理

盾构机主要有滚刀和切削刀两种类型，盾构刀具破岩机理如下：

1. 滚刀破岩机理

滚刀破岩机理如图 5-1 所示。

主要是依靠刀具挤压破岩，工作时滚刀在推进力的作用下，排列在刀盘上的盘形滚刀紧压岩面，随着刀盘的旋转，岩面被碾出一系列同心圆；利用滚刀的楔块作用，当超过岩石受力极限时，两个同心圆之间的岩石中间裂缝贯通，岩片被剥落，从而达到破岩挖掘的作用。

2. 切削刀破岩机理

切削刀破岩机理如图 5-2 所示。第一步，通过刀刃的切削作用使切削层土体沿刀刃方向产生分离；第二步，通过前刀面的推挤作用使分离的土体产生变形而形成土屑。其中第一步主要造成刀具后刀面磨损，第二步主要是土屑对前刀面进行磨损。切削刀的开挖方式主要有切削式和剥离式两种。在黏性土层中主要为切削式，在砂卵石地层中主要为剥离式。

3. 刀具破碎卵漂石机理

随着盾构推进中遇到大粒径卵漂石，刀具破碎卵漂石过程如图 5-3 所示。当同一

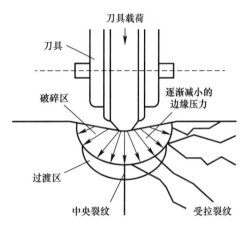

图 5-1 滚刀破岩机理示意图

轨迹上第一把刀具以一定速度锤击卵漂石 A 点时，被锤击部位产生裂纹，另由于刀盘的持续转动，大粒径卵漂石发生扭转被挤压出第一把刀具的移动轨迹。由于刀盘在转动的同时拥有向前的位移（贯入度），当第二把刀具移动到卵漂石位置时，再次对卵漂石进行锤击，锤击位置在 A′ 点附近，循环往复直至裂纹贯通，卵漂石被破碎。

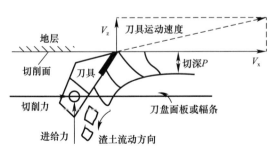

图 5-2 切削刀工作原理

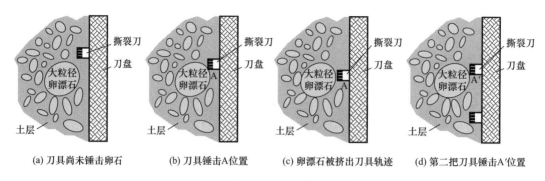

(a) 刀具尚未锤击卵石　　　(b) 刀具锤击A位置　　　(c) 卵漂石被挤出刀具轨迹　　　(d) 第二把刀具锤击A'位置

图 5-3　刀具破岩过程示意图

5.2　砂卵石地层盾构掘进参数研究

以黄石站—市五医院站区间（简称黄市区间）为例说明砂卵石地层盾构掘进参数研究情况。如图 5-4 所示，黄市区间包括路基段＋明挖段＋盾构区间，其中明挖区间起点里程为 YDK57＋132.146（ZDK57＋132.458），盾构区间终点里程为 YDK58＋678.122（ZDK58＋678.940），盾构区间 1546.5m，在明挖区间终点设置盾构始发井，市五医院站为盾构接收井。

图 5-4　黄市区间工程位置及线路走向图

掘进参数决定盾构施工安全和效率。掘进参数主要包括衬砌环上部土仓压力、刀盘扭矩、推力、掘进速度、泡沫剂用量、同步注浆量。

掘进参数的现场实施，主要包括始发试掘进阶段掘进参数、正常段掘进参数、到达段掘进参数。

5.2.1　始发试掘进阶段掘进参数

1. 左线掘进参数

左线掘进参数曲线图如图 5-5 所示。其中图 5-5（a）为左线 1～100 环上部土仓压力曲线图，图 5-5（b）为左线 1～100 环刀盘扭矩曲线图，图 5-5（c）为左线 1～100 环推力曲线图，图 5-5（d）为左线 1～100 环掘进速度曲线图，图 5-5（e）为左线 1～100 环泡沫剂用量曲线图，图 5-5（f）为左线 1～100 环同步注浆量曲线图。

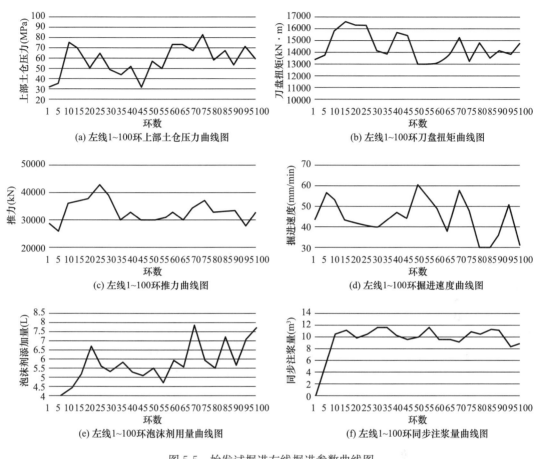

图 5-5　始发试掘进左线掘进参数曲线图

0~5 环掘进期间，盾构机盾体尚未完全进入土层，为防止盾构机主体在始发台上发生扭转、同步浆液浪费等，盾构推力、速度、扭矩等参数在不断摸索中，由于盾体未完全进入土层，土仓上部压力前期较小，后续施工中不断增加，泡沫及同步注浆量不断加大。

5~35 环掘进期间，由于地层长期受端头降水影响，地层中细颗粒基本被抽空，只剩卵石骨架，盾构区间卵石粒径较大，造成该区段掘进时，盾构推力及刀盘扭矩数值大、变化大；为改善推进状况，不得不采取降低土仓内压力、调整泡沫使用量来减少阻力；同步注浆量基本趋于稳定，每环不低于 10m³。

35~45 环掘进期间，盾构机基本离开端头降水影响区域，尚未进入全兴酒厂范围，此区段掘进期间，盾构推力、掘进速度、泡沫用量、同步注浆量、土仓压力基本趋于稳定，刀盘扭矩在 40 环左右时变化较大，主要是地层卵石影响，左线盾构在掘进该段时由螺旋机排出最大卵石粒径达 35cm。

45~100 环掘进期间，开始进入全兴酒厂范围，预定在 67 环左右进行第一次开仓检查刀具，因右线盾构在 67 环处开仓检查时，刀具使用效果较好，故左线盾构在此处未开仓，选择了继续掘进。但在 70 环之后，盾构机进入酒厂厂房区域正下方，由于厂房区域原来为酒厂酒窖等设施，地层地质较软，出现地面跑浆现象，盾构机掘进参数出现恶化、波动较大。

2. 右线掘进参数

右线掘进参数如图 5-6 所示，其中图 5-6（a）为右线 1～100 环上部土仓压力曲线图，图 5-6（b）为右线 1～100 环刀盘扭矩曲线图，图 5-6（c）为右线 1～100 环推力曲线图，图 5-6（d）为右线 1～100 环掘进速度曲线图，图 5-6（e）为右线 1～100 环泡沫剂用量曲线图，图 5-6（f）为右线 1～100 环同步注浆量曲线图。

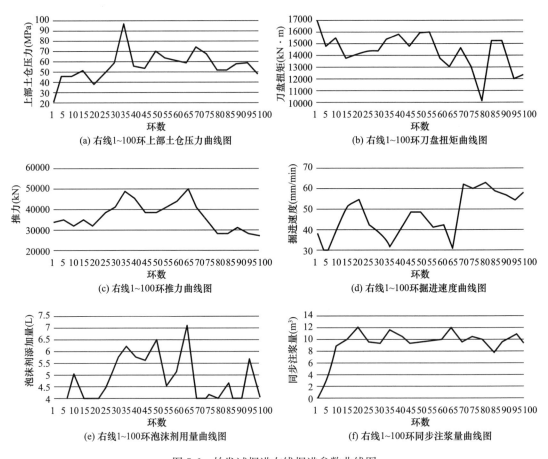

图 5-6　始发试掘进右线掘进参数曲线图

右线盾构机为首台始发盾构机，对温江区大粒径卵石地层掘进经验不足，盾构始发阶段参数极不稳定。

0～5 环掘进期间，盾构机盾体尚未完全进入土层，为防止盾构机主体在始发台上发生扭转、同步浆液浪费等，盾构推力、速度等参数在不断摸索中，刀盘扭矩在破除洞门期间数值较大，之后出现减小的趋势；由于盾体未完全进入土层，土仓上部压力前期较小，后续施工中不断增加；泡沫及同步注浆量不断加大。在第 5 环时，盾构掘进速度值不断减小，在盾尾完全进入土层后，进行了开仓清仓检查工作。

5～35 环掘进期间，开仓清仓检查后，盾构掘进参数整体趋好。由于地层长期受端头降水影响，地层中细颗粒基本被抽空，只剩卵石骨架，盾构区间卵石粒径较大，随着盾构掘进，掘进参数再次逐步恶化，推力变大、速度先升高后降低、刀盘扭矩变化不稳。随着推力增加、速度降低，土仓内压力逐步增大，最终造成地面冒浆。

35～45 环掘进期间，盾构机基本离开端头降水影响区域，尚未进入全兴酒厂范围，处理完地面冒浆后，此区段掘进期间，盾构推力、掘进速度、泡沫用量、同步注浆量、土仓压力相比前段掘进过程有所好转。

45～100 环掘进期间，开始进入全兴酒厂范围，在 67 环位置进行了第一次开仓检查刀具工作。在到达位置前，开仓处已事先完成降水工作，故掘进至此时，推力增大、速度降低。

检查完刀具后，后续掘进开始进入厂区厂房区域正下方，由于厂房区域原来为酒厂酒窖等设施，地层地质较软，右线盾构推力出现减小、速度升高，但刀盘扭矩变化较大的现象。

5.2.2　正常段掘进参数

正常段左线、右线掘进参数及其曲线变化分别如图 5-7 和图 5-8 所示。

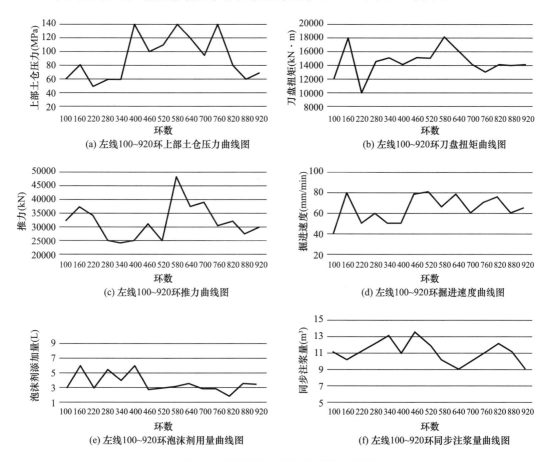

图 5-7　正常掘进左线掘进参数曲线图

1. 左线掘进参数

图 5-7（a）为左线 100～920 环上部土仓压力曲线图，图 5-7（b）为左线 100～920 环刀盘扭矩曲线图，图 5-7（c）为左线 100～920 环推力曲线图，图 5-7（d）为左线 100～920 环掘进速度曲线图，图 5-7（e）为左线 100～920 环泡沫剂用量曲线图，图 5-7（f）为

左线 100～920 环同步注浆量曲线图。

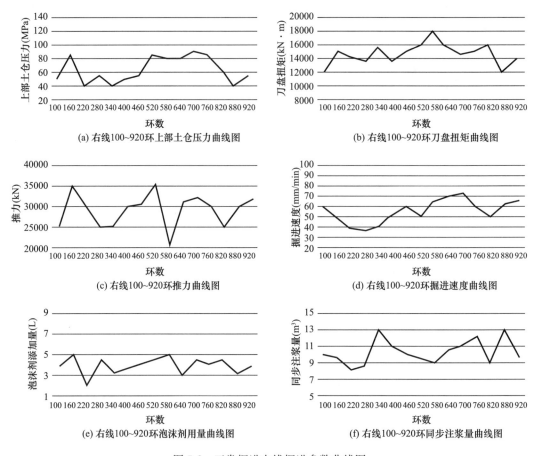

图 5-8　正常掘进右线掘进参数曲线图

左线盾构在 221 环、372 环、544 环、666 环处分别进行了开仓、检查、更换刀具工作。

在 100～221 环掘进期间，盾构机下穿全兴酒厂及成温邛高速公路，此期间，左线盾构掘进状态不佳，推力不稳定、变化较大，数次发生超方、地面冒浆。在 170 环发生超方后，盾构推力大、速度低，直至 221 环开仓。在 221 环开仓检查时，发现刀盘、刀具磨损严重，停机修复刀盘刀具用时 1 个月时间。

刀盘修复后，至 372 环期间掘进状态有改善，但仍不稳定，推力波动较大，速度提升较慢，刀盘扭矩波动较大，状态相比不如右线盾构在此区段掘进状态。

在 372 环开仓时，左线盾构螺旋机前段叶片磨损殆尽，在完成螺旋机叶片修复后，除盾构推力变化较大、局部区段数值大，盾构掘进速度有明显好转、有较大提升且趋于稳定，刀盘扭矩也得到明显改善。

2. 右线掘进参数

正常掘进左线掘进参数曲线图如图 5-8 所示，其中图 5-8（a）为右线 100～920 环上部土仓压力曲线图，图 5-8（b）为右线 100～920 环刀盘扭矩曲线图，图 5-8（c）为右线 100～920 环推力曲线图，图 5-8（d）为右线 100～920 环掘进速度曲线图，图 5-8（e）为右线 100～920 环泡沫剂用量曲线图，图 5-8（f）为右线 100～920 环同步注浆量曲线图。

右线盾构在 221 环、373 环、545 环、666 环处分别进行了开仓、检查、更换刀具工作。

在 100～221 环掘进期间，盾构机下穿全兴酒厂及成温邛高速公路，推力达 30000kN，速度波动为 40～60mm/min，刀盘扭矩为 14000～17000N·m，且波动较大。在 221 环开仓检查时，发现刀盘、刀具磨损严重，停机修复刀盘刀具用时 1 个月时间。

刀盘修复后，直至 545 环，盾构推力、速度、扭矩等数值均有较大改善，但仍不稳定，在此期间螺旋机多次排出较大粒径卵石。在 545 环位置，右线盾构螺旋机前段叶片磨损殆尽，在完成螺旋机叶片修复后，除盾构推力局部区段数值大，盾构掘进速度有明显好转、有明显提升且趋于稳定，刀盘扭矩也得到明显改善。

在 666 环后，右线盾构机开始下穿凤溪河，直至 920 环。在此期间，为防止在河底发生出渣超方，提高了土仓压力，造成盾构推力相对较大，掘进速度、刀盘扭矩相对稳定。

5.2.3　到达段掘进参数

到达段掘进左线、右线掘进参数曲线图分别如图 5-9 和图 5-10 所示。

1. 左线掘进参数

图 5-9（a）为左线 920～1025 环上部土仓压力曲线图，图 5-9（b）为左线 920～1025 环刀盘扭矩曲线图，图 5-9（c）为左线 920～1025 环推力曲线图，图 5-9（d）为左线 920～1025 环掘进速度曲线图，图 5-9（e）为左线 920～1025 环泡沫剂用量曲线图，图 5-9（f）为左线 920～1025 环同步注浆量曲线图。

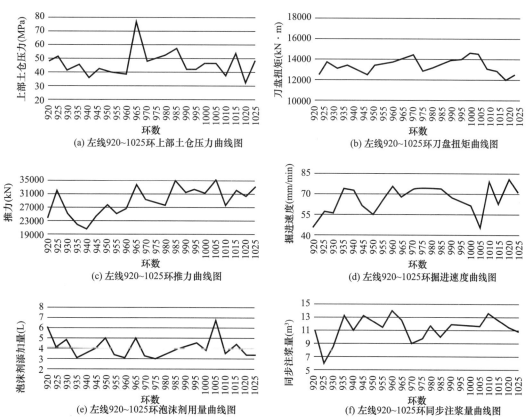

图 5-9　到达段掘进左线掘进参数曲线图

有了右线盾构在接收区段的掘进经验，左线盾构在接收区段，提前对污水管进行了抽排，降低了施工风险。盾构在接收区段整体掘进状态保持较好，直至盾构顺利洞通。

2. 右线掘进参数

图 5-10（a）为右线 920～1025 环上部土仓压力曲线图，图 5-10（b）为右线 920～1025 环刀盘扭矩曲线图，图 5-10（c）为右线 920～1025 环推力曲线图，图 5-10（d）为右线 920～1025 环掘进速度曲线图，图 5-10（e）为右线 920～1025 环泡沫剂用量曲线图，图 5-10（f）为右线 920～1025 环同步注浆量曲线图。

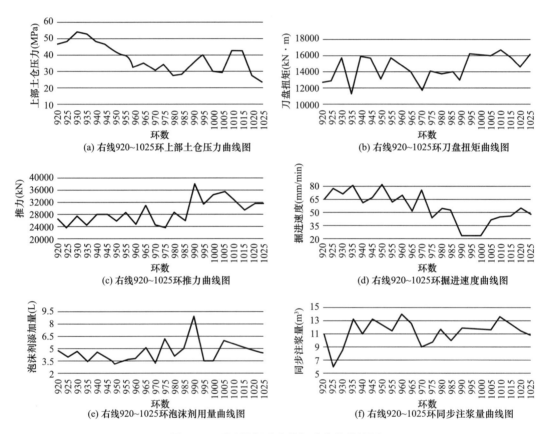

图 5-10　到达段掘进右线掘进参数曲线图

在 920～970 环掘进期间，盾构掘进状态保持良好。

在 990～1003 环之间，出现严重超方，线路上方污水管破裂，污水进入土仓。盾构掘进状态急剧下降，盾构推力增大、掘进速度降低，刀盘扭矩增大。通过增加泡沫用量等措施后，仍未有明显改善，不得不连续进行了 2 次清仓。在第 2 次清仓时，更换了刀盘最外边缘的两把滚刀，直至盾构顺利洞通。

5.3　砂卵石地层盾构施工注浆技术研究

因为盾构机外壳尺寸的厚度，或其他施工因素，形成的开挖空间比衬砌环略大，注浆的目的使衬砌环和地层密贴，形成良好的受力条件，避免地下水积聚或渗漏、衬砌产生变形和其他不安全因素。主要的施工注浆技术包括同步注浆和二次注浆。

5.3.1　同步注浆

1. 注浆目的

盾构施工引起的地层损失和盾构隧道周围受扰动或受剪切破坏的重塑土的再固结以及地下水的渗透，是导致地表、建筑物以及管线沉降的重要原因。为减少和防止沉降，在盾构掘进过程中，要尽快在脱出盾尾的衬砌管片背后同步注入足量的浆液材料充填盾尾环形建筑空隙，让管片与土层形成一体。同步注浆原理示意图如图 5-11 所示。

同步注浆的主要目的如下：

（1）及时填充盾尾建筑空隙，支撑管片周围岩体，有效地控制地表沉降。

（2）凝结的浆液将作为盾构施工隧道的第一道防水屏障，增强隧道的防水能力。

（3）为管片提供早期的稳定并使管片与周围岩体一体化，有利于盾构掘进方向的控制，并能确保盾构隧道的最终稳定。

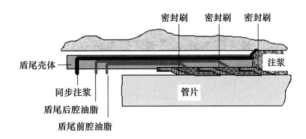

图 5-11　同步注浆原理示意图

2. 同步注浆设备配置

（1）搅拌站

自行设计建造的砂浆搅拌站 1 座，搅拌能力 50m³/h。

（2）同步注浆系统

每台盾构机上配备液压注浆泵 3 台，注浆能力 3×12m³/h，注浆泵的起动、停止、注入量、注入速度都可自动调整，注入压力可以调整。12 个盾尾注入管口（其中 6 个备用）及其配套管路。注入完成之后将对于同步注入管用水或膨润土冲洗。

（3）储浆设备

盾构机配置一个 15m³ 的砂浆罐。

（4）运输系统

自生产的砂浆罐车（13m³），带有自搅拌功能和砂浆输送泵。随编组列车一起运输。

同步注浆孔型式及布置如图 5-12 所示。

3. 同步注浆材料

采用水泥、粉煤灰、砂等按一定比例配成的可硬性浆液作为同步注浆材料，该浆液具有结石率高、结石体强度高、耐久性好和良好的防止地下水浸析的特点。

（1）同步注浆浆液配合比及主要物理力学指标

工程同步注浆采用表 5-1 所示的初步配合比。

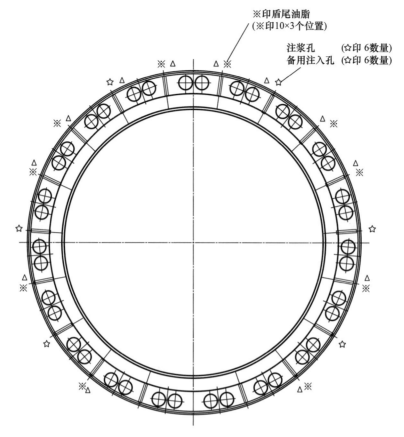

图 5-12　同步注浆孔形式及布置

同步注浆材料初步配合比　　　　　　　　　　　表 5-1

原料	水泥	砂	粉煤灰	膨润土	水
配合比（kg）	180	800	300	70～90	480

在施工中，根据地层条件、地下水情况及周边条件等，通过现场试验优化确定。同步注浆浆液的主要物理力学性能应满足下列指标：

1）胶凝时间

胶凝时间一般为 3～10h，根据地层条件和掘进速度，通过现场试验加入促凝剂及变更配合比来调整胶凝时间。

2）固结体强度

固结体强度 1d 不小于 0.2MPa（饱和土层无侧限抗压强度），28d 不小于 2.5MPa。

3）浆液结石率

浆液结石率＞95％，即固结收缩率＜5％。

4）浆液稠度

浆液稠度为 8～12cm。

5）浆液稳定性

倾析率（静置沉淀后上浮水体积与总体积之比）小于 5％。

（2）注浆量

每循环注浆量计算方法为每推进一环理论建筑空隙 $V＝\pi\times(8.6342^2－8.32^2)\div4\times1.5＝6.27m^3$；同步注浆量控制在建筑空隙的 $130\%～200\%$，即同步注浆量为 $9～13m^3/$环。

4. 注浆工艺流程

注浆工艺是实现注浆目的，保证地面建筑、地下管线、盾尾密封及衬砌管片安全的重要一环，因此必须严格控制，并依据地层特点及监控量测结果及时调整各种参数，确保注浆质量和安全。注浆施工工艺流程如图5-13所示。

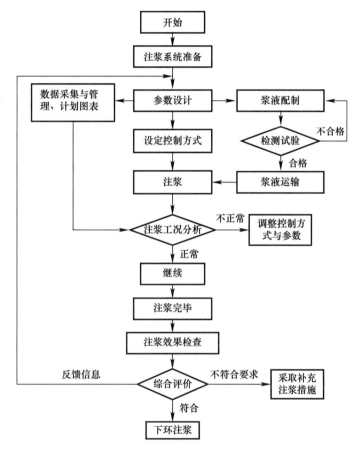

图 5-13　注浆施工工艺流程图

（1）同步注浆方法

同步注浆与盾构掘进同时进行，通过同步注浆系统及盾尾的内置12根注浆管（6用6备用），在盾构向前推进盾尾空隙形成的同时进行，采用双泵六管路（六注入点）对称同时注浆，如图5-14所示。

注浆可根据需要采用自动控制或手动控制方式，自动控制方式即预先设定注浆压力，由控制程序自动调整注浆速度，当注浆压力达到设定值时，自行停止注浆。手动控制方式则由人工根据掘进情况随时调整注浆流量，以防注浆速度过快，而影响注浆效果。一般不从预留注浆孔注浆，以降低从管片渗漏水的可能。

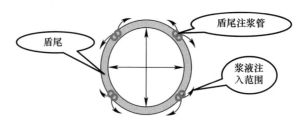

图 5-14　同步注浆示意图

（2）注浆压力

同步注浆时要求在地层中的浆液压力大于该点的静止水压及土压力之和，做到尽量填补同时又不产生劈裂。注浆压力过大，管片周围土层将会被浆液扰动而造成后期地层沉降及隧道本身的沉降，并易造成跑浆；而注浆压力过小，浆液填充速度过慢，填充不充足，会使地表变形增大。通常同步注浆压力一般为 1.1～1.2 倍的静止土压力，工程采用 0.2～0.4MPa，二次注浆压力采用 0.2～0.4MPa。

（3）注浆速度及时间

根据盾构机推进速度，同步注浆以每循环达到总注浆量而均匀注入，盾构机推进开始注浆开始，推进完毕注浆结束。

（4）注浆顺序

同步注浆通过盾尾注浆孔在盾构推进的同时压注，在每个注浆孔出口设置压力传感器，以便对各注浆孔的注浆压力和注浆量进行检测与控制，从而实现对管片背后的对称均匀压注。为防止注浆使管片受力不均产生偏压导致管片错位造成错台及破损，同步注浆时对称均匀的注入十分重要。

（5）注浆结束标准

同步注浆采用注浆压力和注浆量双指标控制标准，即当注浆压力达到设定值时，注浆量达到设计值的 85% 以上时，即可认为达到质量要求。

补强注浆一般情况下则以压力控制，达到设计注浆压力则结束注浆，视注浆效果可再次进行注浆。

5.3.2　二次注浆

1. 注浆目的

同步注浆后使环形空隙得到填充，地层变形沉降得到控制，在浆液凝固、强度得到提高的同时，可能存在局部不够均匀，为提高背衬注浆层的防水性及密实度，必要时再补充以二次注浆，使注浆体充填均匀，形成稳定的防水层，达到加强隧道衬砌的目的。

施工时根据地表沉降监测反馈信息，结合洞内采用超声波或其他手段探测管片衬砌背后有无空洞的方法，综合判断是否需要进行二次注浆。

注浆点为管片预留孔位置，二次注浆原理示意图如图 5-15 所示。

2. 注浆设备

二次注浆系统选用液压注浆泵，该泵可以无级调节排浆量及排浆压力，并具有按照预定的注浆终压自动（手动）调节泵排浆量的性能，可为单液、双液及化学浆。补强注浆应先压注可能存在较大空隙的一侧。

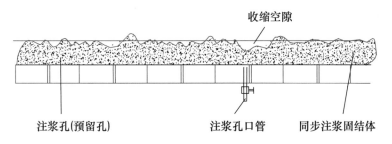

图 5-15　二次注浆原理示意图

3. 注浆材料、浆液配合比及性能指数

二次注浆主要采用双液浆作为注浆材料，能对同步注浆起到进一步补充和加强作用。同时也是对管片周围的地层起到充填和加固作用。

当地下水特别丰富时，需要对地下水封堵。同时为了及早建立起浆液的高粘度，以便在浆液向空隙中充填的同时将地下水疏干（将地下水压入地层深处），获得最佳充填效果，这时需要将浆液的凝胶时间调整至 1～4min。双液浆的初步配合比详见表 5-2，浆液性能指标详见表 5-3。

双液浆浆液初步配合比　　　　　　　　　　　　　表 5-2

浆液名称	型号	水灰比	A、B 液混合体积比
水泥浆（A 液）	P.O42.5	1：1	1：1
水玻璃浆（B 液）	35Be′	4：1	

浆液性能指标　　　　　　　　　　　　　表 5-3

注浆方式	稠度（cm）	比重（g/cm³）	结石率（%）	凝胶时间（h）	1d 抗压强度（MPa）	28d 抗压强度（MPa）
二次注浆	12.5～13.0	1.43～1.55	＞97	＜4	＞0.3	＞4.5

注：水泥采用 P.O42.5 水泥。

4. 二次注浆施工工艺流程

二次注浆施工工艺流程如图 5-16 所示，图 5-17 为二次注浆现场图，图 5-18 为管片开孔注浆示意图。

5. 二次注浆控制措施

根据地质情况及注浆记录情况分析注浆效果，结合监测情况，由注浆压力控制。

（1）在开工前制定详细的注浆作业指导书，做到可操作性、规范性和实用性。

（2）注浆前进行详细的浆材配合比试验，选定合适的注浆材料及浆液配合比，保证所选浆材配合比、强度、耐久性等物理力学指标符合设计及规范要求。

（3）制定详细的注浆施工设计和工艺流程及注浆质量控制程序，严格按要求实施注浆、检查、记录、分析，及时做出 P（注浆压力）、Q（注浆量）、t（时间）曲线，分析注浆效果，反馈指导下次注浆，并及时报告业主和监理及现场工程师。

（4）成立专业注浆作业组，由富有经验的工程师负责注浆技术工作。

（5）根据洞内管片衬砌变形和地面及周围建筑物变形监测结果，及时进行信息反馈，修正注浆参数设计和施工方法，发现情况及时解决。

（6）做好注浆设备的维修保养、注浆材料供应，保证注浆作业顺利连续进行。

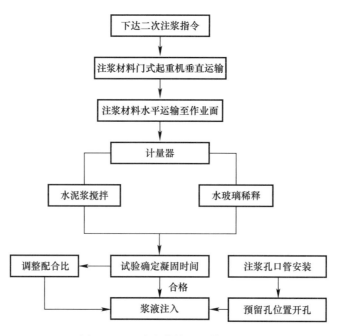

图 5-16　二次注浆施工工艺流程图

图 5-17　二次注浆现场

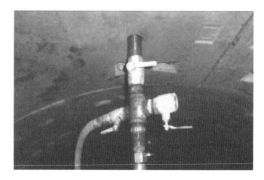

图 5-18　管片开孔注浆示意图

5.4　盾构掘进过程中姿态控制技术

5.4.1　盾构掘进姿态控制

结合盾构区间的特点，采取以下方法控制盾构掘进方向。

1. 采用自动导向系统和人工测量辅助进行盾构姿态监测

该系统配置了导向、自动定位、掘进程序软件和显示器等，能够全天候在盾构机主控室动态显示盾构机当前位置与隧道设计轴线的偏差以及趋势。据此调整控制盾构机掘进方向，使其始终保持在允许的偏差范围内。

随着盾构推进导向系统后视基准点需要前移，必须通过人工测量来进行精确定位。为保证推进方向的准确可靠，拟每周进行两次人工测量，以校核自动导向系统的测量数据并复核盾构机的位置、姿态，确保盾构掘进方向的正确。

2. 采用分区操作盾构机推进油缸控制盾构掘进方向

根据线路条件所做的分段轴线拟合控制、导向系统反映的盾构姿态信息，结合隧道地层情况，通过分区操作盾构机的推进油缸来控制掘进方向。

推进油缸按上、下、左、右分成四个组，每组油缸都有一个带行程测量和推力计算的推进油缸，根据需要调节各组油缸的推力，控制掘进方向。

在上坡段掘进时，适当加大盾构机下部油缸的推力；在下坡段掘进时则适当加大上部油缸的推力；在左转弯曲线段掘进时，则适当加大右侧油缸推力；在右转弯曲线掘进时，则适当加大左侧油缸的推力；在直线平坡段掘进时，则应尽量使所有油缸的推力保持一致。

5.4.2 盾构掘进姿态调整与纠偏

在实际施工中，由于管片选型拼装不当、盾构机司机操作失误等原因盾构机推进方向可能会偏离设计轴线并超过管理警戒值；在稳定地层中掘进，因地层提供的滚动阻力小，可能会产生盾体滚动偏差；在线路变坡段或急弯段掘进过程中，有可能产生较大的偏差，这时就要及时调整盾构机姿态、纠正偏差。

1. 盾构机姿态调整

参照上述方法分区操作推进油缸来调整盾构机姿态，纠正偏差，将盾构机的方向控制调整到符合要求的范围内。图 5-19 为姿态纠偏示意图。

2. 盾构机姿态纠偏

当滚动超限时，及时采用盾构刀盘反转的方法纠正滚动偏差。图 5-20 为轴线偏差示意图。在急弯和变坡段，必要时可利用盾构机的超挖刀进行局部超挖和在轴线允许偏差范围内提前进入曲线段掘进来纠偏。

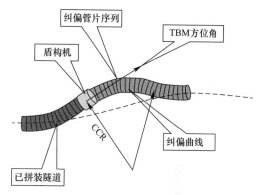

图 5-19 姿态纠偏示意图

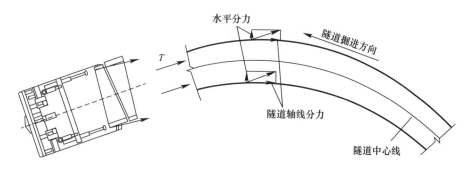

图 5-20 轴线偏差

5.4.3 方向控制及纠偏注意事项

1. 在切换刀盘转动方向时，应保留适当的时间间隔，切换速度不宜过快，切换速度过快可能造成管片受力状态突变，而使管片损坏。

2. 根据掌子面地层情况应及时调整掘进参数，调整掘进方向时应设置警戒值与限制值。达到警戒值时及时实行纠偏程序。

3. 蛇行修正及纠偏时应缓慢进行，如修正过程过急，蛇行反而更加明显。在直线推进的情况下，应选取盾构当前所在位置点与设计线上远方的一点做一直线，然后再以这条线为新的基准进行线形管理。在曲线推进的情况下，应使盾构当前所在位置点与远方点的连线同设计曲线相切。

4. 推进油缸油压的调整不宜过快、过大，否则可能造成管片局部破损。

第6章 ▶▶

富水砂卵石地层渣土改良技术

成都地铁 17 号线一期工程盾构所穿越地层主要为富水中密卵石层和富水密实卵石地层等，富水砂卵石地层卵石级配不连续，盾构施工开挖的土体松散、胶结程度低且地层自稳性较差，容易导致开挖面与土仓压力之间的平衡不易保持，引起地表沉降，甚至地表塌孔。同时地下水丰富，盾构施工过程中极易造成盾构掌子面垮塌，开挖面失稳、压力舱积仓、喷涌等问题，给地铁工程建设带来巨大的挑战。因此必须对渣土进行合理改良，以确保盾构安全施工。

本章主要基于成都地铁 17 号线一期工程砂卵石地层渣土改良的目的，通过对改良剂及其对砂卵石地层作用机理的研究，并结合现场进行的渣土改良系列试验结果，对成都地铁 17 号线一期工程盾构隧道掘进始发阶段、正常掘进阶段、盾构穿越重大风险源地区时的渣土改良的具体应用做以总结。

6.1　渣土改良目的

砂卵石地层盾构施工，由于土体内摩擦角大、流动性差、渗透系数大，导致进入土仓的卵石土很难形成"塑性流动状态"，给施工带来困难，因此必须对渣土进行合理改良。

渣土改良的目的是将一定比例的土体改良剂注入土仓内，使渣土改良成塑性流动状态，达到土压平衡盾构机正常掘进的要求。即降低渣土的内摩擦角，从而降低刀盘的扭矩。改良剂注入增加了渣土的流动性、渗透性，从而达到堵水、减磨、降扭及保压的效果。

通过土体改良达到以下具体的目标：

（1）使渣土具有较好的土压平衡效果，稳定开挖面，较好地控制地表沉降。

（2）使渣土具有良好的止水性，以控制地下水流失。

（3）使得切削下来的渣土快速进入土舱，并顺利通过螺旋输送机排出。

（4）可以有效防止土舱结饼现象发生。

（5）可以防止或减轻螺旋输送机排土时的喷涌现象。

（6）可以有效降低刀盘扭矩及螺旋输送机扭矩，降低地层中卵砾石对刀具及螺旋输送机的磨损，有效提高盾构掘进效率。

6.2　渣土改良剂

成都地铁盾构施工不仅穿越砂卵石层，还有部分区间穿越强风化、中等风化泥岩地层，如渣土改良效果差，极易造成渣土沉仓、刀盘结饼，甚至堵仓。

成都地铁 17 号线一期 8.6m 大直径盾构在富水砂卵石地层掘进时，因大直径盾构掘进推力、转矩较大，在施工过程中土舱渣温较高，加之土舱压力较大，极大加大了渣土改良的难度。如果改良渣土黏聚性过高、流动性差，则容易造成结泥饼、刀盘糊死；反之，容易造成机械设备磨损较大、卵石沉舱、螺旋出土器卡死以及喷涌。渣土改良效果的优劣，将直接影响到盾构的掘进速度、掘进模式、掘进成本，甚至可能影响到工程的成败。

6.2.1 常用的渣土改良剂

目前，常用的土体改良材料分三类，分别为矿物类、高分子类及界面活性类，主要包括黏土、陶土、膨润土等天然矿产添加材料。

矿物添加材料，也被称为泥材，膨润土作为矿物添加材料的代表，又名膨土岩、斑脱岩，主要是由蒙脱石矿物黏土组成。添加材料主要以泥浆溶液的形式使用于盾构施工，泥浆配置浓度和注浆量可根据切削渣土级配和不均匀系数等技术指标确定。高吸水性树脂类，该材料能吸收比其自重大数百倍的水分子，形成凝胶状态，具有良好的防止地下水喷涌的效果。但是在含盐浓度富的海水区域，酸性、碱性强的地层，采用化学加固的区域，由于会与上述物质产生化学反应，将大大影响吸水能力，降低使用功效。

水溶性高分子类与高吸水性树脂同属于高分子化合材料类，具有使开挖渣土黏性增加的效果，常用于砂卵石无水地层进行渣土改良。缺点是改良黏土成泥糊状，需按工业废料进行处理，不符合环保要求。

界面活性类材料是一种先进的渣土改良添加材料，界面活性物质通过特殊的发泡剂和压缩空气制作成泡沫。可提高切削下来渣土的不透水性和流动性，同时能有效防止切削下来渣土对刀盘的附着力。优点是该材料比较环保，经改良后的渣土处理比较容易。

6.2.2 泥浆添加剂

盾构用泥浆材料主要由膨润土和水混合搅拌后制得，由于膨润土的吸湿膨胀性、高吸附性等性能，膨润土在溶于水后会形成一种胶质的悬浮体系。在盾构施工中利用其较好的悬浮性和抗渗性来改良粗颗粒砂土地层的流塑性及渗透性。

对于细颗含量较多的砂土地层，通过适当调节膨润土泥浆的浓度便可以满足土压平衡砂土地层渣土改良的需要。而对于砂卵石等粗颗粒土地层的渣土改良问题，通过往泥浆中添加不同类型改性剂的方式来增强泥浆的改良效果。

既有研究表明，在砂卵石地层，大多在保证泥浆具有良好泵送性的前提下，多数以聚合物、无机盐为主的泥浆添加剂，来进一步增强泥浆对粗颗粒渣土的悬浮性和抗渗性能。

在砂卵石盾构施工中从泥浆添加剂的研究成果可以得出通过往泥浆中添加无机碱金属盐（碳酸钠）、黏土材料或正电胶可以增强泥浆中固体颗粒的悬浮能力。添加水溶性的高聚物材料（羧甲基纤维素钠、聚阴离子纤维以及植物胶）可以提高泥浆的整体稳定性、抗渗性以及抗盐性能，而添加聚丙烯酰胺可以提高泥浆的絮凝速率和析水量。

6.2.3 泡沫改良剂

自日本在 20 世纪 80 年代最先将泡沫作为盾构渣土改良材料，各国对泡沫的渣土改良效果的研究一直在进行。大部分学者主要通过研究泡沫与土体混合后的土体性能（塌落度、渗透性、压缩性等）变化来评价泡沫对土体的改良效果。国外相关学者们采用的泡沫剂产品大多为康达特（法国）、巴斯夫（德国）等泡沫剂品牌。

综合表面活性剂类型及其分子结构特征对泡沫性能的影响，选取合适的表面活性剂类型及其分子结构作为泡沫剂配方原料，并在此基础上进行复配是得到优异泡沫性能的有效途径。

6.2.4　泥浆及聚合物

对于富水的砂卵石而言，特别是当砂卵石颗粒粒径较大、地下水压力超过 5m 时，单纯依靠泡沫进行改良，渣土的流塑性、渗透性往往难以获得满意的改良效果。为改善砂卵石渣土性能，现场通常在泡沫改良剂的基础上添加膨润土泥浆或高分子聚合物材料来进一步提高土体的流塑性及抗渗性。聚合物通过填充卵砾石颗粒间的空隙以提高其内聚力，膨润土泥浆则主要堵塞细颗粒土结构之间的空隙并形成泥膜，进而降低渣土的整体渗透性。

张润来等（2019）针对成都砂卵石地层采用泡沫、膨润土和聚合物进行改良，根据现场使用效果，认为膨润土单独改良的合理配比为泥浆质量分数 14.3%、注入量体积比 20%。

6.3　改良剂对砂卵石地层的作用机理

6.3.1　泡沫改良砂卵石土的机理

1. 泡沫与砂颗粒混合后的作用力

由泡沫的形成机理可知，泡沫剂主要由一种或多种表面活性剂组成，其结构特点在于具有"双亲性"的分子结构。当泡沫与固体砂颗粒（或表面）接触时，疏水基吸附在砂表面，进而在砂颗粒之间形成液桥，并产生液桥力（Hsiau 和 Yang，2003；乔国刚，2009）。其中颗粒所受到的液桥力主要由压力差、液体表面张力以及粘附阻力的大小决定。当液桥力的大小主要取决于两液桥之间的毛细管负压力和液桥的表面张力时，称之为静态液桥力。而黏性阻力的产生主要发生在颗粒之间发生相对运动时，因此称主要受液体黏性影响的液桥力为动态液桥力。

在液桥含液量一定的情况下，影响液桥力的主要因素为颗粒间距和固液接触角。当含液量增加、颗粒间距和接触角减小时，液桥力相对越大，对于无黏性的砂土而言，其外部特征则表现为内聚力的增加。

2. 泡沫改良砂卵石渗透性

砂卵石的渗透性主要与土体颗粒大小和级配有关，细粒土含量越多的砂土中渗透系数相对较低。在实际盾构施工过程中，往土仓中注入粉煤灰、钙粉等浑浊液来降低渣土的渗透性便是利用这一规律。目前比较认可的泡沫改良砂卵石渗透性的机理主要有两个方面：一方面是泡沫填充在砂土颗粒空隙中，阻断了孔隙水的渗透通道（图 6-1）；另一方面是由于泡沫液膜的粘附性以及表面活性剂分子的吸附作用，增加了颗粒间水的束缚力，进而提高了土体的抗渗性。

3. 泡沫降低刀盘扭矩及刀具磨损机理

砂卵石土具有颗粒大小和形状差异较大的特点，其颗粒与颗粒之间的摩擦角一般较大。由于泡沫为气液二相体，泡沫的加入使得土体颗粒之间填充大量的气体和水，使得砂

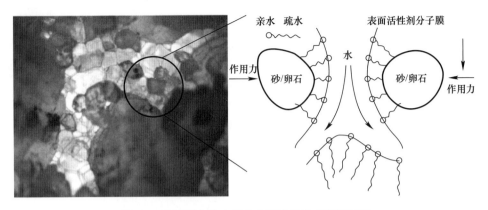

图 6-1 泡沫填充砂土颗粒空隙及其微观特征描述

颗粒间的接触方式由开始的"硬接触"变为"软接触"，对颗粒间起到了很好的润滑效果，降低了颗粒间的咬合力和摩擦力。在实际盾构砂卵石施工过程中，刀盘扭矩大、刀具磨损严重等问题与渣土摩擦角具有较大的相关性。大量工程实践表明，泡沫加入能够明显地降低刀盘扭矩、减小刀具磨损，如图 6-2 所示。泡沫的加入使得刀具与开挖面之间形成了一道缓冲层，减少了砂颗粒对刀具的磨蚀和碰撞，而泡沫破裂后析出的液体中含有大量的表面活性剂分子，对于刀具切削过程起到了"切削液"的效果，进而减小了刀盘扭矩及刀具磨损量。

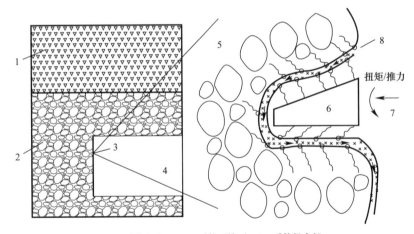

1—覆土层；2—无黏性土地层；3—盾构开挖面；4—盾构机内部；
5—砂/卵石微观模型；6—刀具微观模型；7—刀具作用力；8—泡沫双分子膜结构

图 6-2 盾构施工过程中泡沫与刀具作用微观机理

4. 泡沫改良砂卵石流塑性机理

砂卵石土由于黏粒土含量较低，颗粒之间没有粘附力，因此流塑性相对较差。关于泡沫改良土体流塑性方面，意大利都灵理工大学的 Peila et al. 做了大量的试验研究，其认为泡沫与水对于流塑性改良机理不同，水对土体流塑性的改良更倾向于润滑黏粒和粉粒土，而对于砂卵石而言，由于缺少黏粒土的存在，水对砂土流塑性的改良主要为水在重力作用下的流失。

与水的作用效果不同，当泡沫完全填充在砂砾颗粒之间时，颗粒被大量的气泡包裹，颗粒之间由"固-固"接触变为加入泡沫后的"固-液"或"液-液"接触,减小了颗粒之间的摩阻力的同时提高了流动性。与此同时,泡沫的稳定性和粘附性增强了泡沫的"保水"时间,使得泡沫对改良砂土流塑性的效果持续时间更长。

通过泡沫对砂卵石体的改良机理分析和工程实践表明,泡沫剂的作用有:

(1) 降低渗透性。

(2) 降低土体内摩擦角、提高土体内聚力。

(3) 降低刀盘扭矩值、减少刀具的磨损。

(4) 提高渣土流塑性和排土效率。

(5) 维持开挖面的稳定。

泡沫对砂卵石的改良效果具有一定的适用性,对于颗粒粒径较小、级配良好的砂土地层而言,泡沫使用能够达到很好的应用效果。而对于大粒径的砂砾石、砂卵石地层,泡沫剂往往难以满足实际施工中对土体流塑性和抗渗性改良的需要。在实际现场应用过程中,常常需要添加膨润土泥浆或高聚物材料来对大粒径卵砾石地层进行改良。

6.3.2 泥浆改良砂卵石土的机理

钠基膨润土相比钙基膨润土,其晶体结构层间间距、吸附量的能力以及膨胀率均较好,土压平衡盾构施工中也大多采用钠基膨润土作为盾构用泥浆的主要组成成分。在砂土地层盾构过程中,使用膨润土泥浆可以很好地降低土体的渗透性、提高渣土流塑性(於昌荣等,2008)。而对于富水砂卵石地层中常常发生的喷涌问题,膨润土泥浆改良效果的关键在于它是否能够在土粒内部和土粒之间形成一个低渗透性的"泥膜",进而将富余的地下水压力转化为土颗粒之间的有效应力,这也是在砂卵石地层施工中防止因喷涌现象而引发地层失稳和地面塌陷问题的关键(姜厚停,2014)。

1. 泥浆对砂卵石体渗透性的改良

膨润土泥浆对降低砂卵石体渗透性的作用机理主要有两个方面:一方面,膨润土遇水时具有很好的吸湿性和膨胀性,随着水化作用的增强,其密度和膨胀率增加,使得砂卵石中的渗流通道变窄,进而降低土体的渗透系数。另一方面,为泥膜的阻断效应,即往土仓或刀盘注入泥浆时,泥浆注入压力相对较大,加压后的泥浆会在地层中渗透,由于泥浆中含有大量的不均匀颗粒成分,泥浆在经过地层空隙时,地层颗粒就像筛网一样将大部分膨润土颗粒阻断,而自由水则在压力作用下渗出(尹鑫晟,2017)。如图 6-3 所示的泥膜形成过程,随着渗透时间的增加,在地层开挖面或土舱内形成致密的低透水性泥膜,进而降低了开挖面土体及渣土的渗透性。

泥浆用于砂卵石地层施工时,有关渗透过程与泥膜渗透系数的研究主要集中在泥水平衡盾构工法中。在泥浆的用量及配比一定的情况下,假设泥膜形成前的渗透性满足多孔介质内流体的达西渗流公式,则泥膜形成前的泥膜厚度与 $\sqrt{t}$ (t 为渗透时间)呈正比,说明泥浆渗透作用时间是影响泥膜厚度(渗透系数)的主要因素。在盾构施工过程中,刀盘的推进和转动会对泥膜造成破坏,往往泥膜还未能达到必要的封堵水性能时便已被刀盘破坏。因此,缩短单位厚度泥膜的形成时间,或者改进泥浆性能(如改性、添加剂等),使得泥浆在短时间内具有更好的封堵水效果,是进一步提高渣土抗渗性的重要途径。

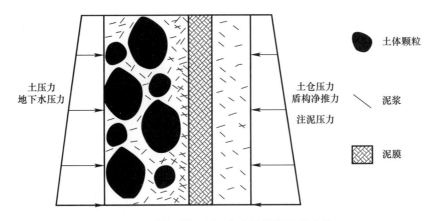

图 6-3　盾构开挖面/土仓内的泥膜形成过程

2. 泥浆对砂卵石体流塑性的改良

由于膨润土的水化，泥浆中分散有大量网状结构的膨润土水化膜分子和黏土颗粒，部分颗粒物聚集形成一种表面包裹着泥浆的米粒状颗粒，大量的米粒状分散在砂土颗粒中间，并协同水化膜吸附在砂土颗粒表面。如图 6-4 所示的泥浆与砂土颗粒混合后的示意图：膨润土颗粒在填充砂土颗粒间空隙的同时，水化膜的存在使得颗粒之间的黏聚力增加。另外膨润土的填充作用使得砂卵石土体的孔隙率变小、颗粒级配更均匀，颗粒之间的摩擦力相对降低，进而使得砂卵石体的塑流性得到增强。

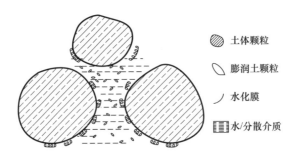

图 6-4　膨润土泥浆与砂土颗粒混合的微观机理示意图

6.3.3　聚合物改良砂卵石土的机理

综合聚合物的性能特征及其在实际施工过程中的应用效果，聚合物作为砂卵石等粗颗粒渣土改良剂使用时，主要具有高吸水性、黏聚性、悬浮性以及抗磨损性。高吸水性的聚合物的主要作用机理在于：聚合物可以通过吸收土体中富余水分的同时填充土体空隙，使得土体中的含水量降低、孔隙率减小，最终增强了土体的塑性和抗渗性，降低喷涌发生的概率。

聚合物的黏聚性和悬浮性主要与粘度有关，聚合物的粘度越大，对土体颗粒的黏聚性以及悬浮性的改良效果相对越好，其具体作用机理在于：聚合物的长链分子在水溶液中主要呈现团状，且溶解性较好、分子量较大的聚合物粘度相对较高，这种结构也使得不同土体颗粒之间的束缚性增强，进而提高了土体颗粒间的内聚力。特别是聚合物与泥浆共同改良下，聚合物中的长链团状结构能够使泥浆中的膨润土颗粒与土体之间形成更好的联结，增加泥浆中膨润土颗粒凝聚力的同时形成了聚合物-泥浆网络，进而增强泥浆的稳定性以及聚合物溶液对土颗粒的悬浮性和黏聚力，使得渣土具有更好的整体性，在土体性能方面则表现为土体的塑性和抗渗性的增加。此外，聚合物的抗磨损性能与泡沫剂作用机理相似：水溶性聚合物作为一种增稠效果比较好的表面活性剂，其较好的粘附性及结构稳定性，对于降低刀具切削土体过程中的摩擦起到了较好的"润滑、冷却"效果。

6.4　渣土改良试验项目及方法

6.4.1　渣土改良添加剂确定

凤溪河站—温泉大道站盾构区间、明光站—1 号风井盾构区间、1 号风井—2 号风井盾构区间，为双线隧道，采用土压平衡盾构掘进。盾构所穿越地层主要为富水中密卵石层和富水密实卵石地层，所以改良对象主要为砂卵石渣土。根据前述分析结果，采用以下渣土改良方案：在富水砂卵石地层中，主要以泡沫和膨润土为主，在盾构穿越重要建（构）筑物、发生喷涌等关键段时使用高分子聚合物。

6.4.2　渣土改良试验项目

试验针对卵石土进行改良，改良的添加剂主要为两种，分别是膨润土和泡沫，针对添加剂的性能，渣土改良试验前需进行测试，后续只需选取最优的添加剂进行渣土改良试验，通过控制添加剂的用量来比较渣土的性能。对此，试验方案如下：

（1）试验材料性能测试：土样级配测试、泡沫性能测试及膨润土性能测试。

（2）单掺膨润土改良试验：比较不同膨润土用量下改良土体的性能。

（3）单掺泡沫剂改良试验：比较不同泡沫用量下改良土体的性能。

（4）复掺膨润土和泡沫改良试验：基于单掺用量优化复掺性能。

6.4.3　试验材料性能测试

1. 土样级配测试

采用直径为 0.075mm、0.25mm、0.5mm、1mm、2mm、5mm、10mm、20mm、40mm、60mm 及 100mm 的颗粒级配筛（图 6-5）对选取的土样进行筛分试验，得到的筛分结果绘制颗粒分析曲线，分析土样颗粒分配占比。

2. 泡沫剂性能测试

土压平衡盾构施工过程中，气泡作为优良的土体改良剂在工程中得到了广泛的应用，其对土体改良后，保证盾构顺利施工的有效性也在实际工程中得到了验证。由于气泡是复杂的气液二相体，是由液体发泡剂及其他混合物组成，发泡倍率和半衰期是泡沫性能的两个重要参数，是评价泡沫优劣的主要依据，可利用半衰期试验和发泡倍率试验测得这两个参数，评价研究泡沫的性能。图 6-6 所示为性能测试用典型泡沫。

（1）发泡倍率

发泡倍率是一定体积的发泡剂溶液所发出的气泡体积与发泡剂溶液体积的比值，即每体积发泡剂溶液所发出气泡的体积。发泡倍率是衡量发泡剂质量的一个重要指标，其公式为：

$$FER = \frac{V_f}{V_t} \tag{6-1}$$

式中：FER——发泡倍率；

$\quad\quad V_f$——泡沫体积；

$\quad\quad V_t$——发泡溶液体积。

图 6-5　级配筛

图 6-6　泡沫

图 6-7　半衰期
　　测试

（2）半衰期

首先将衰落筒内壁用水湿润，然后放到电子天平上，置零；按照试验要求配制发泡剂溶液浓度，调节气体和液体的流量和压强进行发泡，直至得到所要求的泡沫；将生产出来的泡沫注入电子天平上的衰落筒中，注满后读取泡沫的质量，忽略泡沫中气体的质量，则泡沫的质量全部为发泡剂溶液的质量（图 6-7）。当泡沫破裂后流出的液体质量为泡沫质量一半时，记录此时的时间即为泡沫的半衰期。

3. 膨润土性能测试

（1）粘度

粘度是指泥浆做相对运动时的内摩擦阻力，一般分为表观粘度和塑性粘度。表观粘度又称为有效粘度（或视粘度），是指在某一剪切速率下，剪切应力与剪切速率的比值。塑性粘度，是浆液流动时固相颗粒之间、固相颗粒与周围液相间以及液相分子间的内摩擦作用的总反映，它反映了液体粘滞力的大小。

对于易发生喷涌的地层，合理提高泥浆的塑性粘度，可以减小渣土的渗透性，避免喷涌事故的发生。施工中可根据具体地层条件，通过试验确定合适的粘度值范围。可用马氏漏斗和泥浆比重计测量泥浆表观粘度。图 6-8、图 6-9 分别为试验用马式漏斗、泥浆比重计。

图 6-8 马式漏斗

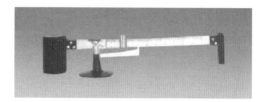

图 6-9 泥浆比重计

（2）比重

泥浆比重是指浆液重量与同体积水的重量比，它的大小取决于泥浆中黏土的密度和含量。从稳定掘削面的角度出发，泥浆相对密度越大，成膜性越好；另外，泥浆相对密度大，对掘削土的浮力作用也大，运送排放掘削土的效果也好。但泥浆相对密度过大，流动摩阻力增加，流动性变差，易使泥浆运送泵超负荷运转。

对于粗颗粒较多的砾砂地层，从成膜和渣土输送两方面考虑，可以充分利用地层中所含有的细颗粒土提高泥浆密度。在试验室内，可用数显式液体密度计进行测量。现场测定泥浆相对密度的工具为玻璃比重计。测定方法是将搅拌均匀的泥浆注入玻璃杯量筒中，再将玻璃比重计放入量筒内，比重计与泥浆液面相交的刻度值即为泥浆密度值。

6.4.4 单掺膨润土改良试验

改良土体的性能与掺入的膨润土膨化后的质量有关，同时与膨润土膨水比有关，因此需要进行交叉试验。

试验设计选取膨润土最佳膨水比及其附近几个比值进行改良试验，试验过程中边加膨润土边搅拌，观察土体的和易性，确定膨润土用量的大致范围，然后再细化范围，进行掺入不同质量膨润土的试验，分别测量改良土体的渗透系数、坍落度和搅拌机功率。

1. 渗透系数测试

渗透系数测试采用自主研发的测试大粒径砂卵石渗透系数工具，如图 6-10 所示。该工具长×宽×高＝0.5m×0.5m×0.5m，能够放置入粒径卵石渣土，可以对改良前后渣土渗透系数进行测试。

2. 坍落度测试

如图 6-11 所示，针对大粒径砂卵石坍落度的测试，试验中参照标准坍落度桶的尺寸，

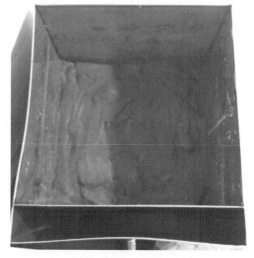

图 6-10 渗透系数测试工具

按照相似比原理，研制了测试大粒径砂卵石土坍落度装置，该坍落度桶高 450mm，上口直径为 150mm，下口直径为 300mm，能够测试较大直径的砂卵石坍落度，以此衡量改良前后渣土的流塑性。

3. 搅拌机功率测试

如图 6-12 所示，采用螺旋轴式搅拌机进行渣土拌合试验。该搅拌机可以搅拌大直径的砂卵石土，同时搅拌机上安装的功率表可适时显示搅拌机每一时刻的功率，通过搅拌机功率的变化综合反映渣土的摩擦阻力。

图 6-11　坍落度测试　　　　　　　　　图 6-12　搅拌机

6.4.5　单掺泡沫改良试验

试验设计选取最终采用的泡沫最佳浓度进行改良试验，试验过程中边加入泡沫边搅拌，观察改良土体的和易性，确定泡沫剂用量的大致范围，然后再细化范围进行掺入不同泡沫量的试验。

6.4.6　复掺膨润土和泡沫改良试验

根据第 6.4.4 节和第 6.4.5 节的研究结果，选取最优膨润土掺入参数和泡沫添加参数组合，分析多因素耦合对改良渣土性能的增强作用。

综合以上三部分主要试验内容，数据分析与处理工作包括以下内容：

（1）分析渗透系数、坍落度及搅拌机功率与膨润土泥浆用量的关系，找到膨润土泥浆最优用量。

（2）分析渗透系数、坍落度及搅拌机功率与泡沫注入率的关系，确定改良后的渣土的流塑性是否满足盾构施工要求。

（3）分析渗透系数、坍落度及搅拌机功率与泡沫剂用量和膨润土用量的关系曲线，确定最合适的添加剂用量范围。

6.5　渣土改良试验结果及分析

6.5.1　土样级配试验

以 1 号风井—2 号风井盾构、凤溪河站—温泉大道站盾构区间、明光站—1 号风井盾构区间三个始发点即1号风井、温泉大道站、明光站的土样筛分试验为例，详细介绍土样级配试验及其结果。

1. 1号风井

1号风井筛分结果如图6-13所示。试验结果显示，土样中粒径大于20mm的颗粒含量为60%，粒径小于0.075mm的粉黏粒含量为2.24%，且小于0.075mm粒径的土样遇水成泥，大于0.075mm粒径土样为砂卵石。绘制级配曲线得到该土样的不均匀系数C_u=226.31，曲率系数C_c=3.16。

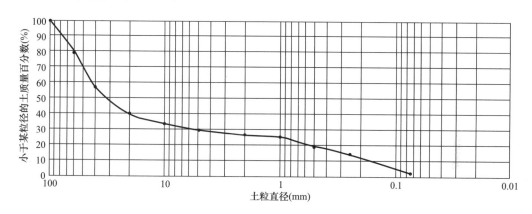

图6-13 1号风井筛分结果

由上述结果可以看出，此位置处土体级配非常差，土体非常不均匀，缺少细颗粒，同时土体黏粒含量少，在盾构掘进过程中透水性强，因此有必要增加黏粒含量，减小其透水性，同时由于砂卵石含量高，通过加入泡沫减小其摩阻力。

2. 温泉大道站

温泉大道站筛分结果如图6-14所示。试验结果得到，土样中粒径大于20mm的颗粒含量为74.6%，粒径小于0.075mm的粉黏粒含量为2.85%，且小于0.075mm粒径的土样遇水成泥，大于0.075mm粒径土样为砂卵石。绘制级配曲线得到该土样的不均匀系数C_u=306.8，曲率系数C_c=69.3。

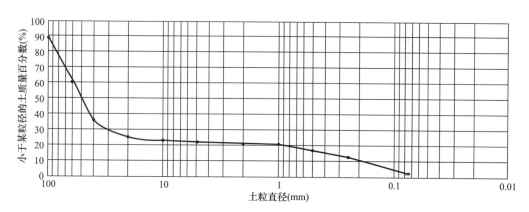

图6-14 温泉大道站筛分结果

由上述结果可以看出，此位置处土体级配非常差，土体非常不均匀，缺少细颗粒，同时土体黏粒含量少，在盾构掘进过程中透水性强，因此有必要增加黏粒含量，减小其透水性，同时由于砂卵石含量高，通过加入泡沫减小其摩阻力。

3. 明光站

明光站筛分结果如图 6-15 所示。试验结果得到，土样中粒径大于 20mm 的颗粒含量为 72.1%，粒径小于 0.075mm 的粉黏粒含量为 2.4%，且小于 0.075mm 粒径的土样遇水成泥，大于 0.075mm 粒径土样为砂卵石。绘制级配曲线得到该土样的不均匀系数 $C_u =$ 374，曲率系数 $C_c = 57.6$。

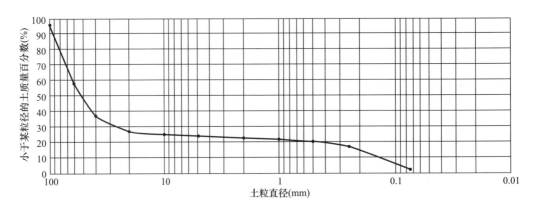

图 6-15　明光站筛分结果

由上述结果可以看出，此位置处土体级配非常差，土体非常不均匀，缺少细颗粒，同时土体黏粒含量少，在盾构掘进过程中透水性强，因此有必要增加黏粒含量，减小其透水性，同时由于砂卵石含量高，通过加入泡沫减小其摩阻力。

6.5.2　渣土改良添加剂性能试验

1. 泡沫性能试验

选择六个厂家的泡沫剂样品进行性能试验，分别标记为泡沫剂样品 A、B、C、D、E

以及 F。分别测量这六个泡沫剂样品的发泡倍率及半衰期。

（1）泡沫剂样品 A

从图 6-16 中可以观察到，泡沫剂 A 与水混合形成 3% 浓度的泡沫溶液后发出的泡沫非常细腻，且粘附性较强，泡沫放置在量筒内倒置十几秒后才有部分泡沫滑下，半衰期结束后仍有部分泡沫粘附在量筒底部。

（2）泡沫剂样品 B

从图 6-17 中可以观察到，泡沫剂 B 与水混合形成 3% 浓度的泡沫溶液后发出的泡沫很膨松，且粘附性强，泡沫放置在量筒内倒置几秒后才有部分泡沫滑下，半衰期结束后仍有部分泡沫粘附在量筒底部。

　(a) 发泡泡沫　　　(b) 半衰期测量

图 6-16　样品 A 泡沫性能

（3）泡沫剂样品 C

从图 6-18 中可以观察到，泡沫剂 C 与水混合形成 3％浓度的泡沫溶液后发出的泡沫较为膨松，且粘附性较强，泡沫放置在量筒内倒置几秒后才有部分泡沫滑下，半衰期结束后仍有部分泡沫粘附在量筒底部。

(a) 发泡泡沫	(b) 半衰期测量	(a) 发泡泡沫	(b) 半衰期测量

图 6-17　样品 B 泡沫性能　　　　　　　图 6-18　样品 C 泡沫性能

（4）泡沫剂样品 D

从图 6-19 中可以观察到，泡沫剂 D 与水混合形成 3％浓度的泡沫溶液后发出的泡沫较为细腻，且粘附性较弱，泡沫放置在量筒内倒置后即有部分泡沫滑下，半衰期结束后仍有部分泡沫粘附在量筒底部。

（5）泡沫剂样品 E

从图 6-20 中可以观察到，泡沫剂 E 与水混合形成 3％浓度的泡沫溶液后发出的泡沫较为细腻，且粘附性较弱，泡沫放置在量筒内倒置后即有部分泡沫滑下，半衰期结束后无泡沫粘附在量筒底部。

(a) 发泡泡沫	(b) 半衰期测量	(a) 发泡泡沫	(b) 半衰期测量

图 6-19　样品 D 泡沫性能　　　　　　　图 6-20　样品 E 泡沫性能

（6）泡沫剂样品 F

从图 6-21 中可以观察到，泡沫剂 F 与水混合形成 3‰浓度的泡沫溶液后发出的泡沫很细腻，且粘附性较弱，泡沫放置在量筒内倒置后即有部分泡沫滑下，半衰期结束后有少量泡沫粘附在量筒底部。

(a) 发泡泡沫   (b) 半衰期测量

图 6-21　样品 F 泡沫性能

六种泡沫剂的性能试验数据见表 6-1。将试验得到的发泡倍率及半衰期数据绘制成折线图如图 6-22、图 6-23 所示。

泡沫剂性能测试试验数据　　　　　　　　　　　　　表 6-1

厂家	浓度	溶液密度 （g/cm³）	发泡 体积（ml）	发泡 前重（kg）	发泡 后重（kg）	发泡 倍率	泡沫 重量（kg）	半衰期
泡沫剂样品 A	3‰	973.5	1050	2299.8	2135.1	6.2	47.94	33min05s
泡沫剂样品 B	3‰	967.44	1050	2229.5	2111.4	8.6	29.49	27min14s
泡沫剂样品 C	3‰	967.4	1050	2303.5	2178.0	8.1	47.74	32min36s
泡沫剂样品 D	3‰	970.78	1050	2229.7	2068.8	6.3	61.34	28min11s
泡沫剂样品 E	3‰	962.03	1050	2228.3	2074.6	6.6	64.29	8min23s
泡沫剂样品 F	3‰	966.59	1100	2280.6	2056.1	4.7	80.34	32min36s

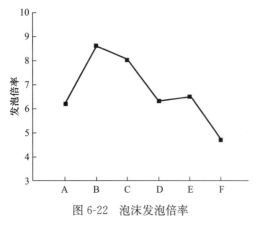 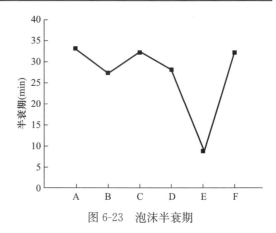

图 6-22　泡沫发泡倍率   图 6-23　泡沫半衰期

通过图 6-22、图 6-23 可知，不同厂家泡沫剂测得的泡沫性能差别较大。图 6-22 展示的是不同泡沫的发泡倍率，可以知道 B 发出的泡沫倍率最大，最大发泡倍率为 8.6 倍；F 发出的泡沫倍率最小，最小发泡倍率为 4.7。

图 6-23 展示的是不同泡沫的半衰期，可以看到 E 发出的泡沫半衰期最小，最小为 8min 左右；其余泡沫剂发出的泡沫半衰期均较长，均为 30min 左右。

由上述性能试验结果可知，发泡倍率和半衰期均较长的泡沫剂为 B、C、A 和 D，其中 B 测得发泡倍率最大为 8.6，半衰期为 27min 左右；测得 A 发泡倍率为 6.2，半衰期最大为 33min 左右；测得 C 性能居中，发泡倍率为 8.1，半衰期为 32min 左右；D 性能次之，其泡沫发泡倍率为 6.3，半衰期为 28min 左右。

上述六家泡沫剂厂家的投标价格如图 6-24 所示。

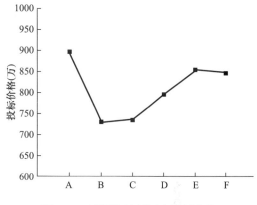

图 6-24　不同泡沫剂厂家投标价格

从图 6-24 中可以发现，泡沫剂 B 和 C 的投标价格较低，泡沫剂 A 的投标价格最高（表 6-2）。因此，综合泡沫剂性能和泡沫剂价格，建议按顺序从以下三家厂家中选取泡沫剂中标单位。

泡沫剂综合选取　　　　　　　　　　　　　　　　　　　　　　　表 6-2

泡沫剂样品	投标价	发泡倍率	稳定性
B	最低	高	较好
C	较低	较好	较好
D	适中	中等	较好

如果考虑供货及时和出现问题反馈的就近原则，可以优先选择泡沫剂 C，如果考虑价格因素，可以优先考虑泡沫剂 B。

2. 膨润土性能测试

试验对 C 的钙基与钠基膨润土不同配比条件下性能进行了测试，测试指标主要包括膨润土粘度、膨润土比重以及膨润土 pH 值，测试结果如下。

（1）膨润土粘度

试验膨润土泥浆粘度采用苏式漏斗进行测量，测试不同膨化时间下膨润土泥浆粘度的变化，得到的结果如图 6-25 所示。

从图中可以看到，钙基和钠基膨润土粘度变化相差比较大。钠基膨润土粘度随着膨化时间的增加而增加，且膨润土浓度比例为 1：3 时粘度变化非常大，由初始配制时的 27s 左右，到膨化 22h 后的 180s 左右；其余浓度膨润土粘度变化较小，膨化 24h 左右后粘度基本在 20～40s 范围内变化。钙基膨润土粘度随着膨化时间的增加变化非常小，粘度变化均保持在 19s 左右；且膨润土浓度对粘度的影响较小，不同浓度下测得的粘度变化不大。

（2）膨润土比重

图 6-26 所示为膨润土比重随着膨化时间的变化图，从图中可以看到，不同浓度的膨

润土泥浆测得的比重相差较大，浓度越大，膨润土的比重越大，且膨润土比重随着膨化时间的增加变化不大。

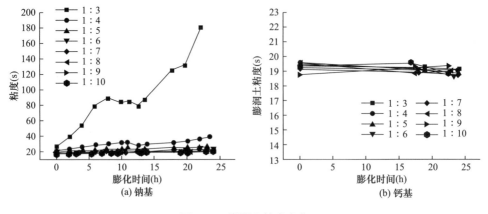

图 6-25　膨润土粘度变化

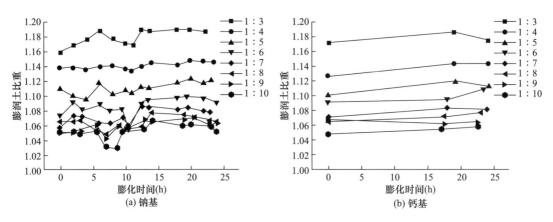

图 6-26　膨润土比重变化

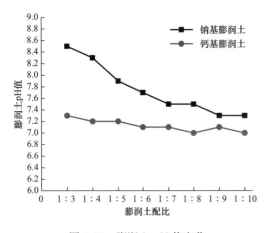

图 6-27　膨润土 pH 值变化

（3）膨润土 pH 值

从图 6-27 中可知，钙基和钠基膨润土 pH 值相差较大，且不同浓度下的 pH 值变化不同。钠基膨润土 pH 值随着膨润土浓度的减小而减小，最终趋于 7.4；钙基膨润土 pH 值随着膨润土浓度的减小变化不大，均保持在 7.2 左右；相同浓度下钠基膨润土 pH 值大于钙基膨润土 pH 值。

（4）膨润土性状

图 6-28 为钠基膨润土不同配比下膨化性状。从中可知钠基膨润土浓度越高，其外观越黏，其中 1：3 和 1：4 配比下膨润土粘度

非常大，桶周围均附着有泥浆，其余浓度下膨润土粘度较小。

图 6-29 为钙基膨润土不同配比下膨化性状。从中可以看到钙基膨润土外观随浓度变

图 6-28 钠基膨润土性状

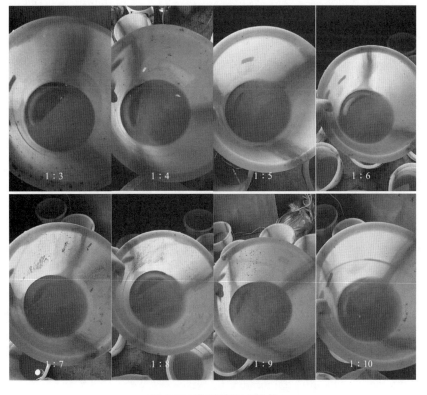

图 6-29 钙基膨润土性状

化不大，且膨润土存在明显的沉淀现象；钠基与钙基膨润土膨化后，钠基膨润土较钙基稳定，能够形成稳定的泥浆。

通过上述试验，得到如下结论：

① 钠基膨润土粘度随着膨化时间增加而增大，钙基膨润土粘度随膨化时间增加变化不大，且相同浓度下钠基膨润土粘度比钙基膨润土粘度大。因此，膨润土泥浆要达到较大粘度要求时，钠基比钙基更加适合。

② 钠基膨润土比重随着膨化时间增加变化不大，钙基膨润土比重随膨化时间增加变化不大，且相同浓度下钠基膨润土比重比钙基膨润土比重略大。因此，膨润土泥浆要达到较大比重要求时，钠基比钙基更加适合。

③ 钠基膨润土浓度对膨润土粘度和比重影响较大，且浓度越大，粘度和比重均越大。钙基膨润土浓度对膨润土粘度影响较小，对膨润土比重影响较大，且浓度越大，粘度基本不变，而比重越大。

④ 钠基膨润土 pH 值随着浓度的增大而增大，说明钠基膨润土为碱性。钙基膨润土 pH 值随着浓度增大基本不变，说明钙基膨润土偏中性。

综上所述，钠基膨润土比钙基膨润土性能好，可以达到较好的粘度、比重及 pH 值。

6.5.3 不同添加剂拌合试验

1. 单掺水改良试验

试验选取温泉大道站 24L 干土样进行测试，分别向土样中加入 1L、2L、3L、4L 以及 5L 水，即 4.2%、8.3%、12.5%、16.7% 以及 20.8%，通过比较渣土的性状来观察渣土的变化情况，得到结果如下：

从图 6-30 中可知，随着水分的增加，土样的性状发生了较大的变化，加水之前干土呈松散状；当水分加到 12.5% 时，土样粘附性变化明显，搅拌机叶片及轴上均粘附有砂土；当水分添加至 16.7% 时，土样变得非常黏稠，卵石与卵石之间形成团状；当水分添加至 20.8% 时，土样流塑性变好，表面保持有水分。

试验过程中取干土样、加水 12.5% 土样、加水 16.7% 土样以及加水 20.8% 土样进行坍落度测试，得到的结果如下：

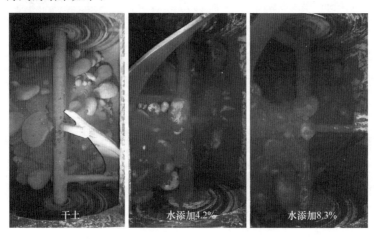

图 6-30 不同水添加比下土样性状（一）

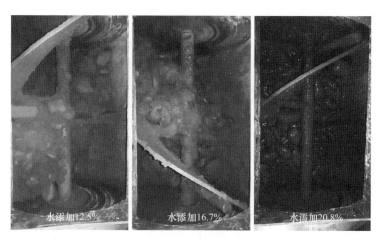

图 6-30 不同水添加比下土样性状（二）

从图 6-31 和图 6-32 可知，砂卵石土样随着含水量的增加，其坍落度值大小呈先减小后增大的趋势，即随着水量的增加，砂卵石流塑性由好变差再逐渐变好，因此在盾构掘进过程中可以通过水量的控制使得渣土达到较好的流塑性。若土样含水量较低，可通过加入适量的水使土样达到较好的流塑性；若土样含水量较高，则需要通过补充黏粒增加渣土黏性。

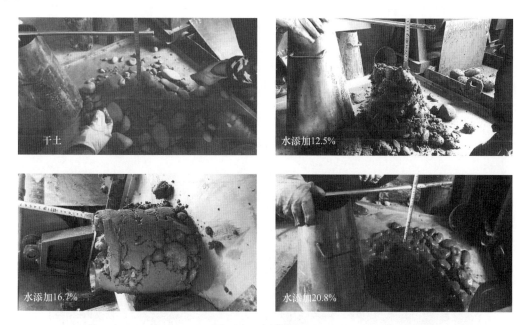

图 6-31 坍落度测试

在加水搅拌过程中，通过搅拌机的功率变化可以表征盾构机掘进过程中的刀盘扭矩，试验过程中记录的搅拌机功率变化如图 6-33 所示。

从图 6-33 可以发现，随着水量的增加，搅拌机的功率先是基本保持不变，当注水率达到 20.8% 时，搅拌机功率大幅度减小，这是由于水分的添加使得土样逐渐由稠变稀，减小了土体之间的粘附力，从而减小了搅拌机的扭矩。由此可以看出，通过往土样中加入水可以减小搅拌的阻力，但同时土样变稀后，卵石间的粘附力变小，最后导致搅拌机卡石现象严重，这是由于卵石均沉在下方集聚在一起，容易卡住叶片。因此，土样含水量过多容易导致卡石现象，这时需要增大土样稠度，减小卵石沉积现象。

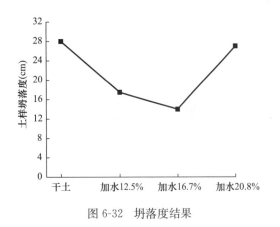

图 6-32　坍落度结果

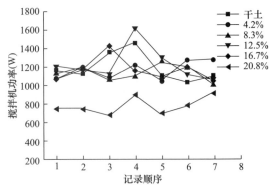

图 6-33　不同水添加比下搅拌机功率变化

2. 单掺泡沫改良试验

试验选取 24L 土样，并在土样中加入 5L 水，即 20.8% 的水，然后在土样中按照体积比加入 1:10、1:8、1:6、1:4 及 1:2 的泡沫，即泡沫添加比为 10%、12.5%、16.7%、25% 及 50%，观察土样性状变化，同时观察搅拌机功率的变化，由于加入 20.8% 水后，土样坍落度非常大，再加入泡沫对土样坍落度影响不大。试验中用到的泡沫液为泡沫剂样品 B，测得泡沫发泡倍率为 15，半衰期为 11min30s。

土样性状变化如图 6-34 所示，随着泡沫量的增加，土样粘附性逐渐变好，卵石逐渐被泡沫覆盖，当泡沫量加到 25% 时，卵石基本被泡沫所覆盖，且土样性状较好。

在添加泡沫的过程中，搅拌机功率也在发生变化，搅拌机功率变化如图 6-35 所示。可以看出，不同泡沫添加比下搅拌机功率具有明显区别。加入土样后，搅拌机功率明显增大，随着水分的增加，搅拌机功率减小；随着泡沫注入量的增加，搅拌机功率逐渐减小，

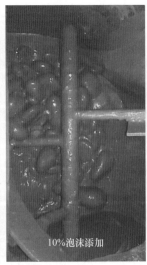

图 6-34　不同泡沫添加量下渣土性状（一）

16:7%泡沫添加 　　25%泡沫添加 　　50%泡沫添加

图 6-34　不同泡沫添加量下渣土性状（二）

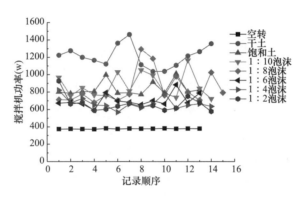

图 6-35　不同工况下搅拌机功率变化

且泡沫体积：土样体积为 1：4 和 1：2 时，搅拌机功率最小，且两者之间变化不大，说明泡沫注入量为 25％时，泡沫对搅拌机扭矩减小的作用基本已达到极限。

由上述分析可以知道，泡沫对土样的减摩效果明显，在盾构施工过程中适当控制泡沫注入量可以达到减小刀盘扭矩的效果，在单掺泡沫的情况下，结果显示泡沫注入量 25％左右时，渣土性状及减摩效果均较好。

3. 单掺膨润土改良试验

膨润土材料存在钙基和钠基之分，从材料性能上来看，钠基膨润土较钙基膨润土好，但从经济上考虑，钙基膨润土较钠基膨润土便宜。因此，对钙基和钠基膨润土均展开了试验，试验材料为膨润土样品，主要试验内容如下：

钠基膨润土：膨水比 1：2、1：3 及 1：4 下不同泥浆添加量下改良试验。

钙基膨润土：膨水比 1：1 和 1：2 下不同泥浆添加量下改良试验。

（1）钠基膨润土改良

由上述膨润土性能测试结果可知，钠基膨润土膨水比不一样时，所得到的膨润土泥浆粘度、比重及 pH 值差别较大，膨化 18h 后粘度达到 30s 及以上的膨水比为 1：3 和 1：4。

图 6-36　膨化后膨润土

因区间地层均为砂卵石地层，且盾构掘进均位于地下水位线以下，因此掘进过程中刀盘前方土体均为饱和土体，在进行渣土改良试验时需向土样中加入一定量的水，试验过程中向干土中加入 20.8％左右的水使得土样达到饱和。对于富水砂卵石地层需用粘度大的膨润土泥浆进行改良，因此选取膨水比 1∶2、1∶3 及 1∶4 的泥浆进行试验，得到结果如下：

1）钠基膨水比 1∶2

钠基膨润土膨水比为 1∶2 时膨化 18h 以后，泥浆太稠，如图 6-36 所示。用苏式漏斗测不出其粘度，但可以用棍子搅拌，用此样品与土样进行拌合，拌合添加比分别为 5％、7％、10％、12％、15％、17％和 20％，得到土样性状如图 6-37 所示。

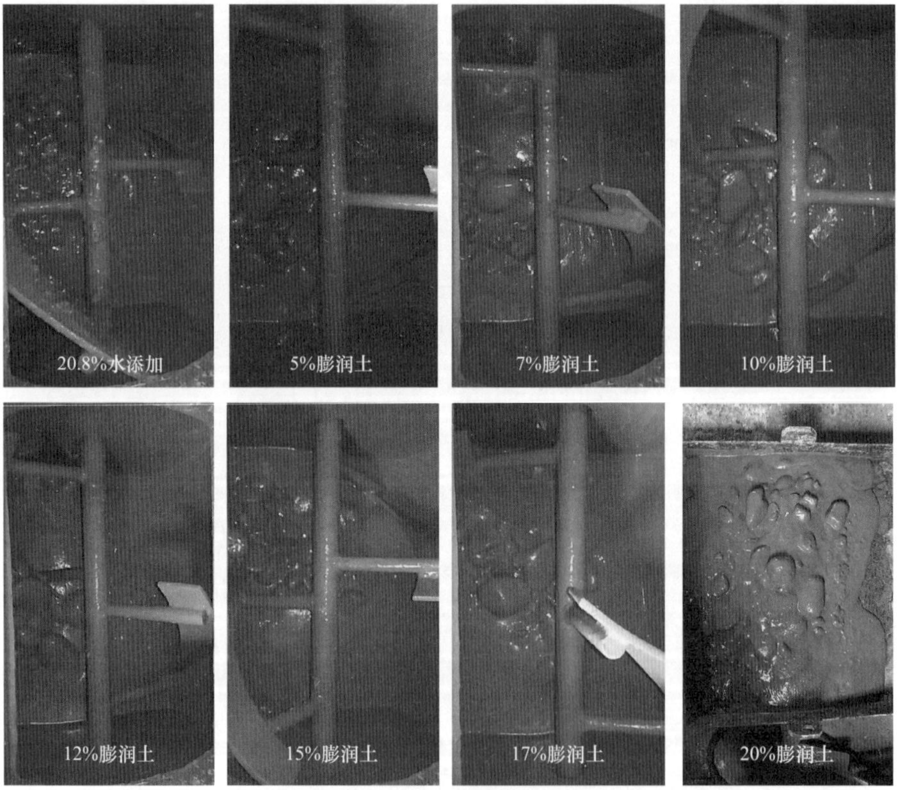

20.8％水添加　　　5％膨润土　　　7％膨润土　　　10％膨润土

12％膨润土　　　15％膨润土　　　17％膨润土　　　20％膨润土

图 6-37　不同添加比下土样性状

从图 6-37 可以看到，将膨润土加入有一定含水量的土样中，土样性状有明显变化。加入 20.8％的水后，搅拌机轴及叶片均粘附有泥渣；加入膨润土泥浆后，粘附在轴上的泥渣明显减少，且卵石逐渐被泥浆覆盖，这是由于膨润土泥浆均为细颗粒，细颗粒可以填充砂卵石间的孔隙。从土样性状来看，膨润土膨水比为 1∶2、注入率为 10％～20％时，土样中卵石基本可以被泥浆所包裹。

试验开始前，对土样进行了渗透系数测试，如图 6-38 所示。结果显示该土样渗透系数为 1.35×10^{-3} cm/s；试验结束后，对膨润土注入率为 20％的土样进行渗透系数测试，测试结果得到该土样渗透系数为 2×10^{-5} cm/s，即添加膨润土泥浆补充细颗粒后土样渗透系数得到了大大地减小。

图 6-38　渗透系数测试

2）钠基膨水比 1∶3

钠基膨润土膨水比为 1∶3 时膨化 18h 以后，泥浆较稠，如图 6-39 所示。用苏式漏斗测试时泥浆不易漏出来，但可轻松搅拌，用此样品与土样进行拌合，拌合添加比分别为 5％、7％、10％、12％、15％、17％和 20％，得到土样性状如图 6-40 所示。

图 6-39　膨化后膨润土

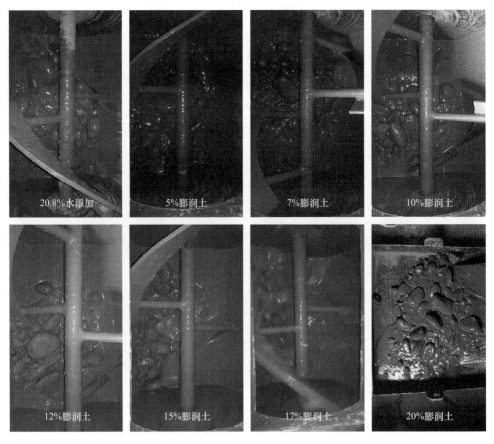

图 6-40　不同添加比下土样性状

从图 6-40 可以看出，随着膨润土添加量的增加，土样流塑性发生明显变化，卵石旁边的泥浆逐渐增多，且泥浆逐渐将卵石覆盖。当泥浆注入率达到 10%～20% 时，泥浆基本可以将卵石包裹住。因此采取 1∶3 膨润土泥浆改良时，建议泥浆注入率控制在 10%～20% 之间。

试验开始前，对土样进行了渗透系数测试，结果显示该土样渗透系数为 2.5×10^{-3} cm/s；试验结束后，对膨润土注入率为 20% 的土样进行渗透系数测试，测试结果得到该土样渗透系数为 2.15×10^{-5} cm/s，即添加膨润土泥浆补充细颗粒后土样渗透系数得到了大大地减小。

3）钠基膨水比 1∶4

钠基膨润土膨水比为 1∶4 时膨化 18h 以后，如图 6-41 所示。用苏式漏斗测试时泥浆粘度为 42s，用此样品与土样进行拌合，拌合添加比分别为 5%、7%、10%、12%、15%、17% 和 20%，得到土样性状如图 6-42 所示。

图 6-41　膨化后膨润土

图 6-42 不同添加比下土样性状

从图 6-42 可以看出，随着膨润土添加量的增加，土样流塑性发生明显变化，卵石逐渐被泥浆覆盖，且在搅拌的过程中逐渐变为水洗石头的情况。泥浆注入前，此土样加水率为 16.7%，因此初始时土样较干，当加入 5% 泥浆后，土样流塑性得到很大改观，但当泥浆注入率达到 10%～20% 时，在搅拌的过程中明显可以观察到搅拌机叶片搅拌卵石，这是由于泥浆粘度不够且其比重较小，导致所注入的泥浆难以包裹卵石。因此采取 1∶4 钠基膨润土泥浆改良时，改良效果较差，建议选取粘度较大的膨润土进行改良。

（2）钙基膨润土改良

1）钙基膨水比 1∶1

钙基膨润土膨水比为 1∶1 时膨化 18h 以后，如图 6-43 所示，用苏式漏斗测试时泥浆粘度为 161.7s，用此样品与土样进行拌合，拌合添加比分别为 5%、7%、10%、12%、15%、17% 和 20%，得到土样性状如图 6-44 所示。

图 6-43 膨化后膨润土

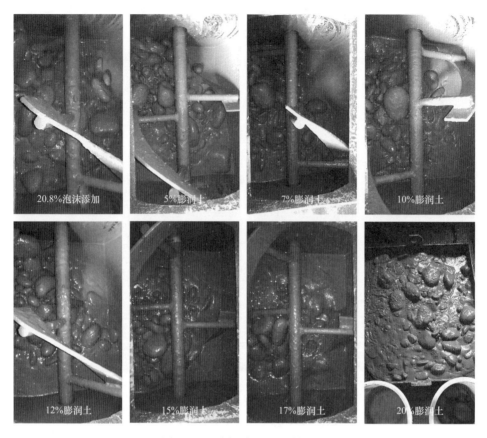

图 6-44　不同添加比下土样性状

从图 6-44 可以看出，随着膨润土添加量的增加，土样流塑性得到很大改善，卵石逐渐被泥浆覆盖。当泥浆注入率达到 12%～20% 时，泥浆基本可以将卵石包裹。因此采取 1:1 钙基膨润土泥浆改良时，当泥浆注入率为 12%～20% 时，改良效果较好。

2）钙基膨水比 1:2

钙基膨润土膨水比为 1:2 时膨化 18h 以后，如图 6-45 所示。用苏式漏斗测试时泥浆粘度为 20.1s，用此样品与土样进行拌合，拌合添加比分别为 5%、10% 和 15%，得到土样性状如图 6-46 所示。

从图 6-46 可以看出，随着膨润土添加量的增加，土样中卵石与泥水基本分离，且泥浆无法吸附在卵石上。因此采取 1:2 钙基膨润土泥浆改良时，改良效果很差，不建议采用。

4. 复掺泡沫和膨润土改良试验

由上述单掺试验结果可知，干土样中注入水20.8% 时，渣土拌合效果较好；泡沫注入率为25% 左右时，渣土拌合性能较好；钠基膨润土膨水比为 1:2、1:3，掺入比为 10%～20% 时，

图 6-45　膨化后膨润土

渣土拌合性能较好；钙基膨润土膨水比为1:1，掺入比为12%~20%时，渣土拌合效果较好；复掺试验过程中，选取钠基膨润土1:2、1:3及1:4进行试验，膨润土注入率选取15%，改变泡沫的注入率，观察改良渣土性状变化。

图6-46 不同添加比下土样性状

（1）钠基膨化比1:2和泡沫

选择钠基膨化比1:2和泡沫时，选取泡沫注入率为5%、10%和15%进行试验，通过观察图6-47土样性状可以发现，随着泡沫的注入，泥浆表面浮有一层泡沫，泡沫的增加有助于搅拌过程中的摩阻力，当泡沫加入15%时，改良渣土效果较好。

图6-47 不同添加比下土样性状

（2）钠基膨化比1:3和泡沫

选择钠基膨化比1:3和泡沫时，选取泡沫注入率为5%、10%和15%进行试验，通过观察图6-48土样性状可以发现，随着泡沫的注入，泥浆表面浮有一层泡沫，泡沫的增加有助于减小搅拌过程中的摩阻力，当泡沫加入15%时，改良渣土效果较好。

（3）钠基膨化比1:4和泡沫

选择钠基膨化比1:4和泡沫时，选取泡沫注入率为15%、20%、30%和40%进行试验，通过观察图6-49土样性状可以发现，随着泡沫的注入，泥浆表面浮有一层泡沫，泡沫的增加有助于搅拌过程中的摩阻力，但泥浆较稀，改良效果不是很理想。

图 6-48　不同添加比下土样性状

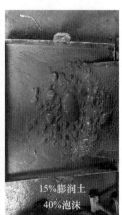

图 6-49　不同添加比下土样性状

6.5.4　渣土改良试验结论

通过上述大量单掺试验以及复掺试验，可以得到以下结论：

（1）砂卵石土样中加入水可以较好地改善土样的性状，在干土样中加入水，随着水量的增加，土样流塑性逐渐变差；当水量继续增加时，土样流塑性逐渐变好；干土样中注入20%左右的水可以较好的改善土体流塑性。

（2）砂卵石土样中单独注入泡沫可以改善土样的性状，泡沫溶液浓度为3%，通过功率测试，随着泡沫的增加，搅拌机功率逐渐减小，当泡沫注入率为25%时，搅拌机功率较小，且土样性状也较佳。考虑泡沫注入过多会造成土仓压力过大，建议泡沫注入量为15%～25%。

（3）砂卵石土样中单独注入膨润土可以改善土样粘附性，通过性状观察可以发现，随着膨润土注入率的增加，卵石逐渐被泥浆包裹，且改良后渣土渗透系数得到很大削减。膨润土泥浆粘度对试验结果有较大影响，建议钠基膨润土膨水比取1∶2或1∶3，膨化时间18h以上，注入率为10%～20%；钙基膨润土膨水比取1∶1，注入率为12%～20%。

（4）砂卵石土样中复掺泡沫及膨润土，可以观察到膨水比为 1：4 时改良效果不佳，对于较干地层可采用该配比；对于富水地层建议采取膨水比 1：2 或 1：3 进行改良，膨润土注入率控制在 10%～20%，泡沫注入率控制在 15%～25%。

6.6　盾构掘进渣土改良应用

盾构掘进过程中土层地质千变万化，因此对于渣土改良添加剂的注入比没有固定值，需要根据渣土性状不断调整添加剂注入比，确保盾构顺利安全掘进。根据室内试验结果，提出了添加剂配比及注入率范围，见表 6-3，实际盾构掘进过程中可在此基础之上进行调整。

盾构掘进渣土改良应用　　　　　　　表 6-3

序号	项目	比例	备注
1	泡沫混合液配比	3%	即 97g 水中加入 3g 泡沫原液
		3%～5%	可变范围
2	泡沫发泡气液体积	90%～95%	压缩空气
		5%～10%	泡沫溶液混合
3	泡沫注入率	15%～25%	—
4	膨润土配比	1：2 或 1：3	钠基膨水质量比
		1：1 及以上	钙基膨水质量比
5	膨润土泥浆注入率	10%～20%	—
6	水注入率	根据渣土性状进行调整	可由现场出渣土进行添加水试验确定

盾构掘进主要分为始发阶段、正常掘进阶段以及接收阶段，在盾构始发及接收阶段，洞门附近土层会采取降水措施保证进洞和出洞的安全，此时盾构机刀盘掘进土体较干；盾构正常掘进阶段，由于盾构所在地层均处于水位线以下，此时盾构机刀盘掘进土体较湿；同时，对于盾构穿越重大危险源地区，地表沉降要求较高，渣土改良需要尽量保证地层稳定。

上述不同阶段渣土改良添加剂的配比是总结试掘进阶段的成果，因此本节对试掘进渣土改良配比分别按照始发阶段、正常掘进阶段、穿越重大危险源等做详细阐述。

6.6.1　始发阶段改良配比

始发阶段洞门附近地层已进行加固处理和降水，因此在此阶段掘进过程中需要往掌子面前方注入水，改变渣土流塑性的同时降低刀盘温度，同时需要加入泡沫减小刀盘磨损，加入膨润土泥浆包裹住大粒径卵石，防止出现卵石或加固体沉积卡刀盘。

1. 初始添加配比

初始添加配比为添加 10% 水＋钠基膨润土膨水比 1：3、注入率 12%＋泡沫浓度 3%、注入率 25%。

由于此区域土层已经加固，因此计算一环渣土体积时松散系数取较小值，即取为 1.24，则一环渣土体积取为 109m³，则掘进一环各添加材料用量见表 6-4。

始发阶段一环添加材料用量

表 6-4

序号	添加剂	注入率	渣土体积（环）	注入量（m³）	原料名称	数量
1	水	10％	109	11	—	—
2	泡沫	25％	109	27.25	泡沫原液	82L
3	膨润土泥浆	12％	109	13	钠基膨润土	3868kg

2. 初始添加配比的计算

初始添加配比详细计算过程如下：

水：$109 \times 10\% \approx 11m^3$

泡沫：$109 \times 25\% = 27.25m^3$

泡沫原液：$27.25 \times 0.03 \times 1000 \div 10 \approx 82L$

钠基膨润土泥浆（膨化 18h）：$109 \times 12\% \approx 13m^3$

钠基膨润土质量：$13 \times 1190 \div 4 \approx 3868kg$

在掘进过程中若发现渣土较稀，可适当增加泡沫溶液浓度，同时减少水的用量；若发现渣土较干，可减小膨润土膨水比至 1:4，或适当增加水的用量。

6.6.2 正常掘进阶段改良配比

正常掘进阶段与始发接收阶段不同之处在于盾构机掘进土层未采取加固或降水措施，因此在此阶段土样含水量较高，由室内试验结果可知，土样初始含水量对渣土改良性状影响较大，需对加水量进行控制，若水量加入过多，会导致渣土粘度小、比重小，卵石易沉积导致刀盘扭矩增大甚至卡刀盘和螺旋机。该阶段一般先加少量水，并增加钠基膨润土添加量。

钠基膨润土、钙基膨润土施工配比及其计算详述如下。

1. 钠基膨润土配比

添加 5％水＋钠基膨润土膨水比 1:3、注入率 15％＋泡沫浓度 3％、注入率 25％。

取一环渣土体积为 110m³，则掘进一环各添加材料用量见表 6-5。

正常掘进阶段一环添加材料用量

表 6-5

序号	添加剂	注入率	渣土体积（环）	注入量（m³）	原料名称	数量
1	水	5％	110	5.5	—	—
2	泡沫	25％	110	27.5	泡沫原液	82.5L
3	膨润土泥浆	15％	110	16.5	钠基膨润土	4909kg

2. 钠基膨润土配比计算

水：$110 \times 5\% = 5.5m^3$

泡沫：$110 \times 25\% = 27.5m^3$

泡沫原液：$27.5 \times 0.03 \times 1000 \div 10 = 82.5L$

钠基膨润土泥浆（膨化 18h）：$110 \times 15\% = 16.5m^3$

钠基膨润土质量：$16.5 \times 1190 \div 4 \approx 4909kg$

在掘进过程中若发现渣土较稀，可以适当增加泡沫溶液浓度，同时减少水的用量，并可增加膨润土膨水比至 1:2；若发现渣土较干，可减小膨润土用量及膨水比至 1:4，或适当增加水的用量。同时在试掘进过程中可将钠基膨润土换为钙基进行试掘进，以此节约成本。

3. 钙基膨润土配比

若使用钙基膨润土，配比为添加5％水和钙基膨润土配比为1：1、注入率15％和泡沫浓度3％、注入率25％。

其余材料一环添加量与上述钠基一致，唯有钙基膨润土量发生变化，一环使用钙基膨润土泥浆（膨化18h）为16.5m³，钙基膨润土质量为9818kg。

钠基膨润土市场价格约为700元/t，钙基膨润土价格为450元/t，则掘进一环钠基膨润土总价为700×4.909＝3436.3元；掘进一环钙基膨润土总价为450×9.818＝4418.1元（表6-6）。

膨润土类型选择 表6-6

序号	添加剂	注入量（m³）	原料名称	数量（t）	单价（元/t）	总价（元）
1	钙基膨润土泥浆	16.5	钙基膨润土	9.818	450	4418.1
2	钠基膨润土泥浆	16.5	钠基膨润土	4.909	700	3436.3

综合来看，钙基虽然单价便宜，但其性能差，需要增大用量才能达到与钠基同等效果，按总价来看，施工使用钠基膨润土。

6.6.3 穿越重大危险源改良配比

盾构穿越重大风险源地区时，地面沉降控制要求较高，因此对于渣土改良的效果要求更加保险，在盾构经过此区域时，添加高分子聚合物进行渣土改良，若条件允许，可在试掘进阶段添加高分子聚合物，一环添加高分子聚合物约为3～5kg，并记录好地面沉降数据，以此对比高分子聚合物的改良效果。

6.6.4 经济性分析

以凤溪河站—温泉大道站、明光站—1号中间风井、1号风井—2号风井区间为例进行经济性分析。按照管片宽度1.5m进行计算，如凤溪河站—温泉大道站左线管片数量为945环（即1417.325÷1.5≈945环），因此可计算整个区间总共需要多少管片，计算结果见表6-7。

三区间主要信息 表6-7

序号	区间		起讫里程	区间总长（m）	管片数量（环）
1	凤溪河站—温泉大道站	左线	ZDK60＋816.991～ZDK62＋234.316	1417.325	945
		右线	YDK60＋816.991～YDK62＋234.316	1417.325	945
2	明光站—1号中间风井	左线	ZDK64＋932.701～ZDK66＋809.511	1876.81	1252
		右线	YDK65＋001.601～YDK66＋809.511	1807.91	1206
3	1号中间风井—2号风井区间	左线	ZDK66＋876.111～ZDK68＋772.569	1896.458	1265
		右线	YDK66＋876.111～YDK68＋790.601	1914.49	1277
合计					6890

通过试验结果估算，盾构掘进一环添加剂注入率为10％～15％膨润土泥浆和15％～

25％泡沫，其中膨润土：水为 1：3，泡沫发泡倍率为 10 倍，掘进一环渣土体积取 110m³，则一环添加剂用量计算及其对应价格见表 6-8。

一环添加剂用量及价格　　　　　　　　　　　　　表 6-8

序号	添加剂	注入率	注入量（m³）	原料名称	数量	单价	总价（元）
1	膨润土泥浆	10%～15%	11～16.5	钠基膨润土质量	3.2～4.9t	800 元/t	2560～3920
2	泡沫体积	15%～25%	16.5～27.5	泡沫原液体积	49.5～82.5L	4 元/L	198～330
合计							2758～4250

因此，整个区间添加剂支出为 1900～2930 万元，即 6890×0.2758～6890×0.425≈1900～2930 万元。

第7章 ▶▶
盾构穿越砂卵石地层卡机脱困技术

从成都地铁 17 号线一期工程盾构区间施工情况来看，盾构在穿越砂卵石地层时卡机主要有两种情况：一是螺旋机被卡死；二是盾构机刀盘被卡死。本章以黄石站—市五医院站盾构区间为例，对盾构穿越砂卵石地层卡机脱困技术进行阐述。

7.1 盾构施工螺旋机卡死处理技术

根据黄市盾构区间盾构施工过程，螺旋机卡死主要分两种情况：一种情况是在盾构掘进过程中螺旋机被大卵石卡死；另一种情况是盾构长时间停机，螺旋桶内改良剂流失，小粒径砂石形成骨架效应螺旋机卡死。

对于第一种螺旋机卡死情况，在施工期间左右线盾构共计遇到约 15 次。这种情况下，螺旋机在卡死之前，螺旋机扭矩增大，螺旋机出渣卵石含量会增大，排渣不畅；向土仓注入膨润土、泡沫，渣土改良效果不理想。

对于第二种螺旋机卡死情况，左线盾构机在掘进至 855 环时，由于盾构机刀盘卡死，尝试多种脱困方法后，仍无法使刀盘脱困，后采用螺旋机出土，降低土仓仓位的方法尝试脱困，由于刀盘脱困过程中消耗时间过长，仓内大粒径卵石沉积在螺旋机口，在出渣过程中过多未改良的大粒径卵石进入螺旋机，造成螺旋机卡死，无法启动。

7.1.1 螺旋机卡死原因

造成螺旋机卡死、无法正常工作的原因，通常有以下三点：
（1）螺旋机驱动系统发生故障，造成螺旋机无法正常工作。
（2）渣土改良效果不佳，螺旋机筒体内渣土板结，造成螺旋机卡死。
（3）大粒径卵石进入螺旋机筒体内，将螺旋机卡死。

7.1.2 螺旋机脱困处理

1. 常规措施

当发现螺旋机出渣较干，可降低掘进速度或直接停止掘进，同时螺旋机加快转速将干渣排出，添加改良剂如膨润土至土仓及螺旋机，若提高转速后螺旋机仍卡住无法出渣，则立即停止转动，反转轻点一下即可，然后高速正转螺旋机，一般情况下均可将渣排出，切勿反转到底将螺旋机油压升至过高，将渣土挤压过紧，使螺旋机彻底抱死。

此方法存在螺旋机轴瞬间扭断风险，操作者要时刻注意油压控制。

2. 非常规措施

当采取以上措施仍不能使螺旋机正常旋转时，需要停机并依次采取以下措施：

（1）关闭螺旋机后端闸门，螺旋机各注入口加注粘稠度达标的膨润土（60s 以上）及浓度较高的泡沫，当打开后端闸门发现有大量泡沫及膨润土时，开始启动螺旋机，多次尝试正反转循环交替点动螺旋机，直至顺利出渣。

（2）将螺旋机从土仓内完全收回，关闭前端仓壁门。在螺旋机后端平台两侧焊接螺旋机防扭装置，尝试转动螺旋机。若无效果则打开螺旋机观察口盖板清渣，然后转动螺旋机。在卵石地层螺旋机抽回后，前仓壁门在关的过程中夹住卵石而无法关闭，此时若地下水位较高，则打开螺旋机观察口的危险性将增加。为降低施工风险，必须降水后才可打开盖板。

（3）在螺旋机旋转后，排空螺旋内渣土，关闭后端闸门，割除防扭装置，打开前仓壁门，螺旋机低速旋转，点动将螺旋机伸到土仓内，此过程中时刻关注螺旋机扭矩，切莫扭矩过大。

3. 盾构施工脱困措施

以黄市区间盾构施工为例，施工期间，螺旋机扭矩一般在 20~30kN·m 左右，如图 7-1 所示的黄市盾构区间左、右线 781 环~880 环之间盾构掘进期间螺旋机扭矩数值。

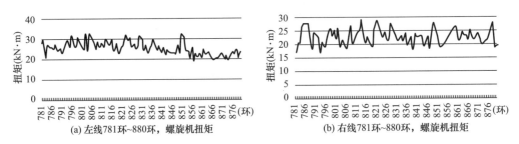

图 7-1　左、右线 781 环~880 环螺旋机扭矩数值统计

在盾构机掘进过程中，操作手及时关注螺旋机扭矩数值变化，若螺旋机扭矩值增长较大（如增长至 80kN·m 以上，并有持续表现），应当及时采取措施，控制掘进速度、向土仓及螺旋机筒体内注入膨润土或泡沫等渣土改良剂，增加渣土流塑性，防止螺旋机卡死现象。

若螺旋机发生卡死现象，根据现场情况可按图 7-2 顺序进行处置。

图 7-2　螺旋机卡死处置顺序

7.1.3　设备故障排查

设备故障排查主要对螺旋机的液压泵、驱动马达、螺旋机筒体等方面进行检查，排查故障来源。具体工作如下：

1. 对螺旋机液压泵进行检查

启动螺旋机液压泵，加载后观察工作压力有无异常。

2. 对螺旋机驱动马达进行检查

启动螺旋机旋转驱动马达，观察正反转换向阀等阀组的电磁线圈工作是否正常。

3. 对螺旋机筒体和螺旋轴进行检查

尝试正反转过程中观察螺旋机筒体是否有抖动、筒体内是否有卡滞的异响，判断螺旋轴是否正常。

7.1.4　螺旋机正反转尝试脱困

通过螺旋机筒体上的管路接口或检修门盖板上预留孔注入膨润土、泡沫剂等改良润滑剂，启动螺旋机，先用常规扭矩交替正反转进行脱困。如果未成功旋转，再切换至脱困扭矩，交替正反转进行脱困，在使用脱困模式旋转过程中，注意不要长时间用脱困模式进行脱困，避免连续长时间用大扭矩脱困，造成螺旋杆断裂，并注意应逐渐增加扭矩。在尝试正反转脱困过程中，可辅助使用螺旋机筒体伸缩功能来配合螺旋机脱困。筒体每次伸出长度宜控制在 10～20cm，每次筒体伸出尝试正反转脱困后，及时将筒体缩回，再尝试正反转脱困。避免一次伸出长度过长、仓内卵石进入筒体，造成筒体无法缩回；在脱困过程中，根据脱困情况，可将螺旋机筒体伸出长度分次加长，总伸出长度不宜超过筒体可伸出长度的三分之二。

在螺旋机脱困过程中，安排专人在螺旋机附近观察螺旋机动作情况，随时保持与操作室盾构机联系，及时报告脱困过程中异常情况及筒体伸缩情况。

黄市盾构区间发生的多次螺旋机卡死情况，在发生卡死初期及时通过向筒体内注入改良润滑剂，螺旋机筒体伸缩配合螺旋轴正反转都得到了有效解决。

7.1.5　停机应急处置

发生螺旋机卡死后，若没成功脱困，则需向土仓及盾体四周径向注入发酵好的膨润土，粘度不低于 46s 高粘度膨润土，以方便后期恢复盾构掘进。

若超过 3～4d 仍未能脱困，则需打开螺旋机筒体上检修门，查看螺旋机筒体内情况。在富水砂卵石地层中，地下水丰富，渗透系数大。为保障安全，在打开螺旋机筒体检查孔盖板之前，需在地面停机位置打降水井，将盾体周边区域地下水降到隧道底部以下 0.5～1m 的位置。

为减少盾构后部来水，在盾尾后第 6 环进行管片壁后二次注浆，以封堵盾构机后部来水。根据前期施工经验，在富水砂卵石地层中盾构机长时间停机时，容易产生地面失水沉降等问题。为及时掌握地表和建筑物沉降情况，应加密监测频率，并安排专人巡视，如发现沉降异常，及时采取措施。

实施停机应急处置措施期间，应持续尝试进行螺旋机正反转脱困。

7.1.6　通过螺旋机检修门检查筒体内情况并冲洗螺旋机

地下水位降至安全水位后，打开螺旋机上部预留注入孔球阀观察出水情况，确认安全后，打开上部检修门对筒体内渣土进行清理，清理干净后尝试正反转脱困。若无法脱困，则分别打开螺旋机筒体中部、下部检修门对筒体可操作范围内渣土进行清理，同时通过筒体上预留注入孔注水，加速筒体内渣土清理。

7.1.7 螺旋机筒体开孔处理

若按上述清理完成三个检修门后，仍未能完成脱困，则分别在螺旋机筒体中上部、中下部进行人工开孔，分别如图7-3、图7-4所示。通过人工开孔对筒体内部渣土进行清理，取出较大的卵石，如图7-5所示。最后对螺旋机筒体的人工开孔进行修复（图7-6）。从而实现螺旋机完成脱困、顺利启动的工作。

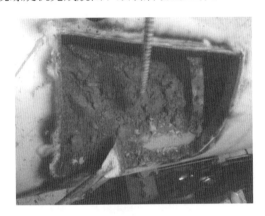

图 7-3　螺旋机中上部人工开孔　　　　　图 7-4　螺旋机中下部人工开孔

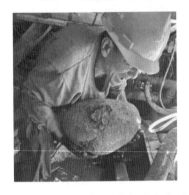

图 7-5　螺旋机中部检修门取出卵石　　　图 7-6　螺旋机筒体人工开孔修复情况

7.1.8 螺旋机脱困过程中注意事项

1. 观察螺旋机筒体伸缩

在螺旋机筒体伸缩过程中安排专人盯控，和操作室保持沟通，及时报告螺旋机筒体伸缩长度，防止筒体伸出后无法缩回。

2. 清理螺旋机筒体内部渣土

清理螺旋机筒体内部渣土过程中，避免人员从螺旋机出渣口对筒体内渣土进行清理。多数盾构螺旋机出渣口闸门具备断电自动关闭功能，以免突然断电对人员造成伤害。

3. 注意降水井水位高度

派专人监测降水井水位高度，每小时测一次降水井水位，并通知盾构调度室，如有异常立即联系隧道内作业人员，避免打开螺旋机检修门、割开筒体后的突发风险。

7.1.9　预防措施

通过对黄市盾构区间多次螺旋机卡死事件的处理，对类似工程的预防螺旋机卡死的预防措施总结如下：

（1）在富水砂卵石地层中进行盾构施工，渣土改良效果对预防螺旋机卡死有积极的重要意义。

（2）掘进过程中多关注盾构机掘进参数变化及螺旋机出渣情况，发生明显变化时，可适当降低盾构掘进速度、提高螺旋机转速，对土仓底部卵石进行抽排，防止土仓底部大卵石堆积。

（3）发现螺旋机参数异常或发生螺旋机卡死时，及时进行处置，向螺旋机筒体内添加渣土改良剂或反转螺旋机，避免造成情况进一步恶化。

（4）盾构每环开始掘进前，先提前以低转速 0.3~0.5rpm 旋转刀盘约 2min 并向土仓内注入泡沫和膨润土，将土仓内渣土搅拌均匀后进行出渣；每环盾构掘进结束后，反转螺旋机把螺旋机内渣土反转至仓内，刀盘持续以低转速 0.3~0.5rpm 旋转约 2min，对土仓内渣土进行均匀搅拌后，方可停机。

（5）盾构机停机期间，加强对设备进行保养、试运行，避免长时间不动作而发生故障。

7.2　盾构机刀盘卡死处理技术

在盾构掘进过程中，螺旋机输出卵石含量明显多于其他盾构区间，卵石粒径明显大于其他盾构区间，造成刀盘扭矩较大、推力大。掘进初期速度较慢（35~50mm/min），后经过采用泡沫和膨润土等多种改良添加剂对渣土进行改良，掘进速度得到提升（达到 45~70mm/min）。

在该地层中进行盾构施工，基本均为欠压掘进（隧道顶部埋深在 10~12m 时，土仓上部压力约为 0.5~0.6bar），土仓上部压力一旦升高，盾构刀盘扭矩会急剧上升、推力变大、掘进速度降低，甚至出现刀盘卡死现象。

7.2.1　刀盘卡死原因分析

盾构施工过程中，刀盘卡死的原因是启动刀盘所需的扭矩过大，而盾构主驱动能够提供的驱动扭矩限值较小，不满足启动刀盘所需的扭矩。

依据"盾构刀盘驱动扭矩计算模型及试验研究"，土压平衡式盾构机刀盘在转动过程中，刀盘掌子面、圆周面以及刀盘背面上的摩擦力矩、刀盘开口处的剪切力矩和土仓内的搅拌力矩占所有驱动扭矩的 99%。

从黄市盾构区间施工过程中的实际情况分析，造成刀盘卡死的主要阻力力矩是刀盘掌子面、圆周面、刀盘开口处的剪切力矩和土仓内的搅拌力矩。

大粒径卵石是造成刀盘卡死的常见原因之一，图 7-7 所示为开仓后刀盘周边的大粒径卵石。如果盾构掘进过程中，刀盘开口处卡有一块直径大于 360mm 的卵石，卵石剪切强度为 120MPa，一半卡在刀盘开口内，另一半卡在刀盘前掌子面内，并且卵石距离刀盘中心 3m（刀盘半径约 4.3m），则破碎该块卵石要求刀盘的扭矩值（卵石破碎剪切力矩）为：

$$M=FL=3.14\times0.182\times120\times106\times3=36624960\text{N}\cdot\text{m}=36624.96\text{kN}\cdot\text{m}$$

由上述假设、计算可得出，一块 $\phi360\text{mm}$ 的卵石经刀盘剪切破碎需要的扭矩就达到了 $36624.96\text{kN}\cdot\text{m}$，可知卡在刀盘开口处的大粒径卵石是导致刀盘卡死的主要原因之一。若想降低由于此类情况下的刀盘扭矩，则必须找出合适的办法让大粒径卵石能够尽快顺利进入盾构土仓。

图 7-7　开仓后刀盘周边的大粒径卵石

经计算和分析，刀盘卡死的主要原因为盾构土仓内渣土中含大粒径漂卵石较多，由于螺旋机排除较慢，则刀盘开口处大粒径漂卵石进入盾构土仓需要一定时间，在此段时间刀盘开口处的漂卵石随着刀盘旋转，造成刀盘的阻力扭矩较大。具体如下：

（1）在盾构长时间停机拼装管片的情况下，地层中丰富的地下水汇集到土仓内，泡沫、膨润土等渣土改良添加剂被稀释带走，致使土仓内已改良好的渣土失效。同时仓内大量卵石堆积成拱，易形成较为致密的卵石骨架结构，以致刀盘不能旋转。

（2）盾构长时间停机，地层中地下水浸入，水对砂卵石的夯实作用，盾构刀盘前方下部、土仓内下部大量的大粒径漂卵石沉积，变得密实，刀盘再次启动时刀盘前表面摩擦力和土仓内的搅拌力矩增加。

（3）盾构长时间停机，刀盘上方和前方松散砂卵石随着地下水流入土仓，刀盘前方细颗粒减少，土仓内变得密实，搅拌力矩增加，刀盘前方卵石含量多，刀盘开口槽处的扭矩增加。

（4）该地层卵石含量、卵石粒径等地质条件存在不连续性，且盾构机埋深越来越大，地下水补给越丰富，水压越高。如果盾构机在掘进方向上遇到地层突变、卵石含量增大、细颗粒含量骤减的情况，盾构机掘进参数又未能及时作出相应调整，以致渣土改良效果不好时，易造成螺旋机出渣困难或卡死以及刀盘转矩升高的现象，进而引起仓内卵石堆积，最终导致刀盘卡死。

（5）掘进施工过程中出土量超方。掘进方向上的土体受扰动强度增大，地层原状土体松散塌落，土体突然坍塌时，易发生刀盘与盾体被瞬时包裹的现象。大面积土体坍塌时，刀盘前掌子面以及土仓底部的卵石又会被进一步压实，刀盘于土体之间产生非常高的摩擦力，最终导致刀盘卡死，无法正常启动。

7.2.2　刀盘脱困方法

根据分析得出的盾构刀盘卡死原因，要使刀盘顺利脱困，就要找到合适的办法降低盾构刀盘的阻力扭矩，同时不能导致刀盘及壳体上方土层超挖，产生安全风险。在黄市盾构区间掘进过程中，盾构机刀盘脱困方法步骤如下：

（1）启动盾构刀盘，重复正转、反转操作，逐步增大转动扭矩，转动刀盘的同时，向刀盘面板前、土仓内注入大量泡沫或膨润土，减小刀盘扭矩。若无法顺利启动，采用第2步。

（2）将刀盘转动模式由常规掘进模式转换到脱困模式，启动盾构刀盘，重复正转、反转。若仍无法顺利启动，采用第3步。

（3）如果盾构机为主动铰接，则可尝试将铰接回收，通过回收铰接将刀盘向后退缩，减少盾构刀具在掌子面中切入长度，减少扭矩。回收铰接后，再次正转、反转尝试启动刀盘。若仍无法顺利启动，采用第4步。

（4）盾构机共计19组推进油缸（每组2根油缸），将19组推进油缸依次逐组泄压收回（撑靴离开管片环面1cm左右）、再伸出顶在管片上；19组油缸全部收回、伸出后，再次正反转尝试启动刀盘。千斤顶油缸撑靴必须全部顶在管片环面上，保证一定压力，避免尝试启动刀盘过程中造成盾构机盾体侧滚。若仍无法顺利启动，采用第5步。

（5）转动螺旋输送机，排出部分土仓内渣土，注入膨润土，以减少刀盘扭矩，再次正反转尝试启动刀盘。若仍无法顺利启动，采用第6步。

（6）在停机位置，盾体周围施作降水井，水位降到隧道底部1m以下位置时，开仓检查仓内是否有较大卵石堆积，对土仓进行清理。土仓清理结束，关闭仓门后，向土仓内注入足量高粘度膨润土填充土仓，预防刀盘转动时掌子面发生二次坍塌。

（7）刀盘成功启动，空转5～10min刀盘，充分切削刀盘四周土层，待扭矩降至推进许可扭矩值范围，以为复推掘进提供条件。

7.2.3 避免刀盘卡死的预防措施

在砂卵石地层中进行盾构施工，盾构刀盘卡死脱困的方法虽然已经渐趋成熟，但是为保障盾构施工连续进行，在施工过程中必须合理控制盾构掘进状态，避免刀盘卡死。

预防刀盘在掘进过程中被卡死，可以采取的措施有：

（1）在盾构掘进时做好渣土改良，采用泡沫、膨润土浆液对渣土进行改良，提高掘进渣土中细颗粒的含量。

（2）对盾构施工过程进行工序管理，保障盾构施工的连续性，减少工序间的等待时间。

（3）在设备维修等无需开仓、可预见性长时间停机之前，应当向土仓内及盾体径向孔注入适量膨润土，以提高渣土流塑性，防止土仓内的卵石堆积。

（4）在盾构机换刀等开仓作业结束并关闭仓门后，应当向土仓内注入大量发酵好的膨润土浆液或惰性砂浆，减少复推初期的刀盘扭矩，减小复推过程中超挖引发地层沉降等安全隐患。

（5）在富水砂卵石地层中，盾构机长时间停机位置，都会发生超方。盾构刀盘启动后，待盾构机向前推进3～5m时，及时在停机位置查找地层中的空洞，对空洞进行回填。回填时，应切记不允许直接回填砂浆或混凝土，避免流入土仓，引发刀盘卡死。

第 8 章 ▶▶
富水砂卵石地层盾构机换刀技术

盾构机在长距离掘进施工过程中，当刀具严重磨损时，盾构机的掘进速度将下降，掘进效率降低，因此需要及时检查、更换刀具。而进舱换刀作业是盾构施工的最大风险之一。成都地铁 17 号线一期工程盾构法施工中，受富水砂卵石及大粒径漂石影响，盾构掘进过程中刀盘磨损较为严重，需停机进舱进行换刀作业。本章将详细阐述土压平衡盾构刀盘、刀具在富水砂卵石地层的破坏与异常磨损较为严重的情况下，进行的常压、带压更换刀具、修复刀盘、开挖面清障的施工关键技术。

8.1　盾构机换刀技术概述

在国内外盾构施工换刀作业中，主要以常压换刀和带压换刀两种形式为主。

常压换刀施工主要适用于盾构机开挖掌子面处于稳定地层，利用掌子面的自稳性，在常压状态下进行开仓检查、维修保养和刀具更换等作业，或者当盾构机在软硬不均的地层中掘进时，对前方土体进行加固后在常压下进舱进行换刀作业。

带压换刀施工即盾构机在软岩、富水地层等地段掘进时，开挖掌子面地层不稳定，在保证刀盘前方周围地层和开挖仓满足气密性要求的条件下，必须通过保持盾构开挖仓内压力来平衡水土压力，在开挖仓内进行检查、维修保养和刀具更换等作业。

成都砂卵石地层盾构开舱以常压开舱为主。受砂卵石及大粒径漂石的影响，盾构掘进过程中刀盘磨损较为严重，结合地表建（构）筑物及交通流量等因素，成功实施了富水砂卵石地层空心桩盾构常压换刀技术。该施工技术可以最大限度地降低换刀风险，压缩盾构换刀所需工期，且可根据盾构直径及现场场地条件灵活变化，为盾构常压换刀提供了新方向。

而在地面条件复杂、不具备加固条件的情况下，通过精密组织，采用带压开舱作业。成都砂卵石地层盾构开舱以常压开舱为主，但当盾构机被迫停机的位置处于埋深较深或者江河湖底等不利环境时，往往难以具备常压开舱的条件，只能采取带压开舱方式。由于不受地面交通及周边建（构）筑物影响，因此带压进舱作业成为首选方式之一。带压作业是一项技术性强、危险性大的工作，作业前必须制定完备的作业方案。能够在富水砂卵石地层成功实施检查更换刀盘作业，为工程顺利实施创造了条件。带压进舱作业技术具有一定的危险性，在做好进舱前准备工作的同时，进舱作业和减压出舱必须按方案执行。此次带压开舱成功实施，为类似盾构施工提供了借鉴。

8.2　盾构刀具磨损预测分析

以凤溪河站—温泉大道站区间（以下简称凤温区间）和明光站—1 号风井区间（以下

简称明一区间）工程为例，进行滚刀磨损预测分析。

凤温区间总长 1417m，明一区间总长 1877m，均为直线段，左右线间距均为 16.2m。两区间共采用 4 台中交天和机械设备制造有限公司生产的复合式土压平衡盾构进行施工。其中 2 台盾构在温泉大道站小里程端整体始发向凤溪河站接收，区间最大埋深为 19.3m，最高水位线为 5.3m，最大坡度为 30‰；另外 2 台盾构在明光站大里程端整体始发向 1 号风井接收，区间最大埋深为 25.6m，最高水位线为 4.5m，最大坡度为 97.4‰。盾构开挖直径为 8634mm，管片外径为 8300mm，管片内径为 7500mm，管片宽为 1500mm。

1. 地质条件

凤温区间和明一区间隧道断面穿越的地层主要情况详见表 8-1。其中明一区间隧道断面穿越地层卵石单轴抗压强度可达 132MPa，漂石强度可达 299MPa，掘进时会对刀盘、刀具和螺旋输送机产生较大的磨损，比以往工程更具有挑战性。

区间隧道断面穿越的地层　　　　　　　　　　　　　表 8-1

区间	地层	名称	卵石含量	卵石粒径
凤温区间	＜2-9-2＞	中密卵石土	—	
	＜2-9-3＞	密实卵石土	55％～65％	6～8cm
明一区间	＜3-8-3＞	密实卵石土		
	＜3-8-2＞	中密卵石土	—	
	＜3-8-3＞	密实卵石土	50％～60％	6～10cm

2. 设备情况

凤温区间和明一区间设备情况见表 8-2。凤温区间是成都地区首次使用开口率达 45％ 的大开口率刀盘和带式螺旋输送机。45％的开口率盾构刀盘如图 8-1 所示。带式螺旋输送机如图 8-2 所示。

凤温区间和明一区间设备情况　　　　　　　　　　表 8-2

序号	设备	凤温区间	明一区间
1	盾构刀盘开口率	45％	36％
2	螺旋输送机	带式螺旋	轴式螺旋
3	允许通过最大粒径	560mm×1100mm	404mm×610mm
4	单刃滚刀	26 把（457.2mm）	36 把（457.2mm）
5	双联滚刀	10 把（457.2mm）	10 把（457.2mm）
6	刮刀	66 把	66 把
7	边缘刮刀	24 把	24 把

明一区间盾构刀盘开口率为 36％，如图 8-3 所示。轴式螺旋输送机如图 8-4 所示。

8.2.1　滚刀失效形式及原因分析

成都地区地层卵漂石含量高、强度大、磨蚀性强，同软土刀具（切刀和刮刀等）相比，滚刀具有更好的强度和耐磨性，并且可以减小刀盘所受转矩，同时可以起到保护软土刀具的作用，所以该类地层中布置滚刀是必不可少的。

在硬岩地层中掘进时，滚刀对岩体施加压应力，使得岩体产生裂隙并逐渐伸长和贯通，岩体产生过大的塑性变形并最终达到破碎岩层的目的。研究认为滚刀最主要的破岩方式为张拉破坏。此外，滚刀的破岩方式还有挤压破岩和剪切破岩。但在卵漂石地层中掘进时，滚刀主要充当先行刀的作用，对地层进行扰动和剥离，对部分大粒径卵漂石进行破碎并使之排列有序，为随后切刀和刮刀对开挖面的切割和刮削创造了条件。

图 8-1　大开率刀盘结构

图 8-2　带式螺旋输送机

图 8-3　小开口率刀盘结构

图 8-4　轴式螺旋输送机

滚刀失效形式主要分为正常失效和异常失效。正常失效主要包括刀圈平状磨损失效和尖状磨损失效；异常失效主要包括偏磨失效、刀圈开裂失效、刀体变形失效和刀圈密封失效等。

1. 滚刀正常失效

滚刀正常失效是指滚刀各角度范围内刀圈径向磨耗量大致相同，当刀圈径向磨耗量超过规定值时，即认为刀具失效，需要进行更换。正常失效更换下来的滚刀返厂经过保养和更换新刀圈后可循环利用。

（1）平状磨损失效

硬岩地层中滚刀刀圈的磨损主要表现在刃宽方向上的"平状"磨损。在硬岩地层中滚刀的正常失效是滚刀失效的主要形式，占到 80%～90%。相关研究成果表明，滚刀正常磨损的主要形式为磨粒磨损。磨粒磨损又可以分为直接磨损和二次磨损：直接磨损属于高应力磨粒磨损，指滚刀直接破碎岩体时所发生的磨损；二次磨损属于低应力磨粒磨损，指滞排的渣土对滚刀的反复磨损。刀圈平状磨损的滚刀如图 8-5 所示。

滚刀按刀圈外径尺寸可以分为 15.5 英寸（393.7mm）、17 英寸（431.8mm）和 18 英寸（457.2mm）等系列。大直径滚刀可以延长平状磨损失效时间，使用寿命更长、掘削效率更高。所使用的滚刀都采用了大直径刀圈，刀圈外径尺寸为 18 英寸（457.2mm）。

（2）尖状磨损失效

卵漂石等非硬岩地层中滚刀刀圈的磨损主要表现在刃宽方向上的"尖状"磨损。盾构在

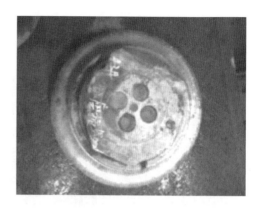

图 8-5　刀圈平状磨损

掘进时，滚刀一方面沿着隧道轴向方向贯入地层，一方面沿着隧道径向方向自转和公转，产生滑动摩擦和滚动摩擦。刀圈两侧的砂石会对刀圈两侧不断摩擦，类似双面磨刀石，使得刃宽不断减小并形成刃角。事实上，在卵漂石地层中刀圈一般先磨尖再磨低，直至径向磨耗量超过规定值即认为刀具失效。刀圈尖状磨损的滚刀如图 8-6 所示，全新单刃滚刀如图 8-7 所示。

图 8-6　刀圈尖状磨损

图 8-7　全新刀刃滚刀

在硬岩地层中掘进时，窄刃滚刀会对岩层产生更大的压强，更易于贯入和破碎岩层；在卵漂石等非硬岩地层中掘进时，宽刃滚刀可以延长尖状磨损失效时间，使用寿命更长。另外，刃宽的增加也会增大刀圈与地层的接触面积，产生更大的滚动转矩，刀具的偏磨现象会得到较大的改善。所使用滚刀都采用了加厚刀圈，刀圈刃口宽度为 30mm。

2. 滚刀异常失效

异常失效的滚刀若不及时更换会造成邻近刀具过载并向周边蔓延，在设计和施工中应采取有效措施以避免滚刀出现异常失效。

（1）偏磨磨损失效

刀圈偏磨（弦磨）失效是指滚刀某些角度范围内刀圈径向磨耗量有明显差别，即刀圈被磨出一条或多条楞。滚刀只随刀盘公转而不自转是发生偏磨的直接原因，根本原因有刀箱被渣土塞死、刀体变形、轴承损坏、密封失效、启动转矩过大和转动转矩过小等。刀圈偏磨磨损的滚刀如图 8-8 所示。

(a) 单刃滚刀

(b) 双联滚刀

图 8-8　刀圈偏磨

图 8-9　刀圈开裂

（2）刀圈开裂失效

卵漂石地层不均匀程度高、漂石强度高，边缘滚刀线速度较大，在运转过程中易与卵漂石发生猛烈撞击，造成刀圈崩口或开裂，逐步发展直至脱落。刀圈崩口或开裂主要与刀圈材质、锻造工艺、刀盘转速和地层特性等因素有关。刀圈开裂的滚刀如图 8-9 所示。

8.2.2　基于实测数据的滚刀磨损分析

1. 磨耗量和磨耗系数的计算

滚刀刀圈径向磨耗量采用专用的磨损测量卡尺进行测量，如图 8-10 所示。

张凤祥等[1]对刀具磨耗系数的定义为：刀具每掘进 1km 时刀具的磨耗量（单位为mm）。这里的"掘进 1km"应理解为"掘削轨迹长度为 1km"。为避免歧义，磨耗系数的定义可以改为：刀具掘削轨迹长度为 1km 时刀具的径向磨耗量（单位为 mm）。磨耗量计算公式如下：

$$\delta = k2\pi R\omega l/v \tag{8-1}$$

由式（8-1）可得刀具磨耗系数为：

$$k = \delta v/(2\pi R\omega l) \tag{8-2}$$

式中：δ——刀具径向磨耗量，mm；

　　　k——刀具磨耗系数，mm/km；

　　　R——刀具安装位置半径，mm；

　　　ω——刀盘转速，r/min；

　　　l——掘进距离，km；

　　　v——盾构掘进速度，mm/min。

---

❶　李龙，周晓鹏. 富水砂卵石地层大直径盾构刀具磨损规律及优化分析［J］. 施工技术，2020，49（13）：35-40.

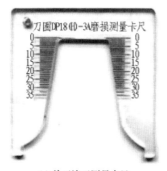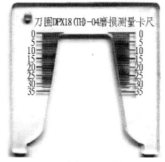

(a) 单刃滚刀测量卡尺　　　　　(b) 双联滚刀测量卡尺

图 8-10　滚刀磨损测量卡尺

　　但在实际工程中，盾构掘进速度和刀盘转速均为动态变化量，采用式（8-2）计算磨耗系数会有较大误差。盾构数据采集系统中记录了刀盘累积左旋转数和刀盘累积右旋转数，两者之和即为刀盘累积旋转数，进而可以计算出刀具的掘削轨迹总长。因此，可以采用经过改进的式（8-3）计算刀具磨耗系数：

$$k = \delta / \left[2\pi R \left(Z + Y \right) \right] \tag{8-3}$$

式中：Z——刀盘累积左旋转数；
　　　　Y——刀盘累积右旋转数。

2. 滚刀磨损规律分析

（1）滚刀磨损形式及分布

　　凤温区间右线在掘进至第 281 环、明一区间左线在掘进至第 158 环位置时进行了主动开舱查换刀作业，对所有滚刀进行了检查或更换，并对滚刀磨损情况进行了统计。凤温区间和明一区间滚刀磨损形式在刀盘的分布分别如图 8-11 和图 8-12 所示，两区间滚刀磨损形式数量统计见表 8-3。

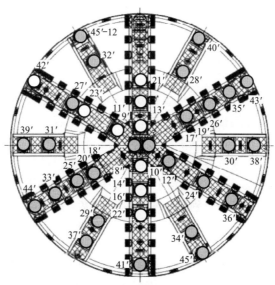

○ 为偏磨磨损，共 9 个；　● 为正常磨损，共 27 个，
45′~41′为边缘滚刀，40′~21′为正面滚刀，其余为中心滚刀

图 8-11　凤温区间滚刀磨损形式

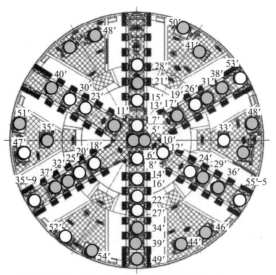

○为偏磨磨损，共20个；◉为正常磨损，共26个，
55′-45′为边缘滚刀，44′-21′为正面滚刀，其余为中心滚刀

图 8-12　明一区间滚刀磨损形式

两区间滚刀磨损形式数量统计表　　　　　　　　　　表 8-3

区间	偏磨磨损		尖状磨损		平状磨损	
	数量	占比（%）	数量	占比（%）	数量	占比（%）
凤温区间	9	25.0	19	52.8	8	22.2
明一区间	20	43.5	22	47.8	4	8.7

　　凤温区间滚刀中偏磨磨损 9 把、尖状磨损 19 把、平状磨损 8 把，分别占比 25.0%、52.8% 和 22.2%。几乎所有的偏磨滚刀都分布在刀盘中心牛腿区域，10 把中心滚刀中有 5 把发生偏磨，6 把边缘滚刀中有 1 把发生偏磨。明一区间滚刀中偏磨磨损 20 把、尖状磨损 22 把、平状磨损 4 把，分别占比 43.5%、47.8% 和 8.7%。偏磨滚刀主要分布在刀盘中心牛腿区域和刀盘边缘区域，10 把中心滚刀中有 6 把发生偏磨，12 把边缘滚刀中有 5 把发生偏磨。

　　通过统计可以看出，大开口率刀盘滚刀发生偏磨的概率要远小于小开口率刀盘。通过以上统计可以发现：滚刀的磨损主要表现为尖状磨损和偏磨磨损；发生偏磨的滚刀主要分布在刀盘中心和边缘 2 个区域。刀盘中心区域滚刀安装半径小、线速度也小，地层不足以提供足够的力矩使滚刀产生连续转动，也容易堵塞和结饼，导致中心滚刀易产生偏磨。边缘滚刀线速度大，会与卵漂石产生剧烈碰撞导致刀轴变形或损坏，另外边缘滚刀安装角度并非垂直于开挖面，滚刀刀体所受到的侧向力也会导致刀轴变形或损坏，这些因素都会导致边缘滚刀发生偏磨。

　　（2）滚刀磨耗系数

　　凤温区间右线掘进至第 281 环时的刀盘累积旋转数为 10718（其中刀盘累积左旋转数为 5408，刀盘累积右旋转数为 5310）。明一区间左线掘进至第 158 环时的刀盘累积旋转数为 11963（其中刀盘累积左旋转数为 6061，刀盘累积右旋转数为 5902）。将两区间现场测得的每把滚刀的径向磨耗量带入式（8-3），可以求得每把滚刀的磨耗系数，绘制每把滚刀磨耗系数与安装位置编号（编号越大，安装半径越大）关系如图 8-13 和图 8-14 所示，因为发生偏磨等非正常磨损的刀圈各处径向磨耗量差别较大，所以图中只记录了发生正常磨损的滚刀。

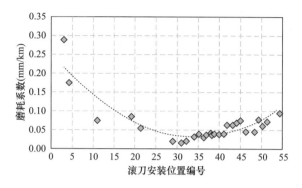

图 8-13　凤温区间滚刀磨耗系数与安装位置

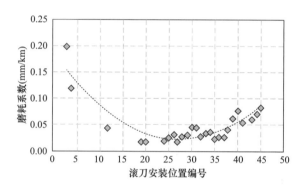

图 8-14　明一区间滚刀磨耗系数与安装位置

由图 8-13 和图 8-14 可以看出，两区间每把滚刀磨耗系数与安装位置都大致呈 U 形分布，中心滚刀和边缘滚刀的磨耗系数较大，正面滚刀的磨耗系数较小，特别是中心滚刀的磨耗系数要远大于正面滚刀。其原因是中心滚刀安装半径小，阻碍转矩时常大于转动转矩，无法像其他位置滚刀一样可以灵活滚动，会产生更多的滑动，相同的压力条件下滑动摩擦力要大于滚动摩擦力，掘削相同轨迹长度下磨耗量也就越大，所以磨耗系数也越大，随着中心滚刀安装半径的减小，这种表现也越明显；随着正面滚刀安装位置半径的增大，滚刀线速度也越大，滚刀与漂石之间发生碰撞也越频繁、作用力也越大，磨粒磨损程度加剧，所以正面滚刀的磨耗系数也越大；边缘滚刀安装在刀盘正面与侧面的圆弧段，并且编号越大刀刃与开挖面的夹角也越小，滚刀所受到的地层侧向力也就越大，刀刃一侧所受到的摩擦力也越大，所以磨耗系数也越大。

凤温区间边缘滚刀、正面滚刀和中心滚刀的磨耗系数均值分别为 0.0657mm/km、0.0341mm/km 和 0.0784mm/km；明一区间边缘滚刀、正面滚刀和中心滚刀的磨耗系数均值分别为 0.067mm/km、0.0412mm/km 和 0.1554mm/km。凤温区间各类型滚刀的磨耗系数都要低于明一区间。两区间滚刀磨耗系数存在一定差异的原因可能为地质状况、掘进参数、刀具配置和刀盘开口率等不同。凤温区间和明一区间为相邻区间，由地勘报告可知，两区间的工程地质和水文地质条件类似，隧道埋深及所穿越的地层也类似，所以地质状况差异并非是主要原因。凤温区间盾构推力均值为 30846kN，刀盘转矩均值为 13319kN·m，贯入度均值为 45.7mm/r；明一区间盾构推力均值为 29661kN，刀盘转矩均值为 12145kN·m，贯入度均值为 28.9mm/r。明一区间换刀前各项掘进参数都要小于凤温区间，但是各类型滚刀的磨耗系数都要大于凤温区间，说明掘进参数差异并非是主要原因。在刀具配置方面，凤温区间刀盘比明一区间刀盘多配置了 6 把边缘滚刀和 4 把正面滚刀，其他配置都一致。凤温区间刀盘所受转矩大，刀具数量少，每把刀具所受的力也较大，刀具磨耗系数理应越大，但事实恰好相反，说明刀具配置差异也并非是主要原因。凤温区间盾构刀盘开口率为 45%，而明一区间盾构刀盘开口率仅为 36%。刀盘开口率过小，会导致大量大粒径漂石堆积在刀盘前方，对刀盘刀具产生持续性磨耗，直至被破碎后进入土舱；而大开口率刀盘可以使大粒径漂石快速进入土舱，减少对刀盘和刀具的持续磨耗，使得各刀具的磨耗系数较低，延长刀具的使用寿命。综上所述，刀盘开口率的不同是两区间滚刀磨耗系数存在差异的主要原因。

3. 滚刀寿命预测分析

刀具磨耗量控制值要根据刀具间、刀具与面板间的高度差来确定。两区间所使用的盾构边缘滚刀最大开挖直径为 8634mm，边缘刮刀最大开挖直径为 8610mm，所以边缘滚刀最大径向磨耗量最大允许值为 12mm。正面滚刀高于面板 170mm，先行刀高于面板 150mm，刮刀高于面板 125mm，所以正面滚刀最大径向磨耗量最大允许值为 20mm。为了减少刀具换刀频率和提升盾构掘进效率，应对磨耗量超限和发生异常失效的边缘滚刀、正面滚刀、中心滚刀和刮刀等类型刀具进行批量更换。根据制定的刀具磨耗量控制值以及基于现场实测数据计算得到各类滚刀磨损系数，可以推算出滚刀允许最长掘进距离，以此作为查换刀点距离设置依据。滚刀允许最长掘进环数可用式（8-4）计算：

$$S = \xi/(2\pi Rk\lambda) \tag{8-4}$$

式中，S 为刀具允许最长掘进环数；ξ 为刀具磨耗量最大允许值，mm；λ 为每掘进一环刀盘平均旋转数。

例如，凤温区间边缘滚刀径向磨耗量最大允许值 $\xi=12$mm，边缘滚刀（45 号~41 号）安装位置半径 R 分别为 4317mm（2 把）、4281mm、4220mm、4150mm 和 4050mm，每掘进一环刀盘平均旋转数 $\lambda=38.14$，边缘滚刀磨耗系数平均值 $k=0.0657$mm/km。将数据带入式（8-4），得到每把边缘滚刀允许最长掘进环数分别为 177（2 个）、178、181、184、188 环，中位数为 180，所以凤温区间应每隔 180 环设置查换刀点，对所有边缘滚刀进行检查和更换。类似地，可以分别得到凤温区间和明一区间各类滚刀的允许最长掘进环数，结果详见表 8-4。

区间各类滚刀的允许最长掘进环数 表 8-4

序号	区间	滚刀类型	ξ（mm）	k（mm/km）	S（环）
1	凤温区间	边缘滚刀	12	0.0657	180
		正面滚刀	20	0.0341	816
		中心滚刀	20	0.0784	1068
2	明一区间	边缘滚刀	12	0.0670	90
		正面滚刀	20	0.0412	350
		中心滚刀	20	0.1554	295

凤温区间建议每隔 100 环（150m）、明一区间建议每隔 50 环（75m）设置一个查刀

点，对刀具进行检查并对异常失效的刀具进行更换；凤温区间建议每隔 180 环（270m）、明一区间建议每隔 90 环（135m）设置一个换刀点，对磨耗量超限的刀具进行批量更换。

项目部听从了上述关于查换刀距离的建议，凤温区间右线在第 1 次换刀后掘进了 179 环，在第 460 环进行了第 2 次查刀；明一区间左线在第 1 次换刀后掘进了 92 环，在第 250 环进行了第 2 次查刀。根据两区间第 1 次滚刀磨损情况及掘进参数，将式（8-4）变形后可以得到每把滚刀磨耗量预测值。两区间边缘滚刀径向磨耗量实测值和预测值统计如图 8-15 和图 8-16 所示。

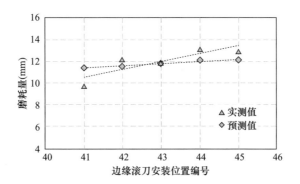

图 8-15　凤温区间滚刀边缘径向磨耗量曲线

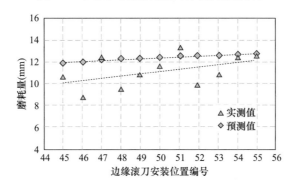

图 8-16　明一区间滚刀边缘径向磨耗量曲线

由图 8-15 和图 8-16 可以看出，两区间第 2 次查刀作业中发现边缘滚刀径向磨耗量实测值大多在 10～13mm，和预测值相差不大，都接近于边缘滚刀磨耗量最大允许值 12mm，并且每把边缘滚刀也未出现偏磨等异常失效情况，表明上述关于查换刀距离的预测是合理的。

4. 结论

（1）富水卵漂石地层中大开口率刀盘滚刀发生偏磨的概率要小于小开口率刀盘，偏磨滚刀主要分布于刀盘边缘及中心区域。

（2）滚刀磨耗系数与安装位置曲线大致呈 U 形分布，中心滚刀和边缘滚刀的磨耗系数较大，正面滚刀的磨耗系数较小；大开口率刀盘各类型滚刀的磨耗系数都要低于小开口率刀盘。以成都为代表的富水卵漂石地层中采用大开口率刀盘、带式螺旋输送机的组合具有较强的适应性。

（3）凤温区间建议每隔 180 环（270m）、明一区间每隔 90 环（135m）设置一个查换刀点，对刀具状况进行检查并对失效的刀具进行批量更换。

（4）卵漂石地层盾构施工中，渣土改良的效果对刀具磨损有着重要的影响。

8.3 盾构刀盘修复技术

8.3.1 刀盘修复方案

1. 滚刀布置优化

（1）盾构机边缘滚刀50号～55号刀具由原来的单刃滚刀变为双刃滚刀，增强刀盘的抵抗磨损能力，且双刃滚刀能起到滚刀轨迹线尽可能靠近刀盘外圆周磨损位置。如图8-17所示为更换双刃滚刀分布图。

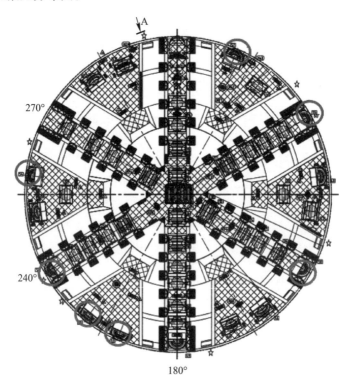

图 8-17　更换双刃滚刀分布图

（2）针对刀盘边缘滚刀刀轴磨损（图8-18）以及刀箱严重情况采取以下措施：

1）可将耐磨层更换为WC硬质合金涂层或者在刀体上镶嵌若干硬质合金钉，WC合金耐磨性远远高出普通耐磨层，可提高刀体的使用寿命。边缘滚刀加强措施示意图和双刃滚刀耐磨加强图纸分别如图8-19、图8-20所示。

2）采用导流式刀座保护刀替换刀盘原有刀座保护刀，如图8-21、图8-22所示。

3）不具备焊接倒流式刀座保护刀的刀箱，采用合金块保护，如图8-23所示。

2. 边刮刀优化

刀盘边刮刀与刀盘耐磨环存在约90mm左右的间隙，如图8-24所示。添加两孔刮刀补齐间隙。针对刀盘原装边刮刀合金不足，且边刮刀背面无合金保护，采取以下措施改进：

图 8-18　边缘滚刀磨损情况

图 8-19　边缘滚刀加强措施示意图

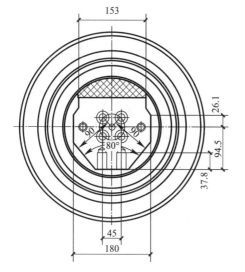

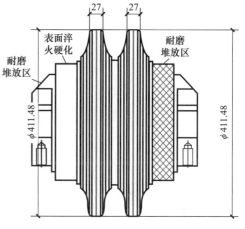

图 8-20　双刃滚刀耐磨加强图纸（单位：mm）

图 8-21　原有刀盘保护刀

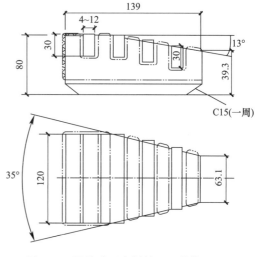

图 8-22　导流式刀座保护刀（单位：mm）

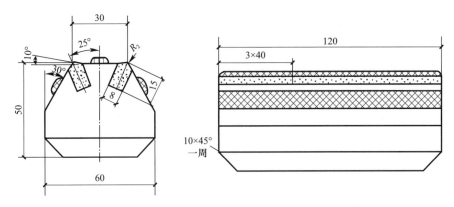

图 8-23　刀箱保护合金块（单位：mm）

图 8-24　刀盘边刮刀与刀盘耐磨环存在间隙

（1）补齐刀盘刀盘耐磨环与耐磨环之间的间隙，焊接两孔刮刀刀座，如图 8-25 所示。安装两孔刮刀，如图 8-26 所示，提高刀盘外周渣土进入土仓内的效率。

（2）加大边缘刮刀前排主合金厚度，并采用大圆角形式，增强合金的耐撞击能力。在主合金前增加母材保护，在刀具受强力撞击时可以起到一定的缓冲作用，减免合金受撞击破碎情况，同时增大合金焊接面积可以增强合金的焊接强度，保证合金焊接更加牢固。顶部小合金的设计增加刀具的耐磨性，可以减少刀盘反转时对刀具的磨损。主合金和侧合金的相互配合，使刀具工作过程中能承受更大的撞击和磨损，因此刀具主要对前排主合金形式进行优化。图 8-27 为改进后刮刀图纸。

8.3.2　刀盘周边措施

（1）对刀盘外周如图 8-28 所示磨损区域进行清理、打磨，测绘面板磨损区域截面尺寸。

（2）根据测绘尺寸制作、安装圆周封板，对磨损区域不规整的地方进行碳刨、打磨，以便于封板安装、施焊。补板区域为外周面板和两侧筋板位置，如图 8-29 所示，60°范围内其他磨损位置补板均参照该方法。在外侧筋板与圈板的位置增加端头封板。

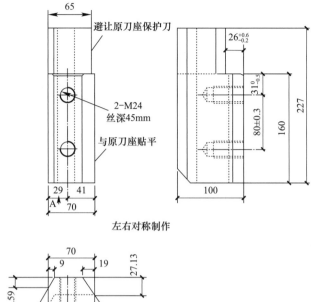

图 8-25　两孔刮刀刀座图（单位：mm）

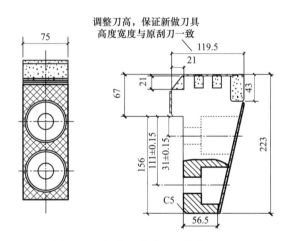

图 8-26　安装两孔刮刀（单位：mm）

（3）安装面板处的圆环保护刀，在上一条补板区域圆周方向上安装圆环保护刀，安装布置图如图 8-30、图 8-31 所示。

1）刀盘外周圆弧段采用 100mm×100mm 的合金块代替刀盘原有的 HARDOX600，厚度为 1cm。如图 8-32 所示，合金块图纸如图 8-33 所示。

2）不具备焊接合金保护的地方，采用 10mm×10mm 焊接耐磨焊丝网格（焊接高度 5mm）保护。

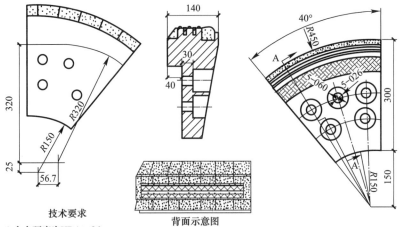

技术要求

1.合金硬度为HRA≥86；
2.焊前各件喷丸除绣；
3.银基钎焊，合金与基体焊接强度不低于245MPa；
4.堆焊高度3~5mm，硬度HRC57以上；
5.刀体调制HRC36-40。

图 8-27　改进后刮刀图纸（单位：mm）

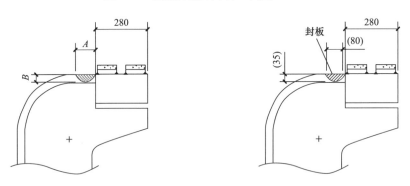

图 8-28　刀盘磨损区域截面图（单位：mm）　　图 8-29　刀盘磨损区域补焊图（单位：mm）

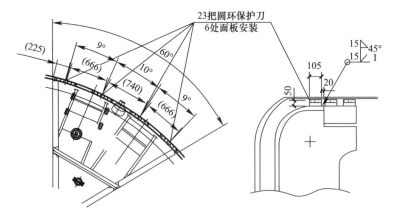

图 8-30　圆环保护刀安装图（单位：mm）

8.3.3　割除刀盘小面板

刀盘周边小面板，减慢了刀盘周边渣土进入土仓的效率，造成刀盘外周磨损加剧，根据盾构机螺旋输送机通过尺寸，将刀盘 12 处小面板割除 150mm，如图 8-34 所示。

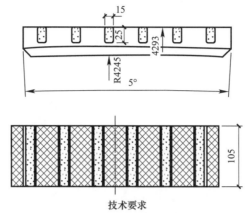

技术要求
1.合金焊接采用银焊方式，焊接强度≥245MPa；
2.刀体表面堆焊耐磨层厚度3~5mm，耐磨层硬度HBC≥55。

图 8-31　圆环保护刀（单位：mm）

图 8-32　替换区域示意图

8.3.4　刀盘修复部署

（1）施工用水由盾构机循环水提供。

（2）施工用电。用盾构机电源，二氧化碳保护焊机放置盾构机台车上，选用电源 380V 电压，焊机输出电压为 12～36V，为安全电压。

（3）施工用气取自盾构机空压机。

（4）材料运输。刀盘修复材料统一由隧道内水平运输的电瓶车承担，通过人工由土仓内搬运至刀盘前方（图 8-35、图 8-36）。

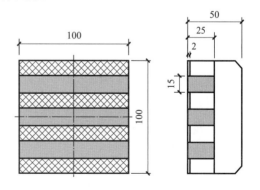

图 8-33　合金块图纸（单位：mm）

（5）人员通道。刀盘修复施工人员统一从隧道内，进入盾构土仓内，再进入刀盘前方。

（6）场地布置。所有的用气统一摆放在盾构机台车上（含二氧化碳、氧气、乙炔等），电焊机放置在盾构机上开阔地方。

（7）施工照明。土仓内、刀盘前方照明采用12V安全电压照明。

150mm
（割除）

图 8-34　割除刀盘小面板

图 8-35　盾构机刀盘边缘撕裂刀修复

图 8-36　盾构机刀盘中心刀修复

8.3.5　刀盘修复焊接施工流程

刀盘开口对称设计，刀盘两端空心桩布置相对隧道轴线布置。刀盘切除部分空心桩后，刀盘开口转到两端空心桩位置，人员从刀盘开口进入刀盘上方。刀盘上选择合适位置焊接 ϕ20 钢筋，作为焊接人员焊接平台和安全带挂点，如图 8-37 所示。刀盘焊接平面布置图如图 8-38 所示。

焊接完成一处需要转动刀盘，由安全员确认土仓内、刀盘前方人员全部撤离，通知盾构司机，盾构司机通知机电工程师恢复急停，得到机电工程师确认后，方可转动刀盘。

刀盘转到下一处焊接位置，由盾构司机按下急停，机电工程师确认并坚守急停，安全员通知作业人员进入土仓内以及刀盘前方开展焊接作业。

机电工程师统计进入土仓内物品、工具，安全统计进仓人员，转动刀盘之前由机电工程师统计进入土仓内物品、工具。

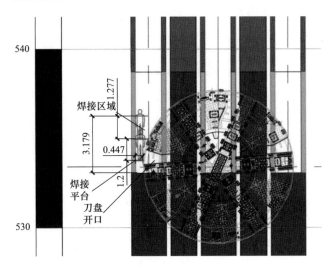

图 8-37　刀盘焊接剖面图（单位：mm）

8.3.6　焊接修复施工要点

（1）用砂纸、磨光机对焊接面进行打磨处理，确保焊接面的清洁从而保证焊接修复质量。

（2）焊接前对焊条、焊剂等材料进行烘干处理，并在焊接作业前，用保温箱对其进行保温，从而减少焊缝出现气孔的可能性。

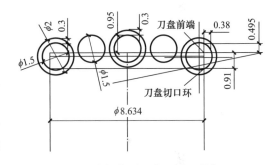

图 8-38　刀盘焊接平面布置图（单位：m）

（3）埋弧堆焊前需进行较高温度的预热。预热是防止焊缝硬脆和产生冷裂纹的一个很有效的措施。实际堆焊过程中，应该保持一定的预热温度，预热温度一般控制在 $200\sim300℃$。

（4）在埋弧堆焊工艺参数控制方面，采取"小电流、低电压、薄层多次"的堆焊工艺方案。

（5）在二氧化碳保护焊接过程中，维持喷嘴与焊件的距离为 $6\sim12mm$，焊枪与工件焊缝成 $80°$ 左右并保持不变，便于正常观察熔池。

（6）二氧化碳保护焊接时，手腕需灵活，带动焊枪平移或转动，保持焊枪匀速前移，以获得合格的焊缝。

（7）严格防止水或其他液体接触焊件，确保焊缝质量。

（8）焊接过程及焊接后，需要对焊接部位进行外观检查，发现裂纹、气孔、夹渣等缺陷，应重新焊接。

（9）耐磨层堆焊后，焊接件在空气中自然冷却；刀具及其基座焊接后，需要用保温棉布保温 3h 以上，以防止裂纹产生及改善接头的组织和性能，提高刀具与刀盘本体的结构强度。

（10）选派经验丰富、焊接技术高的电焊工进行连续作业。

8.4 富水砂卵石地层盾构机常压换刀技术

8.4.1 空心桩布置及其施工技术

常压换刀开仓位置根据管线情况,进行隔桩基布置。隔桩基分为空心桩、素桩及旋喷桩施工。本节主要介绍空心桩相关施工技术。

1. 隔离桩基平面布置

右线盾构机推进至空心桩中心位置进行施工,分别设计1根空心桩、4根素混凝土桩。其中空心桩外径2.2m、内径1.2m;2根实桩直径为1.2/1.5/1/0.9m(根据管线位置进

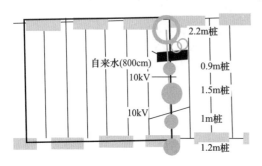

行调整)。旋喷桩设计直径800mm,净间距600mm,桩搭接200mm(旋喷桩根据现场管线详细位置确认),详见图8-39。桩均为C25混凝土。空心桩底端均位于刀盘底部以下1m,当钻孔取心至刀盘以下1m或旋喷桩至管线下部1m时停止。

图8-39 隔离桩施工平面示意图

2. 空心桩基布置

每台盾构机刀盘前面布置3~4根外径为1.2~1.8m的空心桩,空心桩直径为1.5m桩(空心桩往刀盘方向偏0.05m,确保迎土面壁厚0.3m),2根实心桩桩径为1.5m。刀盘中心空心桩负责检查刀盘面板磨损情况且进行修补,刀盘两侧空心桩负责补焊刀盘,桩间距为0.25m。刀盘切入空心桩后,专业人员进入空心桩内实施刀盘修补施工。

地面至盾构机刀盘拱顶以上0.8m采用钢筋笼空心桩,刀盘拱顶上1m至刀盘中心采用玻璃纤维筋空心桩,刀盘中心至隧道底部以下3m采用玻璃纤维筋实心桩。空心桩高出地面1.2m左右(如现场出现高度不够,采用砌砖补充),防止汛期地表水从空心桩进入盾构刀盘内。空心桩纵剖面如图8-40所示。

3. 隔离桩施工

(1)整体施工流程图

隔离桩施工工艺流程如图8-41所示。

钻孔桩施工顺序:施工前进行探挖施工不少于3m,确定周边是否存在管线,再施工1.6m素桩(1号、3号、5号),2.2m玻璃纤维桩(2号、4号),1.2m空心桩(2#、4#)。在灌注成桩邻近桩位钻孔时,要等到已灌注钻孔桩24h以后方可施工,避免扰动相邻已施工的钻孔桩。空心桩设置锁扣(高于地面50cm)。

(2)前期准备

桩机位置保证作业面平整,周边设置排水沟及配套沉淀池。施工设备与降水井保持安全距离,并对监测点进行保护。

根据地质情况,严格按照方案的间距和位置放样,确定钻孔的中心位置。其中空心桩的位置应严格控制初始圆心以及后续施工中垂直度的监测,确保内孔钻进过程中圆环的厚度,防止破坏玻璃纤维筋。

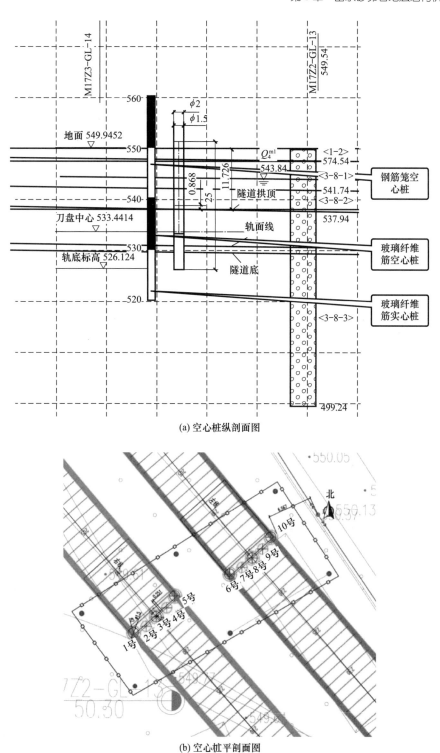

(a) 空心桩纵剖面图

(b) 空心桩平剖面图

图 8-40 空心桩基布置

（3）泥浆护壁

桩基采用化学泥浆护壁成桩工艺，主要原理是利用泥浆的粘稠度以及围压，保证孔壁稳定和携带渣土，冷却、润滑钻具，成孔后，使用水下混凝土浇筑的方法将化学泥浆置换出来。

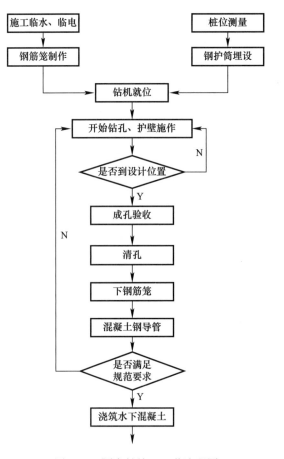

图 8-41　隔离桩施工工艺流程图

（4）埋设护筒

1）钻孔前场地平整、道路通畅，并做好地面排水系统。为保证机械的稳定、安全作业，在场地铺设能保证钻机安全行走和操作的钢板。

2）根据施工现场地质情况，采用 3m 长护筒，护筒高于地面 30cm，大于桩径 20cm。

3）将钻机移至钻孔位置，调整钻杆的卡孔和桩径中心都应在一条竖直线上，保证钻头平面偏位在 50mm 以内，垂直度在 1/200 以内。钻进时可用十字线法检查钻头偏位情况。

（5）钻孔桩施工定位放线

1）依据已布设的加密导线点坐标和经复核计算无误的各钻孔桩中心坐标，反算出待测桩位至测站控制点的水平距离及方位角，然后安置全站仪至测站点，精确定向，并放样出待定桩位的中心桩。

2）依据点位引设护桩，供护筒安装及机具定位使用，护桩应布置四个点，如图 8-42 所示，四个点采取对位十字相连确定桩基中心。

3）护筒埋设后，在护筒顶部放置架板，重新测放桩基中心点，量取护筒四个方向的边缘到中心点的距离，计算出护筒埋设的偏位情况并适当进行调整。

4）每个钻孔桩的护筒安装就位后，应测量护筒顶标高，供检测孔深度、桩底标高时使用。

5）每个桩施工完，应复测各桩中心实际位移量，限差应符合有关规范规定。

（6）成孔检查和清孔

钻孔到设计深度后，应进行孔深、孔径、垂直度、沉渣浓度、沉渣深度等测试检查。在钻孔检查符合设计要求时，应立即进行孔底清理，避免隔时过长，化学泥

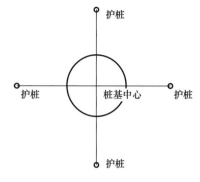

图 8-42　护桩示意图

浆一直沉淀，引起钻孔坍塌。清孔应分两次进行。第一次清孔在程控完毕后，立即进行；第二次在灌注混凝土导管安装完后进行。常用的清孔方式有正循环清孔、泵吸反循环清孔和空气升液反循环清孔，通常随成孔时采用的循环方式而定。清孔时先使钻头稍作提升，然后通过不同的循环方式排除孔底沉淤，与此同时，不断注入洁净的化学泥浆水，用以降低桩孔化学泥浆水中的泥渣含量。清孔过程中应测定沉浆指标。清孔后的化学泥浆密度应小于 1.15。清孔结束时应测定孔底沉淤，孔底沉淤厚度一般应大于 30cm。第二次清孔结束后孔内应保持水头高度，并应在 30min 内灌注混凝土；若超过 30min，灌注混凝土前应重新测定孔底沉淤厚度。

（7）钢筋笼制作及吊装

空心桩底保证位于刀盘底以下 1m 位置，混凝土桩为素混凝土桩，不设置钢筋，桩底位于刀盘底部下 1m 位置；空心桩外径 2.2m、内径 1.2m，根据计算设置 20 根Φ25 钢筋，其中，盾构掘进空间范围内设置玻璃纤维筋，其余位置设置正常钢筋，玻璃纤维筋与钢筋搭接 1.2m，每根钢筋连接采用两个锁扣；箍筋为Φ12 钢筋，间距为 200mm，内部加强箍筋为Φ25，间距为 1500mm；由于桩基施工位置无法加工钢筋笼，钢筋笼配置见表 8-5。钢筋笼之间采用焊接连接或者套筒连接，具体如图 8-43、图 8-44 所示。

桩基施工参数表　　　　　　　　　　　　表 8-5

线路	桩顶标高（cm）	桩长（cm）	桩基类型	钢筋型号	根数	单根米数（m）	单根重（kg）	总重（kg）	C25 混凝土量（m³）	备注（钢筋笼配置）
右线	516.5	35.5	空心桩	25（1b）	10	17.99	69.37	693.74	102.70	9m、9m
				25（1b）	10	19.59	75.54	755.44		9m、6m、5m
				25（3b）	13	5.65	21.81	284.79		—
				12（2b）	98	5.81	5.16	505.80		—
				25（1a）	10	13.80	—	138.00		—
				25（1a）	10	12.20	—	122.00		—
				25（3a）	7	6.25	—	45.87		—
				10（2a）	55	5.81	—	319.66		—

钢筋笼加工注意事项：

1）钢筋笼加工根据桩长宜分段在钢筋加工棚内制作，分段长度应按钢筋笼的整体刚

度、来料的长度及起重设备的有效高度等因素确定。

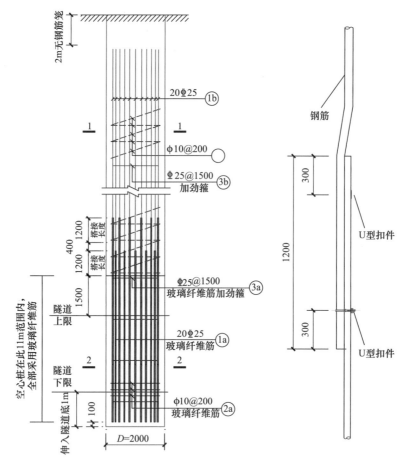

图 8-43　空心桩配筋图及钢筋搭接示意图（单位：mm）

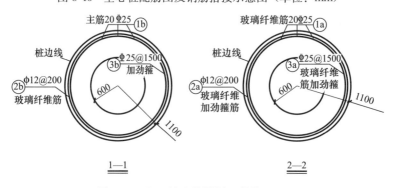

图 8-44　空心桩配筋详图（单位：mm）

2）钢筋在加工前应除锈、调直、擦洗油污。钢筋调直一律采用钢筋调直机，不得采用卷扬机拉伸盘条圆钢，以免发生安全事故。

3）钢筋原材料应分型号堆码，架离地面 60cm，上覆下垫，以防雨水锈蚀。

4）制作钢筋骨架所用的钢筋其表面应洁净，无锈蚀和污染现象，各种钢筋均要有材质证明书和原材料进场检验资料。

5）钢筋骨架连接全部采用等强度直螺纹套筒连接，加工丝头时，应采用水溶性切削液，当气温低于0℃时，应掺入15％～20％亚硝酸钠。严禁用机油做切削液或不加切削液加工丝头，经拧紧后的滚压直螺纹接头应做出标记，允许完整丝扣外露为1～2扣。

6）钢筋笼成品质量检验标准见表8-6。

钢筋笼成品质量检验标准 表8-6

项目	主筋间距（mm）	箍筋间距（mm）	钢筋笼直径（mm）	保护层（mm）	钢筋笼长度（mm）
允许偏差（mm）	±10	±20	±10	+20	±100

7）绑扎搭接：

搭接长度范围内须设置加密箍筋，其直径同原构件箍筋，间距不大于搭接钢筋较小直径的5倍且不大于100mm。受力主（纵）筋间玻璃纤维筋与钢筋、玻璃纤维筋与玻璃纤维筋之间的搭接应采用钢制U形卡固定，U形卡应与筋材直径相适应，每根筋材连接端的U形卡数量不得少于2个。U形卡应符合现行国家标准《钢丝绳夹》GB/T 5976—2006的要求。其他部位间的玻璃纤维筋与钢筋、玻璃纤维筋与玻璃纤维筋之间的连接可以采用铁丝或者尼龙绳进行绑扎，绑扎应该牢靠，并满足吊装要求。玻璃纤维筋的连接、锚固长度，均不得小于普通钢筋相应要求的1.25倍，且不应小于40倍的筋材直径。

（8）钢筋笼吊装

钢筋笼重2.65～3.728t，选用QY25A型汽车起重机，吊装钢筋笼的主吊钢丝绳，选用6股×19丝的钢丝绳，钢丝绳直径20.0mm；吊装卡环选用D45型，扁担选用H型钢制作而成，扁担长1.5m，型钢参数为高度250mm、翼缘宽125mm、腹板厚5mm、翼缘厚8mm。

1）钢筋骨架的吊装：钢筋骨架采用"四点吊法"吊装。吊装工具有：吊车、自制吊装扁担、长钢丝绳1根（泰州20mm钢丝绳6股×19丝）、短钢丝绳1根、U形扣4个、滑轮4个。吊装分两种情况：即钢筋骨架装卸车的吊装、孔口连接时的吊装。吊装前应检查钢丝绳是否有起毛、断丝等现象，如发现存在以上现象应及时更换钢丝绳，确保吊装安全。钢筋骨架的吊装如图8-45所示。

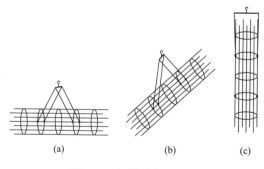

(a)　　　　　　(b)　　　　　　(c)

图8-45　钢筋骨架的吊装

2）孔口连接时的吊装：将长、短钢丝绳穿在挂于扁担上的滑轮上，并将短钢丝绳的另一端和长钢丝绳的上端两个吊点连接在一起，吊点连接好以后，将扁担慢慢提起，长钢丝绳受力。由于吊点的重心靠下，于钢筋骨架下部，故提起钢筋骨架时，一端先离地，另一端贴在地面上，并且由于钢筋骨架上端吊点系短钢丝绳，随着钢筋骨架高度的提升，受力由长钢丝绳逐渐变成短钢丝绳，钢筋骨架亦随着慢慢竖直起来。转动吊车大臂，将钢筋骨架移至孔口上方，调整钢筋骨架对中孔位，将笼慢慢放入孔内。

（9）混凝土灌注

灌注水下混凝土时使用直径 $\phi 30cm$ 的导管及容量为 $2m^3$ 及 $4m^3$ 的漏斗。导管采用螺丝扣连接，确保导管在灌注施工过程中不漏水。

桩基混凝土全部使用 C25 商品混凝土，混凝土的塌落度以 160～180mm 为宜，混凝土的参数指标须满足设计要求，并保证坍落度满足设计要求。坍落度损失应满足灌注要求，混凝土初凝时间应为正常灌注时间的 2 倍。单桩的灌注时间不能超过 2h。现场技术人员应提前联系好商品混凝土供应商确保混凝土供应的连续。混凝土灌注的充盈系数不得小于1，也不宜大于1.3。混凝土灌注用的导管壁厚不得小于3mm。导管长度不得超过4m，以 2～3m 为宜。隔水塞采用铁丝悬挂于导管内。导管应全部安装放孔，安装位置应居中。混凝土灌注前应先在灌斗内灌入 0.1～0.2m³ 的 1∶1.5 水泥砂浆，然后再灌入混凝土。等初灌混凝土足量后，方可截断隔水塞的系结铁丝，将混凝土灌至孔底。混凝土初灌量能保证混凝土灌放后，导管埋放混凝土中 0.8m，保证导管混凝土柱和管外化学泥浆柱压力平衡。为防止堵管，必须保持导管埋入混凝土内不得过深或过浅，一般以 2～6m 为宜。在浇筑过程中用测绳对孔内进行试探，根据能接触到的混凝土部位计算目前混凝土浇筑的高度，再根据孔内已安装的导管长度和应插入混凝土内导管的长度两个数据进行核对，决定是否可以拔导管。

灌注首批混凝土时应注意：根据孔深与导管长度，计算首批封底混凝土的数量，以满足导管初次埋置深度不小于1m的要求。

水下灌注混凝土储料斗的混凝土初存量可按下式计算：

$$V \geqslant \frac{\pi d^2}{4}h_1 + \frac{\pi D^2}{4}H_c \tag{8-5}$$

式中：V——首批混凝土所需数量，m^3。

　　h_1——井孔混凝土面高度达到 H_c 时，导管内混凝土柱平衡导管外水（或化学泥浆）压所需要的高度，即：$h_1 \geqslant H_w \gamma_w / r_c$。

　　H_c——灌注首批混凝土时所需井孔内混凝土面至孔底高度，$H_c = h_2 + h_3$，m。

　　H_w——井孔内混凝土以上水或化学泥浆深度，m。

　　γ_w——桩孔内泥浆的重度，kg/m^3。

　　γ_c——混凝土的重度，kg/m^3；取 $2400.0kg/m^3$。

　　D——井孔直径，m。

　　d——导管直径，m。

　　h_2——导管初次埋置深度，取 $h_2 = 1.0m$。

　　h_3——导管底端至洞孔底间隙，约 0.3m。

经计算，水下首批封底混凝土数量不小于 $2.0m^3$。

针对 2.2m 外径、1.2m 内径的空心桩，在 2m 桩水下首批封底混凝土数量不小于 $4.0m^3$。浇筑完成并且初凝完成后，再利用 1.2m 钻头进行钻孔取芯（下钻10cm后进行定位复测），钻孔之前要求测量组重新定位桩位中心线，校正旋挖钻机钻头对中，并且保证旋挖钻钻进垂直度，施工过程中严格控制。

4. 施工过程

（1）准备工作

在盾尾后注入双液浆，形成止水环，并注入盾尾油脂，防止盾尾漏水。在一个孔注浆完结后应等待 5～10min 后将该注浆头打开疏通查看注入效果，如果渗漏严重，应再次补注至渗水基本消失方可终孔，拆除注浆头并用双快水泥砂浆对注浆孔进行封堵，带上塑料螺堵并进行下一个孔位注浆。

（2）磨桩出渣

桩基施工完成后，盾构掘进至桩基位置，对盾构姿态进行调整，尽可能使刀盘与桩基垂直进行磨桩，速度控制为 10mm/min 左右，磨桩至桩中心位置停止掘进，转动刀盘进行磨桩。

（3）恢复掘进

盾构恢复掘进期间安排专人对地面进行巡视，如有异常状况及时汇报技术部。

盾构恢复掘进后加密监测频率（每 2h 一次），根据地面监测数据，实时调整掘进参数，确保盾构施工平稳、安全。

如地面监测点数据异常，及时进行地面注浆。

待盾构机通过后加大注浆量并在隧道内利用管片吊装孔进行二次注浆。

盾构机向前掘进至刀盘通过空心桩后（图 8-46），进行空桩回填（回填原状土至刀盘以上 4m，再填入混凝土），待盾构机通过后进行注浆。控制磨桩速度至 10mm/min。

8.4.2　开仓换刀作业流程

为使开仓有序进行，制定开仓作业程序，并建立相应的签认制度，由负责人组织签认。具体开仓作业流程如图 8-47 所示。

8.4.3　开仓换刀准备工作

1. 开仓前的准备工作

为确保开仓作业的连续、快速，必须做好

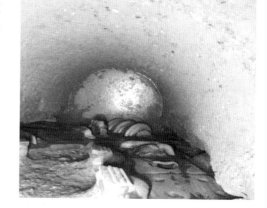

图 8-46　盾构机刀盘进入空心桩实际图

充分的准备工作，包括开仓作业工具、洞内水电、洞内外通风、气体检测仪器、压排风机具料具、进仓人员的技术交底、安全交底等。

（1）从盾尾后三环往后，对管片背后进行二次注浆，灌注水泥-水玻璃双液浆，注浆量以注浆压力控制，让浆液充满整个管片，形成一个封闭体，阻止地层中的水从盾尾汇聚到土仓，保证管片后止水效果。

（2）水泥浆水灰比为 1:1，水泥浆与水玻璃体积比为 1:1，水玻璃浓度为 35～40Be。

注浆时要密切关注管片状态及注浆压力（顶部注浆压力为 0.11～0.12MPa，底部注浆压力为 0.18～0.2MPa）。

（3）注完封水环后及时在盾尾进行适量的膨润土浆注入，防止长期停机及二次注浆封水环将尾盾包裹；必要时在中前盾外通过超前注浆孔对盾体及外部土体间填注适量的膨润土浆液。

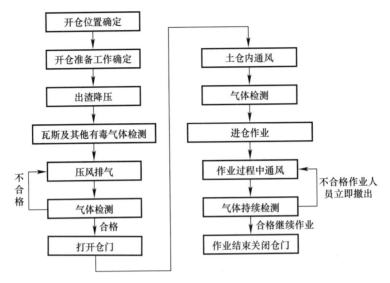

图 8-47　开仓作业流程

（4）开仓前须观察渣土，根据渣土分析目前土仓开挖面的水文地质情况，并对照地质勘查报告明确是否有较大出入，确定开挖面土质良好后，方可进仓施工。

2. 出渣

由盾构机司机通过螺旋输送机，将土仓内的渣土输出，等土仓内渣土出空后，停止出渣，出渣时在螺旋出土口进行气体检测。通过人仓板上的球阀对土仓内气体进行检测，气体检测合格后方可进行施工，并按照要求做好记录。

3. 开仓前压风排气

利用盾构机原有人仓保压系统为排气管路，盾构机主机内和后续台车全部使用原有的管路，排气管出口设置在接收井位置，远离灯具和高压电缆接头。利用人仓保压系统向土仓内送风，如图 8-48 所示。

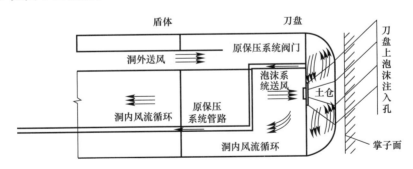

图 8-48　开仓前通风示意图

4. 打开仓门

气体检测合格后，首先检查土仓压力在通风过程中是否发生变化，土仓内水位情况是否异常，清查人仓内非防爆设备，在开仓前对人仓空气质量再次进行检测，合格后方可打开仓门。

5. 仓内通风

开仓作业仓内通风包括：土仓内通风和气体检测、土仓检查及清理、作业过程中的通风和气体检测等。

仓门打开后，先进行活物试验，待活物试验合格后，气体检测人员携带气体检测仪器和防爆手电，首先对土仓顶部以及人仓附近左下和右下方空气进行检测，同时现场值班土建工程师研判地层情况，确认安全后，方可进入土仓进行下一步检测，全面检测完毕且判断地层稳定、空气质量合格后，经现场负责人复核确认。判断安全后，维保人员进仓，安设安全灯具和打开通风口处仓内盖板，引入风管进行通风，开始空气循环，同时停止泡沫系统的压风。地面通风口布置图如图 8-49 所示。

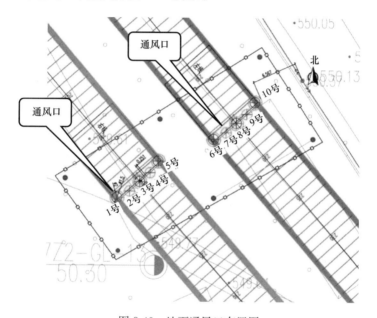

图 8-49 地面通风口布置图

刀盘两端部分空心桩承担刀盘焊接任务，刀盘中心空心桩承担通风任务。地面安装两台抽风机（一台使用，一台备用，通风机如图 8-50 所示），直至刀盘维修结束。

图 8-50 通风机

6. 土仓检查及清理

检查时确保洞内通风正常，确保有通向土仓的风管和水管。检查前，应确保人仓内通往土仓的低压安全照明正常，并确保充足的照明条件。

7. 土仓门开启确认

在进行刀盘检查前，盾构机司机应先进行出土、排水、放气操作，在确认以上工作完成后，由盾构机司机通知仓门开启人员可以开仓。

人员进入土仓前，必须穿戴工作服、护目镜、手套、口罩等防护品，登记进仓人员、带入设备、工具等，确认无误后方可进仓，再次确认施工环境是否安全后，清理人员首先用高压水枪对仓内进行冲洗，同时用污水泵进行抽排，上部清理完成后对土仓内渣土进行渣土装袋外运。

8.4.4 开仓换刀关键技术

1. 换刀工艺流程

换刀工艺流程如图 8-51 所示。

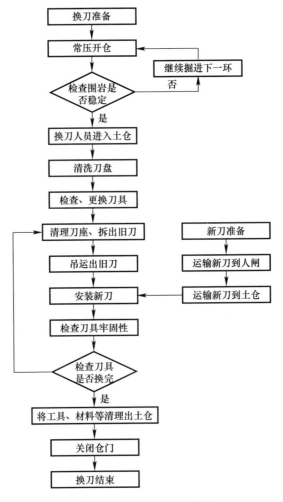

图 8-51 换刀工艺流程图

2. 换刀方案

仓门打开之后将相邻两根辐条之间开口采用焊钢板进行密封（图8-52），钢板采用5cm宽、1cm厚、0.5～1.5m长的钢板条。先采用横向钢板条进行焊接，再采用竖向钢板条进行加固焊接，焊缝宽度不小于8mm。

刀具更换完成后再采用一字形气割枪将钢板割除，割除顺序与焊接顺序相反。

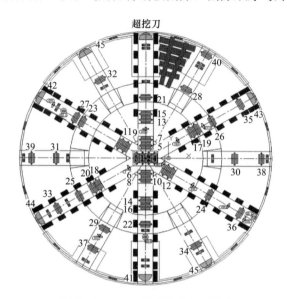

图8-52 刀盘开口焊接钢板封闭示意图

（1）刀具检查

检查刀具时，操作司机锁住刀盘（操作室），继而进行人仓内换刀控制面板上操作，转速为0.5rpm；若控制面板损坏，则需操作司机与换刀负责人通过对讲机沟通联系，确保核实无人及其他物料时，方可转动刀盘，转速为0～0.5rpm。

（2）检查内容

1）滚刀的磨损量和偏磨量，漏油情况，滚刀刀圈的脱落、裂纹、松动、移位等，刀具螺栓的松动和螺栓保护帽的缺损情况。

2）刮刀的合金齿和耐磨层的缺损和磨损以及刀座的变形情况。

3）刀具螺栓的检查用手锤敲击螺栓垫，辨别螺栓的紧固程度。

4）刀盘有无裂纹、刀盘牛腿磨损及焊缝开裂情况。

5）根据刀具的编号，记录刀具的磨损量，并提供刀具检查报告。盾构刀具磨损的建议标准是正面滚刀磨损量大于25mm、边缘滚刀磨损量大于15mm时就必须进行更换。

刀具更换标准如下：①滚刀在刀圈产生偏磨、漏油、挡圈断裂或脱落、刀圈脱落、裂纹、松动、移位情况下必须进行更换，滚刀正常磨损时按刀盘最外3把滚刀磨损大于10mm、其余边缘滚刀磨损量大于15mm、正面滚刀磨损量大于20mm、中心滚刀磨损量大于25mm时更换。②刮刀/齿刀合金齿缺损和耐磨层磨损完时更换。

（3）刀具运输

1）刀具运输过程（包括从地面下井到进入土仓后到达换刀位置的全过程）以及旧刀具运出地面过程中，必须检查吊具、钢丝绳、木板等质量，确保其安全性能的前提下方能投入使用。

2）刀具运输过程中要保护好刀具不被碰撞，严禁刀具碰撞设备。

3）禁止在推进油缸和铰接油缸活塞杆上捆绑钢丝绳作为吊点。

4）将底部推进油缸回收，以防止刀具在运输过程中脱落碰坏油缸。

（4）刀具更换作业

将角钢焊接在土仓壁三点位或九点位（视盾构机具体情况而定），把 2 块 1500mm×200mm×40mm 的木板放在角钢上搭设换刀平台。

将刀盘旋转到所需换刀的位置（三点位或九点位），用风镐凿刀坑，坑的位置与所换刀的位置一致，容积与刀的体积基本相等。坑凿好后，把需要换的刀具转到刀坑中。

以滚刀为例具体说明更换过程，详见表格 8-7。

刀具更换作业过程 表 8-7

序号	更换过程	更换现场
1	滚刀夹具夹紧滚刀	
2	使用导链挂住滚刀	
3	松掉自锁螺帽	
4	移走可调节压块	

序号	更换过程	更换现场
5	撬出滚刀	
6	拉出刀箱	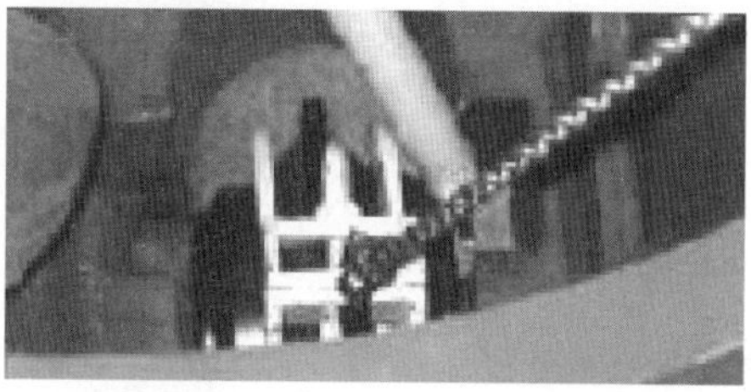
7	移走滚刀	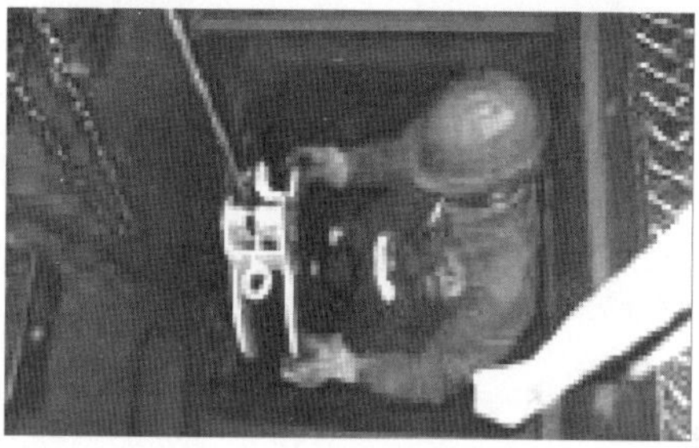
8	将新滚刀运至更换点	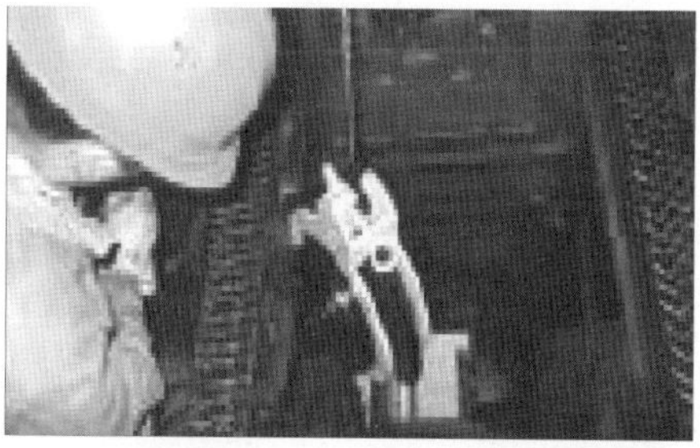
9	安装新滚刀	

序号	更换过程	更换现场
10	装入楔块	
11	上紧压块	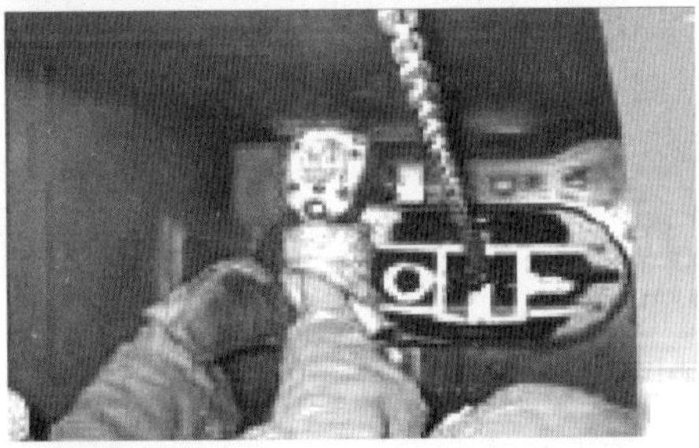
12	上紧螺母和保护盖	

3. 螺旋机检修

刀具更换完成后，出空土仓内渣土后进行螺旋机检修。清理过程中，保证螺旋机设备处于断电状态。碳刨拆除原有磨损严重的前端叶片，打磨平整，根据现场分割的螺旋叶片数量及位置安装螺旋叶片。检修完成后进行试转，保证螺旋机恢复正常工作。施工过程中利用人舱外及空心桩安装通风设备进行通风。

4. 关闭仓门

检查清理完毕后对土仓及刀盘前方进行全面的检查，对入仓前人员、机具登记表逐一核查，避免工具、杂物遗漏在土仓内。确认后关闭所有预留送风口、排气口、阀及仓门，关闭情况由当班值班工程师和机械、电气工程师检查，机电副总工复核，符合要求后，盾构机恢复掘进。

5. 恢复掘进措施

（1）换刀结束后关好土仓门，通过土仓壁上的球阀向土仓中注入充分膨化的膨润土泥浆，注入膨润土的过程中打开土仓壁上部的平衡阀排出仓内空气，直至溢出膨润土浆液时关闭平衡阀。观察土仓压力传感器，当土仓压力达到掘进时的土压平衡压力时停止注入膨润土，然后启动刀盘，将土仓内的渣土与膨润土搅拌均匀，恢复盾构掘进。

（2）盾构恢复掘进期间安排专人对地面进行巡视，如有异常状况及时汇报技术部。

（3）盾构恢复掘进后加密监测频率（每2h一次），根据地面监测数据，实时调整掘进参数，确保盾构施工平稳、安全。

（4）如地面监测点数据异常，及时进行地面注浆。

（5）待盾构机通过换刀区域后加大注浆量并在隧道内利用管片吊装孔进行二次注浆，在注浆前安排专人在隧道内指定位置进行观察。

8.4.5　开仓换刀注意事项

1. 开仓门注意事项

开仓门前应先打开人仓和土仓之间的减压球阀（如果阀芯堵塞时用铁丝疏通），待土仓内外气压平衡后，再拆下螺栓，最后打开压板，在松开压板螺丝的过程中，要严格注意土仓内压力的变化，发现异常时，马上拧紧螺丝，以防异常情况发生。

在进行刀盘检查前应准备好联络、通信工具，并安排专人值班，以确保刀盘检查和清理过程中，人仓、操作室和地面监控室之间的信息畅通。

土仓门打开后，应先由现场值班土建工程师对刀盘前方土体的稳定性及地下水情况进行确认，并得出是否具备进行刀盘检查的条件，当符合条件后，方可进行刀盘检查；当条件不符合时，应先采取应急措施，如用大锤将木板（长1m，厚30mm，头部带尖）向前上方打入刀盘和土仓的缝隙，以及给刀盘进土口每隔10cm打入木支撑等，严防土体塌方造成对检查人员的伤害。

2. 检查清理中注意事项

开仓期间，每次只允许两人进入仓内（不允许超过2人）进行清仓作业，同时必须有1人在人闸内、1人在盾构主控制室内，以防止突发事件发生时，确保能够及时关闭人闸门、螺旋输送机闸门并保持对外联络。

仓内渣土需要清理人员装入编织袋，送出仓外。为避免人员跌落需要确保清理人员都系好安全带。

3. 作业过程中的通风和气体检测

在检查清理过程中，必须保证通风的连续性，并由气体检测人员对土仓内气体进行不间断检测（图8-53），如有异常，应及时撤出土仓内人员，加强通风力度，待土仓内氧气浓度合格后，方可继续进行进仓作业。

图 8-53　球阀与人仓处气体检测

4. 刀具更换注意事项

（1）每次更换时，换刀人员须先将刀具周围的泥土清掉，保证留有一定的工作空间。

（2）用套筒及加力杆卸下固定螺栓，将拆下的螺栓及附件放入随身携带的工具袋内，以防丢失。

（3）将换下的刀具递到人闸内，同时将固定螺栓和固定座用水清洗干净，并检查一下是否有裂纹，如有裂纹必须更换新螺栓，以确保新装刀具有足够的固定强度。

（4）将新的刀具按原来的位置安装好，并将固定螺栓拧紧。

（5）每次带一批刀具和螺栓进仓，每批刀具换完后，把废刀具和没有安装的新刀放进料闸内。

（6）同时操作手转动刀盘。工作人员通过料闸将下一批刀具送入土仓内，再继续更换下一组刀具。

（7）每换完一批刀具后，由值班工程师对安装质量进行检查，确认无误后方可继续作业。

8.5 富水砂卵石地层盾构机带压换刀技术

8.5.1 带压进舱工作原理

带压进舱作业［清除泥饼（图 8-54）、检查刀盘、检查及更换刀具］的工作原理：对盾构前方开挖面土层进行改良后，在保证盾构前方周围土体和土舱满足气密性要求的条件下，利用空气压缩机将空气加压到土舱，利用气压来平衡刀盘前方水、土压力，达到前方土体稳定和防止地下水渗入的目的，作业人员在气压条件下，进入土舱内进行检查和刀具更换等作业。

图 8-54 刀盘结泥饼

8.5.2 开舱气压值确定

工作气压 P_w 指作业时土舱内的空气压力。气压越高，越能保证前方土体的稳定性。但从施工效率和带压作业人员的健康考虑，气压应取较低值。因此在确定工作气压时，先计算出能稳定前方土体的最低气压值。气压的计算方法根据覆土厚度、地质条件而不同。对于富水砂卵石地层，宜按水土分算考虑。

理论气压值下限计算公式如下：

$$\sigma_\text{下} = K_\text{a} \sum \gamma_\text{土} h_\text{土} + \gamma_\text{水} h_\text{水} \tag{8-6}$$

式中：K_a——朗金主动土压力系数，$K_\text{a} = \tan^2(45°-\varphi/2)$。

$\gamma_\text{土}$——土的重度，kg/m^3。

$h_\text{土}$——各土层的厚度。

$\gamma_\text{水}$——水的重度，kg/m^3。

$h_\text{水}$——压点到液面的高度，m。

根据成都地铁已建线路盾构带压作业经验来看，部分带压实际作业时的气压值小于空舱底部的水压值，而实际采用的气压值又是稳定和安全的，主要因为盾构刀盘一定程度上可稳定开挖面前方土体，同时膨润土浆液形成泥膜的阻塞作用。综合以上因素，侧土压力可以不考虑，带压作业气压值可以按如下经验公式计算：

$$p_\text{下限} = k \cdot \gamma_\text{水} h_\text{水} \tag{8-7}$$

式中：k——根据膨润土浆液注浆效果好、中、差分别取 0.9、1.0、1.1；

$\gamma_\text{水}$——水的重度，kg/m^3；

$h_\text{水}$——压点到液面的高度，m。

带压作业环境在土舱或人闸内，根据规范适用压力范围为 0.6～6.9bar，一般超过 4.5～6.9bar 时需采用专业的潜水技术和设备。

根据式（8-8）计算此次带压换刀工作压力 $P_\text{w} = 2.9\text{bar}$，小于 4.5bar，故采用压缩空气法进行普通带压换刀。

8.5.3 带压进舱

压力人舱即人闸，为满足气压作业时能实时实现升、降压功能，并能使作业人员、物资安全出入盾构开挖舱的设备，此盾构配置并列式双室人舱（图 8-55）。并列式双室人舱由应急舱（也称准备舱）和主舱组成，应急舱和主舱相互连接，之间由隔离门隔开。根据需要在降压状态下，医务人员可以从应急舱进入到主舱，同时方便向主舱内送工具和材料等以提高工作效率。为保证带压换刀的压缩空气供应，选用 3 台 90kW、0.8MPa 的空压机。

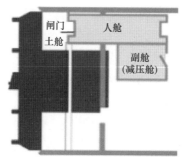

图 8-55 并列式双室人舱结构图

1. 准备工作

（1）地下水封堵

1）盾构停机前 3～5 环掘进过程中，土舱压力提高 0.2～0.3bar，以增加停机位置前方土体的密实度。同步注浆采用稠度较大的浆液，注浆量提高 0.2 倍，从而使盾尾后的空隙充分填充。

2）停机前，加大盾尾油脂注入量，使每道油脂腔充满油脂，并且油脂压力大于同步注浆压力，防止注浆的浆液进入盾尾刷。

3）从盾尾后的第 5 环和第 6 环开始至停机位置，两环管片交界的一周注双液浆，形成完整的密封环，防止成型隧道外的地下水沿管片外流向盾构土舱。

4）停机位前第 5 环开始，通过前盾构径向注浆口向盾壳外注粘度大于 80s（马氏漏斗）的膨润土浓浆，使盾体外充满膨润土，防止盾壳外的地下水渗入土舱。

5）螺旋机需提前检查好密封情况，并复紧螺栓，必要时采用聚氨酯或环氧树脂进行密封。

（2）渣土置换

盾构到达预定换刀点停止掘进，注入膨润土泥浆，继续转动刀盘，刀盘持续转动 5～10min 后停止转动。渣土置换采用逐步置换法分阶段排土、分阶段加压。置换渣土时，螺旋机从土舱的底部排出渣土，同时启动加气系统。加气时，观察土舱内压力变化情况，及时调整进气阀门，确保土舱内压力的稳定。土舱内渣土排出约 1/3 后，暂停螺旋机排渣，开始通过注浆阀门向土舱内注入膨润土泥浆，同时逐步关闭手动加气。待膨润土充满土舱后开始保压。

调制比重为 1.18～1.2 的膨润土泥浆，采用土舱隔板上的备用注浆孔把泥浆注入土舱，螺旋机缓慢转动，将土舱内的上部渣土置换成泥浆。当置换约 1/2 以上时暂停置换，从土舱中部放浆取样，检测泥浆比重。如果比重小于 1.18，继续从土舱上部注入大比重泥浆，螺旋机缓慢出土，直到放出的泥浆比重不小于 1.18。此过程应严格控制出土量，确保土舱压力基本稳定。

（3）泥浆渗透成膜

带压进舱采用空气压力支撑开挖面，为确保支撑效果，需要在开挖面上形成一层致密的不漏气泥膜。在开舱前需向土舱内注入高粘度泥浆形成有效泥膜，从而建成良好的气压边界，达到密封掌子面的目的。在带压作业过程中，膨润土泥浆对控制气压和漏气量起到至关重要的作用。为使配置的泥浆达到较好的效果，需在带压换刀前对其配比和效果进行试验，确定膨润土泥浆配合比、发酵时间、搅拌质量、膨润土泥浆效果，保证带压换刀高粘度泥膜的形成。

根据现场取渣样品，在试验室内进行模拟试验，最终确定高比重配合比（钠基：钙基：水＝1：2：7），相对密度为 1.18，高粘度配合比（钠基：水＝1：4），4h 膨化后粘度计测试 126s。

渣土置换完成后，保压让泥浆对开挖面渗透，过程中逐渐补充泥浆，在渗透一段时间后地层缝隙被泥浆填充。保压时土舱泥浆的压力必须高于预定的工作气压，膨润土泥浆注入的压力应比地下水压力高 1.2～1.4bar。

保压渗透完成后，用高粘膨润土配制粘度大于 80s（马氏漏斗）的泥浆，置换土舱内大比重泥浆。保持土舱压力，每间隔 2h 从土舱放出泥浆，检测泥浆粘度。粘度小于 60s，即进行泥浆置换；当粘度大于 60s，保持土舱压力。持续 6h 不需要补充泥浆可判定泥膜制作成功，否则延长成膜时间。

（4）土舱气密性试验

泥膜制作完成后，在土舱内建立气体压力环境。首先打开土舱的自动加气阀门，螺旋输送机缓慢启动放出泥浆，放出泥浆与补充压缩空气过程中应确定土舱内压力稳定。这个过程可以观察供气管压力，如果供气管压力与土舱压力接近，说明泥膜闭气效果差，漏气量大，应立即停止放浆，重新制作泥膜。

如果供气管压力远大于土舱压力，说明土舱漏气量小，可以继续放出泥浆。放浆完成，土舱上半部空间为压缩空气，启动空气自动保压系统，维持舱内压力稳定。观察一段时间，若土舱内部压力稳定，供气管压力较高且不下降，空压机不频繁启动，说明土舱建压良好，具备带压进舱条件。

为了保证进舱前舱内压力稳定，现场采取 3h 的气密性观察试验，试验数据见表 8-8。

带压进舱气密性试验   表 8-8

序号	试验时间	试验压力（bar）	补气说明
1	09：30—10：00	3.2	间断补气
2	10：00—10：30	3.1	基本不需要
3	10：30—11：00	3.1	间断补气
4	11：00—11：30	3.0	基本不需要
5	11：00—11：30	3.0	基本不需要
6	11：30—12：00	3.0	基本不需要

2. 带压进舱作业

在开舱之前，需保持设定压力 24h，无明显漏气现象，确认土体稳定，同时检测舱内有毒气体未超标，方允许进行气压开舱作业。

入闸流程：人员进入主舱并关闭闸门→打开主舱内的双层带状纸记录器→关闭主舱和副舱之间的闸门→确保操作管理员和闸内人员之间保持电话联系→缓慢打开"主舱通风"球阀→向主舱内增压直到达到操作压力→打开土舱与入闸的联通阀门检查确认无水流出→打开通向土舱的闸门→人员进入土舱作业，通向土舱的闸门必须保持打开状态。

土舱内作业采用轮班制，选择适宜的工作时间。舱内作业人数不能超过 2 人，作业时间不能超过 2h。人员在作业区域时，派专人观察掌子面状况。换刀过程注意保护泥膜完整性，泥膜出现干裂现象时重新建膜。刀具更换过程中应遵循"拆一换一"的原则。在刀具更换完成后，检查复紧所有螺栓，清理土舱物料机具，应确认工具全部带出，人员出舱，关闭舱门，上紧舱门螺栓。

8.5.4 出舱和恢复掘进

1. 减压出舱

出闸过程分为减压→停留→再减压→停留，直至压力降至常压即减压结束。具体程序为：操作管理员打开纸带记录器→人员进入主舱→根据带压工作减压表选择减压方案→关闭通往土舱的闸门→确保操作管理员和闸内人员保持电话联系→使用"主舱放气"球阀和

"主舱通风"球阀进行调整，逐渐降低主舱中的压力至第一停留期压力→第一停留期压力保持→逐渐降低主舱中的压力至第二停留期压力→……→至减压结束→人员出舱→操作管理员停止纸带记录器，记录闸室操作过程。

2. 恢复掘进

带压作业结束后关闭土舱门，通过土舱壁上的球阀向土舱中注入充分膨化的膨润土泥浆。同时打开土舱壁上部的平衡阀，排出舱内空气，待膨润土浆液从平衡阀喷出时，关闭平衡阀。检查土舱压力传感器，当土舱压力达到掘进时的土压平衡压力时，停止注入膨润土，缓慢启动刀盘。刀盘转动一段时间后，渣土与膨润土充分融合，恢复盾构掘进。

盾构恢复掘进期间安排专人对地面进行巡视及沉降检测，根据地面监测数据，实时调整掘进参数，确保盾构施工平稳、安全。盾构通过换刀区域后，持续观测地面沉降量，同时在隧道内利用管片吊装孔进行二次注浆。地面采用袖阀管钻孔注浆，在注浆前安排专人在隧道内指定位置进行观察。

针对成都地铁 17 号线一期工程明九区间 2 号中间风井—九江北站区间土压盾构在富水砂卵石中带压开舱技术的成功实施，得出如下结论：

（1）土舱工作压力值可以不考虑土压力，只考虑水压力，计算结果在实际应用中是安全的。

（2）带压进舱作业实施前，必须做好进舱前地下水封堵、渣土置换、泥浆膜成型、土舱气密性试验。泥浆膜成型有效保证了土舱内工作压力的稳定。

（3）在地面条件复杂、不具备加固条件的情况下，通过精密组织、采用带压开舱作业，能够在富水砂卵石地层成功实施和检查更换刀盘作业，为工程顺利实施创造了条件。

（4）带压进舱作业技术具有一定的危险性，在做好进舱前准备工作的同时，进舱作业和减压出舱必须按方案执行。此次带压开舱成功实施，为类似盾构施工提供了借鉴。

8.5.5 带压换刀工程案例

本节以成都地铁 17 号线一期工程明九区间 2 号中间风井—九江北站区间为例说明带压换刀安全保障施工技术。隧道施工采用中交天和 ϕ8580mm 复合式土压平衡盾构。采用盾构法施工，左线长 2157.20m，盾构区间线路最小曲线半径为 600m，埋深为 9.1～29m，最大坡度 28‰。根据盾构掘进进度安排、工程地质、气候环境及周边建筑物情况，在左线 480 环（里程桩号：ZDK69+560.503）进行带压换刀。左线隧道底部埋深 37.62m，位于 V 字坡最低点下坡附近，均位于密实砂卵石地层。带压换刀位置处于第<3-8-2>层中密卵石土（$Q^{3fgl+al}$）中，上层依次为第<3-8-2>层中密卵石土（$Q^{3fgl+al}$）、第<3-8-1>层稍密卵石土（$Q^{3fgl+al}$）、第<2-5-1>层松散～稍密粉细砂、第<2-3>层粉质黏土（Q^{4al}）、第<1-2>层人工填土（Q^{4ml}）。

成都砂卵石地层盾构开舱以常压开舱为主，但当盾构机被迫停机的位置处于埋深较深或者江河湖底等不利环境时，往往难以具备常压开舱的条件，只能采取带压开舱方式。此时，会遇到开挖面的稳定、带压作业人员的安全保障、压力条件下的焊接操作等一系列技术问题，其中最关键的问题是如何维持开挖面的稳定。而泥膜的闭气作用及机理是实施带压开舱时维持开挖面稳定的关键问题，是带压开舱技术建立的理论基础。

主要影响因素包括开舱气压对泥膜闭气的影响、泥膜厚度对泥膜闭气的影响、泥膜干裂对泥膜闭气的影响等，继而在工程中通过开舱气压值的确定、泥膜的形成及开舱作业等工作确保开挖面极限支护压力下的施工安全。

1. 泥膜对支护压力的影响

研究采用 Geostudio Air/W 软件在考虑非饱和土内的水、气渗透系数随饱和度变化的基础上对砂卵石地层带压开舱时泥膜的闭气能力进行建模，对泥膜厚度、泥膜干裂、开舱气压对泥膜闭气能力的影响等问题进行了研究。该研究结果成功地指导了成都轨道交通 17 号线一期工程带压开舱工程。

（1）数值模型建立

1）模型尺寸

模型的尺寸为 35m×90m，盾构开挖直径为 8.6m，隧道底部埋深 24m，顶部埋深 15.4m。泥膜设置在开挖面处，厚度为 10mm、20mm 或 30mm。模型的全局单元尺寸为 1.5m，在泥膜与地层接触界面，局部网格加密，模型单元数为 1394 个，数值计算模型示意如图 8-56 所示。

2）边界条件

在泥膜表面设置气压边界，大小从 150kPa 逐步提高到 400kPa，模拟开舱换刀时的不同开舱气压。地层的上表面设置零气压边界，允许气体从地层上表面逃逸。模型左、右地层边界设置水压边界（35m 的总水头）。地下水位线设置在模型的上边界，数值分析过程中保持地下水位线不变。

3）泥膜开裂模拟

数值分析通过设置裂隙单元来模拟泥膜开裂。在泥膜区域内设置 6 个裂隙单元，每个裂隙单元由 4mm×1mm 的小单元组成，用以模拟泥膜开裂时，裂隙的数量和宽度。泥膜未开裂时，将泥膜的材料参数赋予裂隙单元；当泥膜干裂时，裂隙处气压将直接作用在砂卵石地层上，故将砂卵石地层的材料参数赋予裂隙单元。如图 8-57 所示，裂隙单元中 3 个小单元被赋予砂卵石地层的材料参数，1 个小单元被赋予泥膜的材料参数，表示此处泥膜裂隙宽度为 3mm。

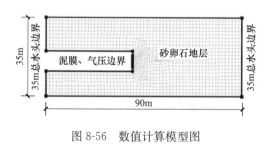

图 8-56　数值计算模型图　　　　　　　图 8-57　裂隙单元示意图

4）分析过程

进行数值分析的基本流程如下：

第 1 步，绘制并划分地层、泥膜及裂隙单元区域。定义泥膜及砂卵石地层两种材料的性质参数。在模型左、右地层边界上设置 35m 总水头。在模型的上边界设置 0kPa 气压边界。

第 2 步，新建稳态分析，确保地层处于饱和状态。

第 3 步，每计算一个工况，均在第 2 步稳态分析下，建立一个新的瞬态分析，计算工况见表 8-9。每个瞬态分析步的持续时间均为 12h，设置 3000 分析步，步长按指数方式增加，初始增量为 1s。

其中，根据每个工况所对应的开舱气压大小设定泥膜表面处的气压边界。根据每个工况泥膜裂隙分布情况，设置裂隙单元的材料参数。具体详见表 8-9。

（2）数值模拟结果分析

盾构带压开舱时，泥膜闭气能力主要通过掌子面空气逃逸流量来评价。使用 Geostudio Air/W 软件在考虑非饱和土内的水、气渗透系数随饱和度变化的基础上建模，可以通过软件给出的空气在地层中的流动数据来辅助分析泥膜的闭气能力。当泥膜内空气流速突增时，说明开舱气压达到泥膜进气值；当空气逃逸流量超过设定的安全值时，说明泥膜已经完全丧失闭气能力。

计算工况   表 8-9

泥膜厚度（mm）	泥膜干裂情况		开舱气压（kPa）
	裂隙总宽度（mm）	裂隙形态	
10	0	—	150～400
20	0	—	150～400
30	0	—	150～400
10	3	3 条 1mm 宽裂隙	150～400
10	6	3 条 2mm 宽裂隙	150～400
10	12	3 条 4mm 宽裂隙	150～400
10	24	6 条 4mm 宽裂隙	150～400
10	12	3 条 2mm 宽裂隙	150～400
10	12	4 条 3mm 宽裂隙	150～400

注：其他条件相同时，开舱气压大小不同时，亦属于不同工况。

1）开舱气压对泥膜闭气的影响

综合图 8-58 图 8-59 可以看出，当开舱气压小于 190kPa 时，泥膜中空气最大水平速率在 $1×10^{-13}$ m/d 附近且空气逃逸流量在 $1×10^{-10}$ m³/30min 左右；当开舱气压大于 190kPa 时，泥膜中空气最大水平速率和空气逃逸流量均显著提高，此时泥膜开始进气。

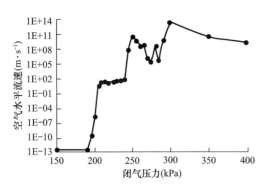 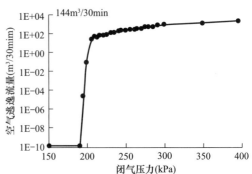

图 8-58 不同开舱气压下泥膜中空气最大水平速率   图 8-59 不同开舱气压下开挖面空气逃逸流量

根据前文可知泥膜的进气值 $a_{ev}=23.3$ kPa，而数值计算模型中隧道开挖面中心处地下

水压 P_{w0} 为 197kPa，$a_{ev}+P_{w0}=220.3$kPa；隧道开挖面顶部处地下水压 P_{w1} 仅为 154kPa，$a_{ev}+P_{w1}=177.3$kPa。190kPa 处于两者之间符合实际情况，当开舱气压克服地下水压和泥膜进气值后，泥膜开始进气。

工程中采用两台产气速率为 288m³/30min 空压机产气，研究中设定安全系数为 4，以空气逃逸流量超过 144m³/30min 作为泥膜完全丧失闭气能力的标志。

2）泥膜厚度对泥膜闭气的影响

从图 8-60 可以看出，相同闭气压力下，泥膜越厚，空气最大水平速率越小。从图 8-61 可以看出，开舱气压一定时，泥膜越厚，空气逃逸流量越低。

综合图 8-60、图 8-61 及表 8-9 可以看出，泥膜越厚，泥膜闭气能力越强。以开挖面空气逃逸流量超过 144m³/30min 作为泥膜完全丧失闭气能力的标志，泥膜厚度为 1cm、2cm 及 3cm 时，泥膜完全丧失闭气能力时开舱气压值分别为 235kPa、260kPa 及 275kPa。

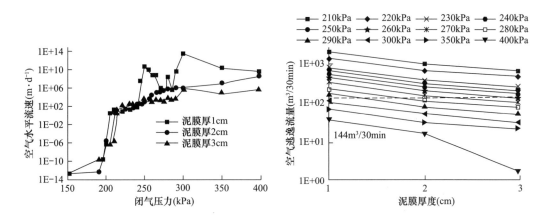

图 8-60 不同泥膜厚度下泥膜中空气最大水平速率　图 8-61 不同泥膜厚度下开挖面空气逃逸流量

2. 工程应用

明九区间 2 号中间风井—九江北站盾构区间右线起点里程 DK68+859.735、终点里程 DK71+144.845，右线长 2274.048m；区间左线起点里程 DK68+839.804、终点里程 DK71+19.852，左线长 2157.2m。区间采用直径 8.6m 的中交天和复合式土压平衡盾构机由 2 号风井始发沿成新蒲快速路自西向东掘进，至九江北站吊出。

因施工换刀环境不佳，地下水丰富、渗透系数大、水流大且深井降水困难。因此，不能采用通过地表降水将水位降至隧道底 1m 再进行常压开舱换刀的方法，必须采用带压开舱换刀。

成都地铁砂卵石地层土压平衡盾构掘进带压开舱的案例极少。为了保证带压换刀的安全性，最终选择带压开舱位置为左线隧道底埋深为 37.62m、右线隧道底埋深为 37.25m。左、右线隧道全断面均处于密实砂卵石中，其中卵石含量大于 70%，渗透系数为 3.1×10^{-3}cm/s。

（1）开舱气压值的确定

带压进舱所需的气压值的确定，关键要确定气压的下限，再根据人体可承受的气压值，考虑一定的安全系数，按照较低值确定。采用半舱土开舱，开舱时舱内仍留半舱渣土，故带压开舱时，所需平衡的最大水压为隧道开挖中心处的水压。泥膜最容易丧失闭气能力的位置为隧道顶部。

带压进舱位置地下水位埋深约为4.2m（地勘位置稳定水位4.7m，取平均水位4.2m计算），洞底埋深取左、右线中的最大值37.62m计算，由此确定掌子面的理论稳定开舱气压P计算公式如下：

$$P = k \cdot \gamma_w \cdot h_w + p_r \qquad (8\text{-}8)$$

式中：k——取值系数，为0.9～1.0，通常取$k=1.0$；

γ_w——地下水的重度，取$\gamma_w=0.98\text{g/cm}^3$；

h——地下水位高度，隧道顶和隧道中心处的地下水高度分别为24.82m和29.12m，对应的地下水压分别为243.2kPa和285.4kPa；

p_r——考虑不同条件、地面环境及开挖面位置的压力调整值，取10～60kPa。

施工时泥膜的进气值为23.3kPa，根据研究结果，当开舱气压小于泥膜进气值与地下水压之和时，泥膜具有良好的闭气能力，泥膜不会漏气。当泥膜厚度大于1cm时，开舱气压比泥膜进气值与地下水压之和大于50kPa，泥膜不会完全丧失闭气能力。泥膜进气值a_{ev}与隧道顶地下水压之和为266.5kPa，故开舱气压小于316.5kPa时，泥膜仍能有效闭气。

基于安全考虑取$p_r=14.6$kPa，根据式（8-6）确定开舱气压$P = k \cdot \gamma_w \cdot h_w + p_r = 1.0 \times 0.98 \times 29.12 + 0.0146 = 0.3\text{MPa} = 300\text{kPa}$。

（2）泥膜的形成及开舱作业

在盾构掘进到预定停机里程的前5环处开始对渣土进行改良，改善其流塑性从而能更好地利用螺旋输送机排渣。到达停机位置后，将土舱内的渣土排出2/3（约40m³）后停止排渣。然后通过膨润土系统向土舱顶部注入膨润土泥浆，待膨润土泥浆充满土舱后开始保压。保压时，膨润土泥浆的压力必须高于预定的进舱气压且比地下水压高12～14kPa，取320kPa。

先采用低粘度（马氏漏斗粘度小于30s）、比重为1.18～1.20g/cm³的泥浆进行保压渗透，如果土舱压力有所下降，马上从土舱上部小流量补充泥浆，直至2～3h不需要补充泥浆仍能保持压力稳定，说明地层缝隙基本被填充，可以进行成膜阶段的工作。然后采用粘度大于80s的高粘度泥浆进行成膜。每隔3h从土舱中部放浆取样测试，若泥浆粘度小于60s，便置换泥浆。当保压持续6h不需要补充泥浆即判定泥膜制作成功，否则延长成膜时间。

根据研究成果，泥膜越厚，其闭气效果越好。保压成膜过程至少持续12h，使生成的泥膜达到一定的厚度，加强泥膜的可靠性。

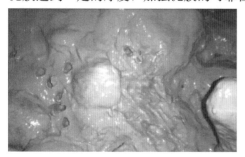

图8-62 带压开舱泥膜

最终形成的泥膜闭气性良好（图8-62）。带压开舱过程中，空压机没有频繁启动，补气量小，一次成膜即保压48h以上，成都地铁17号线一期明九区间2号中间风井—九江北站盾构区间工程安全、高效地完成带压换刀作业。

3. 结论

基于试验确定的泥膜进气值的基础上，利用Geostudio Air/W模块对泥膜闭气性能进行数值模拟计算，通过分析数值模拟结果得出了以下结论：

（1）当开舱气压（克服地下水压后，下同）小于泥膜进气值时，泥膜具有良好的闭气能力，不会漏气；当开舱气压大于泥膜进气值时，空气开始进入泥膜内部，泥膜内部水分被排出，直至形成贯穿孔隙、漏气。

（2）当开舱气压大于泥膜进气值时，增加泥膜厚度能显著提高泥膜的闭气能力，大幅度降低开挖面空气逃逸流量。

（3）当泥膜干裂时，泥膜闭气能力会显著降低。不仅泥膜进气值会降低，而且泥膜对开舱气压波动更加敏感，泥膜更容易突然失效，丧失闭气能力。故盾构带压开舱时，应该随时注意泥膜是否干裂，若泥膜干裂应及时处理。

盾构在砂卵石地层掘进对刀具磨损非常严重。当刀具磨损严重或刀盘前形成泥饼造成掘进速度降低或渣土温度升高等掘进异常现象时，需停机进舱检查及作业。带压进舱作业方式由于不受地面交通及周边建（构）筑物的影响，往往成为首选方式之一。因带压作业是一项技术性强、危险性大的工作，作业前必须制定完备的作业方案。

第9章 ▶▶

联络通道关键施工技术

9.1 概述

成都轨道交通 17 号线一期工程，共设置联络通道 28 座。其中 3 座位于明挖段内，2 座与中间风井合建，其余为盾构区间中设置的暗挖联络通道，5 座暗挖联络通道兼废水泵房。

盾构起点—市五医院站—凤溪河站—温泉大道站—明光站—九江北站—白佛桥站—机投桥站—设计终点区间联络图通道设置详见表 9-1。

成都轨道交通 17 号线一期工程联络通道设置详情 表 9-1

序号	区间	联络通道	地面环境	隧道覆土厚度（m）	地下水位埋深（m）	备注
1	盾构起点—市五医院站	1 号	主干道永康路	14.0	3.9	—
		2 号	主干道永康路	12.0	4.3	—
2	市五医院站—凤溪河站	1 号	主干道凤溪大道北段	16.4	4.4	—
		2 号	主干道凤溪大道中段	21.0	5.7	—
3	凤溪河站—温泉大道站	1 号	主干道凤溪大道南段	19.7	9.3	—
		2 号		15.8	7.6	—
4	温泉大道站—明光站	1 号	主干道凤溪大道	18.9	4.4	—
		2 号	主干道凤溪大道	22.4	5.9	兼废水泵房
		3 号	主干道凤溪大道	19.8	4.2	—
5	明光站—九江北站	1 号	主干道凤溪大道	15.6	5.8	—
		2 号	正上方为农田	10.8	5.4	—
		3 号	正上方为农田	9.5	5.2	—
		4 号	—	—	—	与中间风井合建
		5 号	正上方为农田	16.9	3.3	兼废水泵房
		6 号	正上方为农田	12.1	3.6	—
		7 号	正上方为农田	11.0	3.2	—
		8 号	—	—	—	与 2 号中间风井合建
		9 号	正上方为农田	19.8	4.2	—
		10 号	正上方为农田，附近有给水管	30.8	3.3	兼废水泵房
		11 号	主干道成新蒲快捷通道	24.3	4.5	—
		12 号	主干道成新蒲快捷通道	16.0	5.2	—

序号	区间	联络通道	地面环境	隧道覆土厚度（m）	地下水位埋深（m）	备注
6	九江北站—白佛桥站	1号	—	—	—	位于明挖段
		2号	—	—	—	位于明挖段
		3号	正上方为农田	22.6	5.7	—
		4号	—	—	—	位于明挖段
		5号	正上方为农田	28.1	14.0	兼废水泵房
		6号	主干道永康路	19.4	5.7	—
7	白佛桥站—机投桥站	1号	主干道永康路	22.1	5.9	兼废水泵房

本章主要介绍暗挖联络通道。区间联络通道与盾构掘进同步进行。穿越地层主要为＜3-8-3＞密实砂卵石地层。因卵石含量大、工程地质条件较差，存在着塌方、地面不均匀沉降等施工风险，开挖难度非常大，因此联络通道采用矿山法施工。联络通道隧道结构为复合式衬砌结构，防水等级为二级。

9.2 总体施工方案

联络通道总体施工工艺流程如图 9-1 所示，施工步骤为：

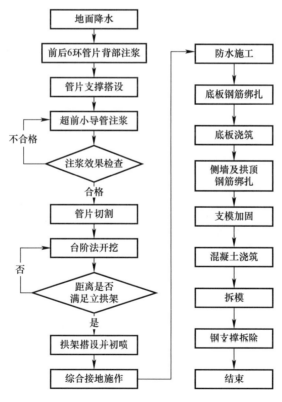

图 9-1 联络通道施工工艺流程图

（1）正线隧道与联络通道接口处的 6 环管片采用内支撑加强。

（2）洞门处施作超前支护，然后开管片。

（3）采用台阶法进洞，同时割除加长导管外露部分，施作初期支护；下台阶进洞后及时对下侧墙无钢架支护的三角区喷射混凝土挂网，必要时设置长 2.5m、ϕ42 超前小导管。

（4）完成洞门段开挖及初期支护后，及时施作洞门环梁防水层和洞口环框梁。

（5）待联络通道初期支护完成，底板二次衬砌施工完成以后，拆除开挖范围通道底板钢架，及时施作第一幅泵房钢架。按锚喷构筑法施工工艺流程，逐步完成废水泵房的开挖和初期支护，每步进尺不得大于格栅钢架间距 0.25m。

（6）待废水泵房初期支护稳定后，布设防水层，进行废水泵房及通道的二次衬砌施工。

（7）待二次衬砌达到设计强度后，拆除正线隧道内撑。

9.3 联络通道开口处管片施工技术

9.3.1 开口处注浆加固技术

为避免联络通道施工时对已处于稳定状态的成型盾构区间隧道造成较大影响，确保联络通道位置管片开口上方土体稳定，防止在联络通道开挖第 1 循环时土体不稳定，施工联络通道前，对联络通道前后 6 环进行注浆加固，同时对管片开口侧位置上方及下方土体进行加固加强，确保管片与联络通道相连接处土体的稳定。加固前进一步紧固隧道管片连接螺栓，确保管片间连接紧密。

打开管片注浆孔，检查盾构隧道背后回填情况，进行补充注浆。补充范围为洞口前后各 6 环；注浆浆液为水泥浆，水泥浆配比（重量比）为水泥：水＝1：1，注浆压力为 0.4～0.6MPa，采用逐步增加压力方式进行注浆。

为保证补充注浆效果，补充注浆时采用从联络通道中心向两侧逐环进行，多孔进行注浆，孔位尽量保持对称，压力从小到大逐步增加，如图 9-2 所示。

图 9-2 洞内二次注浆加固

9.3.2 降水施工

在前期布置降水井时，考虑换刀点与联络通道重合，故联络通道采用原换刀点降水井。降水井内径为 300mm，滤管长度均为 2.5m。在进行联络通道施工时，保证降水井水位位于隧道联络通道底部 1m 以下。

9.3.3 管片支撑

隧道内联络通道口设置临时支架是为防止区间隧道在联络通道口的特殊管片切割后，由于围岩压力情况变化而导致管片变形和损伤。同时提供管片切割和开挖的一个平台。

（1）所有构件连接采用坡口双面焊焊接，焊缝高度不小于 10mm，焊接工艺及质量按国家现行标准的有关规定执行。

（2）钢板和型钢的材质应符合"普通碳素结构钢技术条件"的规定，并具有符合国家标准的出厂证明书。

（3）钢支撑与盾构管片的接触面加设 300mm×200mm×20mm 的钢板，在钢板与管片间设置 10mm 橡胶垫。

（4）施工期间应对盾构隧道及支撑系统进行监测，如出现异常应立即停止施工，并及时加强支撑。

（5）支撑底部与管片连接位置需用橡胶垫片进行垫护，防止破坏管片，同时支撑底部应与轨道轨枕采用 10 号槽钢进行连接，保证支撑系统的稳定。支撑采用 HW200×200 和 HW250×250 搭设，连杆均采用 [10 钢，具体如图 9-3 所示。

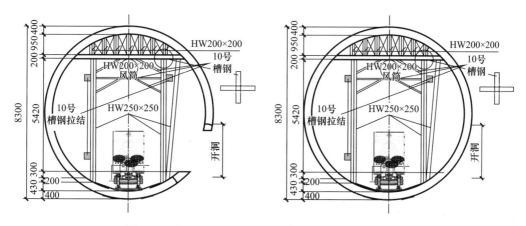

图 9-3　开口两环及不开口四环支撑结构（单位：mm）

图 9-4 和图 9-5 所示分别为盾构隧道加固平面图和盾构隧道纵断面图。图 9-6 所示为隧道支撑图。

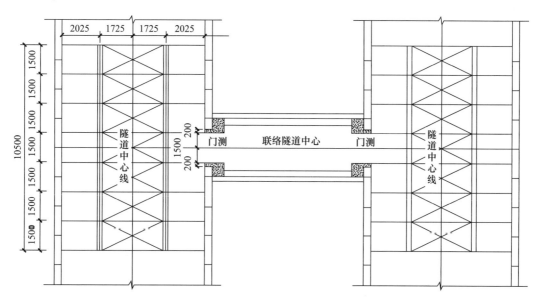

图 9-4　盾构隧道加固平面图（单位：mm）

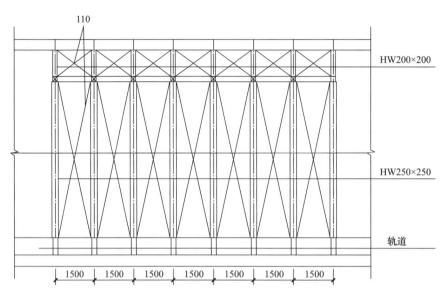

图 9-5 盾构隧道纵断面图（单位：mm）

图 9-6 隧道支撑图

9.3.4 管片开口

切割加强型管片是在管片周边地层注浆加固及临时支撑工作完成后进行。切割前首先进行超前探水，探孔数量为洞门四个角各一个，如果开挖面存在涌水则必须进行注浆封水。在开挖面不漏水的情况下在洞口管片钢支撑施作前对要切割的管片进行测量放线，按设计尺寸精确测量后在管片上画出切割边线及定位孔。联络通道切割拆除宽度为 1.9m，高度为 2.930m，管片切割采用高速切割机，确保切割面整齐，一次按切割顺序切割。管片切割拆除时不破坏管片背面后注浆层，利用此注浆层作为后续注浆封闭面。下台阶管片拆除后，可在下台阶部位焊接一扇堵水门，防止联络通道涌水的情况下蔓延到隧道。

切割拆除顺序按图 9-7 所示顺序进行，切割拆除过程中注意观察管片背后土体注浆加固情况，加固效果不理想达不到要求时，继续进行注浆加固，确保开洞时土体的稳定及第一循环开挖过程中土体的稳定。

管片切割完后，采用 2t 的葫芦对管片进行吊装拆除，如图 9-8、图 9-9 所示。

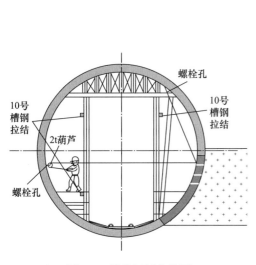

图 9-7 管片切割分块图

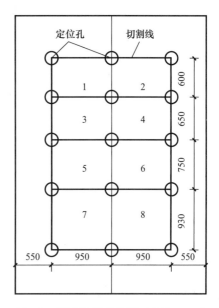

图 9-8 管片切割吊装图（单位：mm）

图 9-9 联络通道管片切割

9.4 联络通道开挖支护技术

9.4.1 超前支护

为保证开挖过程中掌子面的稳定，开挖前从隧道洞口对联络通道拱部的地层进行超前小导管注浆加固（图 9-10）。超前小导管施工参数见表 9-2。

外插洞门处的前两环超前小导管应适当加长。钢管前端呈尖锥状，尾部焊上Φ6 加劲箍，管壁四周钻 6~8mm 压浆孔，但尾部有 0.3m 不设注浆孔，如图 9-11 所示。

如图 9-12 所示，超前小导管设置在联络通道拱部 120°范围内，采用锚杆钻钻孔，钻

图 9-10　施工现场联络通道拱部超前小导管

超前小导管施工参数　　　　　　　　　　　　表 9-2

位置	插入角度	环向间距（m）	纵向间距（m）	备注
洞门处	45°	0.3	—	—
前两环	10°～15°	0.3	1.5	泵房处纵向间距为 1.0m
反向注浆管	45°	0.3	—	—

超前小导管采用外径 42mm、壁厚 3.5mm、长 3.0m（泵房处长 2.5m）热轧无缝钢管

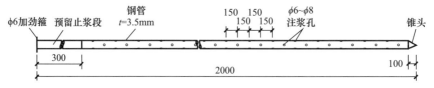

图 9-11　小导管示意图（单位：mm）

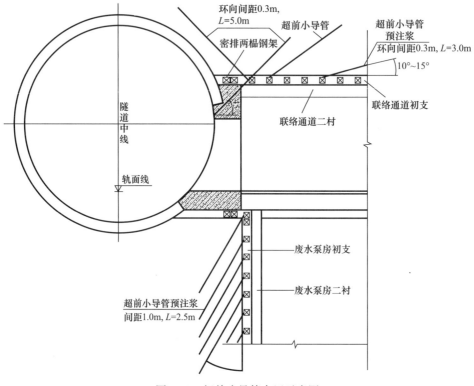

图 9-12　超前小导管布置示意图

孔直径为 50mm。每打完一排钢管注浆后，超前小导管保持 1.0m 以上的搭接长度。开挖联络通道过程中，对于侵入联络通道开挖范围的注浆管直接进行割除。

9.4.2 开挖技术

联络通道开挖采用上、下台阶开挖法施工，如图 9-13 所示。

图 9-13 联络通道上、下台阶开挖法施工

1. 联络通道开挖流程

联络通道开挖共分为 4 步，具体流程见表 9-3。

联络通道开挖流程 表 9-3

步序	名称	示意图
第一步	开洞注浆加固	
第二步	超前支护	

步序	名称	示意图
第三步	上台阶开挖（网片、格栅钢架、锁脚锚杆、喷锚）	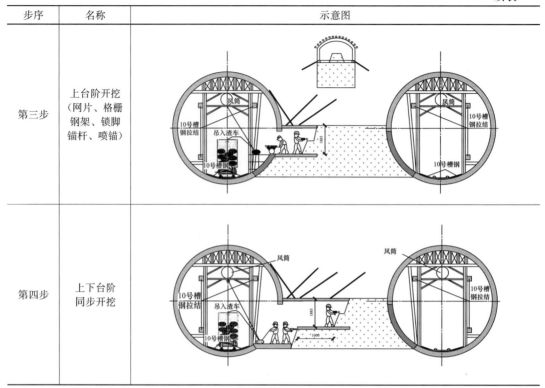
第四步	上下台阶同步开挖	

2. 上台阶开挖

施工时先开挖上台阶，并预留核心土。上台阶开挖每循环进尺是 0.5m，施工工序如图 9-14 所示。

上台阶支护完成 2m 后再进行下台阶开挖支护；上台阶开挖过程中在格栅钢架上每 2m 预留一处焊接注浆管，上台阶全部开挖完成后进行注浆回填，保证喷射混凝土和地层间密实。

3. 下台阶开挖

下台阶开挖支护每循环进尺仍然是 0.5m，一个循环的施工工序如图 9-15 所示。

联络通道的开挖、初期支护工作全部完成后，开挖的土石方用区间运行的电瓶车运至始发井通过龙门吊或汽车起重机吊出。上、下台阶开挖时上、下台阶断面间距至少保持在 1m 以上。图 9-16、图 9-17 分别为联络通道开挖示意图和开挖现场图。

联络通道在上台阶开挖完成时应及时安装上半部分格栅钢架及锁脚锚杆，由于下台阶未开挖，格栅钢架无法封闭成环，所以在上半部分格栅钢架底部设置 16 号工字钢临时支撑，工字钢采用 20cm×20cm 钢板与格栅钢架有效焊接，使格栅钢架封闭成环，保证联络通道拱顶的稳定，开挖下台阶时，依次拆除上半部分格栅钢架的临时支撑。

9.4.3 初期支护

1. 钢筋网片

钢筋网纵向、环向采用 Φ8mm 钢筋，网格为 150mm×150mm。钢筋网在钢格栅外侧

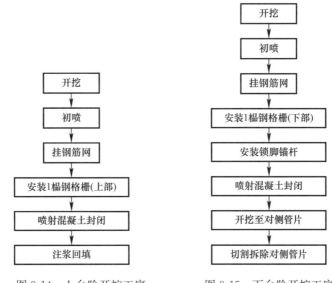

图 9-14 上台阶开挖工序

图 9-15 下台阶开挖工序

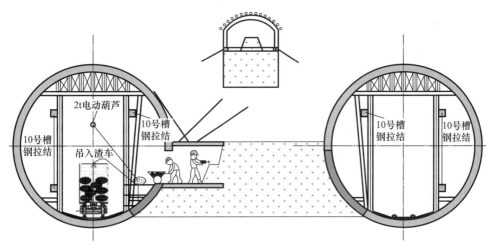

图 9-16 联络通道开挖示意图

图 9-17 联络通道开挖现场

单层设置。用Φ8钢筋在洞外提前加工成0.8m×1.2m钢筋网片，运入洞内，钢筋网铺设时焊接在小导管上，钢筋网的混凝土保护层不小于20mm。

钢筋网片之间以及与已喷锚的钢筋网片搭接牢固，搭接长度不小于两个网格间距。钢筋网片堆放和运输时不得损伤和变形，安装前有锈时应除锈。钢筋网加工允许偏差要求钢筋间距偏差控制在10mm以内，钢筋网搭接长度偏差控制在15cm以内。

钢筋网片施工流程如图9-18所示。

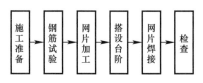

图9-18 钢筋网片施工流程图

2. 钢格栅施工

钢格栅施工流程如图9-19所示，钢格栅主筋采用Φ22mm钢筋加工，构件连接均采用双面搭接电弧焊，焊缝高度不小于10mm。每榀间距0.5m，在洞外分片加工，钢格栅加工后应放在水泥地面上试拼，联络通道洞口施工时，在洞门连立二榀钢架。为保证钢架整体受力，按设计设置纵向连接钢筋，钢格栅内外侧各一层交错分布，连接筋采用Φ22钢筋（HRB400），环向间距0.5m，连接筋长度700mm，搭接长度200mm，与钢架的连接点焊接牢固。

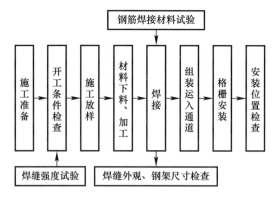

图9-19 钢格栅施工流程图

联络通道格栅钢架总装图和现场安装如图9-20和图9-21所示。

每榀拱架安装好后，在每个拱脚处设置两根φ28mm锁脚锚杆，以限制初期支护下沉和防止初期支护向通道内收敛变形，长3m，其尾部与拱架焊接牢固。

3. 喷射混凝土

喷射混凝土施工流程如图9-22所示，喷射混凝土的配合比由试验室试验确定，并将试块送至监测站进行试块性能检测。采用地面搅拌机拌合。如图9-23所示，根据现场实际情况，喷锚料由地面拌合并送料，采用砂浆车将混凝土运至联络通道处，喷射时分层进行，喷头距受喷面0.6～1.0m，分段分区自下而上进行，保证已喷的表面均匀、光滑、平顺。

9.4.4 防水施工

初期支护与二次衬砌之间设防水层，防水材料为塑料防水板。联络通道在初期支护完成后，沿洞口管片背后通过预先埋设的注浆导管注入水泥浆止水，并对联络通道所有初期支护背后注浆止水，割除导管外露部分后，布设无纺布和塑料防水板。在二次衬砌时沿管片分别安设缓膨型遇水膨胀止水条和环型注浆管，最后进行二次衬砌施工。

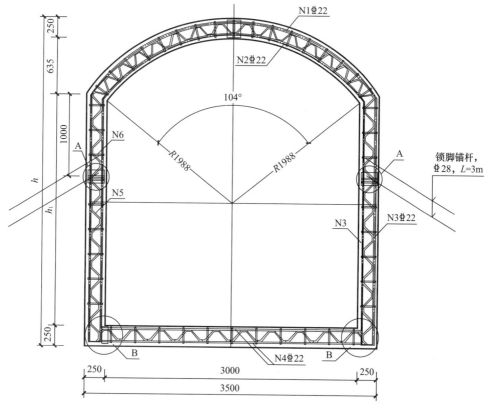

图 9-20 联络通道格栅钢架总装图（单位：mm）

图 9-21 联络通道格栅钢架现场安装

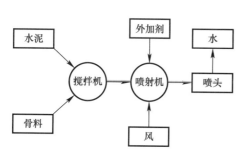

图 9-22 喷射混凝土施工流程图

图 9-23 混凝土喷射

1. 防水板施工

联络通道采用防水钢筋混凝土和封闭式全包塑料防水板组成双道防水防线。施工程序为：基面检查→防水板检查→每幅防水板敷设弹线（顶、墙、底）→底板敷设防水板→拱顶敷设防水板→边墙敷设防水板→敷设防水板工程质量全面检查→验收。

图 9-24 和图 9-25 所示分别为联络通道防水示意图和防水现场施工图。

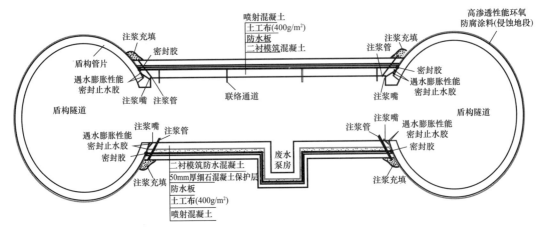

图 9-24 联络通道防水示意图

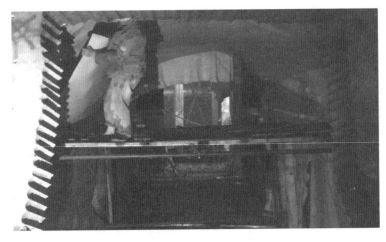

图 9-25 防水施工

2. 洞口防水施工

（1）洞口防水施工分别在底部与顶部预埋 2 根 ϕ42mm 注浆小导管（分别于初衬背后和环梁与初衬、管片夹角处），在洞口初衬和二衬完成后向壁后注普通水泥浆。

（2）洞口初衬施工完成后，初衬与管片夹角处设置 1 道密封胶，防水板与混凝土管片之间过渡用密封胶粘带粘结，粘带的宽度为 50cm，与防水板和管片表面牢固、密实粘结。

（3）二衬与隧道管片位置设置两道遇水缓膨性聚氨酯止水胶，止水胶布置在管片夹角处注浆管两侧。

联络通道与隧道连接处洞口防水示意图、注浆管和止水胶安装示意图分别如图 9-26、图 9-27 所示。

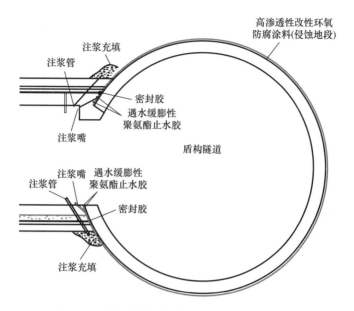

图 9-26 联络通道与隧道连接处洞口防水示意图

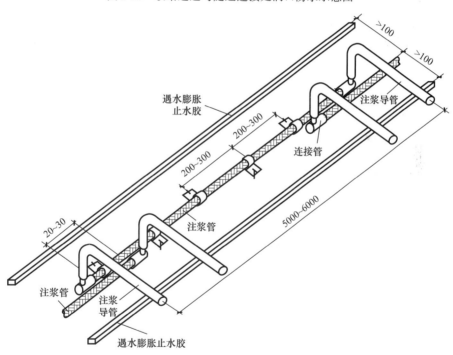

图 9-27 注浆管和止水胶安装示意图（单位：mm）

3. 施工缝防水施工

施工缝防水示意图如图 9-28 所示。

（1）水平施工缝不宜留在剪力与弯矩最大处或板与侧墙的交界处，应留在高出边墙与仰拱相交点 300mm 的墙体，墙体有预留孔洞时，施工缝距孔洞边缘不小于 300mm。

（2）环向施工缝浇筑混凝土前，将其表面凿毛、清理干净，涂刷水泥净浆或水泥基渗透结晶型防水涂料并及时浇筑混凝土。

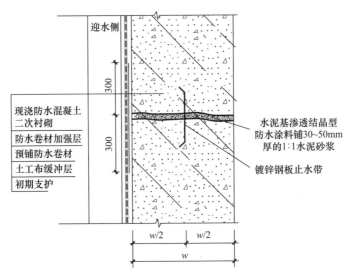

图 9-28　施工缝防水示意图（单位：mm）

（3）水平施工缝浇筑混凝土前，将其表面浮浆和杂物清除，先铺净浆，再铺 30～50mm 厚的 1∶1 水泥砂浆或涂刷水泥基渗透结晶型防水涂料，并及时浇筑混凝土。

（4）施工缝外侧，在施工缝 600mm 宽度范围内增设一道加强防水层。施工缝止水带位置安装正确，采取上下各一半的安装方式。止水带采用镀锌钢板，如图 9-29 所示。

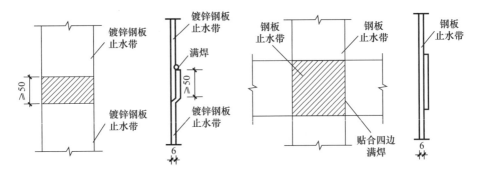

图 9-29　钢板止水带连接示意图（单位：mm）

9.4.5　二次衬砌

联络通道的二次衬砌混凝土浇筑采用钢拱架＋脚手架的支护形式，模板采用钢模板；泵房二次衬砌混凝土浇筑采用满堂脚手架的支护形式，模板采用钢模板。混凝土浇筑顺序为：联络通道底板→泵房底板→泵房侧墙→泵房顶板→联络通道侧墙→联络通道拱墙。

混凝土浇筑施工分为 6 次，如图 9-30 所示。第一次为通道的洞门环框梁混凝土浇筑施工，第二次为联络通道的底板及矮边墙（300mm）浇筑（带泵房的预留泵房洞口），第三次为泵房底板及边角矮墙（300mm），第四次为泵房侧墙及泵房顶板，第五次为联络通道侧墙浇筑，第六次为拱顶混凝土浇筑。

模板安装具有宽度及高度均较小的特点且为圆拱顶面。通道模板拟采用宽 30cm、长1200cm、厚 5mm 的钢模板，混凝土边浇筑边安装钢模板。次楞采用 10cm×10cm 方木，间距 300mm，环向支撑采用 10 号槽钢钢拱架，间距 900mm。支顶用 ϕ48mm 钢管进行竖向及横向对顶。具体模板支撑体系示意图如图 9-31 所示。联络通道模板施工现场画面和二次衬砌施工如图 9-32 和图 9-33 所示。

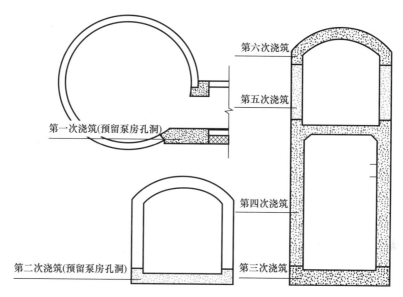

图 9-30　二次衬砌混凝土浇筑顺序

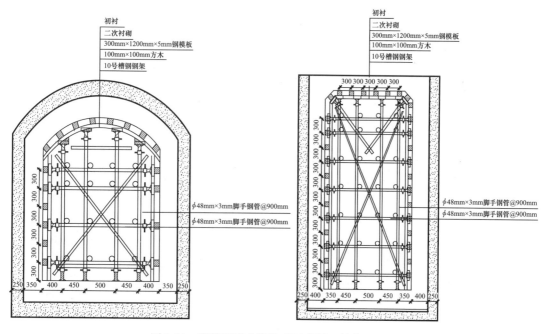

图 9-31　联络通道支撑体系示意图（单位：mm）

9.4.6　综合接地施工

现场综合接地施工随下台阶开挖完成后进行（图 9-34）。

图 9-32 联络通道模板施工现场

1. 接地方式

水平接地体采用开挖方式，垂直接地体在打孔后直接安装。

2. 施工参数

接地连接钢筋及水平接地体采用 50mm×5mm 紫铜排，水平接地体的铜排放置时为立放；垂直接地体采用紫铜管接地体（该接地体长度为 3m，直径为 50mm，紫铜管壁厚不得小于 5mm）。水平接地体及接地引出线铜排平弯时其内半径不应小于 15mm。

3. 施工要求

接地网应与横通道结构底板平行布置，敷设深度为横通道结构底板下约 0.8m。若底板标高有变化，接地网与底板间仍应保持约 0.8m 的相对位置关系。接地扁铜弯曲敷设时不应出现直角。接地体的连接采用放热焊接，所有连接处均应可靠焊接。焊接应按规范施工。

图 9-33 二次衬砌施工

图 9-34 现场综合接地施工

横通道拱顶处设有锚杆时，要求在横通道拱顶的填充层内设置一处专用环向接地钢筋，与锚杆焊接；环向钢筋与接地网应焊接。

接地网设计应根据其所处位置的土壤电阻率及横通道结构来确定其接地网的规模，接地电阻应不大于 10Ω。

联络通道水平、垂直接地体埋设示意图分别如图 9-35 及图 9-36 所示。

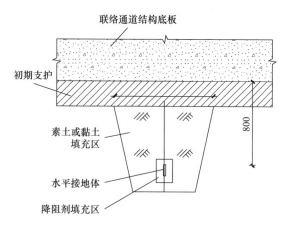

图 9-35　联络通道水平接地体埋设示意图（单位：mm）

9.4.7　泵房施工

联络通道初期支护完成稳定后，开始进行泵房开挖。首先，破除泵房处联络通道底板初期支护混凝土，间隔切断底板位置格栅钢架钢筋。格栅钢架钢筋切断处用 I16 工字钢临时支撑，使泵房口处临时闭合。

土方开挖时，先开挖中间部分及时封闭，再开挖两边，逐层向下施工，循环进尺控制在 0.5m，开挖采用风镐人工，人工装碴至手推车内，倒入碴斗中运出通道。

开挖时需注意首先要破除废水泵房开挖范围内的横通道初期支护结构，在开挖 0.5mm 后及时架设泵房格栅（连续 2 榀）；先开挖第一段区域，再开挖第二段，完成相应初期支护工序；其后为第三段，最后为第四段，格栅连接成整体、喷射混凝土封闭后设对口撑，继续依此顺序向下施工（图 9-37）。泵房开挖示意图如图 9-38 所示。

泵房顶部初期支护连立两榀钢格栅以保

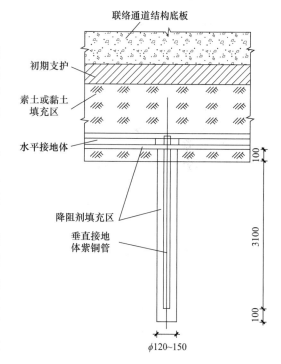

图 9-36　联络通道垂直接地体埋设示意图（单位：mm）

证联络通道钢架的稳定。格栅钢架主筋采用 Φ22HRB400 钢筋，间距 0.5m 每榀。钢筋网采用 Φ8 圆钢，间距为 150mm×150mm 全断面布置。泵房开挖出土及钢筋绑扎如图 9-39 所示。施工过程中做好施工监测，根据施工监测成果及时调整开挖进尺深度，将围岩变形控制在合理范围。

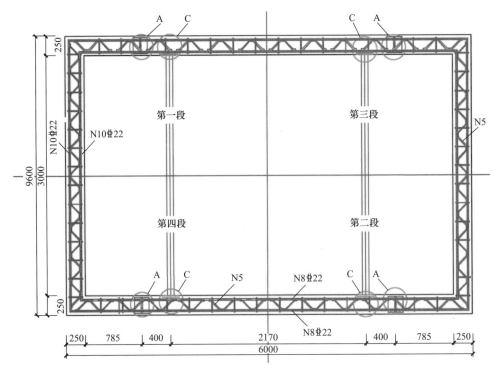

图 9-37　泵房开挖顺序图（单位：mm）

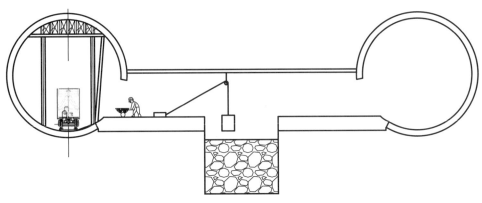

图 9-38　泵房开挖示意图

图 9-39　泵房开挖出土及钢筋绑扎

第 3 篇

大直径盾构临近既有建（构）筑物关键施工技术

第 10 章 ▶▶

大直径盾构超近距下穿运营地铁 4 号线

10.1 运营地铁 4 号线及下穿交叉点

1. 下穿位置及关系

凤溪河站—温泉大道站区间隧道在里程 Y（Z）DK60＋830～Y（Z）DK60＋852 范围内下穿地铁 4 号线，正穿位置位于 924 环～937 环，考虑两端影响段，下穿段为 920 环～946 环。平面位于直线上，10 环～935 环为 3.007‰ 的单向下坡，935 环～946 环为半径为 5000m 的圆曲线。

区间盾构隧道与既有 4 号线之间位置关系的平面图和剖面图如图 10-1、图 10-2 所示。

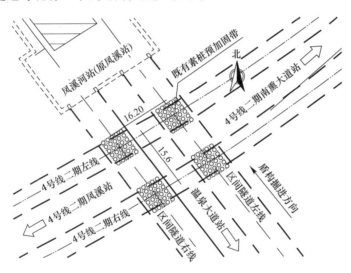

图 10-1　区间盾构隧道与既有 4 号线平面关系图

成都地铁 4 号线为成都地铁网中的骨干线路，设计最高运行速度 80km/h，下穿段 4 号线二期于 2017 年 6 月 2 日开通，为温江区首条地铁线路，客流量大，每天运营时段为 06:10 至 22:50，全日运营约 17 个小时，地铁的安全运营事关重大，社会影响大。4 号线为直径 6m 的隧道，区间隧道与 4 号线隧道最小垂直距离为 3.564m，4 号线左右线间距 15.6m；4 号线隧道顶部覆土为 9.986m，17 号线隧道顶覆土厚度为 19.55m，17 号线隧道管片外径为 8.3m，管片厚度为 0.4m，线间距为 16.2m。4 号线与 17 号线平面交叉角度约为 87°～89°，下穿段又位于盾构区间接收段，在盾构机脱出 4 号线影响线范围后距离接收洞门仅剩 2 环距离，因此盾构接收风险与 4 号线安全运营风险并存。

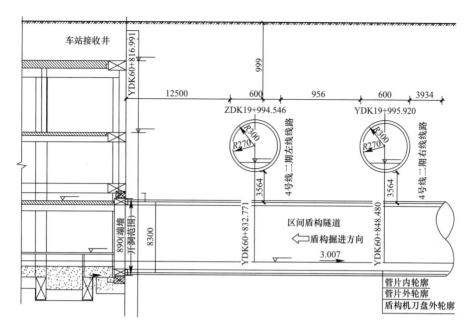

图 10-2　区间盾构隧道与既有 4 号线剖面关系图

2. 4 号线区域地层

凤溪河站—温泉大道站区间靠近凤溪河站接收端 17 号线盾构通过区域地层主要为<2-9-3>密实卵石土层，17 号线穿越 4 号线区域地层为<2-9-3>密实卵石土层，4 号线与 17 号线重叠区域设有素桩，素桩将卵石钻孔替换（图 10-3）。车站施工期间降水至基坑底部以下，施工区域无水施工（图 10-4）。

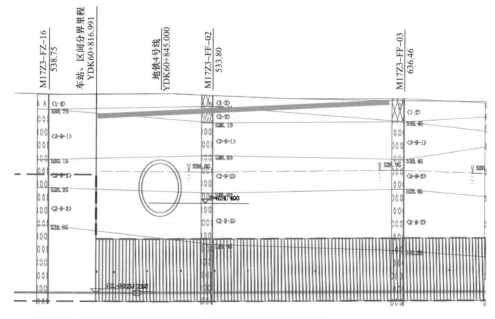

图 10-3　凤溪河站—温泉大道站区间靠近凤溪河站接收端 17 号线盾构通过区域地层

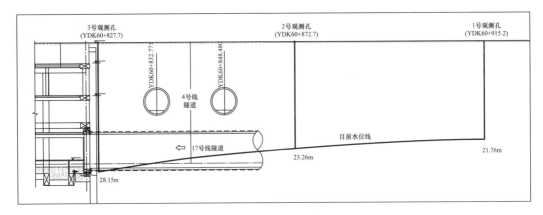

图 10-4　施工区域无水施工

10.2　运营地铁 4 号线加固措施

盾构下穿地铁 4 号线沉降主要依靠既有 4 号线洞内监测数据作为主要指导，以地表监测、管线监测、土体分层沉降监测等作为辅助指导，综合协调各阶段及下穿 4 号线段各部位的注浆进行。主要注浆措施和综合注浆措施如图 10-5 和图 10-6 所示。

图 10-5　主要注浆措施

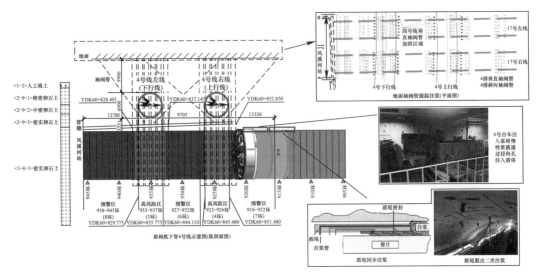

图 10-6　综合注浆措施

10.2.1　总体施工措施

盾构下穿期间的控制措施，在降水到安全水位情况下，主要包括地表预控制措施和洞内掘进控制措施两类，如图 10-7 所示。其中地表预控制措施是对 4 号线进行主动加固，其主要是通过地表对地层进行注浆，以达到填充地层空隙固结土体的作用；洞内掘进控制措施是对 4 号线进行被动加固，其主要是通过洞内注浆及掘进参数控制（图 10-8），以对盾构产生的地层空隙及时填充，达到有效控制沉降的作用。

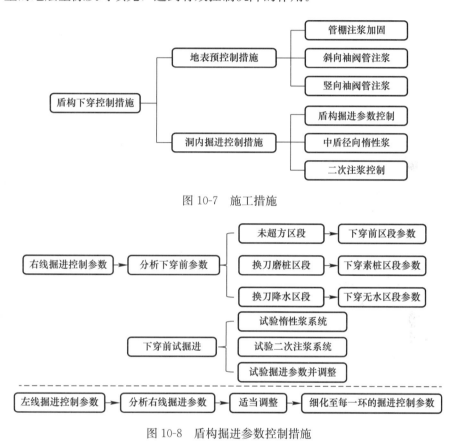

图 10-7　施工措施

图 10-8　盾构掘进参数控制措施

图 10-9 所示为凤溪河站—温泉大道站盾构区间刀盘，其开口率为 45％。

10.2.2　具体施工措施

1. 降水施工

在凤溪河站基坑两侧原有降水井的基础上，另在接收井端头增设三口降水井，分别是 JS15/JS16/JS17（图 10-10 右侧 3 个），降水井深度 42.5m，管径 300mm，虑管长 10m，底部设有 2.5m 长沉砂管。通过降水施工，降水井水位始终保持在区间隧道底部 1m 以下范围内。

2. 长管棚预加固施工

为有效控制盾构下穿 4 号线隧道时引起既有线隧道沉降，对盾构机上方与 4 号线隧道下方之间的土体采用管棚加固，如图 10-11 所示，管棚共设置两排，沿下穿隧道顶部 120°

图 10-9　凤溪河站—温泉
大道站盾构区间刀盘

角范围内布置，管棚采用 ϕ194mm×16mm 规格，材质为 P110 地质石油管，管棚长度 38m，孔口环向间距 400mm，上扬角度为 1.5°。下排管棚 24 根，上排管棚 26 根。

如图 10-12 所示，管棚计算路径离既有线最小竖向距离为 1.85m。根据成都地铁施工经验，管棚注浆时初压为 0.2MPa，终压为 0.4MPa，进浆量为 20～25L/min，水泥浆水灰比为 0.8：1～1：1。

管棚实施采用潜孔锤或扩孔锤冲击外周钢管挤扩成孔，将钻具、冲击钻头连接好并穿入作为外套管的直径 194mm 厚、16mm 钢管内，通过钻机借助高压风使锤头发生高频率冲击，以此来破碎钢管前端卵石地层，同时利用大顶力钻机推动钻杆、钻头和外套管同步向前，挤入卵石地层（图 10-13）。

通过往钻杆中注入高压水，使得钻杆被水填充满，在钻杆端部接入 1 根透明小水管，通过观察小水管静止时的水位来判断钻头前端的高差，以控制精度。抬头，尾部初始水位升高；栽头，尾部初始水位降低或者静止（图 10-14）。

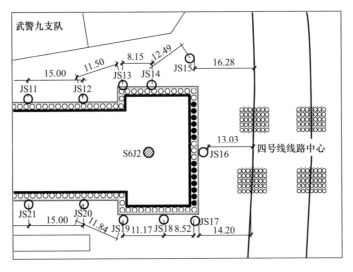

图 10-10　接收井端头降水井布置图

3. 地面袖阀管施工

为加固 4 号线隧道下方地层，将该区域地层和素桩连成整体，提高承载能力，采用从右线下穿段地面共打设垂直袖阀管 4 排 32 根，斜向袖阀管 4 排 32 根，共 64 根，分布在 4 号线隧道两侧。同时在地面预留袖阀管，在 17 号线盾构穿越 4 号线时进行地层补充跟踪注浆，弥补 4 号线下方地层损失。

按照地铁隧道施工的相关规范，既有线隧道轮廓线自隧底至地面约 45°范围为隧道滑移面，视为盾构掘进的影响范围且该区域无素桩加固。袖阀管打设方法为斜向袖阀管打设至既有线隧道下方，共 4 排，间距 1.5m。垂直袖阀管打设在既有线隧道两侧，深至在建隧道腰部，共 4 排，间距 1.5m。如图 10-15 和图 10-16 所示。

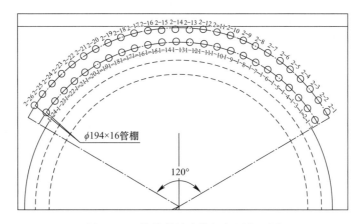

图 10-11　接收井端头管棚加固布置图

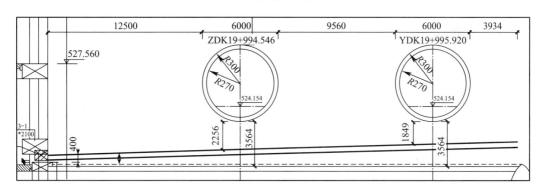

图 10-12　管棚立面布置图（单位：mm）

图 10-13　扩孔钻头

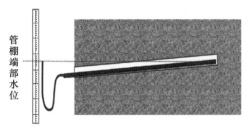

图 10-14 高差复核测量

斜向袖阀管打设角度、加固范围尽最大满足既有线隧道滑移面所需要加固的范围，使既有线隧道周围及底部土体得到有效加固。根据区间隧道与既有线隧道实际地面平面位置关系，斜向袖阀管打设角度为 40°～60°，为确保既有线隧道安全，袖阀管理论路径距既有线隧道边线不小于 1.5m。

地面袖阀管加固施工剖面图如图 10-17 所示，地面袖阀管加固施工立体示意图如图 10-18 所示。

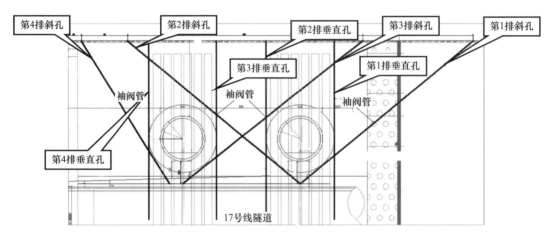

图 10-15 地面袖阀管立面图

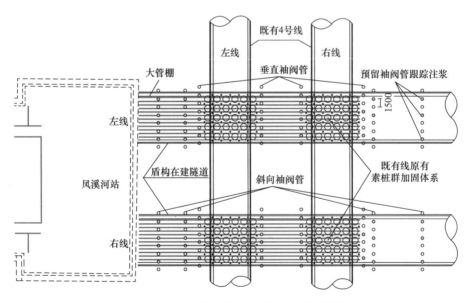

图 10-16 地面袖阀管加固施工平面示意图

其中袖阀管注浆主要技术参数详见表 10-1。

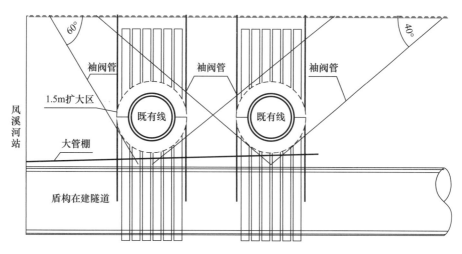

图 10-17　地面袖阀管加固施工剖面示意图

图 10-18　地面袖阀管加固施工立体示意图

袖阀管注浆主要技术参数　　　　　　　　　　　　表 10-1

序号	技术参数	数值	备注
1	水灰比	1∶0.8～1∶1	袖阀管注浆主要选取水泥浆液
		1∶1	袖阀管底部选用双液浆封闭，双液浆配比为水泥浆水灰比
2	注浆压力	0.3MPa～0.5MPa	—
3	终浆压力	0.5MPa～0.8MPa	—
4	注浆深度	进入土层不小于 1m	—
采取注浆压力与注浆量双控指标			

4. 刀盘下穿洞门加固区

盾构掘进 933 环开始，刀盘已完全脱出 4 号线左线投影范围，进入凤溪河站—温泉大道站区间接收洞门加固区，在此区域地层经过密集的袖阀管注浆及管棚注浆，地层已被扰动，盾构在此区域推进过程中，盾构推力及扭矩仍然较大，但推进速度得到提高，平均速度在 60mm/min 以上。为了及时有效弥补 4 号线下方超方带来的空隙，盾尾进入 4 号线左线下方即开始在盾尾后 1 环进行二次补充注浆，最终 4 号线沉降得到控制。盾构掘进至 939 环时，盾尾完全脱出 4 号线左线范围，掘进至 940 环磨桩破洞门，盾构成功接收。刀盘下穿洞门加固参数见表 10-2。

刀盘下穿洞门加固参数　　　　　　表 10-2

序号	环号	盾构推力（kN）	刀盘扭矩（kN·m）	掘进速度（mm/min）	刀盘转速（rpm）	上部土压（MPa）	水（m³）	膨润土（m³）	泡沫（m³）	超方量（m³）	同步注浆量（m³）
1	933	46307	11864	35	1.74	96	12.8	2.4	4.9	15.9	15
2	934	42749	14216	62	1.69	56	7.2	1.7	3.8	10.5	13
3	935	41167	13909	59	1.74	80	7.7	4.6	4.1	11.6	13
4	936	43751	15188	62	1.74	75	9.8	1.7	4	19.7	16
5	937	42257	15298	59	1.73	65	10.2	1.9	4.2	13.9	15
6	938	37536	14492	62	1.73	50	10.2	2.2	3.9	5.3	15
7	939	35812	10893	43	1.75	72	6.4	2.6	3.8	3.2	11

10.3　盾构穿越前的准备

10.3.1　总体施工工艺设计

盾构近距离下穿既有线施工，施工风险极大，施工技术要求极高，对盾构掘进控制、沉降控制要求极其严格。

对此，施工以"快、稳、准"即"快速穿越、（地层）安全稳定、姿态精准"为关键点，从组织、设备、用料、环境、工法等方面，对施工过程中的各个工序进行了优化创新，形成了一套系统性的施工方法，即整个下穿工程，辅助施工措施采取"坑外管井降水""隧顶长管棚支撑""地面袖阀管注浆"，核心措施为盾构穿越时采取适时盾体定点注浆、盾尾同步注浆、盾尾脱出管片后二次补充注浆及地面袖阀管跟踪注浆方法，并通过掘进参数、渣土改良控制，加强施工监测，根据实时动态调整，最终在保证既有线路安全运营的前提下，安全、顺利完成盾构穿越工作。

其总体工艺展示图如图 10-19 所示。

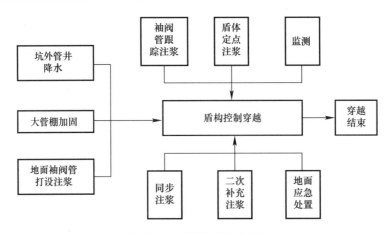

图 10-19　总体工艺展示图

10.3.2　拟定掘进参数（试验段掘进）

试验段设在下穿地铁 4 号线前 50m 区域。通过试验段掘进，总结出适应下穿时的盾构掘进参数；同时验证下穿各项技术措施的有效性、应急处置的可行性和及时性。主要采集的参数包括：土压力、总推力、扭矩、刀盘转速、掘进速度、出土量、注浆量以及渣土改良等。主要采用工程类比、试掘进、现场监测等方法，研究确定不同地层盾构掘进参数，盾构掘进过程中，根据不同地质条件、覆土厚度、地面情况以及以往的工程经验初步设定盾构掘进参数，并根据现场监测结果及时调整和优化，在下穿初期通过信息反馈进一步分析验证和优化，通过以上过程研究成都富水砂卵石地层的最优盾构掘进参数，达到确保盾构施工安全、快速掘进和对环境影响小的目的。试验段拟定参数选取见表 10-3。

试验段拟定参数　　　　　　　　　　　　　　　　表 10-3

序号	项目	控制值	备注
1	上部土压（MPa）	0.11～0.16	如出现故障停机，保压在 0.12MPa 以上
2	推力（kN）	≤35000	——
3	扭矩（kN·m）	≤15000	——
4	推进速度（mm/min）	40～60	——
5	刀盘转速（rpm）	1.4～1.6	——
6	螺旋机转速（rpm）	6～12	——
7	同步注浆量（m³）	≥10	可根据实际情况调整
8	盾体注浆量（m³）	1～3	——
9	同步注浆压力（MPa）	0.2～0.4	——
10	泡沫浓度	3%	——
11	泡沫发泡率	15～18	——
12	泡沫注入量（m³）	3～4	可根据实际情况调整
13	空气注入率	30%～50%	——
14	刀盘中心加水（m³）	4～10m³/环	根据渣土流塑性调整
15	膨润土注入量（m³）	1～3m³/环，1:4 膨水比，膨化 24h，粘度 35s 以上	可根据实际情况调整
16	出土量（m³；t）	105.3m³/1.5m，210.6t，误差率±1%，管理行程：260～270mm/斗	管片 1.5m/环

10.3.3　穿越区域风险等级划分

为加强穿越工程中的过程控制，实施差别化管理，为正式穿越施工提供各项技术参数，对穿越工程实施穿越掘进分区管理，重点分为预警区和高风险区。

按照盾构穿越顺序，根据刀盘切口位置，对下穿既有线控制重点分为预警区和高风险区两大类型区域。穿越区域风险等级划分如图 10-20 所示。

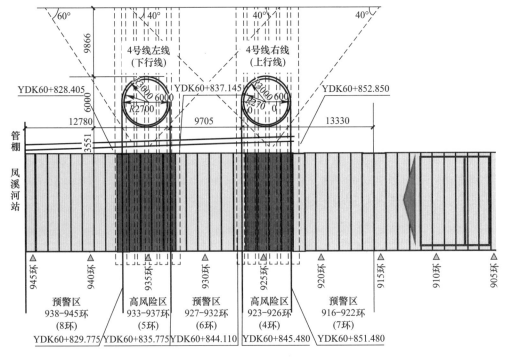

图 10-20　穿越区域风险等级划分

10.4　盾构掘进措施

凤溪河站—温泉大道站区间右线盾构下穿过程可根据刀盘与 4 号线之间的位置关系主要分为 5 个阶段。阶段 1～阶段 5 分别为刀盘下穿 4 号线前、刀盘下穿 4 号线右线、刀盘下穿 4 号线之间、刀盘下穿 4 号线左线、刀盘下穿洞门加固区。

10.4.1　掘进参数

盾构下穿运营地铁 4 号线的掘进控制参数详见表 10-4。

下穿掘进控制参数表　　　　　　　表 10-4

序号	参数名称	试掘进参数
1	推力	30000～45000kN
2	扭矩	8000～14000kN·m
3	掘进速度	55～75mm/min
4	刀盘转速	1.65～1.66rpm
5	土仓压力	0.1～0.12MPa
6	加水	4～10m³/环
7	加泡沫	3～4m³/环
8	加膨润土	1～3m³/环
9	同步注浆	10～11m³/环

1. 刀盘下穿 4 号线前

阶段 1 为刀盘下穿 4 号线前，此时盾构处在试掘进范围（845 环～916 环），试掘进过程中通过开启换刀点附近的降水井，以此模拟下穿 4 号线区域降水地层施工，同时盾构掘进过程中启用盾体惰性浆液注入（图 10-21）、提前二次注浆（图 10-22），以此试验设备及人员组织情况。

试掘进范围内总推力、掘进速度、刀盘扭矩的变化情况如图 10-23～图 10-25 所示。

图 10-21　惰性浆液注入

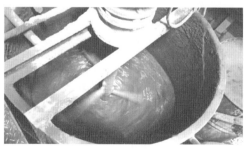

图 10-22　提前二次注浆

2. 刀盘下穿 4 号线右线

阶段 2 为刀盘下穿 4 号线右线，盾构从 917 环开始刀盘切入 4 号线右线下方素桩范围，此时根据先前定好的掘进参数，提高了刀盘转速至 1.7rpm 左右，根据掘进参数变化适当控制掘进速度在 50～60mm/min 之间，增加惰性浆液注入量至 2～2.5m³/环，同时提高了同步注浆量至 15m³/环左右。盾构掘进至 921 环刀盘脱出 4 号线右线投影范围。刀盘下穿 4 号线右线掘进参数见表 10-5。

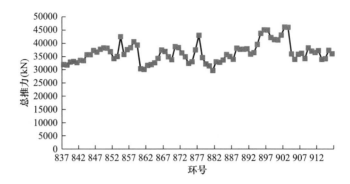

图 10-23　试掘进范围内总推力

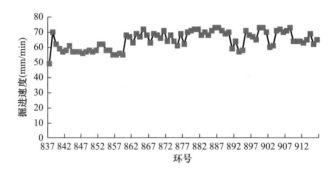

图 10-24　试掘进范围内掘进速度

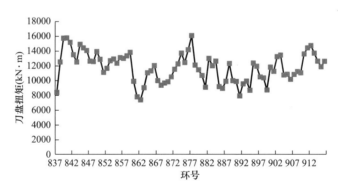

图 10-25　试掘进范围内刀盘扭矩

刀盘下穿 4 号线右线掘进参数　　　　　　　　　　　　表 10-5

序号	环号	盾构推力（kN）	刀盘扭矩（kN·m）	掘进速度（mm/min）	刀盘转速（rpm）	上部土压（MPa）	水（m³）	膨润土（m³）	泡沫（m³）	超方量（m³）	同步注浆量（m³）
1	917	32155	9257	54	1.71	72	8.4	3.8	4.2	5.7	12
2	918	29697	8314	55	1.71	59	7.9	2.8	4.4	1.3	14

续表

序号	环号	盾构推力（kN）	刀盘扭矩（kN·m）	掘进速度（mm/min）	刀盘转速（rpm）	上部土压（MPa）	水（m³）	膨润土（m³）	泡沫（m³）	超方量（m³）	同步注浆量（m³）
3	919	31831	10517	54	1.7	58	10	4.3	3.9	1.5	13
4	920	28185	9673	67	1.71	41	9	3.7	3.5	0.9	13
5	921	38848	13736	55	1.69	43	10.4	4.4	4.2	20.5	15

刀盘下穿 4 号线右线正下方时，掘进参数正常，盾构推力扭矩均较小，按照 1.2 的松散系数计算超方量较小，处于可控范围，当刀盘掘进 921 环时，盾构推力和扭矩均较大，此环按照 1.2 的松散系数计算超方量达到 20.5m³。

从 921 环掘进过程中参数变化情况可以看出（图 10-26），后半环的盾构推力和扭矩较前半环大，且后半环右上土压力比前半环小，推进速度和刀盘转速变化较平稳，由此可看出，在土仓仓位不高、推进速度变化不大的情况下，刀盘扭矩和盾构推力较大，主要原因是地层发生变化，土体自身流动性变差，导致刀盘出现板结的情况。

921 环恰好处于垂直向袖阀管、斜向袖阀管和管棚注浆的重叠区域，由于大量注入水泥浆，导致地层细颗粒增多、土体黏稠，而渣土改良方式未及时调整，最终导致盾构掘进参数恶化，不得不被动控制出渣量。

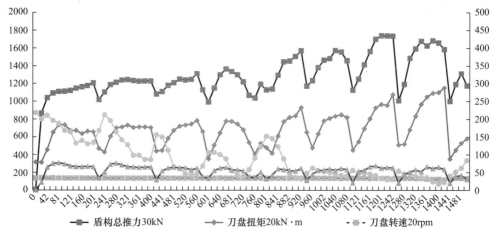

图 10-26　921 环参数分析

3. 刀盘下穿 4 号线之间

阶段 3 为刀盘下穿 4 号线之间，从盾构掘进 922 环开始，刀盘已经完全脱出 4 号线右线投影范围，此后刀盘扭矩及盾构推力一直处于较大值，由此导致盾构推进速度较慢，出渣方量难以控制，导致盾构下穿此区域时持续超方，在此过程中加大了每环注水量。盾构掘完 927 环后，即进入 4 号线左线范围。刀盘下穿 4 号线之间掘进参数见表 10-6。

刀盘下穿 4 号线之间区域时，盾构推力及扭矩均处于较大值，主要原因为此区域为地表袖阀管注浆及管棚注浆重叠区，打设袖阀管及管棚时已将地层扰动，同时注入大量水泥浆填充了扰动缝隙，导致渣土黏粒含量高，渣土黏稠，造成刀盘出现板结现象，盾构推进阻力大。

刀盘下穿 4 号线之间掘进参数 表 10-6

序号	环号	盾构推力（kN）	刀盘扭矩（kN·m）	掘进速度（mm/min）	刀盘转速（rpm）	上部土压（MPa）	水（m³）	膨润土（m³）	泡沫（m³）	超方量（m³）	同步注浆量（m³）
1	922	41573	16319	38	1.66	42	12.2	2.5	4.5	3.6	15
2	923	40035	16344	41	1.67	49	13	2.3	5.3	5.8	15
3	924	36595	14149	41	1.69	43	12	2.3	5.2	11.1	15
4	925	37314	14674	43	1.69	76	10.8	2.3	4.9	−6.9	14
5	926	34497	14318	47	1.69	87	9.7	2.1	4.8	8.5	15
6	927	35339	13718	46	1.69	113	10	2	4.6	11	16

4. 刀盘下穿 4 号线左线

阶段 4 为刀盘下穿 4 号线左线。从 928 环开始，刀盘进入 4 号线左线投影范围，盾构掘进至 929 环，盾尾脱出 4 号线右线投影范围，盾构掘进至 930 环后开始在刀盘位于 921 环超方位置处地表打孔探查空洞、地表袖阀管跟踪注浆，同时洞内采取多次、持续二次注浆。刀盘在 4 号线左线推进过程中参数依然处于较高位置，此时按照 1.2 的松散系数计算得到的超方量持续位于 10m³ 以上，同时 4 号线掘进参数还有继续增大趋势，为了有效控制掘进参数，在掘进 931 环时增大注水量、提高土仓压力、改善土仓环境，之后盾构掘进参数有所好转，但超方量仍未有效控制。盾构掘进至 932 环，刀盘脱出 4 号线左线投影范围。刀盘下穿 4 号线左线掘进参数见表 10-7。

刀盘下穿 4 号线左线掘进参数 表 10-7

序号	环号	盾构推力（kN）	刀盘扭矩（kN·m）	掘进速度（mm/min）	刀盘转速（rpm）	上部土压（MPa）	水（m³）	膨润土（m³）	泡沫（m³）	超方量（m³）	同步注浆量（m³）
1	928	38088	15082	46	1.69	89	8.4	2	3.8	12.5	16
2	929	36754	13419	46	1.7	93	13.3	2	4.7	13.1	13
3	930	42156	15768	44	1.69	86	8.7	2.7	4.6	14.9	15
4	931	46580	16129	43	1.67	116	16	1.2	5.1	19.3	15
5	932	42963	8577	35	1.76	107	14	1.8	5.7	14.3	15

刀盘到达 4 号线左线前，内部结构监测最大沉降已达 2mm，刀盘通过 4 号线左线后，内部结构监测最大沉降达到 4mm，比右线沉降大，这是由于在下穿左线时持续出现超方所致，超方原因主要为地层变化较大（打孔注浆影响），掘进不易控制。

5. 刀盘下穿洞门加固区

阶段 5 为刀盘下穿洞门加固区，盾构掘进 933 环开始，刀盘已完全脱出 4 号线左线投影范围，进入凤溪河站—温泉大道站区间接收洞门加固区，在此区域地层经过密集的袖阀管注浆及管棚注浆，地层已被扰动，盾构在此区域推进过程中，盾构推力及扭矩仍然较大，但推进速度得到提高，平均速度在 60mm/min 以上。为了及时有效弥补 4 号线下方超方带来的空隙，盾尾进入 4 号线左线下方即开始在盾尾后 1 环进行二次补充注浆，最终 4 号线沉降得到控制。盾构掘进至 939 环时，盾尾完全脱出 4 号线左线范围，掘进至 940 环磨桩破洞门，盾构成功接收。刀盘下穿洞门加固区掘进参数见表 10-8。

刀盘下穿洞门加固区掘进参数　　　　　　　　　　表 10-8

序号	环号	盾构推力（kN）	刀盘扭矩（kN·m）	掘进速度（mm/min）	刀盘转速（rpm）	上部土压（MPa）	水（m³）	膨润土（m³）	泡沫（m³）	超方量（m³）	同步注浆量（m³）
1	933	46307	11864	35	1.74	96	12.8	2.4	4.9	15.9	15
2	934	42749	14216	62	1.69	56	7.2	1.7	3.8	10.5	13
3	935	41167	13909	59	1.74	80	7.7	4.6	4.1	11.6	13
4	936	43751	15188	62	1.74	75	9.8	1.7	4	19.7	16
5	937	42257	15298	59	1.73	65	10.2	1.9	4.2	13.9	15
6	938	37536	14492	62	1.73	50	10.2	2.2	3.9	5.3	15
7	939	35812	10893	43	1.75	72	6.4	2.6	3.8	3.2	11

10.4.2　掘进控制

掘进参数以试掘进过程中所拟定的参数为基准，严格控制盾构掘进参数，并根据下穿过程中实际工况适时进行调整。严格控制出土量，禁止发生超挖、欠挖等现象，对出渣量采取体积及重量双控制管理措施。为保证推进方向的准确可靠，每 10m 进行一次人工测量，以校核自动导向系统的测量数据并复核盾构机的位置、姿态，确保盾构掘进方向的正确。盾构进入既有线范围前将盾构姿态调整到最佳状态，盾构机前后端和设计轴线偏差控制在 20mm 以内，进入施工范围后严格按照设计轴线推进，同时加强盾构机姿态的人工复核，确保盾构机推进轴线和设计轴线的偏差在设计允许范围内。严格控制管片的拼装质量，特别是增设注浆孔管片，防止因管片拼装质量问题或选型错误导致既有线沉降加大。

10.4.3　同步注浆

通过同步注浆系统及时填充盾尾间隙，减少施工中对土体的扰动，从而减小土体变形，在盾构掘进过程中，每环注浆量保证在 10～15m³，保证管片背后同步注浆量的饱满。选择稠度在 9～12cm 的可硬性浆液，该浆液具有凝结时间较短、强度高、耐久性好、填充密实等特点，浆液配制要确保同步注浆浆液的初凝时间在 6h 之内。同步注浆浆液配合比见表 10-9。图 10-27 为同步注浆浆液配合试验。

同步注浆浆液配合比（kg/m³）　　　　　　　　　　表 10-9

原料	水泥	砂	粉煤灰	膨润土	水
配合比	250	650	330	80	490

从盾尾圆周上的 6 个孔位同时注浆，为防止管片上浮，而且考虑浆液的流动性，上部每孔的压力应比下部每孔的压力略大 0.05～0.10MPa。根据地质和隧道的覆土厚度情况，同步注浆方量不小于 10m³，注浆压力为 0.2～0.4MPa，推进时结合推进速度控制注浆流量，压力和流量双控，使浆液均匀地注入管片壁后。

10.4.4　盾体定点注浆

刀盘直径比盾体直径大，因此盾构掘进过程中盾体与土体之间存在一定的空隙，前盾空隙为 27mm，中盾空隙为 32mm，尾盾间隙为 37mm。由于盾体长度约为 10.7m，大约需要掘进 6 环才会有同步注浆浆液补充此空隙，此 6 环掘进的时间里盾体上方土体极易下沉，因此需及时填充此空隙，即采取盾体定点注浆，通过惰性浆液来填充掘进过程中盾体与土体之间的空隙，注浆压力与同步注浆相同，注浆量 $1 \sim 3m^3$，并且下穿段每环都要进行盾体注浆。

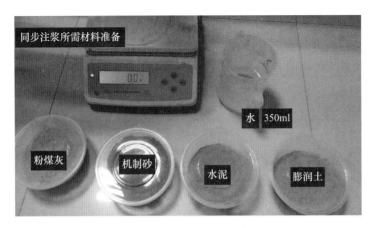

图 10-27　同步注浆浆液配合试验

在盾构推进过程中利用盾构机前盾径向孔，在盾构机下穿过程中同步进行盾体定点注浆（惰性浆液），及时填充开挖面与盾体之间的施工间隙，每环注浆量约为 $3m^3$，注入点位为 1 或 11 点位。在下穿高风险区域要重点关注盾体定点注浆情况，可对盾体外注入惰性浆液及膨润土适当加大，及时控制既有线的沉降。且盾体定点注浆在下穿掘进时应不间断注浆，始终保证建筑空隙被填充，减缓沉降。惰性注浆浆液配合比见表 10-10，盾体惰性浆液注入示意图如图 10-28、图 10-29 所示。

盾体注浆浆液配合比（kg/m^3）　　　　　　　表 10-10

原料	石灰	粉煤灰	砂	膨润土	水
配合比	125	380	480	100	390

图 10-28　盾体定点注浆示意图

盾构机盾体注浆位置在 1 点位及 11 点位。盾构机进入预警区（一）后，惰性浆液开始由 $2m^3$ 逐渐增加到 $2.0 \sim 2.9m^3$，膨润土开始由 $2m^3$ 增加到 $3m^3$。进入高风险区（一）后，惰性浆液注入量基本维持 $2.6 \sim 3.0m^3$，膨润土基本维持到 $3m^3$。

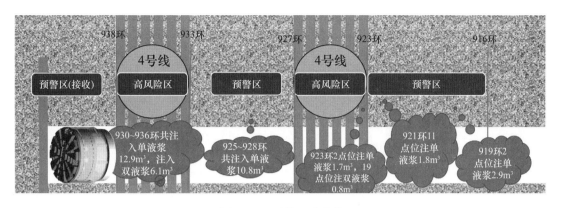

图 10-29　盾体跟踪注浆

10.4.5　二次注浆

在盾构下穿前的正常掘进区段，由于作业空间的影响，二次注浆位置一般为盾尾后 7 环左右，盾构下穿时为了及时填充管片后方空隙控制地层沉降，二次注浆位置提前至盾尾后 2~3 环，必要时甚至 1 环。同时为了防止浆液击穿盾尾，盾构掘进时才进行注浆。

盾构掘进同步注浆的同时，在进入预警区一前，二次注浆位置在管片脱出盾尾后 5 环的位置。进入预警区（一）时，二次注浆位置提前至盾尾后 2 环，注入时间为下一环掘进一半时段。下穿段管片采用 C 型多孔注浆管片，注浆点位主要在拱顶和邻接块（5~6 点位），通过注浆压力和注浆量同时进行控制（图 10-30）。

注浆浆液根据情况采用单液浆或双浆液，二次注浆时，先注纯水泥浆液填补空洞，达到预定压力后，再用双液浆进行封孔，必要时可采用水玻璃原液封孔。注浆水泥浆水灰比为 1:1；注入时浆液与水玻璃体积比为水泥浆：水玻璃＝1:1。二次补充注浆示意图如图 10-31 所示。

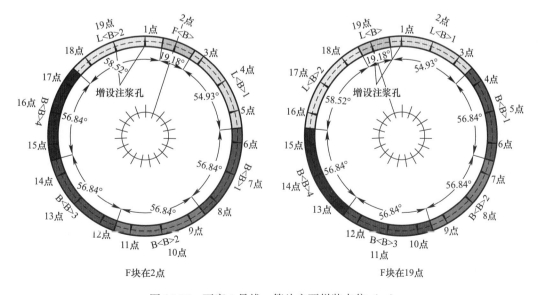

图 10-30　下穿 4 号线，管片主要拼装点位（一）

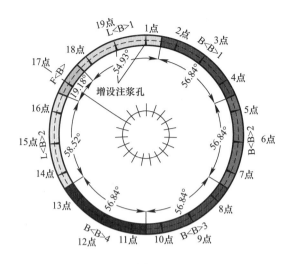

F块在17点

图 10-30 下穿 4 号线，管片主要拼装点位（二）

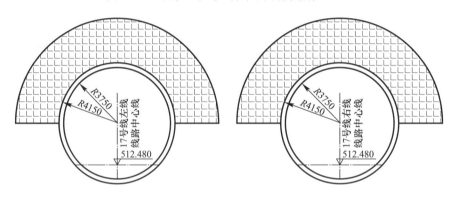

图 10-31 二次补充注浆（单位：mm）

同一环管片严格按"先顶部后腰部，两腰对称"的方法注入，注浆压力控制在 0.2～0.4MPa。注浆量和注浆次数根据地面沉降监测数据的情况，及时进行调整，加固以"多点、均匀、少量、多次"为原则，减少沉降所引起的地铁 4 号线的变形量，直至隧道沉降稳定为止。二次注浆配合比见表 10-11。图 10-32 为注浆现场图。

二次注浆配合比 表 10-11

序号	浆液名称	型号	水灰比	A、B 液混合体积比
1	水泥浆（A 液）	P.O42.5	1：1	1：1
2	水玻璃浆（B 液）	35Be'	1：1	

10.4.6 地面袖阀管跟踪注浆

为加固 4 号线隧道下方地层，将该区域地层和素桩连成整体，提高承载能力，采用从右线下穿段地面共打设垂直袖阀管 4 排 32 根，斜向袖阀管 4 排 32 根，共 64 根，分部在 4 号线隧道两侧。同时在地面预留袖阀管，在 17 号线盾构穿越 4 号线时进行地层补充跟踪注浆，弥补 4 号线下方地层损失。凤溪河站—温泉大道站盾构区间下穿地铁 4 号线时地面袖阀管跟踪注浆现场画面如图 10-33 所示。

在盾构下穿过程中，对地面袖阀管（地面垂直袖阀管及斜向袖阀管）施工时预留的注浆袖阀管进行跟踪注浆。以右线盾构下穿为例，地面袖阀管跟踪注浆施工工序详见图 10-34。同一排预留跟踪注浆孔注浆顺序应根据监测情况进行。对于沉降变化量大、变化速率大、距离小的孔应先注浆，距离大的孔后注浆。

图 10-32　洞内注浆

图 10-33　地面袖阀管跟踪注浆现场

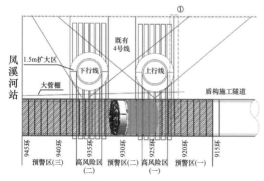

(a)刀盘掘进932环，对应管片环号927环，
开始第①排垂直袖阀管注浆

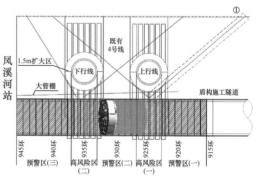

(b)刀盘掘进933环，对应管片环号928环，
开始第①排斜向袖阀管注浆

图 10-34　地面袖阀管跟踪注浆施工工序（一）

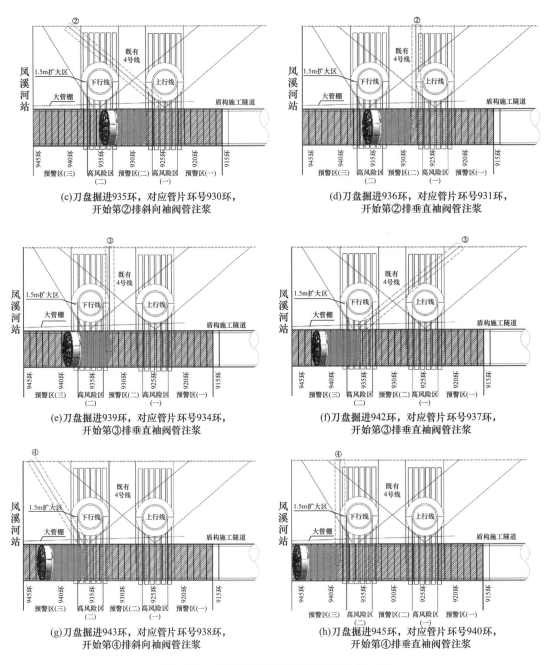

(c)刀盘掘进935环，对应管片环号930环，开始第②排斜向袖阀管注浆

(d)刀盘掘进936环，对应管片环号931环，开始第②排垂直袖阀管注浆

(e)刀盘掘进939环，对应管片环号934环，开始第③排垂直袖阀管注浆

(f)刀盘掘进942环，对应管片环号937环，开始第③排垂直袖阀管注浆

(g)刀盘掘进943环，对应管片环号938环，开始第④排斜向袖阀管注浆

(h)刀盘掘进945环，对应管片环号940环，开始第④排垂直袖阀管注浆

图10-34　地面袖阀管跟踪注浆施工工序（二）

跟踪注浆压力范围为：0.1～0.5MPa，根据监测情况适时调整，以确保沉降监测数据在可控范围（图10-35）。各部分注浆量如图10-36所示。

原初步设计矿山法隧道＋管棚＋素桩封堵土建费用为457万。新方案的费用包括以下几个部分：其中，管棚为160万，管棚注浆为162万，地面注浆＋袖阀管为25.4万，车站端墙加厚为2.5万。变更费用相比初步设计减少79.9万元。

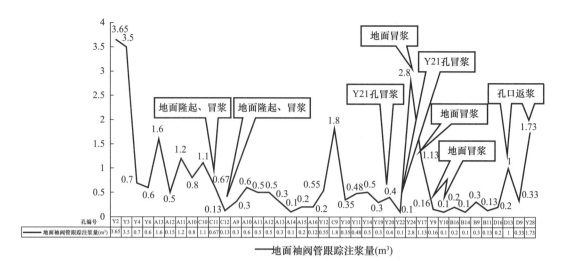

图 10-35　地面袖阀管跟踪注浆量（m³）

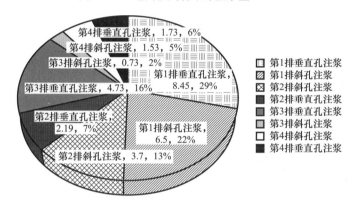

图 10-36　地面袖阀管垂直、斜孔累计注浆量（m³）

10.5　施工监测

管棚顶进压力，如图 10-37 所示（图中 A21～A23、B20～B21 为管棚钢管编号）。17 号线下穿 4 号线监测数据显示见表 10-12。

10.5.1　监控量测

为保证既有 4 号线安全运营，通过人工及自动化监测手段，对下穿区域上方地表环境及既有线隧道结构进行了监测。沿盾构隧道轴线上方布设地表沉降监测点，监测点间距为 5m，选择有代表性的部位布设垂直于隧道轴线的横向监测断面，监测断面间距加密为 3～5m，横向监测断面的监测点数量为 7～11 个，地表监

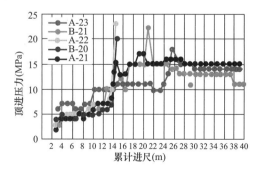

图 10-37　管棚顶进压力图

测点布置如图 10-38 所示。在下穿期间，地表沉降监测频率为 1 次/2h，当盾构完全脱出

影响范围后，监测频率为 2 次/d，当沉降数据趋于稳定时，方可降低监测频次。

下穿 4 号线监测数据 表 10-12

	检测项目		监测点号	上次累计变形值（mm）	本次累计变形值（mm）	本次变形量（mm）
4 号线左线（下行线）关键断面：ZA6～ZA12断面	拱顶沉降	累计最大变形	Z9-5	−5.34	−5.31	0.03
		本次最大变形	Z11-5	−5.17	−5.26	−0.09
	拱腰沉降	累计最大变形	Z8-4	−5.61	−5.62	−0.01
		本次最大变形	Z12-3	−4.1	−4.18	−0.08
	道床沉降	累计最大变形	ZA9-1	−5.13	−5.15	−0.02
		本次最大变形	Z10-1	−4.63	−4.72	−0.09
	横向水平位移	累计最大变形	ZA10-4	−2.58	−2.57	0.01
		本次最大变形	ZA9-1	0.08	−0.02	−0.1
	纵向水平位移	累计最大变形	ZA9-3	−1.4	−1.42	−0.02
		本次最大变形	ZA11-4	−0.93	−0.82	0.11
	道床差异沉降	差异沉降方向	最大差异沉降里程及点号			最大差异沉降值（mm）
		同一断面道床沉降差	ZDK6＋015	Z12-1～Z12-2		−13.8
		相邻断面道床沉降差	ZDK5＋995～ZDK5＋997.5	Z8-2～ZA8-2		1.14
	拱顶沉降	累计最大变形	Y10-5	−5.32	−5.34	−0.01
		本次最大变形	Y8-5	−2.02	−2.12	−0.1
	拱腰沉降	累计最大变形	YA9-3	−5.01	−5.03	−0.02
		本次最大变形	YA12-3	−3.45	−3.52	−0.06
	道床沉降	累计最大变形	YA10-1	−5.11	−5.19	−0.08
		本次最大变形	YA10-2	−5.07	−5.15	−0.08
	横向水平位移	累计最大变形	Y10-3	−1.17	−1.27	−0.1
		本次最大变形	Y12-5	0.7	0.54	−0.17
	纵向水平位移	累计最大变形	Y10-3	1.24	1.16	−0.08
		本次最大变形	YA10-1	0.1	0.02	−0.09
	道床差异沉降	差异沉降方向	最大差异沉降里程及点号			最大差异沉降值（mm）
		同一断面道床沉降差	ZDK5＋990	Y7-1～Y7-2		−2.26
		相邻断面道床沉降差	YDK5＋987.5～YDK5＋990	YA6-1～Y7-1		1.63

在既有 4 号线内沿隧道轴线方向按照 2.5～5m 间距共布置 38 个监测点，上行线 19 个（Y5～Y15），下行线 19 个（Z5～Z15），如图 10-39（a）所示。每个测点沿隧道断面布置 5 个测点，其中 2 个测点布置在轨道道床两侧，2 个测点布置在隧道拱腰两侧，1 个测点布置在拱顶，既有 4 号线监测点布置如图 10-39（b）所示。下穿期间，既有 4 号线沉降数据每 1h 更新一次，异常情况下监测频率采取不间断监测，区间盾构隧道穿越完成后 1 个月内，监测频率为 6 次/d，1～2 个月内为 3 次/d。

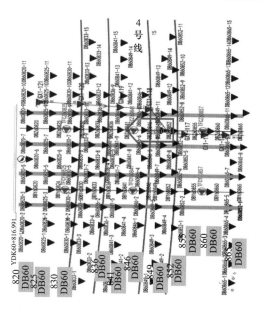

图 10-38　地表监测点分布图

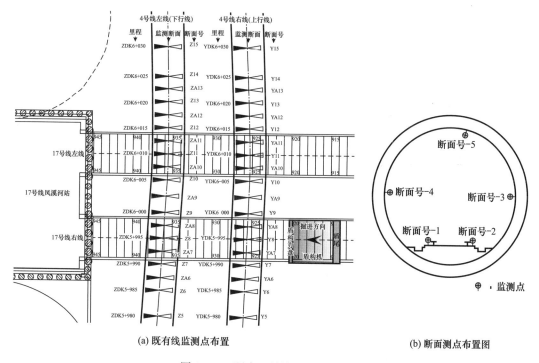

(a) 既有线监测点布置

(b) 断面测点布置图

图 10-39　既有 4 号线监测点分布图

10.5.2　地表沉降

区间盾构隧道在依次已完全穿越 4 号线右线（上行线）、4 号线左线（下行线）时，选取 4 号线右线、左线上方附近测点进行沉降统计分析可以发现，地表测点沉降主要发生在盾构通过中，盾构通过前地表沉降变化较小，甚至会出现轻微隆起，盾构通过后地表进行袖阀管注浆填充，沉降变化较平稳，4号线右线最大沉降在－12mm左右，左线最大沉降在－8mm左右，整体地表沉降累计在控制范围内。地表监测沉降情况如图10-40、图10-41所示。

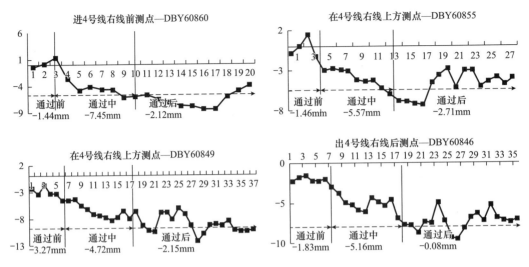

图10-40　既有4号线右线上方附近监测点沉降情况

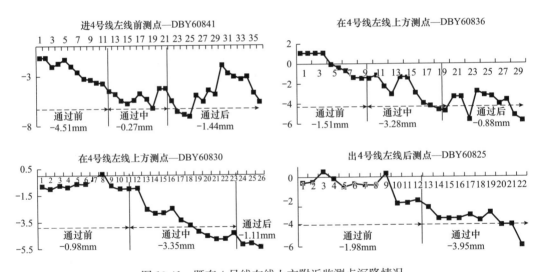

图10-41　既有4号线左线上方附近监测点沉降情况

10.5.3　既有线结构沉降

区间右线盾构隧道首先下穿4号既有线，整个穿越过程中既有4号线上行线（右线）隧道最大沉降监测点Y9-4，累计沉降－4.53mm，既有4号线下行线（左线）隧道最大沉降监测点Z8-3，累计沉降－5.69mm，沉降最大部位均在既有线隧道拱腰处。区间右线盾构隧道下穿时既有4号线结构沉降情况如图10-42～图10-44所示。

其后区间左线盾构隧道完成下穿4号既有线，此次整个穿越过程中既有4号线上行线（右线）隧道最大沉降监测点Y10-5，累计沉降－5.79mm，既有4号线下行线（左线）隧道最大沉降监测点ZA11-3，累计沉降－5.63mm，既有4号线上行线沉降最大部位在隧道

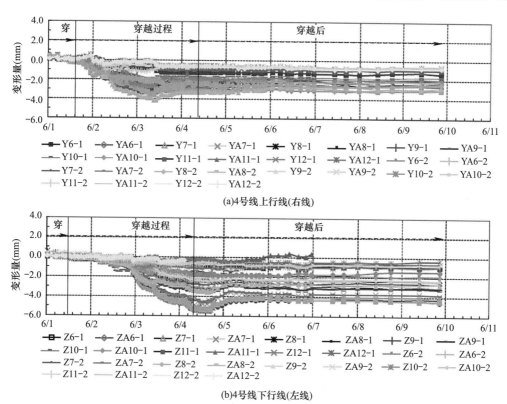

(a)4号线上行线(右线)

(b)4号线下行线(左线)

图 10-42　区间右线盾构隧道下穿时既有 4 号线隧道道床沉降时态曲线图

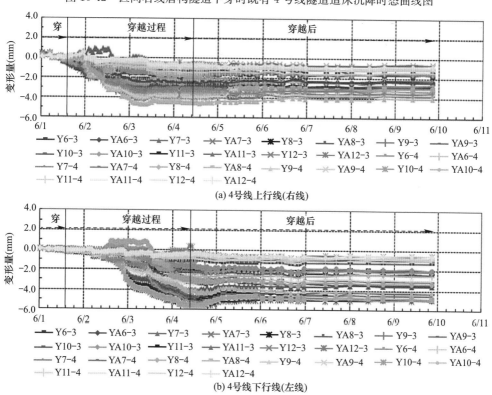

(a) 4号线上行线(右线)

(b)4号线下行线(左线)

图 10-43　区间右线盾构隧道下穿时既有 4 号线隧道拱腰沉降时态曲线图

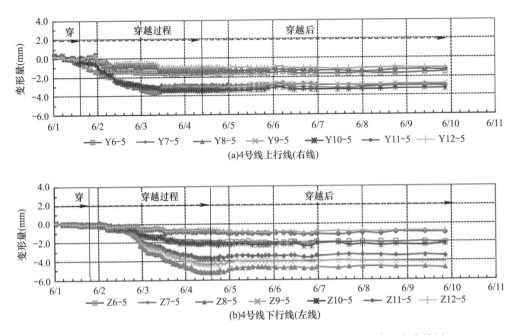

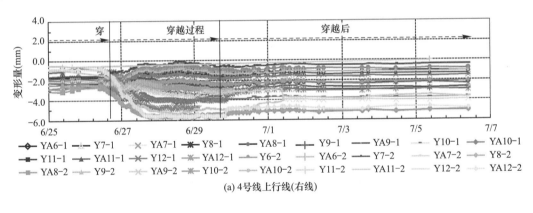

图 10-44　区间右线盾构隧道下穿时既有 4 号线隧道拱顶沉降时态曲线图

拱顶处，下行线沉降最大部位在隧道拱腰处。区间左线盾构隧道下穿时既有 4 号线结构沉降情况如图 10-45～图 10-47 所示。

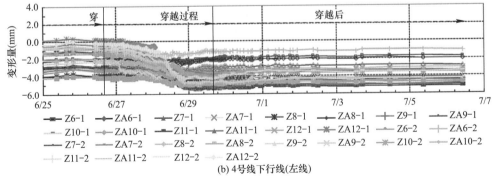

图 10-45　区间左线盾构隧道下穿时既有 4 号线隧道道床沉降时态曲线图

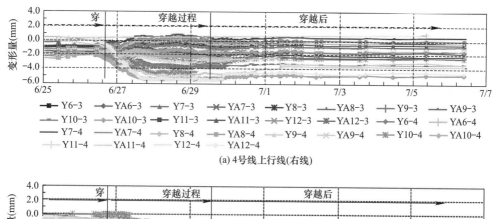

(a) 4号线上行线(右线)

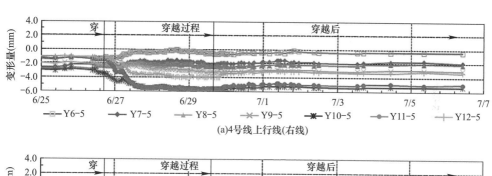

(b) 4号线下行线(左线)

图 10-46　区间左线盾构隧道下穿时既有 4 号线隧道拱腰沉降时态曲线图

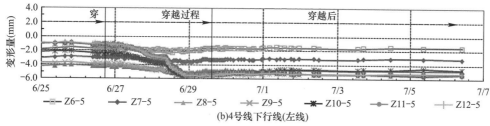

(a)4号线上行线(右线)

(b)4号线下行线(左线)

图 10-47　区间左线盾构隧道下穿时既有 4 号线隧道拱顶沉降时态曲线图

综上沉降数据分析可知，区间盾构下穿 4 号线时，既有线结构沉降主要发生在刀盘通过时盾尾脱出后一天。通过采取相应措施，即盾构通过时，进行盾体定点注浆、盾尾同步注浆及地面袖阀管跟踪注浆，盾尾脱出后进行二次注浆，盾构通过后持续补充注浆，使得 4 号线左、右线结构沉降减小，最后趋于稳定，整个穿越过程中沉降控制均在规定预警值 −6mm 范围内。

10.6 盾构超近距下穿运营地铁 4 号线效果

(1) 与 6 号线下穿 3 号线相比，17 号线实施过程中采用了提高管棚强度、加大管棚壁厚、加密管棚监测控制精度的方式。但与 6 号线不同的是该处卵石直径更大，强度更高，卵石与卵石之间由粉细砂充填，级配分布相对不均匀，且原 4 号线下方素桩对管棚的约束会使管棚在变形后难以推进，造成管棚施工设备损耗大、顶进推力大、施工速度慢、精度难以控制等问题（图 10-48）。

图 10-48　钻头边缘齿脱落

最终在该处密卵石层打设至设计长度的成功率仅达 20%。根据监测数据分析打设结果为竖向向上最大偏移 170cm，由于偏移量过大造成管棚终孔的占 40%，推进力过大被迫终孔的占 20%。从管棚顶进压力（图 10-37）可以看出，随着钻进深度的加长，管棚钻进压力逐步上升，油缸压力位于 20MPa 以上基本属于钻进困难阶段。

(2) 凤溪河站受地质和素桩影响，管棚仅覆盖 4 号线下行线范围。对于 4 号线上行线范围，通过洞内和地面补偿注浆结合，达到了加固夹土体的效果。17 号线下穿 4 号线初期，4 号线沉降较好地控制在 6mm 以内，穿越后由于二次注浆及时，沉降无增大，且略有恢复，最终控制在 5.3～5.6mm，有管棚区加固的 4 号线上行线变形和无管棚区加固的下行线差距不大，及时补充跟踪注浆填充地层，对控制变形效果明显。

该工程区间右线隧道盾构于 2019 年 5 月 31 日刀盘进入下穿既有 4 号线影响范围，2019 年 6 月 4 日盾尾完全脱出既有 4 号线下行线，左线隧道盾构于 2019 年 6 月 26 刀盘进入下穿既有 4 号线影响范围，2019 年 6 月 29 日盾尾完全脱出既有 4 号线下行线。下穿全程地表沉降及既有 4 号线结构沉降均在控制范围内。图 10-49 为出 4 号线左线前后测点 DBY60825 的沉降变化。

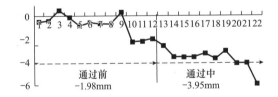

图 10-49　出 4 号线左线后测点 DBY60825 的沉降变化

该区间盾构隧道在富水砂卵石地层下采用大直径土压平衡盾构安全、顺利地完成了既有线下穿工程，同时有效地控制了地表沉降及既有线隧道沉降，确保了既有线安全运营。图 10-50 为凤溪河站—温泉大道站盾构区间下穿地铁 4 号线段成型隧道。

图 10-50　凤溪河站—温泉大道站盾构区间下穿地铁 4 号线段成型隧道

第11章 ▶▶
大直径盾构在降水砂卵石地层中侧穿成蒲铁路

11.1 成蒲铁路概况

成蒲铁路是川藏铁路的成雅铁路段之组成部分，也是成都的市域快铁。成蒲铁路为多跨简支梁桥，每节梁长 32.70m，采用群桩基础形式，承台宽 4.8m、长 7.6m，设置 6 根桩基，九江北站长度范围内成蒲铁路桩基长 16～16.5m，桩径为 1m。

明光站—九江北站区间（以下简称明九区间）1 号～2 号风井区间隧道在里程 YDK68＋100～YDK68＋150/ZDK68＋105～ZDK68＋155 处下穿成蒲铁路高架桥，如图 11-1 和图 11-2 所示。

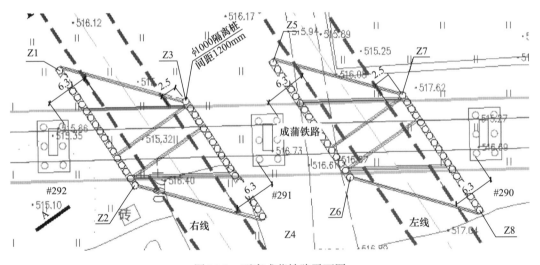

图 11-1　下穿成蒲铁路平面图

此段位于成都市香榭大道（成新蒲快速路）北侧，左右线盾构隧道从成蒲铁路第 290 号、291 号、292 号墩之间穿过。成蒲铁路高架桥上部结构为简支梁，跨度 32.7m，下部结构桩基为桩径 1.0m 钻孔桩，桩长 14.5m，桩底位于卵石土地层。周边环境较单一，为一片农田。成蒲铁路下穿处隧道埋深 6.36m，隧道与高架桥桩基最小净距为 6.3m，桥桩深入隧道下方 1.89m。

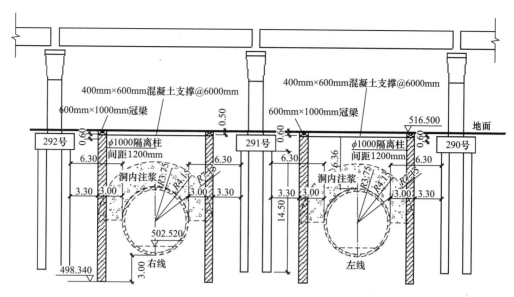

图 11-2　下穿成蒲铁路断面图（尺寸单位：mm）

11.2　成蒲铁路隔离加固措施

为了减小盾构隧道掘进对成蒲铁路高架桥的影响，在成蒲铁路铺轨完成前，在盾构隧道与高架桥桩基之间设置直径 1000mm 隔离桩，并在桩顶设置冠梁和一道混凝土支撑；隔离桩四排共 72 根，冠梁尺寸 0.6m×1.0m，共 4 条，混凝土支撑尺寸 0.4m×0.6m，共 6条。支护体系采用隔离桩＋混凝土支撑围护体系，在盾构穿越范围内进行加固处理。

隔离桩预加固平面图如图 11-3 所示，隔离桩预加固断面图如图 11-4 所示。

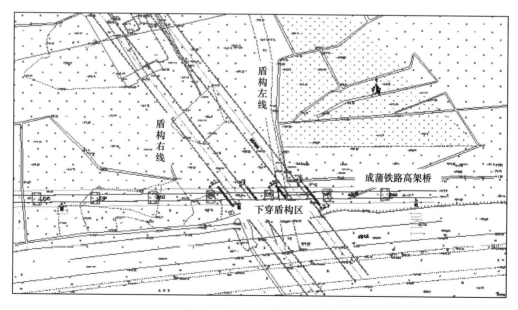

图 11-3　隔离桩预加固平面图

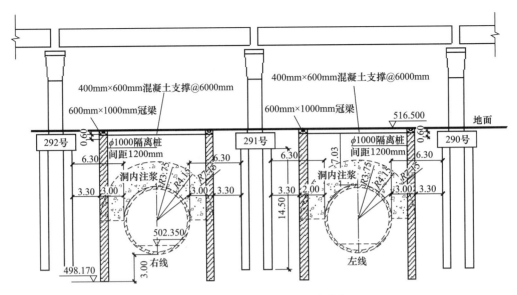

图 11-4 隔离桩预加固断面图（尺寸单位：mm）

隔离桩与成蒲铁路高架桥桩基净距 3.3m，隔离桩与盾构隧道净距 2m，隔离桩深入隧道底 3m。冠梁及钢筋混凝土支撑埋深 0.5m。成蒲铁路隔离桩采用冲击钻成孔，导管法浇筑水下混凝土成桩，冠梁、钢筋混凝土支撑采用明挖法开挖基坑，立模浇筑混凝土。

11.3 盾构穿越前的准备

（1）施工前进行沉降布点与采集初始值测量。

（2）施工前对沿线周边建（构）筑物及管线进行调查，了解建（构）筑物结构、和隧道的关系及自身对沉降的承受能力（报警值），详细记录整理。

（3）对盾构、门吊等设备做彻底检查，确保穿越段机况良好。

（4）做好砂、水泥、粉煤灰及管片、螺栓、止水条等原材料的储备，做好渣土运输车辆的维修保养和准备，以及渣土坑的清理，确保盾构能够连续、平稳地穿越建筑物，避免在建筑物下停机。

（5）在隧道沿线进行探挖，左线每 10m、右线每 5m 布设探挖点，为后期地面注浆预留位置。

11.4 盾构掘进措施

11.4.1 下穿控制措施

1. 掘进控制措施

根据模拟段实际施工参数及施工情况，制定下穿成蒲铁路高架桥施工相关参数，以确保满足沉降在允许范围之内。

（1）严格控制出土量，禁止发生超挖、欠挖等现象

对出渣量采取双控制管理措施，第一、通过油缸行程管理对渣土的体积统计；第二、

通过对出渣的重量称重，统计每环出渣量的总重量，并及时与体积记录相复核，根据每环的行程量及出渣情况统计分析，得出出渣情况超欠挖分析报告。

（2）严格控制同步注浆量和浆液质量，并进行二次注浆

在管片上增设注浆孔、预埋注浆管，根据地质及掘进情况，选择合适的时机对隧道周边一定范围内的地层进行注浆加固。

通过同步注浆系统及二次注浆系统及时填充盾尾间隙，减少施工中对土体的扰动，从而减小土体变形。二次注浆考虑采用水泥水玻璃双液浆。

（3）对盾构机各个系统进行检修

在盾构机正式掘进穿过铁路之前，对盾构机各个系统进行检修，以确保盾构机在穿越时以最佳状态匀速、同步地掘进，注浆量、出渣量、泡沫和油脂的注入量与掘进速度同步。

（4）盾构施工过程中，进行系统、全面的监控测量，实行信息化施工

掘进控制参数见表 11-1。

掘进控制参数表　　　　　　　　　　　　　　　　　　　　表 11-1

序号	参数名称	参数值	备注
1	土仓压力（bar）	0.9～1.4	如出现故障停机，保压在 1.0bar 以上
2	刀盘转速（rpm）	1.4～1.6	—
3	刀盘扭矩（kN·m）	≤15000	—
4	掘进速度（mm/min）	40～60	—
5	总推力（t）	≤3500	—
6	螺旋机转速（rpm）	6～12	—
7	注浆量（m³）	≥10	可根据实际情况调整
8	同步注浆压力（bar）	2<P<3	—
9	泡沫浓度	3%	可根据实际情况调整
10	泡沫发泡率	7～10	可根据实际情况调整
11	空气注入率	30%～50%	可根据实际情况调整
12	膨润土注入量	4～5m³/h，1∶4 膨水比，膨化 24h，粘度 35s 以上	可根据实际情况调整
13	刀盘中心加水（m³）	7～8m³/环	根据渣土流塑性调整
14	出土量（m³）	105.3m³/1.5m，210.6t，误差率±2%，管理行程：260～270mm/斗	1.5m 管片

注明：1. 若穿越过程中出渣量超方，应加大同步注浆量（注浆量=10m³+超方量）同时适当加高土仓压力（土仓压力=1.1～1.2bar）。

　　　2. 穿越前对地层的松散系数进行重新检测，总结最优松散系数。

　　　3. 上述情况出现后均应保持盾构机均匀快速通过，尽量避免盾构停机，以防盾构机被困。

按照盾构穿越顺序，根据刀盘切口位置，对桥桩沉降及位移控制主要可分以下几个区域，各阶段主要控制参数见表 11-2。

盾构穿越成蒲铁路高架桥各阶段重点控制参数表　　　　　　　表 11-2

序号	阶段	盾构与管片相对位置	盾构推进重点控制参数
1	预警区	盾构切口距承台边线在隧道轴线上的投影线 6m～切口进入承台边线在隧道轴线上的投影线	土压力、出土量

序号	阶段	盾构与管片相对位置	盾构推进重点控制参数
2	高风险区	切口进入承台边线在隧道轴线上的投影线～盾尾脱离承台边线在隧道轴线上的投影线	土压力、出土量、同步注浆量
3	预警区	盾尾脱离承台边线在隧道轴线上的投影线～盾尾脱离承台边线在隧道轴线上的投影线6m	同步注浆量、二次注浆

盾构穿越各阶段示意图如图11-5所示。穿越期间进行临时停水，对盾构机顶部进行卸载。

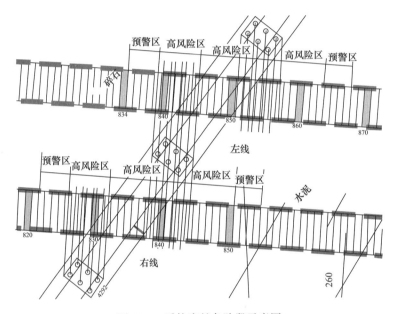

图11-5　盾构穿越各阶段示意图

2. 推进控制

推进油缸按上、下、左、右分成四个组，每组油缸都有一个带行程测量和推力计算的推进油缸，根据需要调节各组油缸的推进力，控制掘进方向。

随着盾构推进，导向系统后视基准点需要前移，须通过人工测量来进行精确定位。为保证推进方向的准确可靠，每10m（7环左右）进行一次人工测量，以校核自动导向系统的测量数据并复核盾构机的位置、姿态，确保盾构掘进方向的正确。

3. 出土量控制

出土量与土压力值一样，也是影响地面沉降的重要因素。盾构机每环的理论出土量（实方）为 $3.14/4 \times 8.6342 \times 1.5 = 87.82 m^3$。

受隧道穿越地质和地下水文情况影响，盾构推进过程中需要往掌子面注入泡沫和水，土体松散系数约为1.20，每环实际出渣量约为 $105 m^3$，在盾构穿越成蒲铁路高架桥时每环理论出土量控制在 $105 m^3$ 以内。

盾构掘进渣土以方量和龙门吊称重双重控制。

4. 姿态控制

控制好盾构推进轴线，盾构机前后端和设计轴线偏差控制在20mm以内，并严格控制盾构姿态，避免盾构机频繁或大幅度调整姿态。在盾构进入铁路范围前将盾构姿态调整到最佳状态，进入施工范围后严格按照设计轴线推进。同时加强盾构机姿态的人工复核，确保盾构机推进轴线和设计轴线的偏差在设计允许范围内。

5. 同步注浆

在盾构掘进过程中，保证同步注浆的饱满，每环注浆量保证在 10m³ 以上。选择稠度在 9～12cm 的可硬性浆液，该浆液具有凝结时间较短、强度高、耐久性好、填充密实等特点。浆液配合比会根据下穿成蒲铁路试验段总结经验，进行调整，确保同步注浆浆液的初凝时间在 6h 之内。从盾尾圆周上的 6 个孔位同时注浆，为防止管片上浮，而且考虑浆液的流动性，上部每孔的压力应比下部每孔的压力略大 0.05～0.10MPa。根据地质和隧道的覆土厚度情况，注浆压力控制在 0.2～0.4MPa 之间。

6. 二次注浆

盾构掘进同步注浆的同时，跟踪进行单液或双液二次注浆。在同步注浆时进行洞内二次跟踪注浆，确保填充效果，浆液根据情况采用单液浆或双浆液。跟踪注浆位置管片在盾尾后 5 环的位置。注浆点位主要在拱顶和邻接块，通过注浆压力和注浆量同时进行控制。

根据盾构掘进各项监控量测情况，必要时及时进行二次注浆，浆液配比参照试验段二次注浆配比，注浆量和注浆次数根据地面沉降监测数据的情况，及时进行调整。加固以"多点、均匀、少量、多次"为原则，减少沉降所引起的成蒲铁路高架桥的变形量，直至隧道沉降稳定为止。二次注浆压力控制与同步注浆相同，注浆量根据地面监测反馈情况调整。

7. 洞内注浆

在盾构通过成蒲铁路线后，通过增加注浆孔特殊管片及时进行洞内径向注浆，管片径向 3m 范围洞内注浆采用水泥单液浆，水灰比为 1：1，注浆压力不大于 0.5MPa，如图 11-6 所示。

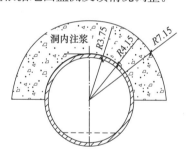

11.4.2　穿越后控制措施

1. 二次注浆

由于同步注浆的浆液注入时，有可能会沿土层裂隙渗

图 11-6　洞内径向加固示意图

透而依旧存在一定间隙，且浆液的收缩变形也引起地面变形及土体侧向位移，受扰动土体重新固结产生地面沉降。管片脱出盾尾后采用二次注浆来满足工程质量要求。

拟采用双液浆，水泥：水玻璃：水＝1：1：1。注浆压力≥0.3MPa，位置为盾尾后 3 环。

2. 地面注浆加固

在盾构穿越过程中及穿过后，持续对地表进行监控量测，并进行 24h 巡视，一旦发现异常现象及时采取先探后挖，对松散地层地面袖阀管注浆加固。

（1）注浆孔布置

根据现场勘探情况显示，对相应区域进行加固。

（2）浆液

用 P.O42.5 普通硅酸盐水泥作灌注主料，确定各种灌注材料的合理配比，在施工中使用的材料配比（重量比）如下：

1）袖阀管套壳料：

水泥：黏土：水——1：1.5：1.88（重量比，配方由现场试验最后确定）。

2）固管料为单液水泥浆，配比为：

水：水泥——1：1.5。

3）袖阀管注浆的浆液配比为：

水泥：水——1：1～0.6：1，先稀浆后稠浆。如注浆效果较差时根据实据情况采用双液浆或超细水泥浆液。

4）速凝剂：

如发现地下有水流通道，孔内漏浆严重时，可掺入适量的水玻璃作为速凝剂。水泥浆与水玻璃体积比$C：S＝1：（0.5～1）$，其中：水玻璃的浓度为$38Be'$，模数$n＝2.4～2.8$。

（3）注浆量及压力

注浆以加固土体、提高基础承载力为目的，施工过程中通过加强监测，缓慢加大注浆压力，注浆压力一般控制在0.3MPa左右；注浆量根据地层加固区需充填的地层孔隙数量及现场试验来确定；同时也应加强各方面的监测，以便指导注浆。

3. 应急处置

盾构穿越既有道路时，安排专人24h值守。实时观察盾构穿越区域周围临近道路情况，出现塌陷、裂缝等情况立即对该处进行围蔽，对周围车辆进行疏导，同时对塌陷区域进行警戒，并立刻采取回填，待盾构穿越且经过监控量测确保地面稳定后开放交通管制。

（1）在塌陷区域周围设置警戒线及反光锥桶，使用围挡进行围蔽，疏散周围可能受到危及的群众，安排人员维持现场秩序，组织抢险成员抢险，调集各种应急救援物资及设备。

（2）对塌陷处进行回填，首先使用原状土回填后，上部使用水泥浆回填，塌陷坑内有积水时应使用潜水泵抽排。

（3）对回填的松散塌陷体及四周进行注浆加固，形成稳定加固层，同时要阻止地下水的渗透形成隔水层，加固可采用袖阀管注浆。

（4）对塌陷处进行沉降跟踪监测，加大监测频率，分析沉降值及沉降速率变化情况，及时反馈监测数据。

11.5 施工监测

为保证成蒲铁路高架桥的安全，在盾构机盾尾脱离预警区20m后仍旧安排专人定期对路面进行观察和巡视，对地面沉降进行跟踪监测，直至数据稳定，测得监测数据后，要及时进行整理，绘制位移随时间或空间的变化曲线图，实施时，多采用位移-空间曲线，即监测结果随工作面与洞室跨度比值的关系散点图。在取得足够的数据后，还应根据散点图的数据分布状况，选择合适的函数，对监测结果进行回归分析，以预测该测点可能出现的最终位移值。全部监测数据均由计算机管理。

根据地面沉降的变化，进行适当压浆，以弥补之前注浆的不足和重塑土在固结引起的沉降，浆液采用水泥浆掺粉煤灰，注浆压力为不大于0.5MPa。施工中对压浆位置、压入量、压力值做详细记录，并根据地层变形监测信息及时调整，以确保压浆质量。

监测控制基准及预警值指标见表11-3。

监测控制基准及预（报）警值指标　　　　　　　　　　表 10-3

序号	监测项目	判定内容	控制基准
1	地表沉降	累计值和单日变形量	累计值：隆起 10mm、下沉 25mm； 单日变形量：隆起 3mm，下沉 3mm
2	建（构）筑物沉降	累计值和单日变形量	累计值：15mm；单日变形量：2mm
3	建（构）筑物倾斜	倾斜值	倾斜值：2/1000（$H>100$m）；2.5/1000（60m$<H\leqslant$100m）； 3/1000（24m$<H\leqslant$60m）；4/1000（$H\leqslant$24m）
		框架结构柱差异沉降	2/1000L（L：相邻结构柱距离）
		砌体局部倾斜	2/1000
4	地下管线沉降	累计值和单日变形量	累计值：10mm； 单日变形量：2mm（煤气、供水等）； 单日变形量：3mm（电缆、通信等）
5	成蒲铁路墩柱沉降	累计值	桥梁均匀总沉降值（2mm）

备注：单日变形量为本次量测值和上次量测值的差值

监测管理等级及对策见表 11-4。

监测管理等级及对策　　　　　　　　　　表 11-4

序号	警情等级	状态描述	报送范围	报送时限	报送方式	处置	消警
1	黄色预警	（1）实测累计值达到控制指标的 2/3 且变化速率达到控制值。 （2）监测工程师判断伴有"危险情况"出现，将进行黄色报警	（1）施工（含投融资总承包方安全质量主管负责人）、监理。 （2）工程主管部门正副部长、经理、业主代表。 （3）安全质量部正副部长、安全管理人员、监测主管人员	2h 内	短信	监理组织各方分析、处置	监理组织各方开会，分析、解除警情
2	橙色报警	（1）变化速率连续二次达到控制值，第二次进行橙色报警。 （2）实测累计值达到控制值且变化速率达到控制值 2/3 进行橙色报警。 （3）监测工程师判断伴有"危险情况"出现，将进行橙色报警	（1）施工（含投融资总承包方安全质量主管负责人）、监理、设计。 （2）建设分公司副总。 （3）工程主管部门正副部长、经理、业主代表。 （4）安全质量部正副部长、安全管理人员、监测主管人员	1h 内	电话及短信	工程主管部门组织现场分析、处置	工程主管部门组织开会，现场分析、解除警情
3	红色报警	实测累计值和变化速率均达到控制值，并监测工程师判断伴有"危险情况"出现	（1）施工（含投融资总承包方安全质量主管负责人）、监理、设计。 （2）建设分公司总经理、副总。 （3）工程主管部门正副部长、经理、业主代表。 （4）安全质量部正副部长、安全管理人员、监测主管人员	即刻	电话及短信	组织现场分析、处置	组织开会，分析、解除警情

序号	警情等级	状态描述	报送范围	报送时限	报送方式	处置	消警
4	紧急报警	指未经过前三个预警中任意一次预警而伴有"危险情况"或"突发安全隐患"或者在没有监控点的部位出现"突发安全隐患"	(1) 施工（含投融资总承包方安全质量主管负责人）、监理、设计。 (2) 建设公司总经理、副总。 (3) 工程主管部门正副部长、经理、业主代表。 (4) 安全质量部正副部长、安全管理人员、监测主管人员	即刻	电话及短信	建设分公司总经理组织现场分析、处置	建设分公司分管生产副总组织开会，分析、解除警情

第 12 章 ▶▶

大直径盾构下穿成温邛高速公路

12.1 成温邛高速公路概况

12.1.1 高速公路概况

成温邛高速公路起于成都市青羊区文家场（G4201 成都绕城高速文家立交）经青羊区、温江区、崇州市、大邑县至邛崃市，全长 65.1km，于 2004 年 10 月建成通车。成温邛高速公路全程位于成都市境内，其前身成温邛公路是 G318 国道的一段，全长 65.63km，采用高速公路设计标准，为双向全立交全封闭六车道高速公路，沥青混凝土路面，设计时速 100km/h，路基宽 36m。

1. 工程概述

地铁线路由黄石站后沿灌温路西侧向南敷设，由高架过渡到地下敷设，然后下穿成温邛高速公路，在成温邛高速公路处以 R-1200m 的左转曲线绕避成温邛高速路 F7 跨线桥，由灌温路侧转至永康路路中敷设。

盾构下穿成温邛高速公路路基的里程范围为：YDK57＋340.000～YDK57＋410.000，现状地面标高约为 550m。区间盾构段右线起讫里程为 YDK57＋132.146～YDK58＋678.122，右隧道长 1547.944m（长链 2.018m）。左右线中心线间距约 16～17m，隧道与成温邛高速公路线路正交，盾构隧道顶至成温邛高速公路路基面竖向距离，即隧道埋深约为 11.37m。

区间盾构隧道采用钢筋混凝土管片衬砌，管片宽度为 1.5m，管片外径 8.3m，厚度为 0.40m；每环管片沿环向分为 7 块，即 4 块标准块、2 块邻接块和 1 块封顶块；设计强度为 C50，抗渗等级≥P12。管片采用左右转弯楔形环，通过与标准环的组合来达到满足曲线地段线路拟合及施工纠偏的需要，楔形量 40mm（双面对称楔）。

根据详勘揭示下穿成温邛高速时，隧道所处地层主要为＜3-8-1＞稍密卵石土、＜3-8-2＞中密卵石土、＜3-8-3＞密实卵石土，卵石分选性、均一性差，透水性强。

2. 工程地质

（1）地层特征

沿线地表第四系堆积层广泛分布，沿线大部分地段为第四系全新统人工填土（Q_4^{ml}）覆盖；在Ⅰ级阶地，其下分别为第四系全新统冲积层（Q_4^{al}）黏土、卵石土夹粉细砂及漂石。

盾构隧道穿越地层组成及渗透系数见表 12-1，岩土物理力学性质指标见表 12-2。

（2）砂卵石直径及含量统计

盾构区间由西向东，漂石含量呈由高至低的趋势。通过统计分析，卵石最大含量可能超过 75％，漂石粒径在 20～70cm 之间，卵石单轴抗压强度可能超过 132MPa，卵漂石强度大，对开挖方式选择有较大影响。

岩土层渗透系数建议值　　　　　　表 12-1

序号	地层编号及岩土名称	渗透系数（m/d）
1	＜1-2＞杂填土	0.001
2	＜3-8-1＞卵石土（稍密）	30
3	＜3-8-2＞卵石土（中密）	28
4	＜3-8-3 卵石土（密实）	27

岩土物理力学参数设计建议值汇总表　　　　　　表 12-2

地质年代与成因	岩土层编号	岩土名称	天然密度 ρ（g/cm³）	承载力特征值 f_{ak}（kPa）	土的侧压力 ζ（kPa）	抗剪强度指标 黏聚力 c（kPa）	抗剪强度指标 内摩擦角 φ（°）	天然内摩擦角 φ_e（°）
Q_4^{ml}	＜1-2＞	杂填土	1.9	110	—	10	10	—
Q_3^{fgl+al}	＜3-8-1＞	卵石土稍密	2.1	350	0.3	—	34	35
	＜3-8-2＞	卵石土中密	2.2	600	0.3	—	38	38
	＜3-8-3＞	卵石土密实	2.3	700	0.29	—	45	42

卵石体积含量约占地层的 60％～75％，其中 20～40cm 的漂石体积含量约占 7.4％，大于 40cm 的漂石体积含量约占 1％。

3. 水文地质

成都地区水文地质资料，该层砂、卵石土综合含水层渗透系数 K 约为 15～30m/d，为强透水层。沿线所有地下车站和地下区间隧道主体结构均将穿越该层地下水，受其影响大。

区内基岩为白垩系灌口组紫红色泥岩、砂质泥岩、泥质砂岩，地下水赋存于基岩风化裂隙中，含水量一般较小，但在岩层较破碎的情况下，常形成局部富水段。地下水为上层滞水、孔隙潜水、基岩裂隙水。沿线地下水位埋深约 5.6～6.5m，稳定水位高程 537.92～539.57m。

12.1.2　成温邛高速路与隧道位置关系及地质情况

成温邛高速路与隧道位置关系及地质情况详见"2.7.3 节中下穿成温邛高速路"。

12.1.3　盾构下穿成温邛高速路施工预防措施

（1）穿越前必须对成温邛高速公路路基进行地面预注浆加固。

（2）盾构穿越前对盾构机整体进行检查、维修，做到不停机平稳快速通过。

（3）综合分析盾构进入成温邛高速路前 100m 掘进参数，如推力、掘进速度、渣土改良、同步注浆等。

（4）管片上增设注浆孔，通过预制管片的注浆孔对隧道拱顶 180°外 3m 范围土体进行洞内注浆加固。注浆材料以水泥浆液为主，注浆参数包括注浆压力、浆液配合比、注浆量等参数应由现场试验确定。

（5）施工前按照已编制审批好的专项应急预案，准备好应急处理材料应付突发状况，并做好地面跟踪注浆的准备。

（6）盾构施工过程中，进行系统、全面的信息化监控量测，实行信息化施工。根据监测情况，必要时进行跟踪注浆。

12.1.4　成温邛高速路变形风险划分标准

地铁盾构施工前，首先对高速公路进行外观检测、雷达检测、平整度检测，以评定高速公路路面状况等级及各项指数是否满足规范要求。根据检测结果，路面状况评定等级为良，道路路面损坏状况指数、密实度及平整度满足规范要求，处于正常运营状态。

为了为后期沉降留出余量，通过三级预警机制组织施工，根据《成都轨道交通建设工程监控量测管理办法》、预警流程、相关处置及消警要求。警情等级划分、报告与处置要求详见表 12-3。

警情等级划分、报告与处置要求一览表　　　　　　　　表 12-3

警情等级	状态描述	报送范围	报送时限	报送方式	处置	消警
黄色预警	（1）实测累计值达到控制指标的 2/3 且变化速率达到控制值； （2）监测工程师判断伴有"危险情况"（见下注）出现，将进行黄色报警	（1）监理总代； （2）项目经理部盾构副经理、PPP 中心业主代表； （3）项目经理部安质部部长、PPP 中心安质部主管人员及监测主管	2h 内	电话＋短信	监理组织各方分析、处置	监理组织各方开会分析解除警情
橙色预警	变化速率连续二次达到控制值，第二次进行橙色报警，实测累计值达到控制值且变化速率达到控制值 2/3 进行橙色报警。 监测工程师判断伴有"危险情况"（见下注）出现，将进行橙色报警	（1）监理总代、设计； （2）成都地铁 PPP 项目管理中心副经理、安质室主任； （3）项目经理部盾构副经理、PPP 中心及业主代表； （4）项目经理部安质部部长、PPP 中心安质部副经理及监测主管	1h 内	电话＋短信	监理及工程主管部门部长组织现场分析、处置	监理及工程主管部门部长组织开会，现场分析、解除警情
红色预警	实测累计值和变化速率均达到控制值，并监测工程师判断伴有"危险情况"（见下注）出现	（1）监理总监、设计； （2）成都地铁 PPP 项目管理中心副经理、安质室主任、业主代表； （3）项目经理部安质部副经理、PPP 中心安质部副经理及监测主管	即刻	电话＋短信	总监及成都地铁 PPP 项目管理中心分管副总组织现场分析、处置	总监及成都地铁 PPP 项目管理中心分管生产副总组织开会分析、解除警情

警情等级	状态描述	报送范围	报送时限	报送方式	处置	消警
紧急预警	指未经过前三个预警中任意一次预警而伴有"危险情况"或"突发安全隐患"或者在没有监控点的部位出现"突发安全隐患"（见下注）	（1）监理总监、设计； （2）成都地铁 PPP 项目管理中心副经理、安质室主任、业主代表； （3）项目经理部安质部副经理、PPP 中心安质部副经理及监测主管	即刻	电话+短信	总监及成都地铁 PPP 项目管理中心分管副总组织现场分析、处置	总监及成都地铁 PPP 项目管理中心分管生产副总组织开会分析、解除警情

注：危险情况为：

（1）监测数据达到报警值的累计值。

（2）隧道管片衬砌体系出现较大的变形、渗漏、破损、错台等迹象。

（3）根据现场工程师经验判断，出现其他必须进行危险源报警的情况。

突发安全隐患为：

（1）监测数据突然红色达到预警值，并有继续发展下去的趋势。

（2）隧道衬砌结构周边土体出现隆起、沉陷量较大或者隧道内衬砌管片出现严重的渗漏等现象。

（3）周边建筑的结构部分或者周边出现较严重的突发裂缝或危害结构的变形裂缝。

（4）周边管线突然明显增长或者出现裂缝、泄漏等。

（5）根据现场工程师经验判断，出现其他必须进行突发安全隐患报警的情况。

12.2 成温邛高速公路路基加固措施

盾构穿越前必须对成温邛高速公路路基进行地面预注浆加固。在加固施工之前，先在成温邛辅道进行临时占道打围。成温邛高速采取的主要加固措施为管棚注浆加固和 L 形混凝土挡墙加固，加固范围如图 12-1 所示。

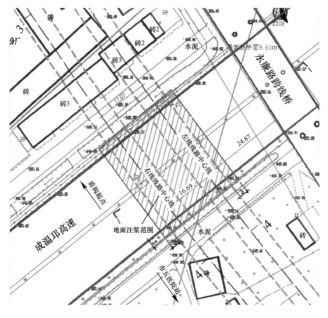

图 12-1　成温邛加固范围图

12.2.1　工作井施工

由于考虑到钻机工作的空间及施工工作效率，将工作区域设为 36m，分为左右线 2 次开挖施工，每一区域长×宽×高为 18m×9m×4m，按顺序施工，开挖完成后对基底进行混凝土硬化，便于钻机施工，施工后一区域时回填前一区域，施工全部完成后将路面恢复原状。

由图纸可知成温邛高速路需要管棚加固的范围是 31m，考虑到钻机工作的空间，将工作区域分为 4 次开挖施工，每一区域长×宽×高为 9m×9m×4m，按图 12-2 中 1-4 的顺序按序施工，施工后一区域时回填前一区域，施工全部完成后将路面恢复原状。因此要满足施工场地的要求需临时占用成温邛高速北侧的乡村路。工作井宽 9m 满足钻机施工的要求；由于成温邛地基下 3m 不能施工，钻机最低的工作高度约为 1m，故工作井深 4m 满足施工要求；且乡村道路路面比成温邛路面低约 0.5m，故实际施工中，工作井的开挖深度不足 4m，承受的侧向土压较小。

（1）管线情况。根据最新的管线迁改图，该区域没有管线影响施工。在工作井四周安排人工挖探，确保施工区域无管线。

（2）听取专家意见，砂卵石层的侧向稳定性很好，只需采取 1∶0.3 的放坡加网喷即可确保土体的稳定。受场地限制，在工作井南北两侧采取 1∶0.3 的放坡加网喷支护，在工作井的东西两侧可采用 1∶1 的自然放坡。

（3）工作井分层开挖，按 2m+2m 的深度分层开挖，并在每层开挖后及时将边坡土体压实，及时进行网喷支护。

（4）因场地狭小工作井边缘不得留存回填土，所有回填土必须运到业主指定的存土场。减少工作井外侧的荷载。

（5）做好排水措施，以便有效及时地将雨、雪水排出工作井；工作井开挖后，或在基础施工过程中，土方还未回填，这时在工作井周围堆放高度大于等于 500mm 的挡水围堰，在工作井底部距沟底 200mm 距离设排水沟及集水坑，并设大功率的排水泵。

（6）做好工作井周围的安全围护措施，坚决避免坠物打击和坠落伤人的现象；在工作井四周挂安全警示牌，夜间设警示灯。

（7）由于施工区域较小，会占用高速路路旁的乡村道路。故需提前与有关部门协调好临时占用道路进行施工的问题，对附近周边发布通知、告示等。在乡村道路两端的路口设置"前方施工，车辆绕行"的警示牌，并在围挡周围设置安全警示标志。

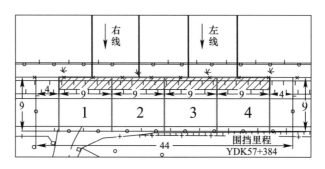

图 12-2　成温邛施工平面图

12.2.2 管棚注浆加固

在成温邛辅道临时占道打围，进行成温邛高速管棚注浆加固，管棚共计 77 根，L 形挡墙全长 30.7m。管棚注浆加固剖面如图 12-3 所示。

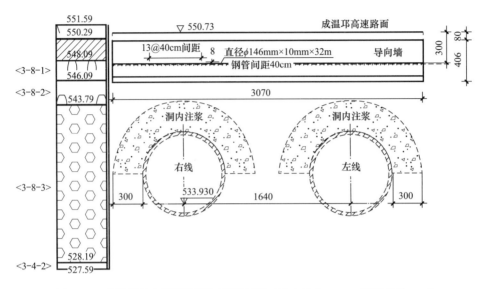

图 12-3　成温邛高速管棚注浆加固剖面图（尺寸单位：cm；标高单位：m）

1. 管棚施工

黄石站—市五医院站区间右线管棚施工如图 12-4 所示，采用直径 146mm×32m×10mm 无缝钢管，钢管需钻花孔，花孔纵向间距为 300mm（每断面 4 个），梅花形布置。无缝钢管间距 400mm 水平布置，主要依靠钢花管自身的支护能力，再与注入浆液的稳固和胶结能力相结合，对地层起到强有力的支护效果。

图 12-4　黄石站—市五医院站区间右线管棚施工

（1）施工工艺流程

施工工艺流程主要为：施工准备→工作井底部硬化→钻机就位对中→根管钻进→成孔→清孔→孔口密封处理→钢花管充填注浆→施工完成。具体如图 12-5 所示。

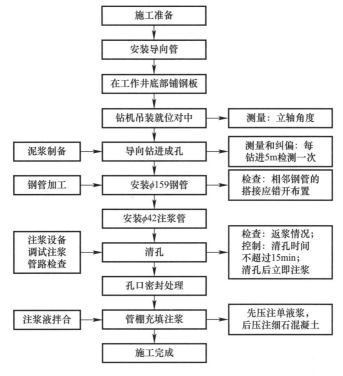

图 12-5　管棚施工工艺流程图

（2）施工程序及方法

钻机采用 90A 全液压履带式锚固钻机（图 12-6），将钻机移至操作平台上，利用吊线、水平尺、钻杆导向等方式，精确调整钻机的位置，使钻机轴线与设定好的导向管的轴线相吻合，确保平面位置、倾角、外插角等满足设计要求。

1）安装导向管

采用 HTG350 钻机钻孔，钢管沿隧道上方以 $1°\sim2°$ 外插角直接打入围岩。管棚导向管应严格定位，管棚钻进过程中应采用水平测斜仪量测管棚的偏斜度，发现偏斜出设计要求时，应及时纠偏。钻孔水平容许偏距沿相邻钢管方向不应大于 100mm（管棚前端，而非管棚孔口），钻孔竖向容许偏距不应大于 200mm（管棚前端，而非管棚孔口），相邻管棚间距偏差不应大于 10mm（管棚孔口）。现场技术人员进行测量定位，并定时复测控制钻进角度。

图 12-6　90A 全液压履带式锚固钻机

2）创造适合施工的场地

使场地平整，铺设 1cm 钢板，保证钻机工作过程中能保持平稳。

3）钻机安装就位和对中

利用吊车把机械设备垂直吊放至施工平台。

钻机安装底座水平，机身稳固可靠。调整钻机高度，立轴对正孔位，将钻具放入孔口管内，使孔口管、立轴和钻杆在一条直线上，用罗盘、水平尺和辅助线检测方向和外插角。

4）成孔作业

成孔设备采用 HTG350 钻机，该钻机具有分体结构重量轻、钻进效率高、成孔质量好等特点。

全站仪量测，并在钻杆方向和角度满足设计要求后方可开钻。钻孔开始时选用低档，待钻到一定深度后，退出、接钻杆，继续钻进。钻孔过程中要始终注意钻杆角度的变化，并保证钻机不移位。

钻头与管靴连接，放入导向管内，由冲击器带动管棚钻进，钢管沿隧道上方以 1°～2° 外插角直接打入。第一节钢管钻进到位后，继续安装钻杆及管棚钢管，待钻到设计管棚长度后，反转钻杆使钻头合拢退回管内，拆除钻杆，进行下一个管棚钻进。

钢花管钻进过程中，每钻进 3m，采用水平测斜仪量测钢花管的偏斜度，发现偏斜出设计要求时，应及时纠偏。钻孔水平容许偏距沿相邻钢管方向不应大于 100mm（钢花管前端，而非钢花管孔口），钻孔竖向容许偏距不应大于 200mm，相邻钢花管间距偏差不应大于 10mm（钢花管孔口）。

5）钢管制作及安装入孔

管棚采用长 32m 外径 ϕ159mm×12mm 的垫轧无缝钢管，由于厂家生产条件限制，ϕ159mm 钢管加工成 2m 左右的规格，将无缝钢管做成内外丝进行连接。管壁钻注浆孔，孔径为 10mm，孔间距为 200mm，呈梅花形布置。钢管前导端加工成尖形，以利于入孔。

钢管在地面加工场加工成型后，按设计对每个钻孔的钢管进行配管和编号，保证相邻钢管的搭接错开 1.0m。

图 12-7　无缝钢管接头及管靴

钻进过程中钢管与钻杆同时钻进，钢花管采用长 32m 外径 ϕ146mm×10mm 的热轧无缝钢管，ϕ146mm 无缝钢管长度为 2m，将无缝钢管做成内外丝进行连接（图 12-7）。管壁钻注浆孔，注浆孔间距为 400mm，呈梅花形布置。钢管前导端加工成尖形，以利于入孔。钢管在地面加工场加工成型后，按设计要求对每个钻孔的钢管进行配管和编号，保证相邻钢管的搭接错开 1.0m。

6）安装注浆管及清孔

注浆管采用 ϕ42mm 镀锌管，加工成 3.5m 每节，采用丝扣连接，由钢管内安放至底端。注浆前先注入清水进行洗孔。清孔时间不得超过 15min，清孔后立即进行注浆。

2. 管棚注浆

（1）管棚注浆施工工艺

管棚注浆施工工艺流程如图 12-8 所示。

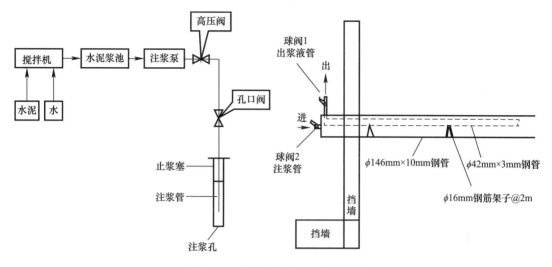

图 12-8　管棚注浆施工工艺流程图

（2）施工程序及方法

1）注浆的主要目的是加固隧道上部与成温邛高速路基之间土体，注浆使用的水泥标号为 42.5 普通硅酸盐水泥，浆液采用纯水泥浆，水泥浆水灰比为 1:1，注浆压力为 0.2～0.4MPa，注浆压力控制在 0.6MPa 以内。采用高速拌浆机及 BW-250 型注浆泵。

2）注浆时钢管尾部设止浆塞，并在止浆塞上设注浆孔，当球阀出浆后，应立即停止注浆。

3）注浆前先检查管路和机械情况，确认正常后做压浆试验，参数合理后方可施工。

4）注浆过程中，随时检查孔口、邻孔，以及挡墙后面回填土及覆土较薄的地方有无串浆现象，如发生串浆，应立即停止注浆或采用间歇注浆封堵注浆口，或采用快速水泥封堵，直至不在串浆再继续注浆。注浆过程中压力突然升高可能发生堵管，应停机检查。

5）注浆压力达到 0.4MPa，并稳压 15min 以上，若注浆量超限，未达到规定压力，仍需继续注浆，并调整浆液，直至符合注浆质量标准，方可终止注浆，并及时关闭孔口阀门。确保钢花管与围岩固结紧密，增强其整体性。

6）注浆过程中派专人填写注浆记录表，记录注浆时间、注浆压力等数据。

（3）长 32m 外径 φ146mm×10mm 管棚充填注浆施工程序及方法案例

管棚施工采取跳孔施工，以利土体的稳定。管棚施工完成一根，注浆一根，其目的是充填管棚，增加管棚的刚度。注浆时钢管尾部设止浆塞，并在止浆塞上设注浆孔，当球阀出浆后，应立即停止注浆。注浆方法采用间歇高压注入单液浆，随后向孔内灌细石混凝土。

水泥浆水灰比为 0.8:1～1:1，注浆前应预先做好配合比试验，注浆压力为 0.2～0.4MPa，注浆压力控制在 0.6MPa 以内。注浆过程中，应采用注浆量和注浆压力的双控制。

采用高速拌浆机拌浆，并注意控制原材料用量及水灰比，使浆液既满足强度要求又有良好的泵送性能，注浆泵采用 BW-250 型注浆泵。

3. 管棚施工质量保证措施

（1）安装孔口管

必须测量准确及安装稳固，保证孔口管的方向、角度符合设计要求。因为孔口管具有开孔阶段的导向作用，所以孔口管安装的好坏，对成孔质量有直接的影响。孔口管安装位置偏差为 10mm。

（2）成孔防偏措施

钻机安装要牢固、平稳；精确测量，准确对中，在钻进过程中多次复核方向和角度；采用小压力慢转速钻进参数，控制进尺速度。

（3）钢花管安装

钢管按编号依次安装入孔，丝扣连接应拧紧。

（4）材料质检

主要材料如水泥、钢材、砂等须抽样送检，检测合格后才能使用。

（5）钢管与管箍

钢管与管箍丝扣必须上满，使各管节连成一体，受力后保证不脱开。

4. 施工人员及设备

施工人员及设备详见表 12-4 和表 12-5。

管棚施工人员配备表　　　　　　　　　　　　　　　　表 12-4

班次	管理人员	测量	钻机（锚杆）操作手	注浆泵操作手	普通工人
白班	1	1	1	1	3
夜班	1	1	1	1	3

管棚施工设备配备表　　　　　　　　　　　　　　　　表 12-5

序号	机械设备名称	型号	数量	备注
1	全液压履带式锚固钻机	90A 钻机	1 台	钻孔
2	柴油移动式螺杆空压机	DWY-185	1 台	排气量：24m³/min
3	高速拌浆机	300L	1 台	管棚拌浆设备
4	注浆泵	BW-250 型注浆泵	1 台	管棚注浆设备
5	污水泵	7.5kW	2 台	用于工作坑防汛

12.2.3　混凝土挡墙施工

在管棚施工完成后，为使管棚能更加稳定，在工作井修建两个长×宽×高为 15m× 0.8m×2m 的混凝土挡墙，每个混凝土挡墙 2 角各加 2 个长×宽×高为 2m×1m×2m 的三角撑，挡土墙兼作导向墙。混凝土挡墙可以对成温邛地基下的土体起到强有力的支护效果，防止土体外移引起的地基变化。此外，将管棚的端头埋入混凝土挡墙内，可以保持管棚的稳定。

导向墙内预埋 77 根 $\phi200mm×500mm$ 导向管，导向管牢固固定在导向墙钢筋上，防止浇筑混凝土时产生偏移，导向管外倾角度为 1°～2°，间距为 400mm。

挡土墙采用 C30 混凝土，挡土墙最外侧钢筋保护层厚度：迎土面 45mm，背土面 35mm。焊接长度：单边焊不小于 $10d$，双边焊不小于 $5d$。钢筋优先采用机械连接，导向墙每隔 15m 设置一道真缝，缝宽 2cm。通缝从上至基础断开，分两次施工，如图 12-9 所示。

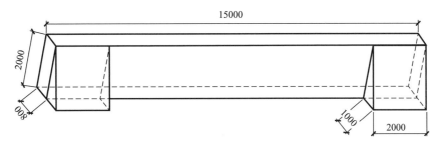

图 12-9　混凝土挡墙结构图

12.3　盾构穿越前的准备

根据类似穿越盾构的施工经验，盾构法施工可以通过对掘进参数、同步注浆及二次补强注浆等过程进行控制，及时地弥补地层损失以减少地表沉降，从而达到保护影响范围内建（构）筑物的目的。施工中拟采取的保护措施包括现场踏勘及资料收集、穿越前控制措施、技术准备、设备准备、工期及进度指标、工序指标。

12.3.1　现场踏勘及资料收集

在穿越施工前通知相关部门配合，到盾构穿越段成温邛高速公路进行现场踏勘，了解结构现状。与相关管理单位联系，争取取得结构近期监测的资料数据，以进一步了解穿越施工工况条件。

12.3.2　穿越前控制措施

将盾构切口所能影响的高速公路断面前 200m 作为盾构穿越试推进段，不断对盾构推进参数进行分析优化，摸索最适合穿越段地质及环境条件的施工参数，减小盾构施工的地层损失和土体扰动等，为穿越施工提供了重要的参考依据。

检修刀具位置（里程 YDK57+236~YDK57+248）距始发端头井约 100m，是一片不影响周围交通和居民生活的空地。刀具的磨损情况主要在检修刀具地点查看，并不断总结始发至检刀点的漂石数量及大小等情况，与刀具磨损情况做对比，判断地铁下穿成温邛高速路段约 30m 范围内是否需要开仓。在下穿成温邛前选择合适地点提前进行换刀和清理漂石，确保下穿成温邛高速路不停机通过。

12.3.3　技术准备

已了解成温邛高速路与隧道的具体位置关系，根据设计院设计保护方案，经监理、业主、产权及管理单位批准后进行施工，制定可靠的保护方案，经监理、业主、产权及管理单位批准后进行施工。

根据产权及管理部门提供的控制标准，建立完善的预警机制，实行三级预警管理制度，在监测结果超过预警值时立即采取措施，将成温邛高速路隆陷控制在要求范围内。

12.3.4 设备准备

设备准备主要是指盾构配置及施工配套设备配置。

1. 盾构配置

区间采用两台中交天和制造的复合式土压平衡盾构机，刀盘开挖直径为8634mm，开口率约36%，采用面盘式复合刀盘以防止刀盘中心结成泥饼，并有效防护掘进中卵石对刀盘、刀具的磨损和冲击。适应于黏土、砂土、粉土、细砂、砂层、卵石土层和局部漂石等地层。区间盾构机主要设计参数见表12-6。

区间盾构机主要设计参数表　　　　　　　　　　表12-6

序号	主部件名称	细目部件名称		参数配置
1	整体设计	适应最小平曲线半径		250m
		适应最小竖曲线半径		3000m
		适应最大坡度		50‰
2	刀盘	开挖直径		8634mm
		开口率		36%
		注入口保护刀		10把
		正面刀具	主刮刀	66把
			单刃滚刀	36把
			双刃滚刀	10把
		边缘刮刀		24把
		焊接型先行刀		25把
		焊接型切削刀		6把
		刀座保护刀		31把
3	主驱动	转速		0~2.8rpm
		额定扭矩		24324kN·m
		最大扭矩		29189kN·m
	推进系统	装备数量		2根×19套
		推进压力		35MPa
		最大推力		76000
		最大推进速度		80mm/min

2. 盾构施工配套设备配置

盾构法施工除了正确选择合适类型的盾构机外，还需合理地配置工作能力与盾构匹配的辅助施工设备，发挥整体效能，主要包括：轨道运输设备、垂直提升设备、砂浆搅拌设备、通风设备、供电设备、供水系统等。

盾构施工主要机械设备配置见表12-7。

盾构施工主要机械设备配置表　　　　　　　　　　表12-7

序号	设备名称	规格参数	数量	单位
1	门式起重机	MG75t-24m-A5	2	台
		MG32t-24m-A5	1	台
2	电瓶机车	55t	4	台

序号	设备名称	规格参数	数量	单位
3	渣土车	27m³	10	台
4	砂浆罐车	13m³	4	台
5	管片车	25t	4	台
6	砂浆罐	15m³	1	台
7	充电机	300V/100A	4	台
8	轴流风机	2×110kW	2	台
9	砂浆拌合站	AHZS50	1	套
10	冷却水塔	2×100m³/h	2	套
11	汽车起重机	50t	1	台
12	汽车	7m	2	台
13	储浆罐	13m³	1	台
14	引孔钻机	TXU-75A 型	1	台
15	注浆泵	—	1	台
16	搅拌机	JS1000	1	台
17	注浆机具	—	3	套

3. 确保机械设备状态

根据当前隧道穿越地质条件，盾构机到达成温邛高速路影响范围前应待机全面检查维修盾构机各部件，确保下穿过程中盾构机工作状态良好，顺利通过。

12.3.5　工期及进度指标

黄石站—市五医院站盾构区间右线 2018 年 3 月 1 日始发，左线 2018 年 4 月 1 日始发。始发阶段掘进速度 2~4 环/d，正常段掘进速度为 6~8 环/d。

区间右线于 2018 年 5 月初掘进至 135 环处停机检修，区间左线于 2018 年 6 月初掘进至 135 环处停机检修，区间下穿期间采用不间断、匀速施工，并结合成温邛高速路运营维修合理安排下穿时间。图 12-10 所示为盾构下穿成温邛路段平面位置关系图。

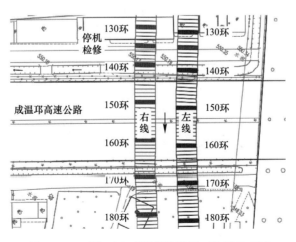

图 12-10　盾构下穿成温邛路段平面位置关系图

12.3.6　工序指标

在盾构下穿高速路段时，整合全部资源优先保证穿越段掘进施工，使每道工序达到最优状态，保证盾构平稳、快速通过。盾构掘进每环所需时间见表12-8。

盾构掘进每环所需时间　　　　　　　　　　　表12-8

序号	工序名称	所需时间（min）	备注	
1	电瓶车到位	5	电瓶车车速5km/h	
2	渣土箱到位	10	管片小车、砂浆罐拆除	
3	盾构掘进	80	掘进速度为20mm/min，每4环接轨道一组，管片吊运、砂浆输送	洞外包含：渣土吊运、管片下井、材料下井、砂浆输送
4	管片拼装	50	管片拼装、螺栓复紧，第一编组电瓶车出洞，第二编组电瓶车到位，每4环接水管一组	
5	合计	140	电瓶车到位时间含在上环管片拼装时间内	

12.4　盾构掘进措施

12.4.1　盾构掘进施工工艺流程

盾构掘进施工工艺流程示意图如图12-11所示。

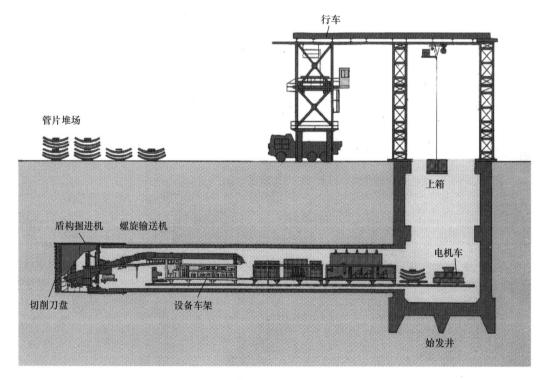

图 12-11　盾构掘进施工工艺流程示意图

12.4.2　盾构掘进控制流程

盾构掘进控制程序如图 12-12 所示。

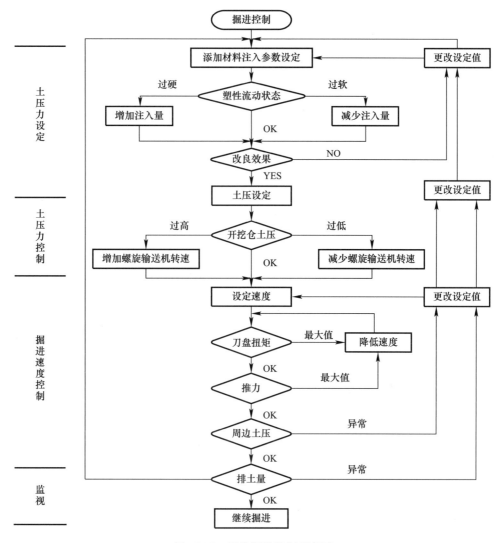

图 12-12　盾构掘进控制程序图

12.4.3　盾构掘进方向及姿态控制

盾构机掘进方向的控制是盾构法施工中一个非常重要的环节。由于地层软硬不均，隧道曲线和坡度的变化以及操作等因素的影响，盾构机推进不能完全按照设计的隧道轴线前进，而会产生一定的偏差。当这种偏差超过一定限值时就会使隧道轴线偏离，影响隧道衬砌质量，盾尾间隙局部方向变小使管片受力不均，造成管片损伤。因此，在掘进过程中要严格控制并及时调整不同位置推进千斤顶的推力及铰接千斤顶的行程，加强各施工参数的选择。另外，要加强管片选型，通过管片的正确选型调整盾构机推力油缸的受力状态以达到纠偏的目的。

1. 盾构掘进方向控制

采用激光自动导向系统和人工测量辅助进行盾构姿态监测。随着盾构机的推进，导向系统后视基准点需要前移，必须通过人工测量来进行精确定位，保证推进方向的准确可靠。为此，必须根据盾构机掘进的速度，适时进行后视基准点的移站，保证导向系统的正常工作；在盾构下穿高速路前，提前50m进行多次人工复合测量，确保盾构在下穿高速路期间姿态控制在±30mm以内，在管片成型后及时进行人工测量，以校核自动导向系统实测数据并复核盾构机的位置、姿态，确保盾构机掘进方向的正确。

2. 盾构机姿态调整与方向控制的注意事项

（1）在转换刀盘转动方向时，应保留适当的时间间隔，切换速度应缓慢均匀。

（2）蛇行修正及纠偏时应缓慢进行，不宜过急，每环纠偏量一般不大于4mm。

（3）正确进行管片拼装点位选择，确保拼装质量与精度，以使管片端面尽可能与掘进方向相垂直。

12.4.4 管片拼装

1. 管片拼装形式

管片拼装采用错缝拼装形式，具体如图12-13所示。

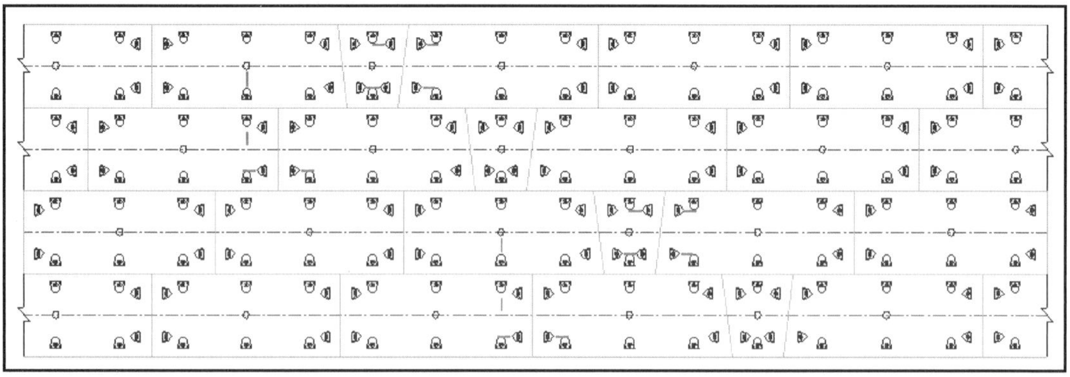

图12-13 错缝拼装管片示意图

2. 拼装步骤与方法

管片拼装前保持工作区的清洁，在搬运、拼装、推进中保证管片的完整性。管片采用错缝拼装，为先下后上、先纵后环、先标准块再邻接块最后封顶块、左右交叉、纵向插入、封顶成环工艺。其施工步骤如下：

（1）由龙门吊将管片放在管片运输车上，电瓶车牵引运到1号车架前端，由管片搬运系统将管片送到管片安装器工作范围内。

（2）每环掘进的后期，清除前一环环面和盾尾的杂物；在一环掘进结束后，将操作盘上的掘进模式转换为管片安装模式，盾构推进后现状姿态符合拼装要求，并在连接环缝的螺栓孔中预先放入纵向螺栓。

（3）管片拼装前应保证环面整洁，将环面的碎石屑、油污、水渍、灰尘等杂物清除干净。

（4）收回第一块管片安装区域内的千斤顶。

（5）安装器卡住管片输送车上的管片后吊起旋转和平移，将第一块管片送到安装位置，将管片与上一环在径向和环向对齐后，利用安装器纵向移动将止水条压缩到位。

（6）用水平尺将第一块管片与上一环管片精确找平，伸出千斤顶，插入并拧紧纵向螺栓，并在连接环缝的螺栓孔中预先放入环向螺栓。

（7）松开安装器，移动并吊起第二块管片。

（8）收回第二块管片区域内的千斤顶，第二块管片与上一环管片和第一块管片大致对准后，先纵向压紧环向止水条，再环向压紧纵向止水条，并微调对准各螺栓孔。伸出千斤顶，插入并拧紧纵向和环向螺栓。

（9）用同样方法安装第三、四块管片。第五、六块管片为封顶块的相邻块，为保证封顶块的安装净空，在安装两个邻接块时，上边几个长行程千斤顶必须全部缩回，并保持两相邻块的内表面处在同一圆弧面上。

（10）在两相邻块的侧面和封顶块的两侧面及止水条均匀涂抹润滑剂；封顶块先径向居中压入安装位置，搭接长度 0.4m，调准后再沿纵向缓慢插入，最后伸长千斤顶并拧紧纵向和环向螺栓。如遇阻碍应缓慢抽出后进行调整，严禁强行插入和上下大幅度调整，以免损坏或松动止水条。

（11）将操作盘上的管片安装模式转换为掘进模式；开始下一环的掘进。在掘进过程中，对脱出盾尾的管片螺栓进行多次复紧。

（12）拼装成环后拧紧环纵向螺栓，在下一环管片拼装时复紧前几环管片螺栓，复紧工作进行多次。

（13）在切换刀盘转动方向时，保留适当的时间间隔，切换速度进行控制，切换速度过快可能造成管片受力状态突变，而使管片损坏。

3. 管片拼装控制标准

管片拼装控制标准见表 12-9。

管片拼装控制标准 表 12-9

序号	项目	允许偏差	备注
1	每环相邻管片高差	≤5mm	拼装检查
2	纵向相邻环管片高差	≤6mm	拼装检查
3	高程	±50mm	拼装检查
4	平面	±50mm	拼装检查
5	中线	±100mm 且不得侵界	隧道建成后
6	衬砌环直径椭圆度	≤5‰	—

12.4.5　同步注浆

1. 同步注浆工艺流程

同步注浆工艺流程如图 12-14 所示。

2. 同步注浆浆液配合比

根据地质的特点，初步拟定选择稠度在 9～12cm 的可硬性浆液，该浆液具有凝结时间较短、强度高、耐久性好、填充密实等特点。浆液配合比会根据下穿成温邛前的试掘进总结经验，进行调整，确保同步注浆浆液的初凝时间在 6h 之内。图 12-15 所示为同步注浆浆液配合比试验，同步注浆浆液配合比详见表 12-10。

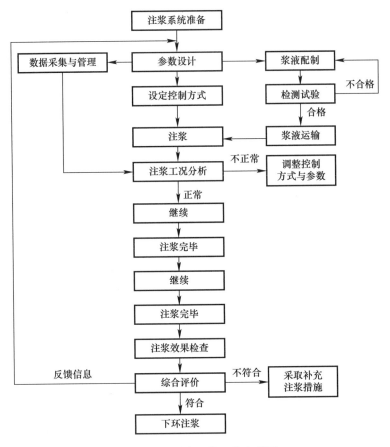

图 12-14　同步注浆工艺流程图

图 12-15　同步注浆浆液配合比试验

同步注浆浆液配合比（kg/m³）　　　　　　　　　表 12-10

原料	水泥	砂	粉煤灰	膨润土	水
配比	180	800	300	70~90	480

3. 同步注浆参数

（1）注浆压力

浆液出口压力计算如下：

$$p = \gamma h/980 + (0.12 \sim 0.13) \tag{12-1}$$

式中，p——浆液出口压力，MPa；

$\qquad h$——隧道上部覆土厚度，m；

$\qquad \gamma$——覆土层的平均容重，kN/m^3。

由于是从盾尾圆周上的 6 个孔位同时注浆，为防止管片上浮，而且考虑浆液的流动性，上部每孔的压力应比下部每孔的压力略大 $0.05 \sim 0.10$MPa。根据地质和隧道的覆土厚度情况，注浆压力控制在 $0.2 \sim 0.4$MPa 之间。

（2）注浆量

每环同步注浆量计算如下：

$$Q = \pi \times (D^2 - d^2)L/4 \tag{12-2}$$

式中，D——盾构机的切削外径；

$\qquad d$——管片外径；

$\qquad L$——纵向注浆范围或长度，m。

建筑空隙即为理论单环注浆量：

$$Q = \pi \times (8.634^2 - 8.3^2) \times 1.5/4 = 6.66m^3$$

其中，开挖直径：8.634m；管片外径：8.3m。

每环的压浆量一般为建筑空隙的 $130\% \sim 200\%$，即每推进一环同步注浆量为 $Q = 9 \sim 13m^3/$环。泵送出口处的压力应控制在略大于周边水压力。

注浆量会根据地质情况和地表隆陷监测情况进行调整和动态管理。

（3）注浆速度

同步注浆速度和推进速度保持同步，即在盾构机推进的同时进行同步注浆。

（4）注浆结束标准

采用注浆压力和注浆量双控。

4. 同步注浆设备及位置

盾构机推进时，通过安装在盾尾内的内置式注浆管向管片与地层间的环形建筑空间注入足量的填充浆液。每条管上有高压力表和阀门，该管通过软管与盾构机 1 号拖车上配置的注浆泵分别相连，注浆泵可手动控制，也可自动控制。

同步注浆系统：配备液压注浆泵 3 台，注浆能力为 $12m^3/h$，注浆压力为 3MPa，6 个盾尾注入管口及其配套管路（6 个备用）。

运输系统：砂浆车（$13m^3$），带有自搅拌功能和砂浆输送泵，随编组列车一起运输。

5. 施工工艺

（1）浆液的拌制

水泥、粉煤灰不可有结块现象，砂采用细度模数 $0.6 \sim 1.2$mm 的细砂，不可有大粒径的异物，原材料计量误差要控制在规范要求范围内，各成分材料按合理顺序投放（水、水泥、砂依次进行），搅拌要均匀，搅拌时间在 $2 \sim 3$min 左右，不得有结块，浆液须进行稠度、含水量、流动性、和易性、析水性及抗液化指标测试，测试合格后方可使用。

（2）浆液的运输与储存

浆液拌好后用输送管道输送到自制的储料罐内，通过管片平板车将储料罐运至作业面，随后将浆液泵入盾构机拖车上的储料罐中并立即进行搅拌。储料罐带有卧式搅拌轴，以防止运输时间过长，浆液长时间静止而发生初凝，若浆液发生沉淀、离析，则进行二次搅拌，浆液储存设备要经常清洗。

（3）同步注浆施工步骤

接好注浆管路、压力传感器，将拌制好的浆液由运输车输入盾构机的储浆罐中，并启动搅拌器搅拌砂浆，注浆跟推进同步进行，且注浆速度应与推进速度相适应，无特殊情况须6个泵同时注浆，注浆饱满程度由注浆压力和注浆量双重控制，在安装管片或出渣过程中，要预留部分砂浆，间断泵入以保持管路畅通。

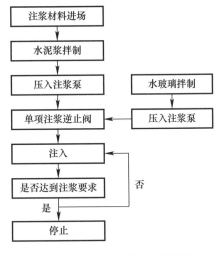

图 12-16　二次注浆工艺流程图

12.4.6　二次注浆

1. 二次注浆工艺流程

二次浆液的注入工艺流程如图12-16所示。

2. 注浆材料、配合比

下穿成温邛高速路时补强注浆采用二次注浆，双液浆进行封环及封孔。双液浆即：水玻璃＋水泥砂浆。双液浆液配比：水泥浆水灰比为1∶1；注入时浆液与水玻璃体积比为1∶1；根据试掘进时的经验调出最优的配比。

二次注浆时根据同步注浆浆液的结实率计算存在空洞的体积，先定量注入单液浆填补空洞，在用双液浆进行封孔，必要时可采用水玻璃原液封孔。

二次注浆配比见表12-11，浆液性能指标见表12-12。

3. 注浆设备

注浆设备详见表12-13。

二次注浆配比表　　　　　　　表 12-11

序号	浆液名称	型号	水灰比	A、B 液混合体积比
1	水泥浆（A 液）	P. O42.5	1∶1	1∶1
2	水玻璃浆（B 液）	35Be′	1∶1	

浆液性能指标表　　　　　　　表 12-12

注浆方式	稠度（cm）	比重（g/cm³）	结石率（%）	凝胶时间（h）	1d 抗压（MPa）	28d 抗压（MPa）
二次注浆	12.5～13.0	1.43～1.55	>97	<4	>0.3	>4.5

注 浆 设 备　　　　　　　表 12-13

名称	数量	规格	备注
注浆泵	1 套	—	A 液用
注浆泵	1 套	—	B 液用
小型浆液拌合筒	2 个	—	—
铜球阀	25 个	φ32mm	—

名称	数量	规格	备注
注浆软管	4 条	50mϕ32mm	—
三通	4 个	—	—

4. 注浆施工

（1）注浆顺序

同一环管片严格按"先顶部后腰部，两腰对称"的方法注入。

（2）注浆压力

注浆压力控制在 0.2～0.4MPa。

（3）二次补强注浆工艺

在注浆前先选择合适的注浆孔位，安装上注浆单向逆止阀后，用电锤钻穿该孔位厚 3cm 保护层，接上三通及水泥浆管和水玻璃管。二次注浆时，先注纯水泥浆液达到预定压力后，打开水玻璃阀进行混合注入，终孔时应加大水玻璃的浓度。在一个孔注浆完结后应等待 5～10min 后将该注浆头打开疏通查看注入效果，如果水很大，应再次注入，直到有较少水流出时可终孔，拆除注浆头并用双快水泥砂浆对注浆孔进行封堵，带上塑料螺堵并进行下一个孔位注浆。

注浆过程中应有排气孔，排气孔原则上设在预注浆孔上，并安装注浆单向逆止阀，同时打开球阀，直至出现冒浆时关闭球阀，10min 后检查注浆效果，如有水溢出，应对该孔进行注浆。

5. 二次注浆注意事项

（1）在注浆前应查看管片情况并在注浆过程中进行跟踪观察，如有异常情况应立即停止注浆，并及时向主管部门进行汇报。

（2）在注入过程中应严密监视压力情况，控制注浆压力在 0.2～0.4MPa 以内。

（3）在注入过程中出现压力过高但注入效果不明显的情况时应检查注浆泵及注浆管路是否有堵管现象，并立即进行通管。

（4）在注浆过程中出现任何的停机现象时均应对注浆泵及注浆管路进行清洗，在注浆完结后应做到"工完料清"，对所有的机具均应清理干净并归于原处。

（5）在注浆前应将同步注浆管路的所有球阀全部关闭。

（6）注浆前应查看盾尾油脂腔的压力，如果压力偏低，应适当注入盾尾油脂，以保证在注浆过程中有足够的压力避免盾尾漏浆，如果注入过程中盾尾出现漏浆现象，应停止注入 5～10min 后再重新注入。

（7）在注浆前应查看管片情况及土仓压力情况并在注浆过程中进行跟踪观察，如有异常情况应立即停止注浆，并上报。

（8）在一个孔注浆完结后应等待 5～10min 后将该注浆头打开疏通查看注入效果，如果水仍很大，应再次注入，至水较小时可终孔，拆除注浆头并用双快水泥砂浆对注浆孔进行封堵，带上塑料螺堵。

（9）在注一个孔时应备足水泥及水玻璃，严禁中途停止注入。

（10）在注浆过程中如果土仓压力有明显变化，在注浆过程中可适当将盾构机向前推进 150mm 以内，避免盾构机被浆液包结。

（11）在注浆过程中出现任何的停机现象时均应对注浆泵及注浆管路进行清洗。

12.5 施工监测

12.5.1 监测范围

施工监测是设计的补充、延续和深化，也是信息化施工的重要内容。施工前，制订监测方案，包括工程概况、监测目的、监测项目、监测方法和精度要求、测点布置、监测仪器、报警指示、观测频率、观测资料整理分析及监测结果反馈制度等；在施工过程中根据监测信息，及时比较勘察、设计所预期的内容与检测结果的差别，判断分析现行施工方案的合理性，通过设计反分析预测下阶段施工过程中可能出现的情况，为调整和优化施工措施提供可靠信息。

盾构隧道和沿线施工环境，对突发的变形异常情况必须启动应急监测方案。监控量测项目主要包括区间沿线地表隆沉、建（构）筑物变形测量、隧道变形测量等。

土质隧道工程影响分区宜按表 12-14 的规定进行划分。隧道穿越基岩时，应根据覆盖土层特征、岩石坚硬程度、风化程度及岩体结构与构造等地质条件，综合确定工程影响分区界线。

土质隧道工程影响分区　　　　　　　　　　　　　　　表 12-14

隧道工程影响区	范围
主要影响区（Ⅰ）	隧道正上方及沉降曲线反弯点范围内
次要影响区（Ⅱ）	隧道沉降曲线反弯点至沉降曲线边缘 $2.5i$ 处
可能影响区（Ⅲ）	隧道沉降曲线边缘 $2.5i$ 外

注：i 为隧道地表沉降曲线 Peck 计算公式中的沉降槽宽度系数（m）。

12.5.2 监测内容

在盾构穿越过程中对土体的扰动导致对成温邛高速路不同程度的影响，为保证施工质量和施工安全，在进行隧道内注浆施工过程中，对成温邛高速路及周围地表进行沉降位移监测，通过监测结果来指导施工参数的优化，从而保证成温邛高速路地基的安全。

1. 监测内容控制值

依据设计文件、《城市轨道交通工程监测技术规范》GB 50911—2013 及《城市桥梁养护技术标准》CJJ 99—2017，控制值见表 12-15。

监测内容控制值　　　　　　　　　　　　　　　表 12-15

序号	监测项目	累计控制值	报警值	变形速率控制值	备注
1	地表沉降（隆起）	−30mm（10mm）	−20mm（−6.7mm）	3mm/d	设计制定
2	管片结构竖向位移	20mm	13.4mm	2mm/d	依据规范
3	管片环间结构差异沉降	$0.04\%L_s$	$0.026\%L_s$	—	设计制定
4	管片结构净空收敛	13.4mm	8.9mm	3mm/d	设计制定

序号	监测项目	累计控制值	报警值	变形速率控制值	备注
5	桥墩沉降及差异沉降	50mm，相邻桥墩差异沉降 25mm	33.3mm，相邻桥墩差异沉降 16.7mm	—	依据规范
6	地中位移	25.3mm	17.7mm	—	设计制定
7	高速公路总沉降值差异	结合权属部门及现行规范要求确定允许值			
8	现场巡视、观察	—			

注：L_s 为沿隧道轴向两监测点间距。

下穿成温邛高速段共布设 4 个地中位移监测点，分别布设于高速路两侧左右线盾构隧道中心线正上方。埋设深度为隧道拱顶以上 5m 的位置至地面。

2. 监测基准控制点

（1）控制点布置目的

地表沉降等采用几何水准测量方法，使用水准仪进行量测。采用相对高程系，建立水准测量监测网，参照水准测量规范要求用水准仪引测。

（2）控制点布置原理

历次沉降变形监测是通过高程基准点间联测一条闭合或附合水准线路，由线路的工作基点来测量各监测点的高程。控制网按《工程测量规范》GB 50026—2007（现行规范为《工程测量标准》GB 50026—2020）二等垂直监测网技术要求观测。各监测点高程初始值在施工前测定。图 12-17 为控制点布置示意图，具体点位视现场情况而定。

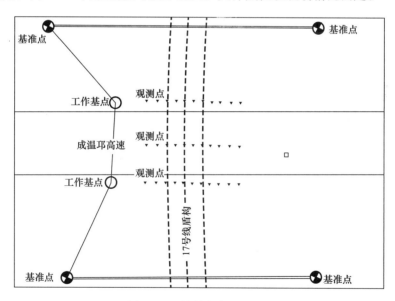

图 12-17　控制点布置示意图

（3）控制点布设

控制点采用深埋标石的方式进行埋设，埋设位置在盾构影响区范围外（图 12-18、图 12-19），埋设方法如下：

1）使用 ϕ150mm 工程钻具，开挖直径约 150mm，深度达到砂卵石层、岩层或者压缩变形小的硬土。

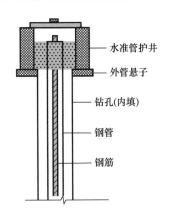

水准管护井

外管悬子

钻孔(内填)

钢管

钢筋

图 12-18　基准控制点埋设形式　　　　图 12-19　基准控制点实景图

2）清除渣土，向孔洞内部注入适量清水养护，将孔内清水。

3）在孔中心置入 $\phi20mm$ 长度为 1.5m 的钢筋头，并露出混凝土面约 1～2cm；灌入水泥砂浆，并振动密实，砂浆顶面距地表距离保持在 5cm 左右。

4）上部加装钢制保护盖。

5）养护 3d 以上以保证灌入洞内的水泥砂浆终凝不会使控制点活动。

（4）控制点的复核

监测期间，定期校核基准点及基准网，校核周期一次/月，建网初期可根据现场情况酌情增加观测次数，确保基准点的稳定、可靠。控制点的复核采用水准仪进行二等水准测量。水准测量结束后，对水准网的数据处理进行严密平差，并计算每公里高差中的偶然中误差、高差全中误差、最弱点高差中误差和相邻点的相对高差中误差。点位稳定性检验的方法采用最小二乘测量平差检验法。

根据《城市轨道交通工程监测技术规范》GB 50911—2013 规定，基准点应布设在施工影响范围以外的稳定区域，且每个监测工程的竖向位移观测的基准点不应少于 3 个。此处共布设基准点 4 个、工作基点 2 个。

3. 地表沉降

（1）监测目的

地表沉降是地下结构监测施工最基本的监测项目，它最直接地反映地下结构周边土体变化情况。

（2）监测方法及原理

高速公路两侧地表沉降采用几何水准测量方法，使用水准仪进行观测。采用相对高程系，建立水准测量监测网，参照Ⅱ等水准测量规范要求用水准仪引测。历次沉降变形监测是通过高程基准点间联测一条闭合或附合水准线路，由线路的工作点来测量各监测点的高程。各监测点高程初始值在施工前测定。

成温邛高速车辆通行密集，中央分隔带处监测点受现场通行限制，使用二等水准测量方式无法实现，拟布设小棱镜，采用光电测距三角高程测量方法。用全站仪通过观测控制点与监测点的水平距离和天顶距（或高度角）求定两点间高差的方法，将全站仪架设至适当位置，后视基准点或工作基点，测出视准轴与基准点或工作基点的高差，再照准监测点，测出测点与视准轴的高差，由基准点或工作基点高程可算出测点高程。各监测点高程初始值在施工前测定。

（3）测点埋设

地表沉降点应在盾构开挖前进行监测点的埋设工作。高速路两侧测点埋设步骤如图 12-20 所示。

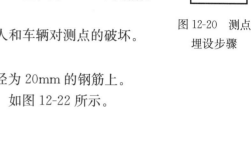

图 12-20　测点埋设步骤

测点埋设步骤如下：

1）用水钻在硬化路面成孔，打穿地表层，如图 12-21 所示。

2）清孔植筋。在孔内插入长度为 80～120cm、直径为 20mm 的钢筋。

3）放入少量细砂铺实。

4）放置套筒和盖板保护测点，防止过往行人和车辆对测点的破坏。

中央分隔带测点埋设步骤如下：

1）将小棱镜固定于长度为 80～120cm、直径为 20mm 的钢筋上。

2）将固定好的小棱镜插入中央分隔带土中，如图 12-22 所示。

3）对测点周边路面进行固定。

4）对测点进行标识保护。

图 12-21　水钻成孔的地表沉降

图 12-22　中央分隔带小棱镜布设

在盾构掘进下穿成温邛高速的时候，由于加固对地层已有扰动，盾构机在掘进时该地段易发生土体塌陷和引起较大的地表沉降，危及周边地面构筑物的安全，掘进会引起较大的地层损失，使地层承载力减小（图 12-23）。盾构下穿成温邛高速地表监测点布设要求如下：

1）盾构隧道左右线上方监测点均按 5m 一点设置，不与监测主断面冲突。

2）盾构下穿成温邛高速公路范围内重点监控，根据现场条件共布设 3 个监测大断面，分别布设在高速公路外侧路基及中央分隔带上。

3）单线隧道拱顶及两拱腰正上方地面各设一个沉降监测点，线路中线设置一个测点，左右线外边缘 5m 处各设一个测点，按此，每个监测断面双线布设 13 个沉降监测点。

（4）测点初始值的采集

地表沉降监测点在盾构开挖前，应连续三次对监测点进行数据采集，取三次稳定监测数据的平均值作为初始值并在盾构开挖前对监测点初始值进行上报与审批。

（5）监测仪器

地表沉降水准测量采用 Trimble 电子水准仪，型号为 DINI03，测距 0.3mm/km。光

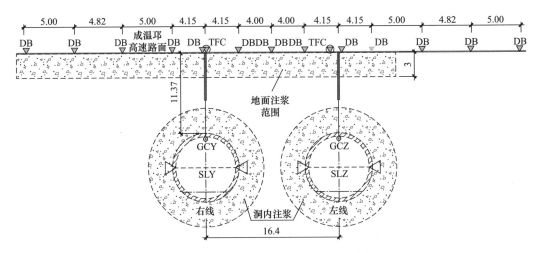

图 12-23　盾构地表沉降大断面剖面图（单位：m）

电测距三角高程测量采用 Leika 全站仪，型号为 TS09PLUS，精度 1 秒 R500m。

（6）数据分析处理

沉降量按以下公式进行计算：

$$\Delta H = H_n - H_0 \tag{12-3}$$

式中：ΔH——监测点沉降量，单位（mm）；

　　　H_n——监测点初始高程，单位（mm）；

　　　H_0——实测高程，单位（mm）。

通过监测点各期高程值计算各期阶段沉降量、阶段变形速率、累计沉降量等数据。

4. 地中位移

（1）监测目的

地下工程施工引起的地表沉降很多是由于深层土体位移造成的，各层土体沉降反映到地表有一个滞后的过程，需要一定的时间，因此，直接对各层土体位移进行监测，掌握其运动情况，在必要时采取适当的施工保护措施，对地下施工及周围环境安全非常有利。

（2）监测方法及原理

地中位移采用分层沉降仪进行监测。分层沉降仪是通过电感探测装置，根据电磁频率的变化来观测埋设在土体不同深度内的磁环的确切位置，再由其所在位置深度的变化计算出地层不同标高处的沉降变化情况。测量时将分层沉降仪测头放入预先埋设的沉降管中，当测头穿过土中磁环时，蜂鸣器会发出蜂鸣声，这时记录测量电缆在固定测点（通常为沉降管管口）处的值，即可得到该磁环至固定测点的垂直距离（图 12-24）。这样由上测量到孔底称为进程测读，收回测头时由下到上测读称为回程测读。

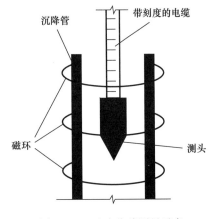

图 12-24　地中位移测量示意

（3）测点埋设

地中位移监测点应布设在地质条件相对复杂、结构变形较大的部位。在监测点位置钻孔并清孔后，放入事先组装完成的沉降管，沉降管放到设计要求后，盖上顶盖即可开始进行回填，回填原料为现场干细土或中砂，回填速度不宜过快。沉降管事先连接完，并在设计要求位置套上磁环和定位环，并用螺丝固定定位环。当沉降管下入指定位置并回填完毕后，磁环上的弹簧片将磁环嵌固于土体中，随土体一同沉降变形。

地中位移监测点应在盾构开挖前，进行监测点的布设工作，保证地中位移监测点周边的砂子的密实程度和监测数据的准确性，下穿成温邛高速段共布设 4 个地中位移监测点，分别布设于高速路两侧左右线盾构隧道中心线正上方。

（4）测点初始值的采集

地中位移监测点在盾构掘进前，应连续三天对监测点的进行数据采集，取三天监测数据的平均值作为初始值，并在盾构开挖前对监测点初始值进行上报与审批。

（5）监测仪器

地中位移采用分层沉降仪，型号为 JYV-800，测量范围 30m，测量精度±2mm。

（6）数据分析处理

各监测点磁环实际埋深可用下式计算：

$$S_i = (J_i + H_i)/2 - h_0 \tag{12-4}$$

式中：S_i——监测点中第 i 个磁环埋深，单位（mm）；

$\qquad J_i$——进程测读时磁环距固定测点的垂直距离，单位（mm）；

$\qquad H_i$——回程测读时磁环距固定测点的垂直距离，单位（mm）；

$\qquad h_0$——固定测点的标高，单位（mm）。

5. 管片结构拱顶沉降

（1）监测目的

管片结构沉降监测是反映地下工程结构安全和稳定的重要数据，是围岩与支护系统力学形态变化的最直接、最明显的反映。

（2）监测方法及原理

管片结构沉降监测采用三角高程测量法，将全站仪架设至线路中线附近适当位置，后视工作基点，测出视准线与工作基点高差，再照准测点，测出测点与视准线高差，由工作基点高程可算出拱顶测点高程。

（3）测点埋设

测点用反光膜片固定于拱顶管片上（图 12-25）。

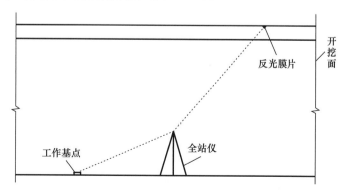

图 12-25 盾构区间管片结构沉降测点布置

管片结构沉降点埋设以能反映结构安全为原则，管片结构沉降监测点、净空变化应布置在同一断面上，并尽量与地表沉降监测点相对应。下穿成温邛高速盾构隧道中线拱顶布置拱顶下沉观测点，监测断面间距为 5m。

（4）初始值的采集

测点埋设后，应在短时间内对监测点进行初始值采集，确保至少获得三次准确的测值，取其平均值作为初始值。

（5）监测仪器

管片结构沉降采用 Leica 全站仪，型号为 TS09plus，测距±1.5mm＋2pp·D，测角：±1″。

（6）数据分析处理

管片结构沉降量按公式（12-3）进行计算。

6. 管片结构净空收敛

（1）监测目的

地下工程开挖后，净空收敛也是反映围岩与支护结构力学形态变化的最直接、最明显的参数，通过监测可了解围岩和支护结构的稳定状态。

（2）监测方法及原理

管片结构净空收敛采用全站仪进行监测。观测时将全站仪置于隧道中线附近的适当位置，直接对不同断面上的各监测点标志及后视点进行观测，获取各监测点在任意站心坐标系下的空间三维坐标，再利用各监测点的空间三维坐标，间接计算得到同一断面上各监测点间的相对位置关系，测试过程中应多测回数消除仪器误差及人为误差。通过比较不同监测周期相同监测点间的相对位置关系的差异，来真实反映隧道施工期间的水平收敛变化量。

（3）测点布设

隧道管片结构净空收敛测试断面应靠近盾尾，变形测点应距掘进面 30m 的范围内尽快埋设，测点采用反光膜片粘贴于盾构管片两侧。

盾构井下穿成温邛高速公路范围内净空收敛按 5m 设置一个断面，埋设如图 12-26 所示。

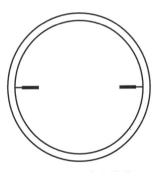

图 12-26　净空收敛测线布置示意图

（4）初始值的采集

测点埋设后，应在短时间内对监测点进行初始值采集，确保至少获得三次准确的测值，取其平均值作为初始值。

（5）监测仪器

管片结构净空收敛采用 Leica 全站仪，型号为 TS09plus，测距±1.5mm＋2pp·D，测角：±1″。

（6）数据分析处理

计算方法：

根据自由设站原理，假设在 $O-xyz$ 坐标系中收敛 2 测点坐标为 $P(x_P, y_P, z_P)$ 和 $Q(x_Q, y_Q, z_Q)$，则点 P 和 Q 之间的距离可表示为：

$$d = \sqrt{(\Delta x)^2 + (\Delta y)^2 + (\Delta z)^2}$$
$$= \sqrt{(x_P - x_Q)^2 + (y_P - y_Q)^2 + (z_P - z_Q)^2} \qquad (12\text{-}5)$$

两次观测后计算所得 d 值之差即为净空收敛值。

7. 桥墩沉降

（1）监测目的

随着盾构施工的进行，对周边土体产生扰动，临近永康路跨线桥距离盾构区间约 24m，桥梁桩基可能出现沉降，当沉降量过大时，会影响桥梁结构的安全。

（2）监测方法及原理

主体结构沉降采用几何水准测量方法，使用水准仪进行观测。采用相对高程系，建立水准测量监测网，参照 Ⅱ 等水准测量规范要求用水准仪引测。历次沉降变形监测是通过高程基准点间联测一条闭合或附合水准线路，由线路的工作点来测量各监测点的高程。各监测点高程初始值在施工前测定。

（3）测点布设

在既有桥梁墩身用冲击钻钻孔，埋设沉降观测钉，并用锚固剂锚固。主体结构沉降监测点位于墩柱底部高出地面 0.5m 左右的位置，共布设 6 个桥墩沉降监测点。

（4）测点初始值的采集

承台沉降监测点在施工墩身前采集初始值，应连续三次独立对监测点进行数据采集，取三次稳定监测数据的平均值作为初始值，在墩身施工完成后，要及时将观测点引到墩身上。

（5）监测仪器

地表沉降采用 Trimble 电子水准仪，型号为 DINI03，测距 0.3mm/km。

（6）数据分析处理

沉降量按公式（12-3）进行计算。

通过监测点各期高程值计算各期阶段沉降量、阶段变形速率、累计沉降量等数据。当监测点引至墩身时，累计沉降量需考虑承台累计沉降量。

8. 测点保护措施

对目标的监测，需要是一个连续的过程，为了保证监测的连续性，需要具有稳定的监测点。在监测过程中，如果埋设的测点没有做好保护工作，监测点就可能遭到破坏，导致监测工作无法正常进行。所以，对监测点的保护作为整个监测项目的一个重点。

对于布设传感器的测点，一般是在安装好传感器后进行现场测试，若有读数显示，说明安装的传感器是正常的，可以监测使用。若布设的传感器安装后不显示读数，一般会在附近的构件增加布设同一类型的传感器进行监测。

编制监测实施方案后（监测点埋设之前），及时与配合单位做好监测点布设技术交底工作，双方明确监测点的位置和必要的配合工作，确保监测点在施工过程中及时埋设。监测点按照"谁破坏，谁负责恢复"的原则执行，被破坏、占用的监测点位和设施必须及时恢复。对于临时性破坏的监测点按照相应要求重新补埋之后，应及时取初始值。

9. 监测巡视

在盾构掘进施工过程中，若盾构掘进参数、出渣量、姿态调整、不良地质处理等掌握不当极易引起上方路面临近构筑物的较大变形。除直接采用仪器观测外还针对性地加入安全巡视的环节，因此，须设专人对沿线隧道内外进行不定时巡视。

巡视及观察主要针对工程结构自身及周边环境两方面展开，具体如下：

（1）隧道内部巡视：针对盾构管片成型质量情况、管片有无破损错台等情况、管片铰接密封情况、有无渗漏水、盾尾有无漏浆涌水状况、渣土状态（含水量、土质等）等进行全方面观察和记录。

（2）周边环境巡视：隧道上方路面巡视，即观察路面有无开裂或凹陷，重载通过时有无明显震感；临近建（构）筑物有无新增裂缝，裂缝有无发展趋势；特殊构筑物需特别关注。

（3）巡查不确定时间，为不间断巡视及观察记录，遇到突发险情需加强巡视并结合监测数据进行反馈。

现场安全巡视主要对象为工程结构自身和周边环境。

巡视范围包括所有的监测对象以及和工程施工有关的其他对象。

12.5.3 监测频率

（1）在盾构机进入影响范围之前，对成温邛高速路基础进行监测，记录基础现行状况。在盾构穿越时期监测频率加密，当在施工过程中发生变形或出现异常时，监测频率可根据工程需要随时进行调整，加密直至进行跟踪监测，盾构穿越时期同时委托成都成温邛高速公路有限公司对高速路几何尺寸进行监测。

（2）穿越后的基础监测，根据变形点的变形量、变形速率进行回归分析，监测频率也可根据变形速率进行减小，监测直到基础及周围稳定后停止。

盾构穿越成温邛高速路各阶段监测频率详见表 12-16。

盾构穿越成温邛高速路各阶段监测频率　　　　　表 12-16

序号	监测阶段	开挖面至监测点或监测断面的距离（m）	监测频率
1	下穿前	$L \leqslant 20$	2 次/1d
2	下穿中	$20 < L \leqslant 50$	1 次/2d
		$L \leqslant 20$	3 次/1d
3	下穿后	$L \leqslant 20$	2 次/1d
		$20 < L \leqslant 50$	1 次/2d
		$L > 50$	1 次/周

注：1. L 为开挖面至监测点或监测断面的水平距离（m），管片结构位移、净空收敛宜在衬砌环脱出盾尾且能通视时进行监测。

2. 上述监测频率为正常施工情况下的监测频率。

3. 主体施工完成，经数据分析确认达到基本稳定后，监测频率调为 1 月 1 次。

4. 异常情况下监测频率：发生预警的部位≥6 次/天，当发生红色预警或抢险工程时采取不间断监测，变形稳定后，转为正常监测频率。施工监测的监测频率不低于第三方监测频率。

12.5.4 监测精度

监测控制网按《工程测量规范》GB 50026—2007（现行规范为《工程测量标准》GB 50026—2020）二等垂直位移监测网技术要求观测，各监测点高程初始值在施工前测定。水准网测量的主要技术要求见表 12-17。

测量仪器定期进行检校，每次工作前检查标尺水泡、仪器气泡，水准仪 i 角不得大于 15″，测站高差观测中误差不大于 0.2mm。

水准网测量的主要技术要求　　　　表 12-17

序号	等级	垂直位移监测		水平位移监测	适用范围
		变形观测点的高程中误差（mm）	相邻变形观测点的高差中误差（mm）	变形观测点的点位中误差（mm）	
1	一等	0.3	0.1	1.5	变形特别敏感的高层建筑、高耸建筑物、工业建筑、重要古建筑、大型坝体、精密工程设施、特大型桥梁、大型直立岩体、大型坝区地壳变形监测等
2	二等	0.5	0.3	3.0	变形比较敏感的高层建筑、高耸建筑物、工业建筑、古建筑、特大型和大型桥梁、大中型坝体、直立岩体、高边坡、重要工程设施、重大地下工程、危害性较大的滑坡监测等
3	三等	1.0	0.5	6.0	一般性的高层建筑、多层建筑、工业建筑、高耸构筑物、大型桥梁、大中型坝体、直立岩体、高边坡、深基坑、一般地下工程、危害性一般的滑坡监测等
4	四等	2.0	1.0	12.0	观测精度要求较低的建（构）筑物、普通滑坡监测、中小型桥梁等

12.5.5　监测报警值

根据《成都轨道交通建设工程监控量测管理办法》，以控制基准的 2/3 作为报警值。当监测点达到报警值时，立即报警，分析出原因立即采取相应措施。

12.5.6　监测成果

1. 监控量测资料的整理分析

完成现场量测和数据采集后，应及时对现场观测所得的资料加以整理，编制成图表和说明，使它成为便于使用的成果；量测资料保存在施工现场，以便于核查。具体步骤和内容如下：

（1）核查各项原始记录，检查监测值的正确性。

（2）对各种观测值按时间逐点填写观测数值表。

（3）绘制各种变形过程线或变形分布图。

（4）根据数据整理结果对初期支护的时态曲线进行回归分析，预测可能出现的最大值和变化速度。

（5）对监测数据进行分析总结，对隧道工作状态进行安全评价。

（6）当数据出现异常时，应及时分析原因，然后根据具体情况及时采取加厚喷层、增加钢架等加固措施。

2. 监控分析结果反馈

（1）反馈流程

1）日、周、月报表

监测取得的数据经整理后以"报表"的书面形式上报有关单位。

2）报警流程

当实测数据累计值达到报警值时或各监测项目日变化量速率达到报警时，即刻向相关单位报警，并结合工况分析原因，供各单位参考，以便及时采取相应措施确保施工安全。

3）监测报告

当现场监测工作全部完成后，应尽快提供监测总结报告。其主要内容包括工程概况、全部监测项目值全过程的发展和变化情况、周围环境情况、监测资料整理方式、监测最终结果及简要评述，监测反馈程序如图 12-27 所示。

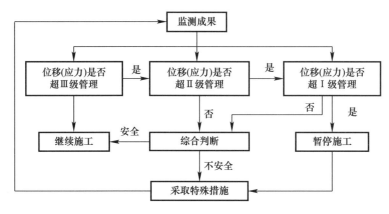

图 12-27　监测反馈程序框图

（2）分析结果反馈

根据位移时态曲线的形态来判别：

1）当位移速率不断下降时（$d^2u/dt^2 < 0$），表示趋于稳定状态；

2）当位移速率保持不变时（$d^2u/dt^2 = 0$），表示不稳定，应考虑加强措施；

3）当位移速率不断上升时（$d^2u/dt^2 > 0$），表示进入危险状态，必须立即停止施工，进行加固。

4）监测成果按黄色、橙色和红色三级预警进行管理和控制。严格按照《成都市地铁监控量测管理办法（暂行）》执行。

发出黄色预警时，监测组和施工单位应加密监测频率，加强对地面和建筑物沉降动态的观察。

发出橙色预警时，除应继续加强上述监测、观察、检查和处理外，应根据预警状态的特点进一步完善对该状态的预警方案，同时应对施工方案、开挖进度、支护参数、工艺方法等做检查和完善，在获得设计和建设单位同意后执行。

发出红色预警时，除立即向上述单位报警外还应立即采取补强措施，并经设计、施工、监理和建设单位分析和认定后，改变施工程序或设计参数，必要时应立即停止开挖，进行施工处理。当实测数据出现任何一种预警状态时，监测组应立即向施工主管、监理单位和建设单位报告，获得确认后应立即提交预警报告，便于各方及时采取措施。

12.5.7　监测报送

监测的最终结果是提供详细的数据用于指导施工，因此，根据各测项分类制定监测信息报表，按监测大纲统一的格式按时、如实地填报监测资料，做好信息反馈工作。

1. 监测信息报送

（1）监测信息报送内容分为日报、周报、月报、预警报告和总结报告五种形式（日报、周报、月报、预警报告统一简称"监测报告"）。

（2）施工方监测和第三方监测必须按照统一的信息反馈格式报送监测报告（包括书面文件和电子文件），其中，工程监测规范用表格式及监测项目命名规范见《成都市地铁工程监测项目命名规定及规范用表指南》。

（3）日报的主要内容包括：①施工进度；②当日监测数据汇总；③结合当日监测数据和工程状态，进行工程安全评估，对监测数据异常的区段提出对应处理意见。

（4）周报的主要内容包括：①施工进度；②当周监测数据汇总；③总结当周监测结果并综合分析，对工程安全趋势进行分析。

（5）月报的主要内容包括：①施工进度；②当月监测数据汇总；③监测数据的时程变化曲线；④对工程当月的安全情况进行总结，对下月安全趋势进行分析。

（6）预警报告的主要内容包括：①施工进度和工程概况；②对数据异常情况进行分析，并提出处理意见。

（7）监测工作结束后应提交的监测总报告主要内容包括：①工程概况，监测目的；②监测项目，测点布置；③采用的仪器型号、规格及标定资料；④数据采集的分析处理；⑤监测资料的分析处理；⑥监测值全时程随工程施工工况变化曲线及分析；⑦监测结果评述。

监测信息报送流程如图 12-28 所示。

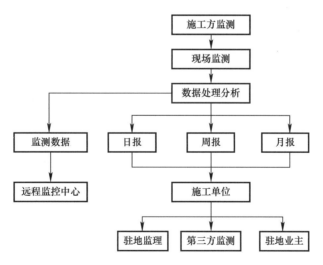

图 12-28　监测信息报送流程图

2. 施工方监测报送

（1）施工方监测上报给施工单位的纸质监测报告为一式 2 份。

（2）施工方监测应将监测报告电子文件发送给业主代表、监理。

（3）施工方监测单位应按照"安全风险监控与管理信息系统"数据资料传递的相关规定上传监测信息。

（4）施工单位收到施工方监测单位的 2 份纸质监测报告后，自己存档 1 份，签字确认后，上报给监理单位监测报告 1 份。

（5）每次监测资料以报表的形式按时提交。

（6）每日监测工作完成后，及时向远程监控中心上传监测数据，并保证数据真实准确。

（7）当监测值接近报警值时，及时向上级预警；当达到报警值时，及时报警，并提交有关系列资料及分析报告。

（8）向施工单位、驻地监理、驻地业主上报监测日报、周报、月报。

3. 紧急状态监控信息报送流程

（1）当监测数据接近预警值时，及时对数据进行处理，将监测数据及报表以书面形式上报施工单位及监理单位，并要求施工单位采取相应措施及时补救。

（2）当监测数据达到预警值（即黄色预警）时，及时对数据进行处理，将监测数据及报表以书面形式上报施工单位及监理单位，并加密监测频率，对异常数据测点进行关注，同时向施工单位报送预警通知单。

（3）当监测数据达到橙色报警值时，在数据处理完成后第一时间口头通知施工单位及监理单位，做到第一时间及时报警，并在 1h 内将监测数据及报表以书面形式上报施工单位及监理单位，加密监测频率，保证人员 24h 常驻现场，对异常数据测点进行关注，同时向施工单位报送橙色报警通知单并建议施工单位及监理单位向上级领导单位上报。

（4）当监测数据达到红色报警值时，在数据处理完成后第一时间口头通知施工单位及监理单位，做到第一时间及时报警，并在 1h 内将监测数据及报表以书面形式上报施工单位及监理单位，加密监测频率，做到每 2h 监测一次，并在监测完成半小时内及时上报复测数据，保证人员 24h 常驻现场，对异常数据测点进行关注，同时向施工单位报送红色报警通知单，建议施工单位停工抢险。

4. 紧急状态监控信息报送流程

（1）当监测数据接近预警值时，及时对数据进行处理，将监测数据及报表以书面形式上报施工单位及监理单位，并要求施工单位采取相应措施及时补救。

（2）当监测数据达到预警值（即黄色预警）时，及时对数据进行处理，将监测数据及报表以书面形式上报施工单位及监理单位，并加密监测频率，对异常数据测点进行关注，同时向施工单位报送预警通知单。

（3）当监测数据达到橙色报警值时，在数据处理完成后第一时间口头通知施工单位及监理单位，做到第一时间及时报警，并在 1h 内将监测数据及报表以书面形式上报施工单位及监理单位，加密监测频率，保证人员 24h 常驻现场，对异常数据测点进行关注，同时向施工单位报送橙色报警通知单并建议施工单位及监理单位向上级领导单位上报。

（4）当监测数据达到红色报警值时，在数据处理完成后第一时间口头通知施工单位及监理单位，做到第一时间及时报警，并在 1h 内将监测数据及报表以书面形式上报施工单位及监理单位，加密监测频率，做到每 2h 监测一次，并在监测完成半小时内及时上报复测数据，保证人员 24h 常驻现场，对异常数据测点进行关注，同时向施工单位报送红色报警通知单，建议施工单位停工抢险。

12.6　盾构下穿成温邛高速公路效果

成都地铁 17 号线黄石站—市五医院站盾构区间右线盾构机顺利通过成温邛高速后，对穿越成温邛高速隧道范围内区间地表区域进行了地质雷达探测，结果如下：

（1）探测共完成测线 3 条，通过对地质雷达检测数据的处理、解释，共发现 1 处异常存在（图 12-29），该异常在测线 D173-7，里程 2508K＋50～2508K＋52，长 2m，深度范围 2.8～6.0m 存在明显异常，通过钻孔验证，该处未发现空洞，已埋袖阀管注浆。

（2）探测选用 100M 天线进行探测，探测位置位处高速路（图 12-30），采集信号可能会受高速路通行车辆干扰，测线布置和探测时局部未能完全与测量结合，现场都是以隔离带立柱和已知监测点进行测线里程定位，因此对异常位置的判定上有一定的误差。

图 12-29　成温邛高速现场检测照片

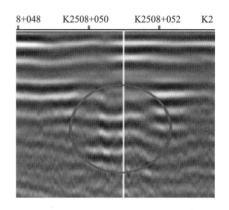

图 12-30　检测异常剖面图

结果发现隧道顶部无明显空洞或不密实区域，高速公路未发生明显变形及沉降，公路运行未受影响，因此对高速公路进行超前大管棚施工、预注浆支护，能够减少盾构掘进过程中对公路上部结构的扰动以及对公路运行的影响，为后续盾构下穿高速公路施工提供了经验。

成型隧道如图 12-31 所示。

图 12-31　成型隧道

第 4 篇

明挖车站(区间)及高架车站关键施工技术

第 13 章 ▶▶

明挖车站（区间）施工关键技术

13.1 明挖施工的安全性分析

明挖近接施工主要针对交通疏解难度大、周边及沿线建（构）筑物及管线多、管线迁改保护工程量大、场地狭窄制约施工、深基坑施工风险大等方面进行安全性与风险评估。本节以凤溪河站为典型代表进行详细阐述。

1. 交通疏解难度大

（1）交通疏解安全性分析

凤溪河站位于凤溪大道中段市政道路下，施工过程中需进行两次疏导，由于此道路为温江区主干道，车流量大，并且周边商铺多，导边疏导难度大。在施工北侧冷却塔及过街管廊过程中，还需对两河路进行导边，十字交叉路口存在交通瓶颈现象，存在交警拆除围蔽、停止施工的情况，导致工期延误。

（2）风险评估及对策

1）提前做好交通疏解的各项准备工作，一旦具备交通疏解条件，马上按照既定方案组织实施。

2）严格按照设计图纸和方案进行疏解道路施工，按照业主文明施工统一标准合理设置施工围挡，确保周边交通正常通行。

3）加强安全文明施工控制，坚决避免泥浆及渣土污染道路，保持交通畅通。

4）加强文明施工宣传，以得到周边民众的支持与理解。

5）设立专门的交通协管员，协助交警做好交通疏解协调，设立醒目的交通通行指示牌，以确保施工期周边交通正常通行。

2. 周边建（构）筑物多而复杂

（1）周边建（构）筑物安全性分析

凤溪河站周边建（构）筑物距离车站主体基坑较近，数量较多，沉降控制难度大；施工影响的管线多达40多种，并且大部分管线还涉及二次迁改，迁改不及时，直接影响工期，后续施工中对管线保护要求严，凤溪河平行于车站走向，附属施工期间，C、D号出入口及换乘通道结构均位于凤溪河内，需临迁到车站顶板上，待结构施工完成后还需部分回迁原位，工序繁琐，对外协调难度大，制约工期因素多。

（2）风险评估及对策

1）施工进场前做好房屋鉴定，对危险房屋提前做好保护措施；施工过程中全程监控测量，发现沉降，启动应急预案。

2）管线迁改以满足使用功能为原则，尽量减少迁改工程量。

3）遵循"有压管让无压管，小管让大管，可弯曲管让不易弯曲管"的原则。

4）管线迁改应兼顾永临结合的原则，尽量减少过渡工程，避免二次迁改。

5）管线迁改应结合施工需要考虑，尽量减少对居民生活的影响。

6）凤溪河迁改提前与水务部门、交管部门沟通，按照相关要求做好前期准备，保证迁改工作的正常进行。

3. 场地狭窄制约施工

（1）场地狭窄施工安全性分析

车站施工由于南北两侧受红绿灯十字路口的影响，无法拓展；东西两侧受居民楼及凤溪河的影响。在此围蔽内需进行车站主体施工，盾构掘进工作场地，施工工作面无法打开，即使 5m 宽施工便道也无法布置，施工困难，工期任务重。

（2）风险评估及对策

1）与业主及地方政府加强沟通，对车站范围内的凤溪河进行加盖，横向扩宽施工场地。

2）对场地进行合理布置，规划场地平面布置图。

3）施工过程中严格按照划区施工，尽量减少材料物资的二次倒运量。

4）成立联合调度办公室，由联合调度人员统一协调施工干扰。

4. 深基坑施工风险大

（1）深基坑施工安全分析

凤溪河站为地下三层结构，基坑深度 32m，是全线最深的基坑。由于成都属于砂卵石地层，标准段围护结构采用直径 1200mm、间距 2400mm 的灌注桩，桩间随开挖随挂网喷射混凝土，对降水要求严。施工过程中存在基坑变形大、对周边环境影响严重、凤溪河水倒灌进基坑的风险。

（2）风险评估及对策

1）与设计沟通，在基坑和凤溪河间增加止水帷幕措施。

2）遵循"开槽支撑、先撑后挖、分层分段开挖、分段施作结构、严禁超挖、限时作业"的原则，并注意坑内纵向土坡的稳定。

3）开挖过程中及时进行支撑施工。加强人员和材料的投入，尽量减少基坑裸露时间。混凝土支撑要在达到设计强度要求后，方可进行下步开挖。

4）开挖过程中发现墙体渗漏时应及时采取墙后注浆、堵漏等措施。

5）加强基坑开挖过程中的各项监测工作，具体的监测项目包括：围护结构水平位移、测斜、支撑轴力、地下水位、周边地表及构筑物沉降、土体侧向位移等。实施信息化施工，全程监测监控，确保基坑工程及周边环境的安全。

6）禁止在基坑周边堆土，减小基坑的附加荷载。

7）施工前在待建建筑物及重大管线间打设回灌井及跟踪注浆孔，当监测数据异常时，及时采取地下水回灌或补偿注浆措施，保证建筑物及地下管线的安全。

8）分段分层开挖快速开挖，及时施作车站底板封闭基坑。

9）做好应急预案及相关的人员、物资、设备准备工作。

13.2　施工降水

本节主要以明光站—九江北站区间和市五医院站为例，分别介绍降水方案设计和降水井设计与施工。

13.2.1 明光站—九江北站区间降水方案设计

明光站—九江北站区间明挖段，如图 13-1 所示，沿成新蒲快速路由西向东布设，全长 947.155m，宽 24.2m，宽长比仅为 2.026，属于超长基坑。根据成都轨道交通 17 号线明光站—九江北站区间明挖段地质详勘报告。勘探最浅地下水位 1.7m。根据历史数据，丰水期地下水位 3m。为了保证基坑涌水量计算的准确性，含水层厚度取 50m，渗透系数为 26.9m/d。

图 13-1　区间线路图

1. 降水区段概述

盾构区间左线自里程 ZDK70＋049.589（800 环）开始、右线自里程 YDK70＋057（790 环）开始进入明光站—九江北站明挖区间降水区段。至 2019 年 5 月 13 日，左线掘进至 1313 环，右线掘进至 1121 环，根据现场实测，目前该区段水位保持在 17.2m 左右，降水施工作业对地层造成较大影响，砂卵石地层中大量细颗粒流失，形成骨架形式，且根据现场监测，该区域已出现不同程度沉降。根据前期施工经验，在降水区域掘进时，渣土改良不佳，掘进参数异常对地层影响大，易造成超方、地面沉降，需停机进行处置，造成施工进度缓慢。

盾构区间位于成蒲快速路下方，临近明挖主体结构（主体深度约为 17m），盾构边线距离明挖主体边线 5.8～6.5m。盾构边线距离成蒲高架桥墩 17m（图 13-2）。

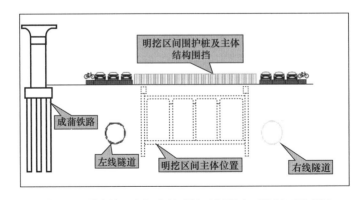

图 13-2　明光站—九江北站明挖区间降水区段断面示意图

2. 降水区段地质情况

原有地质情况，左右线盾构区间中间为 947m 明挖区间深基坑，通过地勘报告及基坑开挖情况察看，此段地层依次为 1.2～5.3m 人工填筑杂填土、0.5～2.8m 粉质黏土、厚 0.7～3.0m 层状或透镜状沙土、底部卵石土，稍密～密实，卵石含量约占 60%～70%，粒径一般为 2～15cm，砾石含量约占 10%～15%，其余为细、中砂充填（图 13-3）。左线隧道埋深 12.3～8.9m，右线隧道埋深 19.6～9.18m。

图 13-3　明挖区间地质情况

3. 基坑降水方案优化

（1）基坑降水方案验算

基坑降水方案验算过程中，各种参数取值如下：地下水位标高 -3.0m，含水层渗透系数 26.9m/d。含水层厚度 50m，基坑深度 26.2m。

降水井过滤器工作长度验算设计井深主要是由单井出水能力、水位降深、含水层的厚度、水泵的进出口位置及泥浆淤积深度等因素所决定的。按照《管井技术规范》GB 50296—2014 公式（5.2.6-1）得：

$$H_w = H_{w1} + H_{w2} + H_{w3} + H_{w6} \tag{13-1}$$

$$H_{w2} = ir_0 \tag{13-2}$$

式中：H_{w1}——自地面算起至设计要求的动水位间的深度，m；

$\quad\quad H_{w2}$——在降水管井分布范围内宜为 1/10～1/15；

$\quad\quad i$——水力梯度，一般取值 1/10～1/15，取 0.1；

$\quad\quad r_0$——降水井分布范围的等效半径或降水井排间距的 1/2，m；

$\quad\quad H_{w3}$——从 H_{w2} 以下算起至最下部过滤器底端的长度，m；

$\quad\quad H_{w6}$——沉淀管长度，m。

因此。降水井过滤器工作长度的计算公式为：

$$H_{w3} = H_w - H_{w1} - H_{w2} - H_{w6} \tag{13-3}$$

其中，H_w 为基坑降水方案中的实际井管布置长度。

借助式（13-3），可知每个降水井的过滤器工作长度。

（2）单井出水能力验算

依照《建筑基坑支护技术规程》JGJ 120—2012 公式（7.3.16）得：

$$q_0 = 120\pi r_s l k^{\frac{1}{3}} \tag{13-4}$$

式中，q_0——单井出水能力，m³/d。

$\quad\quad r_s$——过滤器半径，m。由于中降水井过滤器采用滤网包裹加滤料填充，因此过滤器半径取降水井孔半径，即 0.3m。

$\quad\quad l$——过滤器工作长度，m。该值采用上一节中的计算值。

$\quad\quad k$——含水层渗透系数，m/d。参照降水井施工方案，取值为 26.9m/d。

计算得出各个降水井的单井出水能力见表 13-1。

各个降水井的单井出水能力　　　　　　　　　　表 13-1

井号	基坑开挖平均深度（m）	过滤器工作长度（m）	实际井管布置长度（m）	单井出水能力（m³·d⁻¹）
95 号、96 号、97 号	26.2	5.91	37.5	1998.3
1～10 号、94～85 号	23.7	6.31	35	2137.2

（3）基坑局部地下水位降深预测

依照规范《建筑基坑支护技术规程》JGJ 120—2012 公式（7.3.5）得：

$$S_i = H - \sqrt{H^2 - \sum_{j=1}^{n} \frac{q_j}{\pi k} \ln \frac{R}{r_{ij}}} \tag{13-5}$$

式中：S_i——基坑内任一点的地下水位降深。

H——潜水含水层厚度，取 50m。

q_j——按干扰井群计算的第 j 降水井的单井流程，m³/d。

k——含水层的渗透系数。

R——影响半径。依照《管井技术规范》GB 50296—2014 公式（B.0.2-1）得：

$$R = 2S\sqrt{KH} \tag{13-6}$$

其中，S 为基坑水位设计降深，m，取基坑最深处降深 26.2-3+1=24.2m。k 为渗透，m/d。式（13-6）中 H 为抽水前（或自然条件下）含水层厚度，m。

r_{ij}——第 j 口井中心至地下水位降深计算点的距离，m。

n——降水井数量。

根据基坑降水施工方案的规定。基坑内的设计降水位应低于基坑底面 1m。故明挖区间端头井基坑中心点水位降深的设计值为：

$$26.2-3+1=24.2m \tag{13-7}$$

明光站—九江北站明挖区间端头井基坑中心点（观测点）地下水位降深的设计值为 24.8m＞24.2m，设计满足降水要求。现场实际勘测显示明光站—九江北站明挖区间端头井基坑处实际水位降深为 20～21m＜24.2m。对比地下水位的解析值与实际监测值，得出降水井实施过程中的损耗系数为 20/24.8=0.8。和实测值比较，明光站—九江北站明挖区间端头井处基坑降水情况不满足基坑开挖要求，需优化该区域的基坑降水方案，使得该区域的地下水位低于基坑底 1m。

（4）基坑降水方案优化

在现有的降水井基础上增加降水井的数量，根据干扰井群的叠加原理，当抽水井的数量增加时，明挖区间端头井区域的地下水位降深会增加，选择在端头井基坑内增设两口降水井，降水井深度为 40m，单井配泵量为 80m³/d，增设降水井的平面布置如图 13-4 所示。

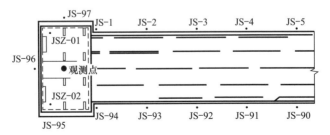

图 13-4　端头井区域降水井优化布置图

基坑降水可行性验证方案优化后，盾构吊出井处基坑中心位置的水位降深为 30.5m，考虑降水井实施过程中的损耗系数 0.8，预测方案优化后的地下水位降深为 24.4m＞24.2m，满足降水要求。

4. 降水井设计要点

（1）降水井间距

根据成都地铁经验，一般性深基坑，四周没有给水河道的影响，降水井间距大约为 20m，但是对于超长基坑，在基坑端头以及邻近端头的侧边必须进行加密，降水井间距设置在 10～15m，最终使降水井围绕基坑四周封闭。

（2）降水井深度

降水井深度按照规范计算。一般降水井深度设置底板以下 3 节滤管，但根据现场施工经验以及滤管材料调查，市场提供混凝土滤管孔数约为 270 个，而规范经验公式针对滤管孔数目为 420 个，因此必须加深降水井深度，底板以下 6 节滤管，每根滤管长 2.5m，因此选择 15m。

（3）井管结构布置

1）底板上两节管之下全部采用滤管，可以不设置沉砂管，抽水泵下放至距离井底约 1m 的位置。

2）滤管外侧缠绕一层 100 目或者 50 目滤网，用铁丝缠绕，每隔 20cm 一道。

3）按照理论在含砂层位置不允许设置滤管，更改成实管或者缠绕两层滤网。

4）滤料填充范围为井管底至最上一节滤管上 5～10m 位置。

（4）滤料填充降水井

滤料选用 7～10mm 滤料，滤料填充范围为井管底至最上一节滤管上 5～10m 位置。滤料填充必须选用人工填，严禁采用机械填充。

（5）水泵选型

在水泵的选择过程中主要考虑方量以及扬程，方量选择是否合适，可以根据降水井内水位，如果水位一直无法降低到底板以下则说明水泵出水量较小，另外根据地面排水管出水速度以及降水井的深度核定扬程的大小。

5. 结论

（1）通过进行基坑降水设计优化，对比解析值与现场实测值发现，解析法计算结果需考虑 0.8 的损耗系数，在进行超长基坑降水设计时，需在设计完成后，单独验算基坑端头处地下水位降深情况，从而保证后期基坑开挖的顺利进行。

（2）方案优化后，当新增加的降水井位于基坑内时，应尽量靠近支撑和立柱，便于搭设辅助管理操作平台和竖向加固，但同时降水井应避开结构柱、结构梁等结构受力变形较大的位置。

13.2.2　市五医院站降水井设计与施工

1. 降水方案选择

基坑降水工程采用坑外井管降水＋坑内明排的方式。具体为：①在基坑四周设置降水井进行坑外降水；②随着基坑开挖，在基坑内设置排水沟和集水坑进行明沟排水。

2. 降水井布置

市五医院站共布置 32 口降水井，沿基坑两侧布置间隔 20m，深度 32.5m，距离围护桩净距 1.5m；明挖区间基坑共布置 51 口降水井，沿大里程方向布置降水井深度分别为 15m、20m、27.5m、30m，距离围护桩净距为 1.5～2.5m。在基坑外布置水位观测兼备用井，用以随时了解基坑降水效果，指导基坑降水运行工况，坑内若有明水，补打降水井，直至水位降至开挖面以下。

（1）井管结构

降水井管主要采用井壁管（实心管）＋滤水管＋沉砂管，内径为 300mm，外径为 360mm。图 13-5 所示为降水井管大样图。图 13-6 所示为降水井管进场验收。

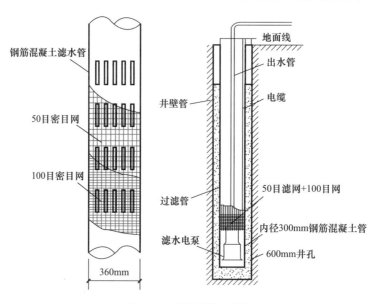

图 13-5　降水井管大样图

图 13-6　降水井管进场验收

1）井壁管：井壁管均采用混凝土管。

2）滤水管：滤水管采用混凝土滤水管，长度为 5～10m，尽量将滤水管布置在密实卵石土地层中。滤水管外包两层尼龙滤网，紧贴管壁的为 50 目密目网，外面一层为 100 目密目网，密目网用铜丝固定在井管上，铁丝竖向间距为 0.2m。

3）沉砂管：沉砂管设在滤水管底部，直径与滤水管相同，长度为 2.5m。

4）填滤料：滤水管部位围填磨圆度较好的直径 3～7mm 的圆砾石。

5）重复使用空压机洗井，直至满足出水含砂率＜1/100000，不致使泥砂带出而引起地层下沉。

6）水泵选择：根据基坑涌水量、单井出水量的计算结果及设计降深，选用 QS40-39/2 型潜水泵。水泵流量 40m³/h，扬程 39m，电机功率 7.5kW，单泵日抽水量为 40×24＝960m³/d。抽水过程中，每井一台水泵，并带吸水铸铁管或胶管，配上一个控制井内水位的自动开关，在井口安装阀门以便调节流量的大小，阀门用夹板固定，井点系统预留 4 台水泵备用。

（2）施工工艺流程

图 13-7 所示为降水井施工工艺流程图。图 13-8 所示为降水井施工图。

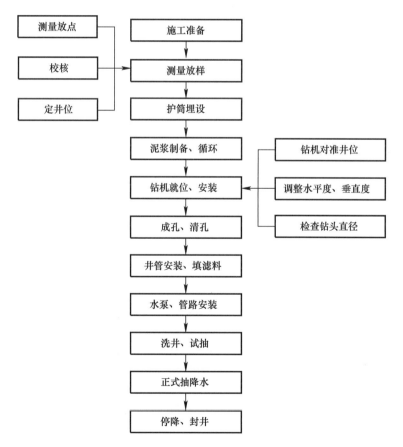

图 13-7　降水井施工工艺流程图

<table>
<tr><td>(a) 降水井钻进</td><td>(b) 成孔验收</td><td>(c) 井管安装</td></tr>
<tr><td>(d) 井管安装就位</td><td>(e) 滤料</td><td>(f) 抽水</td></tr>
</table>

图 13-8　降水井施工图

13.3　明挖施工方法及关键工序

以市五医院站为例主要介绍桩围护结构施工、基坑开挖、主体结构、防水等明挖施工方法及关键工序。

13.3.1　围护结构施工

市五医院站围护结构为桩孔灌注桩。在钻孔灌注桩概况的基础上，根据其施工流程，重点对护筒埋设、泥浆制备、钻孔施工、导管安装与拆除、清孔和验孔、钢筋笼制作和安装、混凝土灌注、灌注桩检测等内容做详细阐述。

1. 钻孔灌注桩概况

市五医院站围护结构为钻孔灌注桩，共 373 根（含盖挖区域临时立柱桩及 28 号线下穿区间围护桩），其中直径 1.2m 的桩 353 根，直径 1.5m 的桩 20 根（玻璃纤维筋），桩长 15～29.69m，盾构穿越区桩间距为 2m，标准段围护桩间距为 2.2m。围护桩采用旋挖钻成孔。

明挖区间盾构段端墙洞门处采用 ϕ1500@1800mm 玻璃纤维筋桩，隧道洞口至明挖区间终点采用 ϕ1200@2200mm 钻孔灌注桩，桩撑支护明挖 U 形槽采用 ϕ1000@2000mm 钻孔灌注桩，均采用旋挖钻成孔。

2. 施工流程

围护桩施工流程如图 13-9 所示。

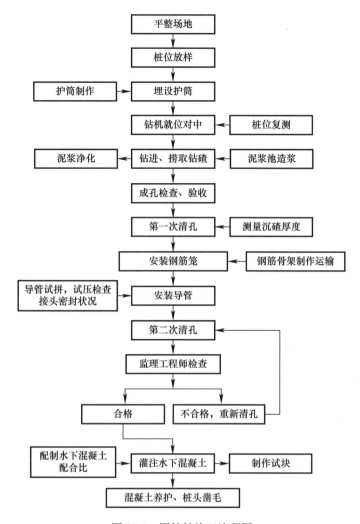

图 13-9　围护桩施工流程图

3. 护筒埋设

选择护筒直径为 1.2m/1.4m/1.7m（桩径为 1.0m/1.2m/1.5m），护筒埋设高于地面 20～30cm，周围采用黏土填实。考虑现场管线错综复杂，加之地质条件为卵石地层，为防止塌孔，采用 4m 长护筒（图 13-10）进行钻孔灌注桩施工，在凤溪河旁，采用 6m 长护筒进行钻孔灌注桩施工。

4. 泥浆制备

由于成都为砂卵石地层，如图 13-11 所示，围护桩施工过程中没有采用传统的黏土泥浆护壁工艺。旋挖钻的护壁采用高分子聚合物浆液（图 13-12）护壁，聚丙烯酰胺溶液能在较低的泥浆比重下创造极佳的粘度环境，从而黏住孔壁的钻屑，起到很好的护壁作用，聚合物粉末直接倒入孔内，由钻机在施工过程中搅拌。

5. 钻孔施工

采用旋挖钻机跳孔施工，钻机就位后，调整钻杆垂直度，注入调制好的泥浆后进行钻孔；当钻头下降到预定深度后，旋转钻斗并施加压力，将土挤入钻斗内，仪表自动显示筒

图 13-10　4m 长护筒照片

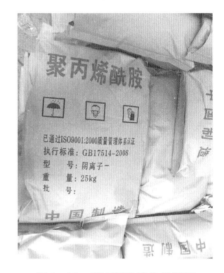

图 13-11　现场卵石土层照片　　　　图 13-12　聚丙烯酰胺化学泥浆

满时，钻斗底部关闭，提升钻斗将土卸于堆放地点，由铲车进行打堆处理，再由弃土车辆外运至弃土场。为保证车站建筑限界及结构厚度，围护桩施工时外放 15cm。图 13-13 所示为现场钻孔就位及钻进。

图 13-13　钻孔就位及钻进

6. 导管安装与拆除

灌注桩导管选择钢导管进行灌注，导管内径在 250mm，每节 3m，配 1～2 节 0.5～2m 的短管作为调节管，导管之间采用螺纹套筒连接。导管使用前进行必要的水密性试验，如图 13-14 所示。吊装前进行试拼，接口连接应严密、牢固。导管安装如图 13-15 所示。

图 13-14　导管水密性试验

图 13-15　导管安装

7. 清孔和验孔

钻孔达到设计深度后，对孔深、孔径、孔位、孔形等进行检查，验收通过后，吊装钢筋笼、安装导管，采用换浆法进行清孔。验孔和测绳如图 13-16 所示。

图 13-16　验孔和测绳

8. 钢筋笼制作和吊装

（1）钢筋笼制作

钢筋笼在钢筋加工场内集中加工，采用平板车运输至现场。钢筋笼加工采用长线法施工，钢筋笼分节加工制作。加工好的钢筋笼摆放如图 13-17 所示。

（2）钢筋笼吊装

钢筋笼运至现场后，在孔口利用 25t 以上汽车起重机吊放；下放前检查钢筋笼垂直度，入孔后不宜左右旋转，徐徐下放严防孔口坍塌，为了保证钢筋笼骨架不变形，宜采用两点起吊，如图 13-18 所示。

钢筋笼下放至设计标高后，检查钢筋笼的中心是否偏位，然后穿钢管固定于护筒顶。

图 13-17　钢筋笼摆放

图 13-18　钢筋笼吊装

9. 混凝土灌注

混凝土采用商品混凝土，混凝土罐车运至施工现场，采用隔水栓导管法进行水下混凝土灌注。导管法灌注如图 13-19 所示。

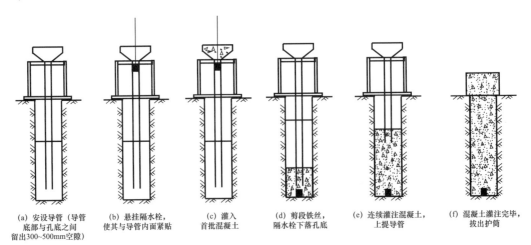

| (a) 安设导管（导管底部与孔底之间留出300~500mm空隙） | (b) 悬挂隔水栓，使其与导管内面紧贴 | (c) 灌入首批混凝土 | (d) 剪段铁丝，隔水栓下落孔底 | (e) 连续灌注混凝土，上提导管 | (f) 混凝土灌注完毕，拔出护筒 |

图 13-19　导管法灌注

混凝土运至施工现场时，混凝土从输送罐中倾倒入料斗中，灌注首批混凝土量应使导管埋入混凝土中深度不小于 1.0m，首批混凝土不得少于 2m³（图 13-20）。混凝土灌注必须保持连续进行，以防止断桩。浇筑过程中始终保持导管埋深在 2.0～6.0m。为确保桩头混凝土质量达到设计要求，混凝土需超浇 50～100cm。

图 13-20　混凝土浇筑

10. 灌注桩检测

混凝土灌注完成，龄期 14d 后，桩身混凝土强度不低于设计强度的 70%，且桩身强度不低于 15MPa 时，即可破除桩头对桩基进行检测。路基段板桩采用声波透射法进行检测（图 13-21）。声测管采用绑扎形式固定在主钢筋内侧，保证声测管垂直并相对平行，声测管采用套管连接，声测管底部与桩底齐平，检测管下端用钢板封底焊牢，上端加盖，灌满清水，要求不漏水，管内无异物。

明挖区间和车站桩基采用低应变进行桩身完整性检测（图 13-22）。桩顶应凿除至新鲜混凝土面，并用打磨机将测点和激振点磨平。

图 13-21　声波透射法检测　　　　　　图 13-22　低应变检测

13.3.2　基坑开挖施工

1. 基坑开挖原则

基坑土方开挖采用机械开挖为主，人工清理基底、桩间及桩侧的方式进行基坑土方开挖。基坑土方开挖遵循"纵向分段，竖向分层，从上到下，支撑跟紧"的施工原则，施工过程中加强监控量测，确保基坑土方开挖中的安全。提前15d进行降水，确保地下水位低于开挖面0.5m，开挖前在基坑外设置挡水墙、地面截水沟、排水沟，防止周边汇水区域地面径流向基坑汇水，并对排水沟、集水井采取防渗措施。在基坑开挖过程中做好基坑内降水、截排水工作。

2. 基坑开挖及支护流程

基坑开挖及支护施工流程如图13-23所示。

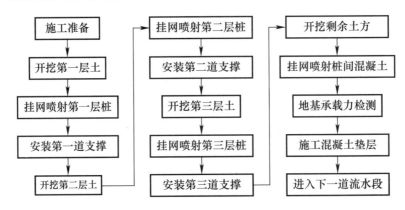

图13-23 基坑开挖及支护施工流程图

3. 基坑开挖方法

（1）标准段开挖

标准段开挖施工步骤见表13-2。

标准段开挖施工步骤表（图中尺寸单位：mm）　　　　　　表13-2

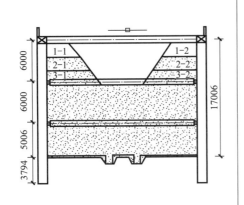 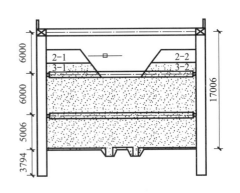

| 步骤1：挖除两侧2m厚度范围内土体1-1、1-2，留不小于3m宽平台，放坡1：0.75。同步进行桩间网喷混凝土护壁施工 | 步骤2：挖除两侧2m厚度范围内土体2-1、2-2，留不小于3m宽平台，放坡1：0.75。同步进行桩间网喷混凝土护壁施工 |

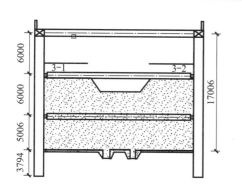

步骤 3：挖除两侧 2m 厚度范围内土体 3-1、3-2，同时向下拉槽开挖第三层中间 3m 厚土体，放坡 1∶0.75。同步进行桩间网喷混凝土护壁施工

步骤 4：架设第二道钢围檩及钢支撑，继续向下拉槽开挖第二层土体，放坡 1∶0.75

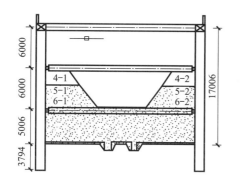

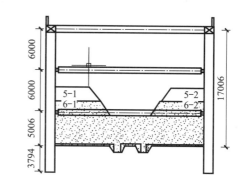

步骤 5：挖除两侧 2m 厚度范围内土体 4-1、4-2，留不小于 3m 宽平台，放坡 1∶0.75。同步进行桩间网喷混凝土护壁施工

步骤 6：挖除两侧 2m 厚度范围内土体 5-1、5-2，留不小于 3m 宽平台，放坡 1∶0.75。同步进行桩间网喷混凝土护壁施工

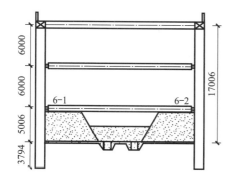

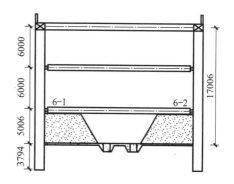

步骤 7：挖除两侧 2m 厚度范围内土体 6-1、6-2，同时向下拉槽开挖第三层中间 3m 厚土体，放坡 1∶0.75。同步进行桩间网喷混凝土护壁施工

步骤 8：架设第三道钢围檩及钢支撑，继续向下拉槽开挖第三层土体，放坡 1∶0.75

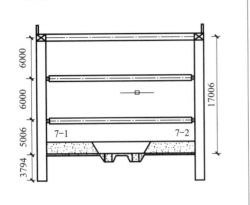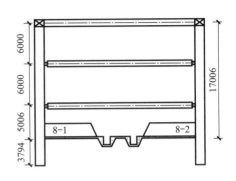

步骤9：挖除两侧 2.1～2.7m 厚度范围内土体 7-1、7-2，留不小于 3m 宽平台，放坡 1：0.75。同步进行桩间网喷混凝土护壁施工	步骤10：挖除两侧 2m 厚度范围内土体 8-1、8-2，基坑开挖至基底以上 30cm 后，停止开挖，由人工开挖至设计标高

（2）端头井开挖

端头井土方开挖按先中间再角边的原则进行，具体顺序如图 13-24 所示。

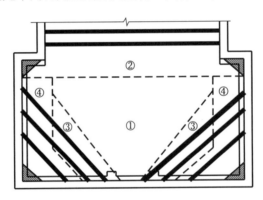

图 13-24　端头井土方开挖支撑顺序图（①～④为开挖顺序）

由于基坑端头井处开挖宽度较大，采用盆式开挖法施工，即先开挖中间土方，留下基坑内侧一圈抵住挡墙的土体（约 6m 宽）。在开挖好中间土体后，再开挖直撑部位土体，并及时安装该部位支撑。在斜撑范围内的土方，应至基坑角点垂直于斜撑方向由中间向两边分层、分小段限时开挖，并按设计的要求实时架设支撑，尽量减少基坑暴露时间。

（3）盖挖部分开挖方法

当盖挖区域两侧土方开挖至盖挖顶板底标高时，由两侧向中间同步进行盖挖区域土体的拉槽开挖。盖挖部分开挖施工步骤见表 13-3。

4. 开挖顺序

（1）明挖区间

明挖纵向长度为 632.56m，基坑开挖施工分成 34 段间距 20m（2 个区）进行，两个区分别为盾构井—天乡路二段/基坑起点—天乡路二段，在天乡路二段设置出土大门。由盾构井—天乡路二段、基坑起点—天乡路二段反铲后退开挖（图 13-25）。

盖挖部分开挖施工步骤（图中尺寸单位：mm）　　　表 13-3

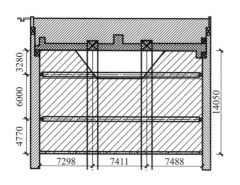

步骤 1：用小挖机由两侧向中心拉槽，留不小于 3m 宽平台，放坡 1∶0.75。同步进行桩间网喷混凝土护壁施工	步骤 2：挖除两侧 1.89m 厚度范围内土体 1-1、1-2，留不小于 3m 宽平台，放坡 1∶0.75。同步进行桩间网喷混凝土护壁施工

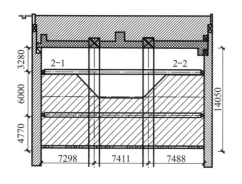 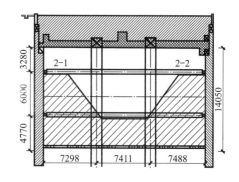

步骤 3：挖除两侧 1.89m 厚度范围内土体 2-1、2-2，同时向下拉槽开挖第三层中间 3m 厚土体，放坡 1∶0.75。同步进行桩间网喷混凝土护壁施工

步骤 4：架设第二道钢围檩及钢支撑，继续向下拉槽开挖第二层土体，放坡 1∶0.75

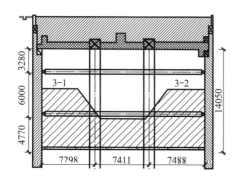 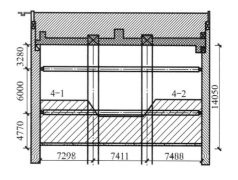

步骤 5：挖除两侧 2m 厚度范围内土体 3-1、3-2，留不小于 3m 宽平台，放坡 1∶0.75。同步进行桩间网喷混凝土护壁施工

步骤 6：挖除两侧 2m 厚度范围内土体 4-1、4-2，留不小于 3m 宽平台，放坡 1∶0.75。同步进行桩间网喷混凝土护壁施工

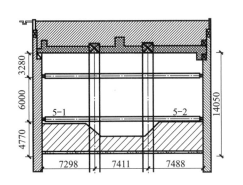

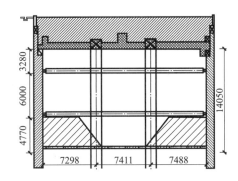

| 步骤7：挖除两侧2m厚度范围内土体5-1、5-2，同时向下拉槽开挖第三层中间3m厚土体，放坡1∶0.75。同步进行桩间网喷混凝土护壁施工 | 步骤8：架设第三道钢围檩及钢支撑，继续向下拉槽开挖第三层土体，放坡1∶0.75 |

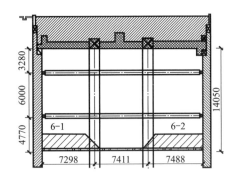

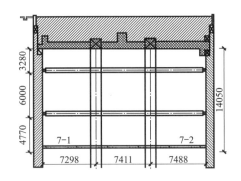

| 步骤9：挖除两侧2m厚度范围内土体6-1、6-2，留不小于3m宽平台，放坡1∶0.75。同步进行桩间网喷混凝土护壁施工 | 步骤10：挖除两侧2m厚度范围内土体7-1、7-2，基坑开挖至基底以上30cm后，停止开挖，由人工开挖至设计标高 |

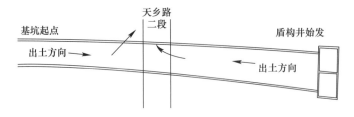

图13-25　出土方向示意图

（2）市五医院站

根据市五医院站占道打围及交通疏解方案，主体围护结构施工分两期实施：一期施作车站小里程侧围护结构、部分主体结构及盖挖区域围护结构与车站顶板；二期施作盖挖两侧原疏解道位置围护结构及剩余主体结构。

市五医院站深基坑开挖分3个阶段进行：

第一阶段，待车站小里程端约 230m 长度范围内围护桩完成后开始降水，同时从小里程往大里程方向开始施工冠梁、挡土墙及混凝土支撑梁，下马道位置预留 3 根混凝土支撑在第二阶段施作，待其他混凝土支撑达到设计强度后，即具备开挖条件，进行第一阶段基坑开挖，从距离小里程盾构井端 180m 处往小里程端采用马道开挖，第一阶段开挖见底 5 段（约 105m）后施作 1～5 段主体结构。

第二阶段，待盖挖区域恢复交通后，盖挖小里程侧原疏解道位置进行围护桩、挡土墙及支撑梁施工，下马道位置预留 4 根混凝土支撑在第三阶段施作，混凝土支撑达到设计强度后，进行第二阶段基坑开挖，从靠近盖挖交界处向小里程继续进行马道开挖，当开挖长度不满足马道施工条件时改用挖机接力开挖，开挖见底 5 段（约 109m）后施工 6～10 段主体结构。

第三阶段，最后进行第三阶段 96m 的基坑开挖（盖挖区域及两侧），基坑内剩余土方采用长臂挖机和吊斗垂直出土，设置两个垂直起吊点。每开挖到位一段立即进行主体施工，使开挖与支撑、主体施工形成流水作业。

市五医院站土方分类开挖纵剖面示意图如图 13-26 所示。

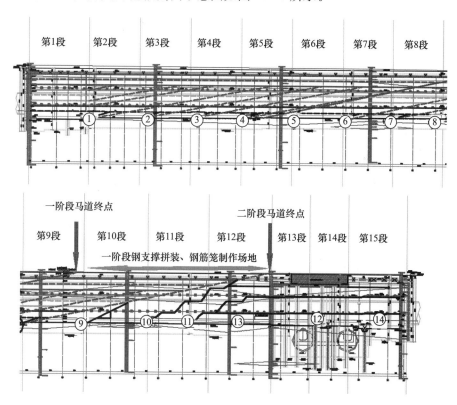

图 13-26　市五医院站土方分类开挖纵剖面示意图

5. 马道设计

考虑到下雨等不良天气的影响及成都市既有线的施工经验，马道设计坡度取 12％，马道底宽度为 6m，临时立柱处马道向两侧绕行，单侧宽度为 3m，边坡坡度按 1∶0.75 设置（图 13-27）。

图 13-27　马道现场画面

6. 竖向分层及垂直开挖设计

（1）竖向分层开挖

基坑在竖直方向分层开挖，每次开挖到冠梁或钢支撑底 0.5m，开挖分层厚度在 2～2.8m（图 13-28）。边开挖边挂网喷射混凝土，并及时架设钢支撑，如图 13-29～图 13-31 所示。

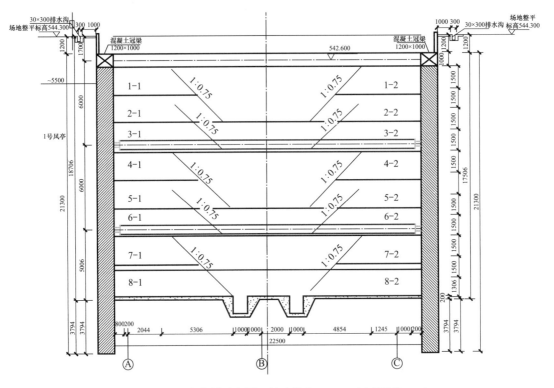

图 13-28　竖向分层示意图（尺寸单位：mm，标高单位：m）

（2）垂直开挖

车站局部盖挖段及两侧的土方采用垂直运输的方式开挖，基坑内放置 2 台大挖机、

4 台小挖机，大挖机负责盖挖区两侧土方开挖及出渣，小挖机负责盖挖区域基坑内的土方开挖（图 13-32）。

图 13-29　挂钢筋网

图 13-30　喷射混凝土

13.3.3　主体结构施工

1. 施工准备

（1）首先编制结构施工专项方案，报监理部门审批后实施。方案中包括设备、机具、劳动力组织、混凝土供应方式、现场质量检查方法、混凝土浇筑流程、路线、工艺、混凝土的养护及防止混凝土开裂等的各项措施。

图 13-31　架设钢支撑

图 13-32　垂直开挖

（2）基坑开挖至设计标高后，仔细进行测量、放样及验收，严禁超挖。

（3）结构施工前，对围护结构表面进行有效的防水处理，确保围护结构表面不渗漏。

（4）在每一结构段施工前首先进行接地网施工，接地网施工结束后，再施作垫层。

（5）对侧墙、立柱、中板、顶板模板支撑系统进行设计、检算，并经安全专项论证、报审批准后，根据施工进度提前安排备料。

（6）对结构施工顺序、施工进度安排、施工方法及技术要求向工班及全体管理人员进行认真交底。

2. 施工节段划分

主体结构施工遵循"纵向分段，竖向分层，从下至上"的原则，满足项目质量要求及工期里程碑节点安排。车站主体结构共划分为 14 个节段，每段 20m 左右，明挖区间主体结构共划分为 33 个节段，每段 24m 左右，施工队伍分别分段同时展开流水作业，施工节段的划分主要考虑以下因素：

（1）墙体纵向施工缝不应留在剪力与弯矩最大处或底板与侧墙的交接处，应留在高出底板表面不小于 30cm 的墙体上。

（2）环向施工缝尽量避开地下水和裂隙水较多的区段，并注意避开框柱、人防、附属结构、设备间、预留预埋件等部位。

3. 主体结构施工流程

主体结构施工工艺流程如图 13-33 所示。

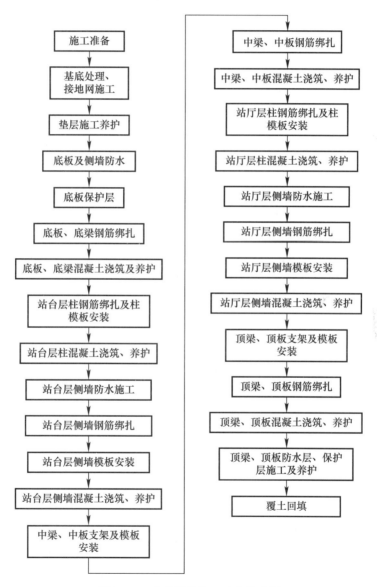

图 13-33　主体结构施工工艺流程图

4. 主体结构明挖法施工

待基底开挖到设计标高后，开始进行主体结构施工，主体结构内设置施工缝，根据成都地铁施工经验，车站施工缝间距一般控制在 20m 左右，明挖区间施工缝间距控制在

24m 左右。水平施工缝不宜留在剪力与弯矩最大处或板与侧墙的交接处，一般留高出板面 300mm 的墙体。施工缝处采用镀锌钢板止水带防水，施工缝位于钢板中线处。主体明挖段施工步骤见表 13-4。主体结构施工如图 13-34 所示。

5. 主体结构盖挖法施工

当土方开挖至盖挖顶板底标高时，施工盖挖顶板，然后从上往下开挖土方，开挖到基底部位后，从下往上进行主体施工，详见步骤表 13-5。

主体明挖段施工步骤表 　　　　　　　　　　　表 13-4

序号	施工步骤	施工示意图	施工说明
1	垫层施工	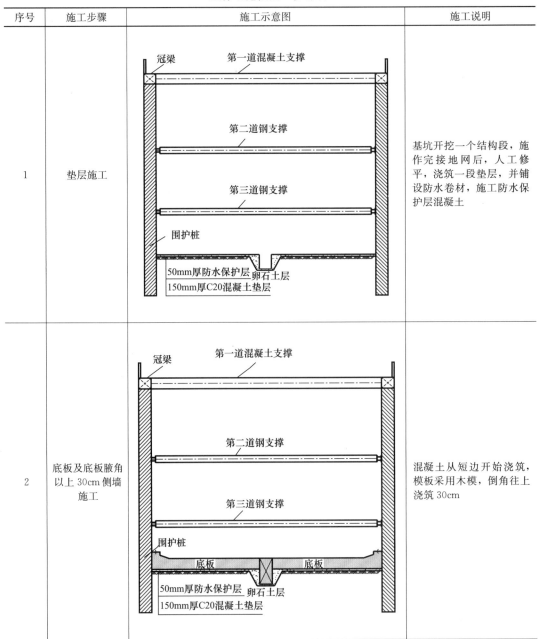	基坑开挖一个结构段，施作完接地网后，人工修平，浇筑一段垫层，并铺设防水卷材，施工防水保护层混凝土
2	底板及底板腋角以上 30cm 侧墙施工		混凝土从短边开始浇筑，模板采用木模，倒角往上浇筑 30cm

续表

序号	施工步骤	施工示意图	施工说明
3	中板腋角以下20cm负二层侧墙及框柱施工	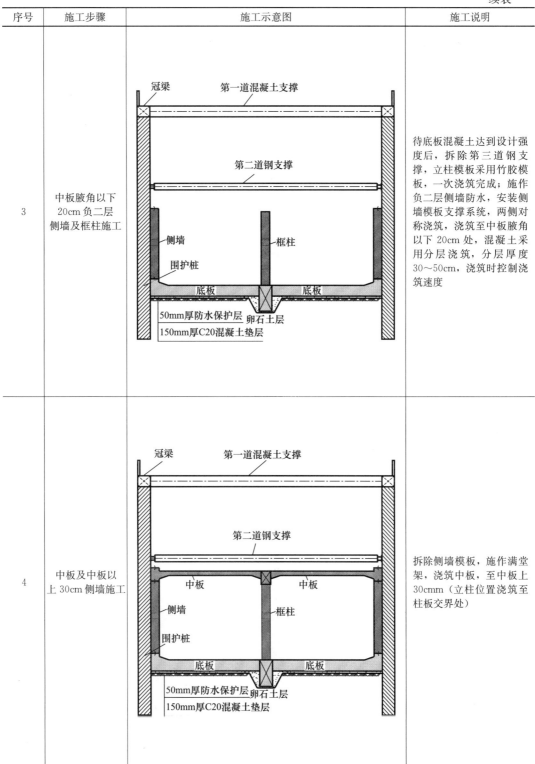	待底板混凝土达到设计强度后，拆除第三道钢支撑，立柱模板采用竹胶模板，一次浇筑完成；施作负二层侧墙防水，安装侧墙模板支撑系统，两侧对称浇筑，浇筑至中板腋角以下20cm处，混凝土采用分层浇筑，分层厚度30～50cm，浇筑时控制浇筑速度
4	中板及中板以上30cm侧墙施工		拆除侧墙模板，施作满堂架，浇筑中板，至中板上30cm（立柱位置浇筑至柱板交界处）

续表

序号	施工步骤	施工示意图	施工说明
5	顶板腋角以下20cm负一层侧墙及框柱施工	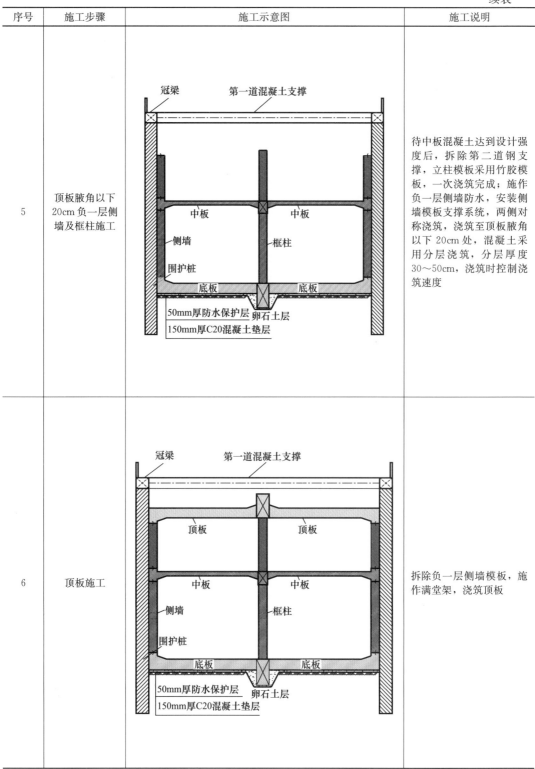	待中板混凝土达到设计强度后，拆除第二道钢支撑，立柱模板采用竹胶模板，一次浇筑完成；施作负一层侧墙防水，安装侧墙模板支撑系统，两侧对称浇筑，浇筑至顶板腋角以下20cm处，混凝土采用分层浇筑，分层厚度30～50cm，浇筑时控制浇筑速度
6	顶板施工		拆除负一层侧墙模板，施作满堂架，浇筑顶板

续表

序号	施工步骤	施工示意图	施工说明
7	土方回填、恢复交通	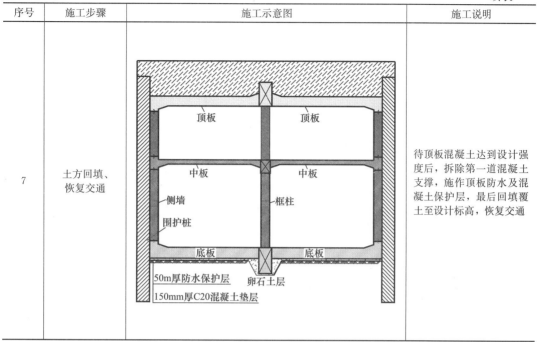	待顶板混凝土达到设计强度后，拆除第一道混凝土支撑，施作顶板防水及混凝土保护层，最后回填覆土至设计标高，恢复交通

（a）垫层施工

（b）防水卷材施工

（c）防水保护层施工

（d）底板施工

图 13-34　主体结构施工（一）

| (e) 侧墙施工 | (f) 中板施工 |

| (g) 顶板施工 | (h) 顶板防水施工 |

| (i) 防水保护层施工 | (j) 土方回填 |

图 13-34　主体结构施工（二）

6. 支架体系设计方案

高支模体系设计的好坏直接关系到车站主体施工安全，下面主要以市五医院站为例对高支模体系施工进行了总结。

市五医院站顶板、中板、盖挖段侧墙采用碗扣式满堂支架体系，模板采用 15mm 厚竹胶板，标准段侧墙采用三角模板支撑体系，顶板梁采用碗扣式满堂支架体系，模板采用 15mm 厚竹胶板（表 13-6）。

盖挖处施工步骤表　　　　　　　　表 13-5

序号	施工步骤	施工示意图	施工说明
1	盖挖段顶板施工	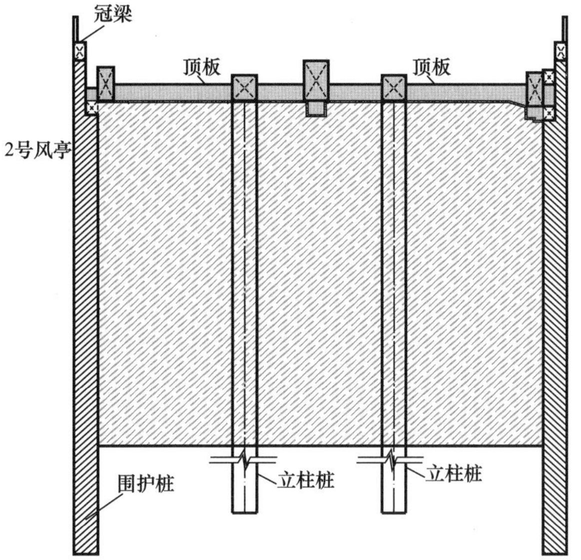	施工盖挖区域顶板
2	盖挖段土方回填	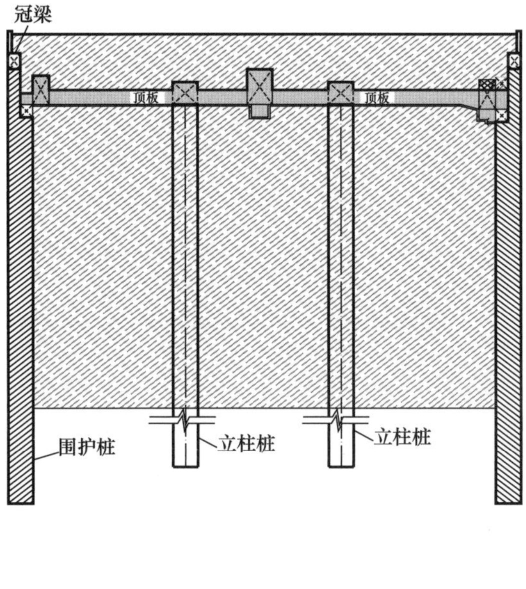	顶板施工完成并达到设计强度后，施作顶板防水，回填土体，恢复上方道路及路面交通

序号	施工步骤	施工示意图	施工说明
3	垫层施工	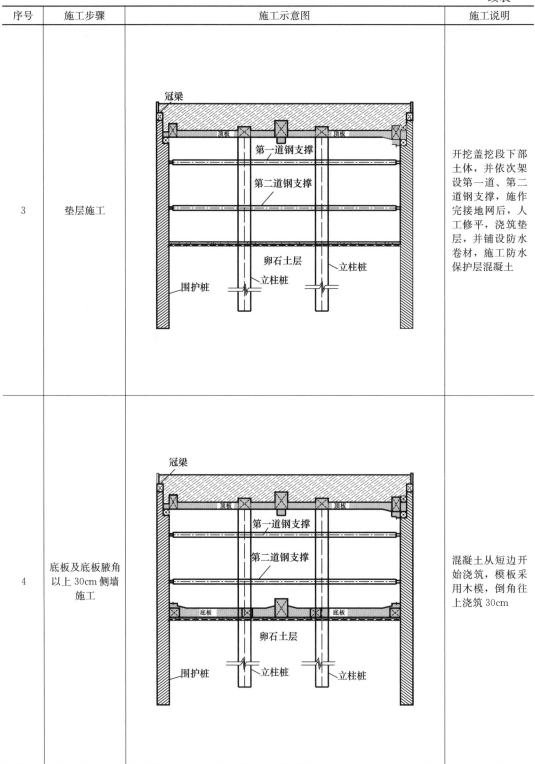	开挖盖挖段下部土体，并依次架设第一道、第二道钢支撑，施作完接地网后，人工修平，浇筑垫层，并铺设防水卷材，施工防水保护层混凝土
4	底板及底板腋角以上 30cm 侧墙施工		混凝土从短边开始浇筑，模板采用木模，倒角往上浇筑 30cm

续表

序号	施工步骤	施工示意图	施工说明
5	负二层侧墙、中板及中板以上30cm侧墙施工	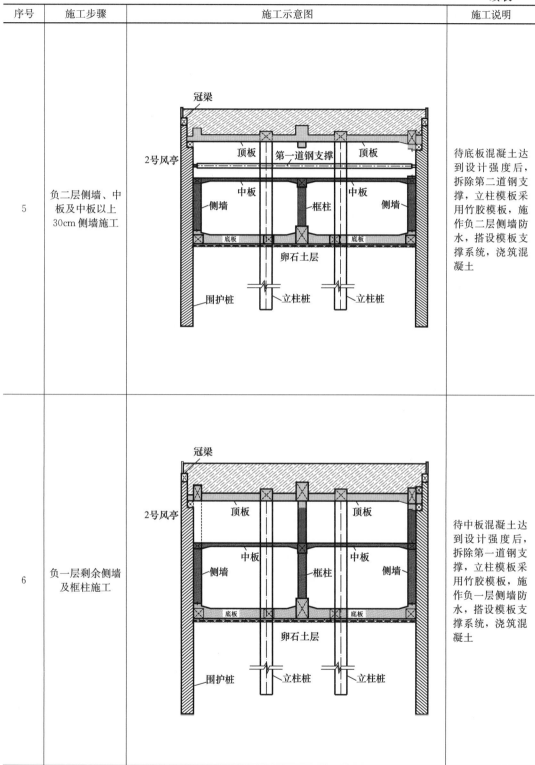	待底板混凝土达到设计强度后，拆除第二道钢支撑，立柱模板采用竹胶模板，施作负二层侧墙防水，搭设模板支撑系统，浇筑混凝土
6	负一层剩余侧墙及框柱施工		待中板混凝土达到设计强度后，拆除第一道钢支撑，立柱模板采用竹胶模板，施作负一层侧墙防水，搭设模板支撑系统，浇筑混凝土

序号	施工步骤	施工示意图	施工说明
7	拆除立柱桩		待负一层侧墙及框柱混凝土达到设计强度后，割除立柱桩

支架体系参数表　　　　　　　　　　　　　　　　表 13-6

	模板面板	15mm 竹胶板
使用材料	次龙骨	顶板：100mm×50mm 木枋； 中板：100mm×50mm 木枋； 侧墙：100mm×50mm 木枋（盖挖段），[8 型钢
	主龙骨	顶板：[10 槽钢； 中板：[10 槽钢； 侧墙：[10 槽钢（盖挖段），双拼 12 号槽钢
	碗扣（扣件）支架	碗扣 φ48.3mm×3.5mm/扣件 φ48.3mm×3.6mm
	侧墙（盖挖段、端头井）	次龙骨（100mm×50mm 木枋）：200mm/道，主龙骨（[10 槽钢）：600mm/道，立杆纵距：600mm，立杆横距：900mm，横杆步距：600mm
	侧墙	次楞为[8 型钢，竖向布置间距 270mm，主楞为双拼 12 号槽钢，横向布置，间距 800mm
	中板	次龙骨（100mm×50mm 木枋）：200mm/道，主龙骨（[10 槽钢）：600mm/道，立杆纵距：600mm，立杆横距：900mm，横杆步距：1200mm
	中板梁	次龙骨（100mm×100mm 木枋）：200mm/道，主龙骨（[10 槽钢）：450mm/道，立杆纵距：600mm，立杆横距：300mm，横杆步距：1200mm
	顶板	次龙骨（100mm×50mm 木枋）：200mm/道，主龙骨（[10 槽钢）：600mm/道，立杆纵距：600mm，立杆横距：900mm，横杆步距：1200mm
	顶板梁	次龙骨（100mm×100mm 木枋）：200mm/道，主龙骨（[10 槽钢）：450mm/道，立杆纵距：600mm，立杆横距：300mm，横杆步距：1200mm
	框柱	次龙骨为 100mm×50mm 木枋，外箍采用 φ48.3mm×3.6mm 双拼钢管（螺栓对拉），外箍间距为 500mm

　　主体结构施工时，因施工荷载原因模板支架体系不可避免地会发生变形、胀模等现象，为保证结构成品尺寸界限符合图纸及设计要求，施工时对侧墙及顶板模板提前设计一定的外

放值和预拱度。根据工程实际情况，结合类似工程施工经验，对主体结构侧墙两侧模板各外放 30mm（钻孔桩施工时已考虑相应外放），对车站结构板模板体系预留 $1/1000L\sim3/1000L$（L 为模板跨度）的预拱度，结构顶板及顶板梁底模预留 15mm 预拱高度。

（1）底板模板

1）底板上翻梁模板

① 底板上翻梁支撑体系为 $100mm\times50mm$ 方木作为横向内背楞，$\phi48.3mm\times3.6mm$ 双排钢管作为竖向外背楞。横向内背楞净距 200mm，竖向外背楞间距 600mm，采用 $\phi14mm$ 对拉螺栓连接，横、竖向间距分别为 600mm、600mm。

② 为保证梁模板截面尺寸正确，在模板内加定位筋，定位筋采用 $\phi14mm$ 钢筋制作，间距 1200mm，呈梅花形布置，两端点涂防锈漆。

③ 为避免梁模板整体侧向偏移，在梁两侧采用 $\phi48.3mm\times3.6mm$ 单排钢管作为斜三角撑，支撑间距 1.2m，钢管斜撑与预埋的 $\phi28mm$ 锚筋进行可靠焊接，将钢管压紧固定，确保钢模板不移位、不上浮。

底板上翻梁模板安装示意图如图 13-35 所示。

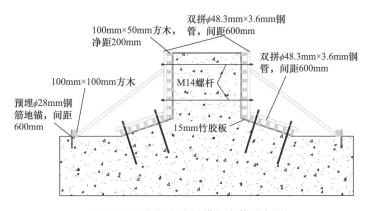

图 13-35　底板上翻梁模板安装示意图

2）底板倒角模板

底板倒角模板采用 15mm 的竹胶板，倒角斜面模板通过拉杆定位，拉杆与底板主筋焊接相连。倒角立面模板同样通过拉杆定位，拉杆与侧墙主筋及拉筋焊接，如图 13-36 所示。

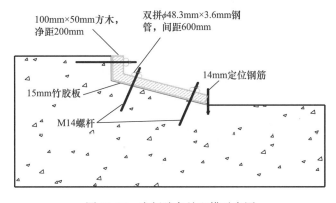

图 13-36　底板腋角处立模示意图

为较好地控制钢筋保护层，倒角定型模板安装之前，在底板和侧墙上采用三级 Φ14 的钢筋固定模板，间距 600mm，确保倒角模板保护层符合设计要求。

现场底板腋角模板如图 13-37 所示。

图 13-37　底板腋角模板图

（2）中板、顶板模板支撑体系

1）中板、顶板模板支撑

中板、顶板采用碗扣式满堂脚手架，面板采取 15mm 厚竹胶板，立杆采用 φ48.3mm×3.5mm 钢管，立杆间距 0.9mm×0.6m（沿车站纵向间距 0.6m，横向间距 0.9m），水平横杆的步距为 1200mm，支架内部按规范要求设置横向和纵向的剪刀撑（图 13-38）。

图 13-38　模板支架系统图

次楞采用 50mm×100mm 方木，间距 200mm，沿横向布置；主楞采用 [10 槽钢，沿纵向布置，间距 900mm，主楞下方通过可调顶托支撑在碗扣支架上。主楞和次楞悬挑长度不得大于 550mm，当悬挑长度大于 550mm 时，需增设立杆。

2）板下腋角模板支架

① 倒角分底板上倒角和顶（中）板下倒角，其中上倒角已进行描述。

② 顶（中）板下倒角模板采用 δ＝15mm 厚竹胶板，次龙骨采用 100mm×50mm 方木，间距 200mm，主龙骨采用 [10 槽钢。

③ 倒角采用扣件式脚手架结合满堂支架形成支撑体系，在倒角处增加支撑杆，用直角扣件锁在水平杆上，腋角处通过垫塞三角木楔进行找平，木楔与主、次龙骨钉设牢固，以利于顶托支撑。倒角模板加固图如图 13-39 所示。

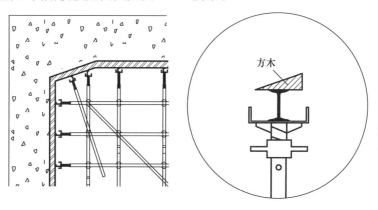

图 13-39　下倒角加固示意图

（3）侧墙模板及支撑体系

1）侧墙施工

① 标准段侧墙模板施工

标准段侧墙采用三脚架作为支撑系统，面板采用 5mm 厚钢板，次楞为 [8 槽钢，竖向布置，主楞为 12 号槽钢，横向布置。法兰采用 12mm 厚钢板封侧槽口，对拉杆使用 $\phi20mm$ 拉杆，地脚螺栓采用 $\phi30mm$、psb785MPa 螺纹钢，模板按 2.25m 配置，每节采用 M20×60mm 螺栓连接（图 13-40、图 13-41）。

图 13-40　三脚架模板立面图

图 13-41　三脚架模板现场照片

② 盖挖段侧墙模板施工

盖挖段侧墙采用 $\phi48.3mm\times3.5mm$ 碗扣式满堂支架，配备 $\phi48.3mm\times3.6mm$ 钢管、扣件、顶托组成支撑系统。

负二层模板采用 $2440mm\times1220mm\times15mm$ 的竹胶板模板，主龙骨采用 [10 槽钢，竖向间距 600mm；次龙骨采用 $100mm\times50mm$ 方木，横向间距 200mm；主龙骨由 U 形顶托支撑固定于满堂支架上。由于碗扣支架主要靠立杆承受各层板及梁的竖向施工荷载，侧墙施工时侧向荷载主要靠在碗扣支架中增加横向钢管对撑，抵抗两侧侧墙混凝土施工时期侧压力。施工荷载通过模板及主、次龙骨传递至水平对撑钢管，两侧侧墙混凝土对称进行浇筑，混凝土面高差不超过 50cm，以确保钢管对撑体系受力均衡。

负一层侧墙模板施工时，由于顶板先期施作及右线外接 2 号风亭，不采用满堂支撑体系，采用预埋锚地钢筋＋斜撑体系，模板采用 $2440mm\times1220mm\times15mm$ 的竹胶板模板，主龙骨采用 [10 槽钢，竖向间距为 600mm；次龙骨采用 $100mm\times50mm$ 方木，横向间距为 200mm，锚地钢筋横向间距为 1800mm，纵向间距为 900mm。

侧墙模板系统如图 13-42 所示。

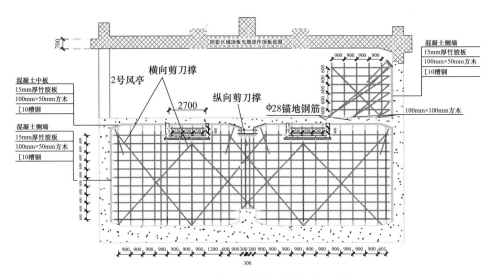

图 13-42　侧墙竹胶板模板支撑加固示意图

2）端墙施工

在进行盾构井端墙施工时，由于端墙单侧立模并浇筑混凝土，端墙模板所受侧压力将沿纵向传递至满堂支架体系内。端头侧墙模板支架没有水平对撑着力点，不能采用对撑钢管的方式支立。端墙模板及支架体系沿轴线方向单侧受力，易产生较大变形，模板容易胀模。施工底板时，在底（中）板位置预埋 Φ28 钢筋，立杆纵横间距 $600mm\times900mm$，预埋钢筋露出板面 $100\sim150mm$。端墙模板利用支架设置水平支撑，同时设置斜撑，中间部位采用扣件与立杆连接，立杆与斜杆底部与预埋钢筋焊接。

针对支架体系抵抗端头墙侧向荷载能力较弱问题，在施工第一节段端头井结构时，先行施工完第二节段的中板、顶板、侧墙，再施工第一节段的端头井侧墙及端墙。第二节段施工完成后，第二节段的支架体系受力趋于稳定，能很好地抵抗侧向力。端墙模板的水平钢管支撑通过与支架立杆相连沿区间纵向延长至第二节段支架立杆上，加密端头井纵向剪刀撑的设置，增加支架整体稳定性。

端头井底板施工时，在底板预埋 6 道钢筋地锚，横向间距 900mm，纵向间距 1200mm，中板施工时预埋 2 道钢筋地锚，横向间距 900mm，纵向间距 15560mm，端墙施工时对端墙模板进行安装斜撑加固，地锚及斜撑设置如图 13-43 所示。

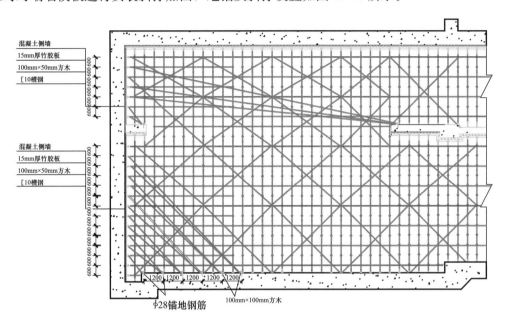

图 13-43　端墙模板加固示意图

（4）顶板（中板）梁模板支架体系

顶板（中板）梁模板：底板均采用 15mm 竹胶板，次楞采用 100mm×100mm 木枋，纵向间距 200mm；主楞采用双拼钢管（梁侧），间距 600mm，梁下主楞为 [10 槽钢，间距 300mm，立杆纵向间距 600mm，横向立杆加密为 300mm，为了保证支撑强度，在腋角中心加设一至二道支撑，无腋角下翻梁超出板位置中心设置一道通长钢管与立杆连接（图 13-44）。脚手架搭设时，先排布纵梁下方立杆，再向两侧板下进行排布，以保证立杆位于梁底，梁底纵向水平杆采用钢管布置，与碗扣式架体纵向水平杆同步，如图 13-45 所示。

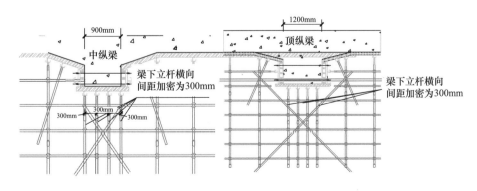

图 13-44　梁模架断面图

图 13-45　支架搭设及验收

13.3.4　防水施工

遵循"以防为主、刚柔结合、多道设防、因地制宜、综合治理"的原则，采用结构本身自防水性能为主，变形缝、沉降缝、诱导缝、施工缝等接缝防水为重点，附加防水层为辅的整体防水方案。

1. 防水设计情况

车站防水概况见表 13-7。

车站防水概况表　　　　　　　　　　　　　　　　　　表 13-7

序号	部位	设计防水方式及措施
1	底板	预铺防水卷材＋细石混凝土保护层
2	侧墙	预铺防水卷材
3	顶板	防水涂料＋隔离层＋细石混凝土保护层
4	顶、底板施工缝	遇水膨胀止水条＋中埋式钢板止水带＋水泥基渗透结晶型防水涂料
5	内衬墙纵向施工缝	遇水膨胀止水条＋钢板止水带
6	中板施工缝	遇水膨胀止水条
7	底板变形缝	外贴式止水带＋钢边橡胶止水带＋可拆卸止水带＋变形缝垫衬板＋密封胶＋注浆导管
8	侧墙变形缝	外贴式止水带＋钢边橡胶止水带＋可拆卸止水带＋变形缝垫衬板＋密封胶＋注浆导管
9	顶板变形缝	外贴式止水带＋钢边橡胶止水带＋可拆卸止水带＋变形缝垫衬板＋密封胶＋注浆导管

2. 施工工艺

（1）总体施工工艺

总体施工工艺流程如图 13-46 所示。

（2）防水卷材施工工艺流程

基层找平处理→阴阳角倒角→铺设加强层→防水卷材铺设、固定、压边→验收→防水层保护。

（3）防水涂料施工工艺流程

基层找平压光→基层底涂施工→铺阴阳角加强层→分层涂刷防水层→验收→保护层。

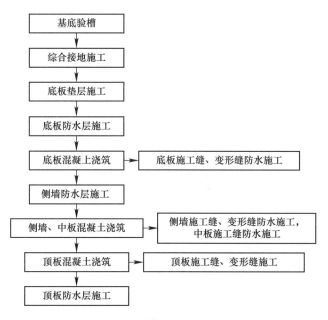

图 13-46　总体施工工艺流程图

3. 车站结构防水施工的工艺及措施

（1）结构自防水施工

防水混凝土浇筑时注意拌合物入模的均匀性，保证不离析，加强振捣，确保混凝土振捣密实。浇筑完毕，待终凝后及时养护，采用喷、洒水养护，保持混凝土表面湿润，养护期不少于 14d，以防止在硬化期间产生干裂。

（2）顶板防水施工方法

采用防水涂料人工涂刷法施工，分多道刷涂，防止涂刷不均匀产生渗漏点，成膜厚度及每平方米用量不小于设计要求。成膜完成后及时覆盖隔离层、浇筑保护层，适当振捣，及时对混凝土面人工抹平，并在混凝土强度未达到设计值前充分养护。

1）基层处理

① 顶板结构混凝土浇筑完毕后，应反复收水压实。混凝土基层表面应平整、坚实，无明水、起皮、掉砂、油污等部位存在（图 13-47）。

图 13-47　防水基面打磨及清理

② 基层表面的突出物从根部凿除，并在凿除部位用聚氨酯密封胶刮平压实；当基层表面出现凹坑时，先将凹坑内酥松表面凿除后用高压水冲洗，待槽内干燥后，用聚氨酯密封胶填充压实；当基层上出现大于 0.3mm 的裂缝时，骑缝各 10cm 先涂刷 1mm 厚的聚氨酯涂膜防水加强层，然后立即粘贴增强层，最后涂刷防水层。

③ 所有阴角部位均应采用 1:2.5 的水泥砂浆做成 5cm×5cm 的钝角或 $R \geqslant 5cm$ 的圆角，所有阳角均应做成 5cm×5cm 的钝角或 $R \geqslant 5cm$ 圆角，转角范围基层应光滑、平整。

2）加强层

基层处理完毕并经过验收合格后，先涂聚氨酯底涂层。底涂层实干后，在阴阳角和施工缝等特殊部位涂刷防水加强层，加强层宽 600mm。涂刷完防水加强层后，涂刷大面防水层。

3）涂膜防水层施工

首先应选择在无风、无雨的天气进行涂膜防水层施工，对雾、雨等恶劣天气也应避免。顶板涂膜防水层采用多道（一般 3～5 道）涂刷，上下两道涂层涂刷方向应相互垂直。当上道涂膜实干后，才可以进行下道涂膜施工（图 13-48）。

图 13-48　防水施工

涂膜防水层的施工顺序应遵循"先远后近、先高后低、先局部后大面、先立面后平面"的原则，按照分区分片后退法进行涂刷或喷涂。平面或坡面施工后，在防水层未固化前不宜上人踩踏，固化后应按设计要求，对涂膜防水层进行妥善保护

（3）侧墙、底板防水施工方法

铺设防水卷材时，铺设基面要求平顺、无筋、坚固、干燥（无明水）；铺设应平顺舒展、无褶皱、条缝搭接牢固、材料无破损。底板防水卷材铺设完毕，将自粘防水卷材上表面隔离膜全部揭除，并立即在卷材上浇筑细石混凝土保护层，侧墙防水层应采取临时保护措施，避免其他工序施工中破坏防水卷材。

采用"外防内贴"法铺设预铺式防水卷材时，平面部位采用空铺法铺设，立面采用机械固定法铺设。

1）基面处理要求

① 铺设防水层的基层表面应清理干净。基面应洁净、平整、坚实，不得有疏松、起砂、起皮现象。

② 基层表面可微潮，但不得有明水流，否则应进行堵水处理或临时引排。

③ 所有阴角均采用 1∶2.5 水泥砂浆做成 5cm×5cm 的钝角或 $R \geqslant 5cm$ 圆角，阳角做成 5cm×5cm 的钝角或 $R \geqslant 5cm$ 的圆角。

2）加强层

在处理完毕的底板和侧墙阴阳角部位铺设加强层卷材，加强层卷材宽度 60cm。首先在达到设计要求的阴、阳角部位铺设防水卷材加强层。加强层卷材采用单层预铺式卷材，宽度为 60cm，厚度同作为防水层的单层卷材厚度（图 13-49）。转角两侧各 30cm，加强层卷材采用点粘或条粘法固定在基面上。大面防水层应满粘固定在加强层表面。

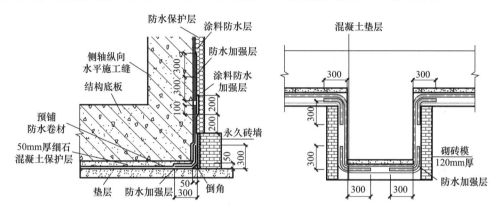

图 13-49　防水层加强构造（单位：mm）

3）防水卷材铺设与固定、压边

防水层平面部位可采用空铺，立面部分采用机械固定法铺设。采用机械固定法铺设时，仅在铺设第一层时在卷材四周边缘固定，并且确保卷材有效搭接宽度不小于 10cm。底板垫层表面铺设防水层时，采用垫层混凝土自找平（图 13-50）。

图 13-50　防水卷材施工

（4）施工缝、变形缝防水

根据设计的要求，结构施工中必须做好施工缝和诱导缝的防水工作。施工缝严格按照设计防水施工，结构施工前对施工缝进行凿毛及清理并刷涂水泥基渗透结晶防水涂料并按要求设置止水钢板等构造措施，浇筑混凝土前在结构施工缝外侧迎水面固定遇水膨胀止水条，保证止水效果。变形缝内设置中埋式钢边橡胶止水带，并绕结构横断面成环。顶板及侧墙背水面设置内装式接水盒（图 13-51）。

图 13-51　施工缝止水钢板和变形缝

13.4　施工监测技术

以市五医院站为例，详细介绍施工监测技术。

13.4.1　主要监测项目

市五医院站施工降水工程主要监测项目内容为：

（1）基坑周边地表沉降监测。

（2）地下水位监测。

（3）周围建（构）筑物变形监测（沉降、倾斜、裂缝）。

（4）周边地下管线沉降变形监测。

（5）含砂率检测。

上述监测内容的布点原则见表 13-8。

降水工程监测点布设原则表　　　　　　　　　　　表 13-8

序号	量测项目	位置和监测对象	测试元件	测点布置	监测频率	最大限值
1	基坑内外观察	基坑外地面、建筑物、地层土质描述	目测	含周围地面裂缝、塌陷、渗漏水、超载等	随时进行	—
2	桩顶水平位移	围护桩上端部	经纬仪	间距不宜大于 20m	1～2 次/d	0.1H%或30mm 的最小值
3	孔隙水压力	周围土体	孔隙水压力计	2～4 孔，同一孔测点间距 2～3m	3～4 次/周	—
4	土体侧向位移	靠近围护结构的周边土体	测斜管，测斜仪	2～4 孔，同一孔测点间距 0.5m	1～2 次/d	—
5	桩体变形	围护结构内	测斜管，测斜仪	孔间距 15～20m，测点间距 0.5m	1～2 次/d	—
6	土压力	围护结构后	土压力盒	3～4 孔，同一孔测点间距 2～3m	3～4 次/周	—
7	支撑轴力	支撑端部	轴力计或应变计	轴力较大处布置	1～2 次/d	—

序号	量测项目	位置和监测对象	测试元件	测点布置	监测频率	最大限值
8	地下水位	基坑周边	水位管，水位计	孔间距 15～25m	1～2 次/d	—
9	建筑物沉降、倾斜	基坑周边需保护的建筑物	水准仪，经纬仪	间距 10～15m	1～2 次/d	—
10	地面沉降	基坑周围地面	水准仪	间距 15～20m	1～2 次/d	—
11	管线沉降	雨水、污水、给水、煤气	水准仪	按相关规定及产权单位要求执行		
12	含砂量	降水井	含砂量计量装置	每口降水井	1 次/d	—

13.4.2　重点监测点的布设及方法

1. 监测点布设

（1）基坑周边地表沉降监测点

首先在地面开 $\phi120mm$～$\phi150mm$ 的孔，打入螺纹钢筋，地表监测点以穿透路面硬化层（包括垫层）为原则，然后在标志钢筋周围填入细砂夯实，为了防止由于路面沉降带动测点沉降影响监测成果数据，不可用混凝土或水泥固牢，测点具体埋设方法如图 13-52 所示。

（2）地下水位观测孔

在基坑的四角以及在基坑长短边中点布设水位观测孔，孔位距离基坑 2～3m 位置，深度不小于基坑深度布设 PVC 水位观测孔。PVC 管身预留渗水孔并在其外侧用滤网包裹，钻孔空隙处用中粗砂回填至密实，再用混凝土封口，以免地表水渗入影响观测并在孔口加定制的保护盖保护。

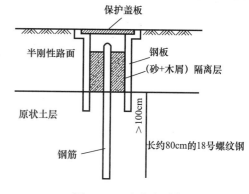

图 13-52　地表监测点

（3）周边建（构）筑物沉降、倾斜监测点

对车站基坑两侧各 $2.0H$（H 为基坑开挖深度）范围内的重要建（构）筑物进行沉降监测，对超出范围的重要、需特殊保护的建（构）筑物也要进行监测。

测点埋设方法：如图 13-53 所示，先在建（构）筑物的基础或墙上钻孔，然后将预埋件放入，孔与测点四周空隙用水泥砂浆填实，并在预埋件上涂上防腐剂。测点基本布设在被测建（构）筑物的角点上，测点的埋设高度应方便观测，同时测点应采取保护措施，做好明显标志，并进行编号，避免在施工和使用期间受到破坏。

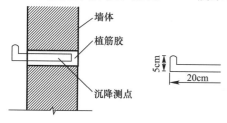

图 13-53　建筑物变形监测点

监测点布设的其他要求：

1）建（构）筑物四角、沿外墙每 15m 处或每隔 3 根柱基上，且每边不少于 3 个监测点。

2）不同地基或基础的分界处。

3）建（构）筑物不同结构的分界处。

4）变形缝、抗震缝或严重开裂处的两侧。

5）新、旧建筑物或高、低建筑物交接处的两侧。

6）水塔和大型储仓罐等高耸构筑物基础轴线的对称部位，每一构筑物不得少于 4 点。

周边地下管线沉降变形监测点布置原则、方法及沉降监测点埋设方式详见表 13-9。

周边地下管线沉降变形监测及沉降监测点埋设方式   表 13-9

序号	项目	内容
1	测点布置原则及方法	（1）原则上地下管线监测点重点布设在煤气管、给水管、污水管、大型雨水管及市政管线方沟上，测点布置时要考虑地下管线与工程的相对位置关系。 （2）测点宜布置在管线的节点、转角点或者对位移变化敏感的部位，布设间距为 25m。 （3）根据设计图纸要求，有特殊要求的管线布置管线管顶测点，无特殊要求的布置在管线上方对应地表监测点处
2	地下管线沉降监测点埋设方式	（1）有检查井的地下管线应打开井盖直接将测点布设到管线上或管线承载体上。 （2）无检查井但有开挖条件的管线应开挖暴露管线，将测点直接布设到管线上。 （3）无检查井也无开挖条件的管线可在对应的地表埋设间接观测点。 （4）在管线上布设监测点时，对于封闭的管线可采用 ϕ120mm 的水钻将地面硬化层钻透，然后用洛阳铲挖孔至管线外护壁，放入钢筋周围用细沙填实，避免钢筋随土体的变化而变化。为了避免车辆对测点的破坏，放入的钢筋要低于路面 2cm 深度，上面覆盖盖板保护测点，同时在测点处填上细砂，如图 13-54 所示。对于开放式的管线可在管线或管线支墩上做监测点支架

（4）含砂量监测

1）每口井必须配套一套相适应的含砂量计量装置。

2）含砂量计量装置必须满足现场含砂量要求。

3）每口井每天必须至少有一次含砂量记录。

4）必须配备足够的备用含砂量计量装置。

2. 监测方法

（1）基坑周边地表沉降监测

1）在沉降监测前 1 个月埋设不少于 3 个水准点，水准点设在距 3 倍基坑深度范围以外，组成水准控制网，对水准点定期进行校核，防止其本身发生变化，以保证沉降监测结果的正确性。水准点的埋设要求受外界影响小、不易扰动或震动、通视好，以保证监测精度。

2）根据监测对象性质、允许沉降值、沉降速率、仪器设备等因素综合分析，确定监测精度，车站区间沉降监测采用精密水准仪按二等水准精度要求进行监测。

3）沉降监测的技术措施：

① 观测前对所用的水准仪进行校验，做好记录，在使用过程中不随意更换。

② 首次进行观测时，适当增加测回数，一般取 3 次数据的平均值作为初始值。

③ 定期对水准点进行校核、测点检查和仪器校验，确保测量数据的准确性和连续性。

④ 记录每天测量的气象情况、施工进度和现场工况，以供监测数据分析时参考。

⑤ 确定沉降监测控制标准值，作为监测数据分析时的对照数据，测量数据超出允许值时及时反馈信息。

（2）地下水位监测

地下水位监测可采用钢尺水位计，钢尺水位计的工作原理是在已埋设好的水管中缓慢向下放入水位计测头，当测头接触到水面时，启动讯响器，此时读取测量钢尺在管顶位置的读数，每次读取管顶读数对应的管顶位置应一致，并固定读数人员。根据管顶高程、管

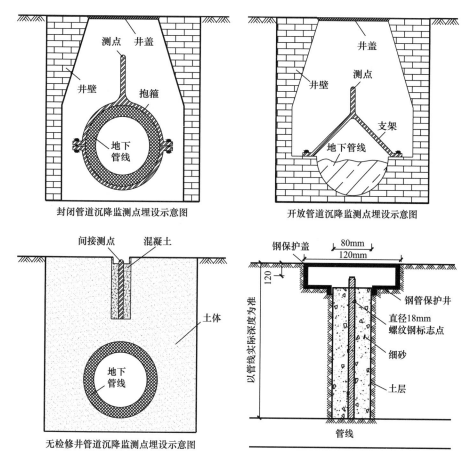

图 13-54　管线监测点

顶与地面的高差，即可计算地下水位的高程和埋深。水位管埋设后，应逐日连续观测水位并取得稳定初始值。

（3）周边建（构）筑物倾斜、沉降监测

1）周边建（构）筑物倾斜监测：在大于两倍观测点距离地面高度的位置建立观测站，采用全站仪按国家二级位移观测要求测定待测建（构）筑物观测点的坐标值，两次观测坐标差值和观测点距离地面的高度即可计算出该建（构）筑物的倾斜变化量，于降水前 1 个月测量初始值。

2）周边建（构）筑物倾斜监测：监测观测方法、采用的仪器、观测精度和数据和处理与地表沉降监测相同。

（4）周边地下管线沉降变形监测方法

地下管线沉降观测可与地表沉降水准监测网共用，将地下管线沉降监测点纳入其中构成闭合线路．附合线路等形式。地下管线的沉降监测观测方法、采用的仪器、观测精度及数据和处理与地表沉降监测相同。初次观测时，要对同一观测对象进行三遍观测后取平均值作为初始值。

（5）含砂量监测

每口降水井的含砂量按照含砂量计量装置所得，每日做好记录，或按照三级沉淀池每天沉砂量或掏砂量确定。

13.4.3 基坑开挖监控措施

（1）基坑开挖前应做出系统的开挖监控方案，监控方案应包括监控目的、监测项目、监控报警值、监测方法及精度要求、监测点的布置、监测周期、工序管理和记录制度以及信息反馈系统等。

（2）监测点的布置应满足监控要求，从基坑边缘以外 1～2 倍开挖深度范围内的需要保护物体均应作为监控对象。

（3）位移观测基准点数量不应少于两点，且应设在影响范围以外。

（4）监测项目在基坑开挖前应测得初始值，且不应少于两次。

（5）基坑监测项目的监控报警值应根据监测对象的有关规范及支护结构设计要求确定。

（6）各项监测的时间间隔可根据施工进程确定。当变形超过有关标准或监测结果变化速率较大时，应加密观测次数。当有事故征兆时，应连续监测。

（7）基坑开挖监测过程中，应根据设计要求提交阶段性监测结果报告。工程结束时应提交完整的监测报告，报告内容应包括。

1）工程概况。

2）监测项目和各测点的平面和立面布置图。

3）采用仪器设备和监测方法。

4）监测数据处理方法和监测结果过程曲线。

5）监测结果评价。

13.4.4 基坑开挖监测

市五医院站基坑监测布置平面图和基坑横剖面监测及测点布置图分别如图 13-55、图 13-56 所示。

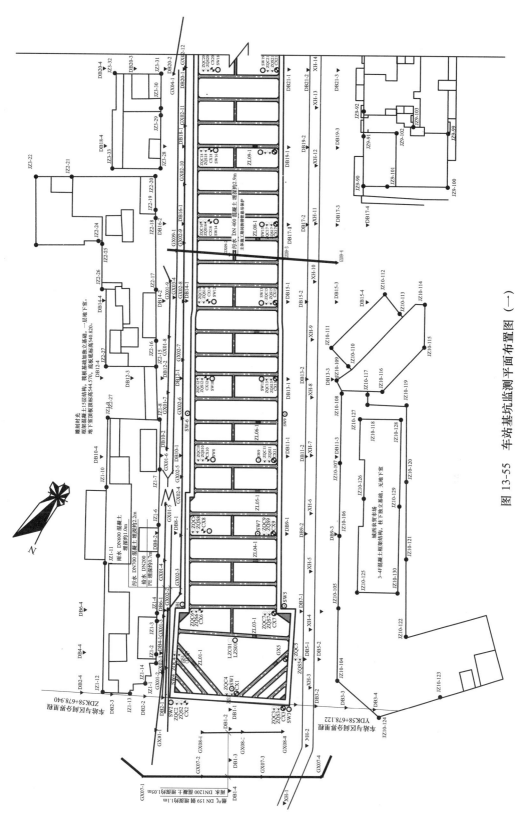

图 13-55　车站基坑监测平面布置图（一）

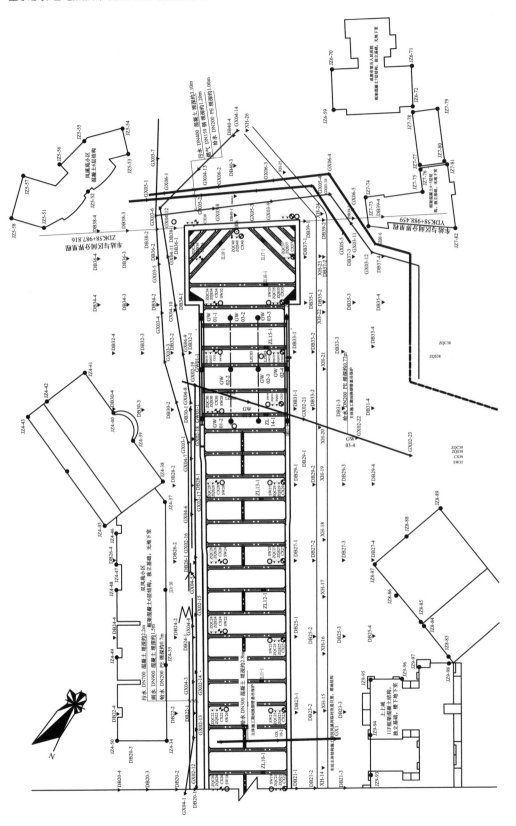

图 13-55　车站基坑监测平面布置图 (二)

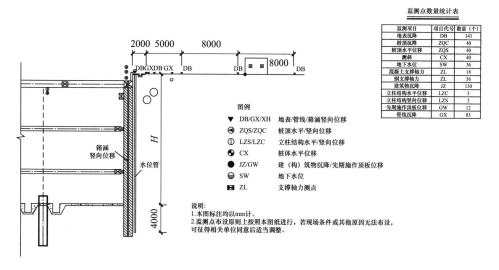

监测点数量统计表

监测项目	项目代号	数量（个）
地表沉降	DB	141
桩顶沉降	ZQC	40
桩顶水平位移	ZQS	40
测斜	CX	40
地下水位	SW	36
混凝土支撑轴力	ZL	18
钢支撑轴力	ZL	36
建筑物沉降	JZ	130
立柱结构水平位移	LZC	3
立柱结构竖向位移	LZS	3
先期施作顶板位移	GW	12
管线沉降	GX	83

图例

▼　DB/GX/XH　地表/管线/箱涵竖向位移
⊘　ZQS/ZQC　桩顶结构水平/竖向位移
◐　LZS/LZC　立柱结构水平/竖向位移
◓　CX　桩体水平位移
●　JZ/GW　建（构）筑物沉降/先期施作顶板位移
⊖　SW　地下水位
⊠　ZL　支撑轴力测点

说明：
1.本图标注均以mm计。
2.监测点布设原则上按照本图纸进行，若现场条件或其他原因无法布设，可征得相关单位同意后适当调整。

图 13-56　基坑横剖面监测及测点布置图

第14章 ▶▶
异形断面明挖区间施工技术

异形断面明挖区间施工技术以成都轨道交通 17 号线一期工程明光站—九江北站区间为例。区间明挖段沿香樟大道南侧东西向设置，明挖区间小里程端接出入段线盾构区间设盾构吊出井并预留 17 号线二期接口，大里程端接九江北站。

明光站—九江北站明挖区间全长 947.229m，宽度为 24.2m，起点里程为 RCK0＋092.771，终点里程为 RCK1＋040.000。沿成新蒲快速路由西向东布设，区间基坑北侧临近成蒲铁路，南侧主要为绿地，基坑平均深度约为 22m，设计为五桐庙停车场和远期 19 号线并行区间，区间小里程端头设盾构吊出井，大里程端头与九江北站衔接。图 14-1 为区间平面示意图。

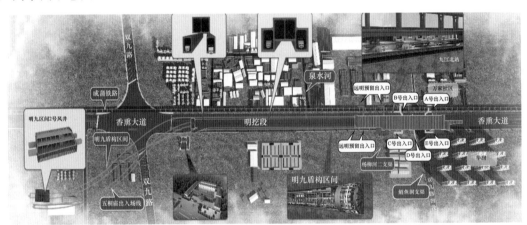

图 14-1 区间平面示意图

14.1 围护结构施工

明挖区间基坑宽度 15.3～43m，基坑深度 17.5～26.2m，明挖区间主体结构为一层和两层框架结构。

1. 长大基坑支护形式

明挖区间基坑采用"围护桩＋内支撑"支护结构形式。支护现场画面如图 14-2 所示。

2. 施工方法及主要施工步骤

（1）施工方法

明挖标准段围护桩插入基坑坑底以下 3.5～5.0m，盾构始发井基坑部分围护桩插入基底以下 5.0m，若在插入深度范围内存在砂层，围护桩应穿透砂层，且在非砂层中的掺入深度分别不小于设计的插入深度。

图 14-2 现场支护

综合考虑该基坑规模、所在环境、地质及水文条件、施工安全、投资和工期等因素，围护结构采用围护桩和竖向三～五道。标准段围护结构采用 ϕ1200@2200mm 旋挖桩。在明挖区间吊出井端头范围内，围护结构采用 ϕ1200@2000mm 旋挖桩，盾构破洞范围设置 ϕ1500mm 玻璃纤维筋桩，盾构井桩顶设 2200/2500mm×1000mm 环框梁，桩间采用网喷混凝土，钢筋网规格为 Φ8@200mm×200mm、加强筋为 Φ18@1000mm×1000mm，喷射混凝土厚 150mm，围护桩和钢筋网之间应保证可靠连接。

明挖区间内支撑采用钢管支撑及混凝土环框梁，基坑平面内一般采用对撑，在端部和角部采用斜撑。第一～第五道内钢支撑采用 ϕ609（壁厚 t＝16mm）钢管支撑，第一道钢支撑水平间距为 6m，其余钢支撑水平间距为 3m。

（2）施工步骤

围护结构施工方法及步骤见表 14-1、表 14-2。

围护结构施工方法及步骤（一）

表 14-1

步骤	施工图及说明
第一步	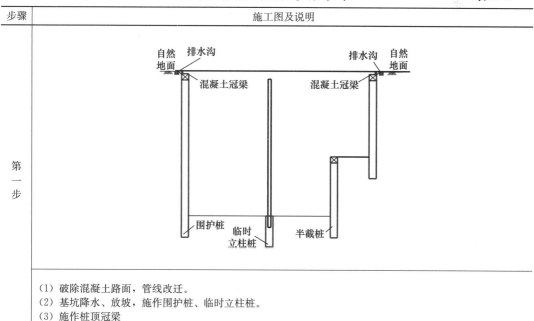 （1）破除混凝土路面，管线改迁。 （2）基坑降水、放坡，施作围护桩、临时立柱桩。 （3）施作桩顶冠梁

续表

步骤	施工图及说明

第二步

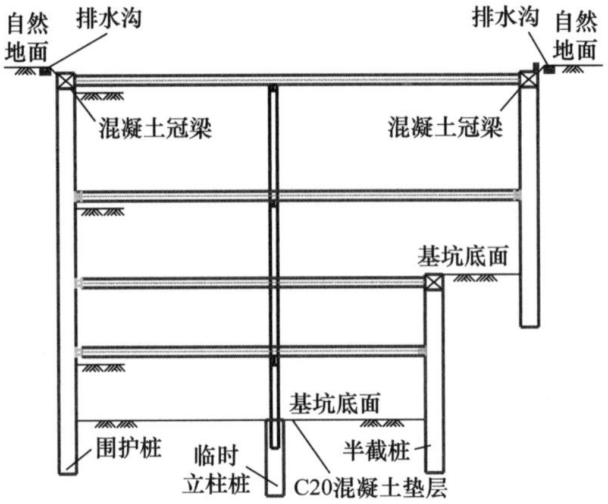

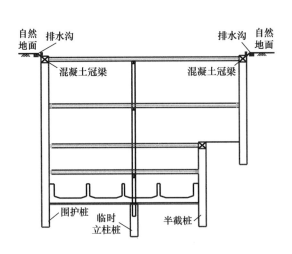

（1）基坑内降水，逐层开挖并及时架设各道支撑。
（2）开挖到第一道支撑底，浇筑第一道支撑。
（3）开挖至第二道支撑下 0.8m 时，架设第二道钢管支撑。
（4）开挖至第三道支撑下 0.8m 时，架设第三道钢管支撑。
（5）开挖至第四道支撑下 0.8m 时，架设第四道钢管支撑。
（6）继续向下进行基坑开挖，直至最终基坑面

第三步

（1）施工出入场线结构垫层、底板及边墙防水层，施作结构底板及矮边墙。
（2）待底板及侧墙达到设计强度后拆除第四道支撑

步骤	施工图及说明
第四步	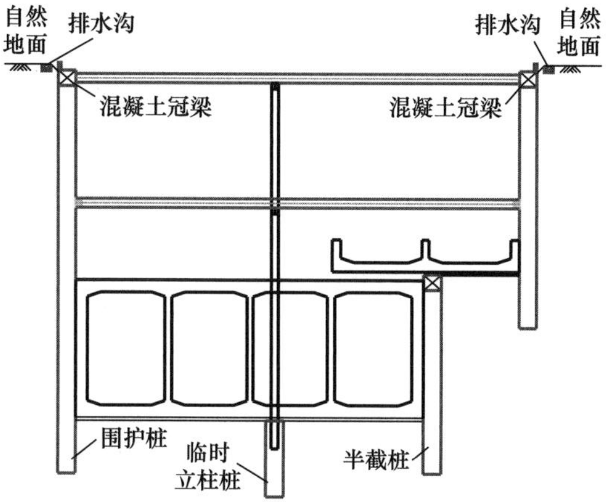 （1）施工下层出入场线结构侧墙防水层和侧墙，施作顶板及顶板防水层及保护层。 （2）待出入场线顶板达到设计强度后拆除第三道支撑。 （3）施工 17 号线结构垫层、底板及边墙防水层，施作结构底板
第五步	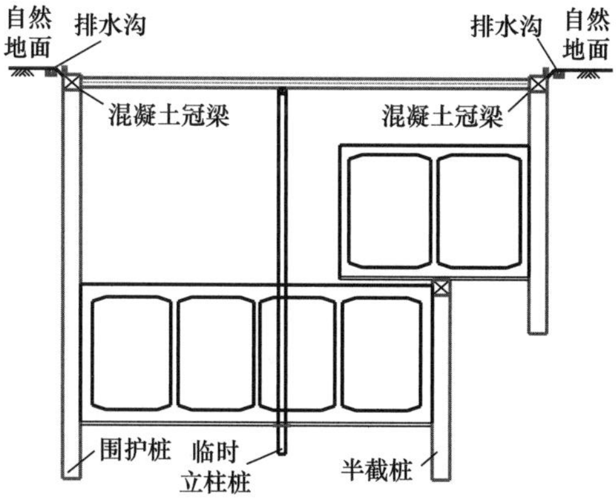 （1）待 17 号线底板和侧墙达到设计强度后拆除第二道支撑。 （2）施工 17 号线结构侧墙防水层和侧墙，施作顶板及顶板防水层及保护层

续表

步骤	施工图及说明
第 六 步	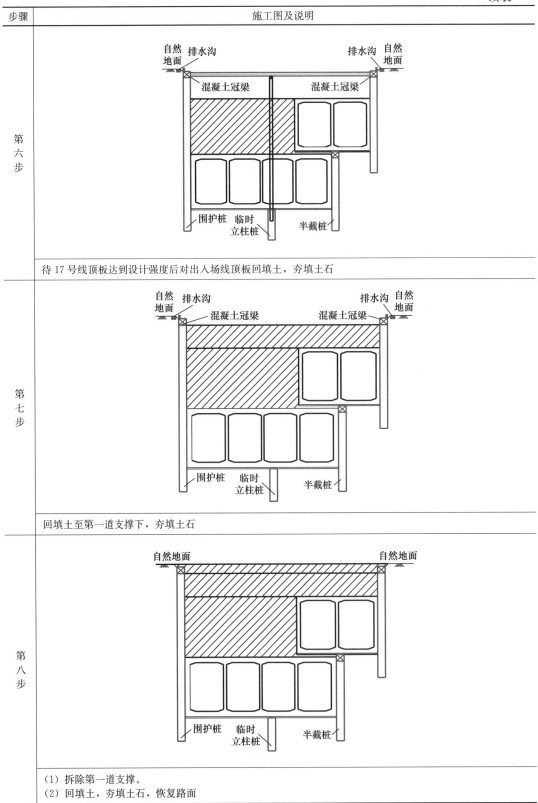
	待17号线顶板达到设计强度后对出入场线顶板回填土，夯填土石
第 七 步	
	回填土至第一道支撑下，夯填土石
第 八 步	
	（1）拆除第一道支撑。 （2）回填土，夯填土石，恢复路面

围护结构施工方法及步骤（二）　　　　　表 14-2

步骤	施工图及说明
第一步	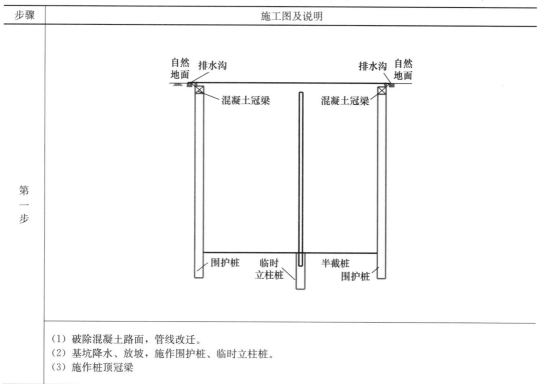 （1）破除混凝土路面，管线改迁。 （2）基坑降水、放坡，施作围护桩、临时立柱桩。 （3）施作桩顶冠梁
第二步	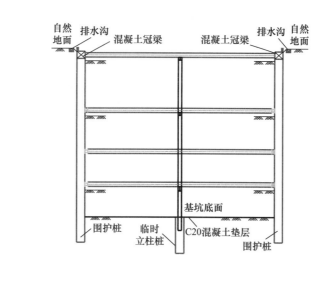 （1）基坑内降水，逐层开挖并及时架设各道支撑。 （2）开挖到第一道支撑底，浇筑第一道支撑。 （3）开挖至第二道支撑下 0.8m 时，架设第二道钢管支撑。 （4）开挖至第三道支撑下 0.8m 时，架设第三道钢管支撑。 （5）开挖至第四道支撑下 0.8m 时，架设第四道钢管支撑。 （6）继续向下进行基坑开挖，直至最终基坑面

续表

步骤	施工图及说明
第三步	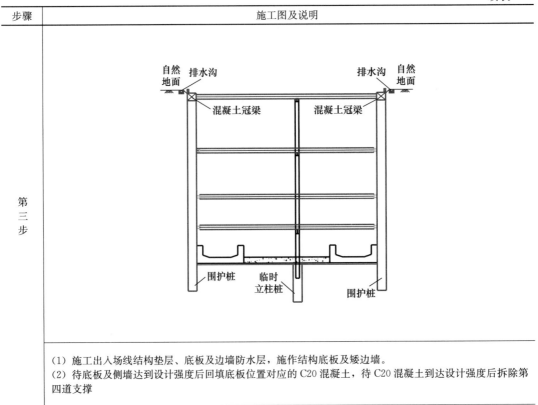 （1）施工出入场线结构垫层、底板及边墙防水层，施作结构底板及矮边墙。 （2）待底板及侧墙达到设计强度后回填底板位置对应的 C20 混凝土，待 C20 混凝土到达设计强度后拆除第四道支撑
第四步	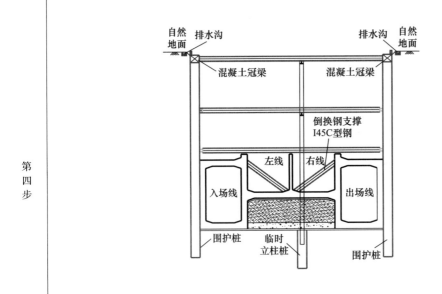 （1）施工下层出入场线结构侧墙防水层和侧墙，待侧墙达到设计强度后回填 17 号线正线底板下卵石土，施工 17 号线正线结构垫层、防水层及底板，然后施作出入场线顶板及顶板防水层及保护层。 （2）待出入场线顶板达到设计强度后架设斜撑

续表

步骤	施工图及说明

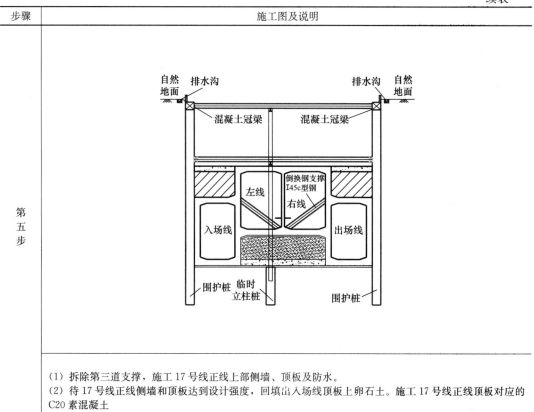

第五步

（1）拆除第三道支撑，施工 17 号线正线上部侧墙、顶板及防水。
（2）待 17 号线正线侧墙和顶板达到设计强度，回填出入场线顶板上卵石土。施工 17 号线正线顶板对应的 C20 素混凝土

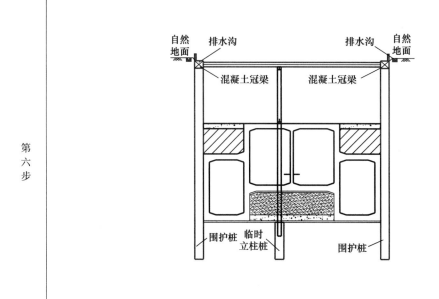

第六步

待 17 号线顶板处 C20 素混凝土达到设计强度后拆除斜撑和第二道支撑

步骤	施工图及说明
第七步	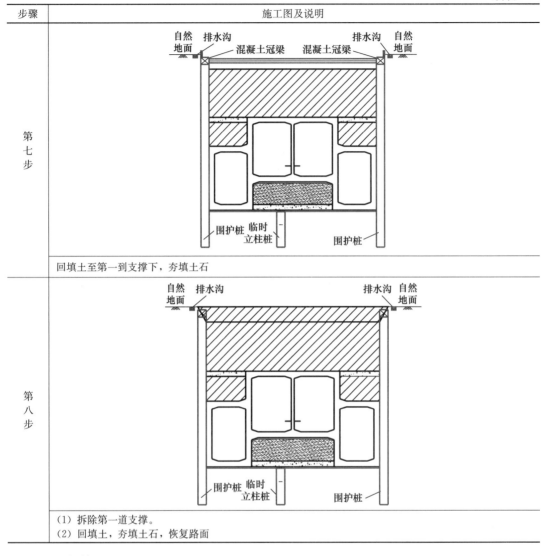 回填土至第一到支撑下，夯填土石
第八步	（1）拆除第一道支撑。 （2）回填土，夯填土石，恢复路面

3. 巡视情况

长大基坑支护现场巡视及监测成果见表14-3。

长大基坑支护现场巡视及监测成果

表 14-3

序号	分类	巡查内容	巡查结果
1	施工工况	开挖长度、分层高度及坡度，开挖面暴露时间	基坑开挖深度约19m，开挖线长约800m
		开挖面岩土体的类型、特征、自稳性，渗漏水量大小及发展情况	
		降水、回灌等地下水控制效果及设施运转情况	
		基坑侧壁及周边地表截、排水措施及效果，坑边或基底有无积水	
		支护桩（墙）后土体有无裂缝、明显沉陷，基坑侧壁或基底有无涌土、流沙、管涌	
		基坑周边有无超载	
		放坡开挖的基坑边坡有无位移、坡面有无开裂	
		其他	

续表

序号	分类	巡查内容	巡查结果
2	支护结构	支护桩（墙）有无裂缝、侵限情况	支护结构正常
		冠梁、围檩的连续性，围檩与桩（墙）之间的密贴性，围檩与支撑的防坠落措施	
		冠梁、围檩、支撑有无过大变形或裂缝	
		支撑是否及时架设	
		盖挖法顶板有无明显变形和开裂，顶板与立柱、墙体的连接情况	
		止水帷幕有无开裂、较严重渗漏水	
		其他	
3	周边环境	建（构）筑物、桥梁墩台或梁体、既有轨道交通结构等的裂缝位置、数量和宽度，混凝土剥落位置、大小和数量，设施能否正常使用	周边环境未发现异常
		地下构筑物积水及渗水情况，地下管线的漏水、漏气情况	
		周边路面或地表的裂缝、沉陷、隆起、冒浆的位置、范围等情况	
		河流湖泊的水位变化情况，水面有无出现漩涡、气泡及其位置、范围、堤坡裂缝宽度、深度、数量及发展趋势等	
		工程周边开挖、堆载、打桩等可能影响工程安全的其他生产活动	
		其他	
4	监测设施	基准点、监测点的完好状况、保护情况	监测设施正常
		监测元器件的完好状况、保护情况	

14.2　主体结构施工

明光站—九江北站明挖区间为品字渐变结构，施工难度大，结构长 947m，四孔结构分 10 个断面渐变至分离，如图 14-3 所示。

图 14-3　品字渐变结构图

卵石拌料回填，节奏控制难。渐变脱空部分回填 10％砂卵石土（如图 14-4 下方中间部分所示），过程等强循环作业组织难度大。

两侧临时施工，施工空间小。长条基坑沿路平行布置，如图 14-5 所示，为狭长基坑，便道狭窄，吊装作业、泵车浇混凝土、水平运输相互约束。

河道横穿基坑，经历两次汛期。成都汛期雨水较多，倒边改河周期长，如图 14-6 所示。

主体结构特点与形式见表 14-4。

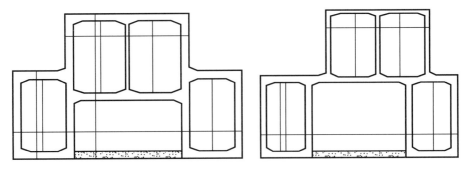

图 14-4 四孔结构的 10 个断面图

图 14-5 长条基坑沿路平行布置

图 14-6 河道横穿基坑、经历汛期

主体结构特点与形式 表 14-4

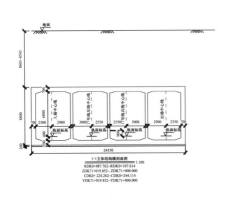

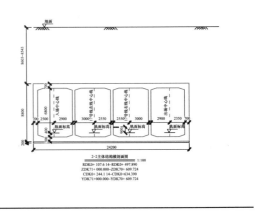

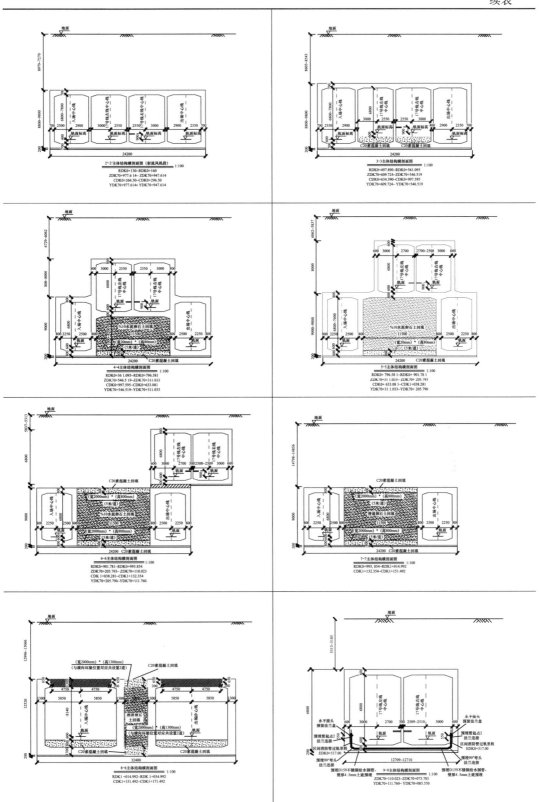

14.3 长大基坑变形控制

14.3.1 监测内容

基坑变形控制主要是通过对基坑变形监测数据的分析进行的。基坑变形监测内容主要包括：地表沉降点、桩顶竖向位移、桩顶水平位移、立柱水平位移、管线沉降、支撑轴力、地下水位、桥墩沉降、悬吊管线等。

14.3.2 测点布置

基坑变形控制测点布置如图 14-7（a）～（d）所示。

14.3.3 监测成果

基坑变形控制监测成果列举在开挖线长约 800m 时，对上述检测内容进行的变形监测。此时第一道已架设钢支撑 109 根（直撑），第二道已架设钢支撑 129 根（直撑），第三道已架设钢支撑 59 根（直撑），第四道已架设钢支撑 13 根（直撑）。

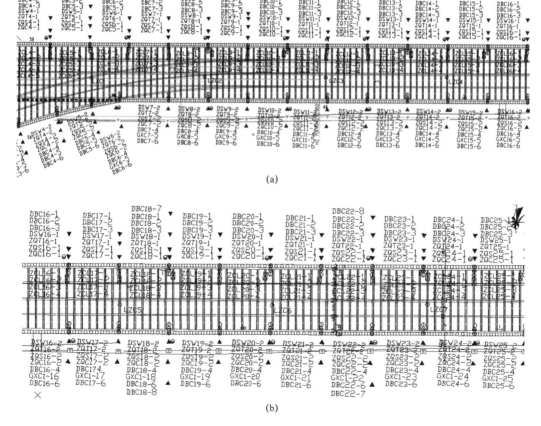

(a)

(b)

图 14-7　基坑变形控制测点布置图（一）

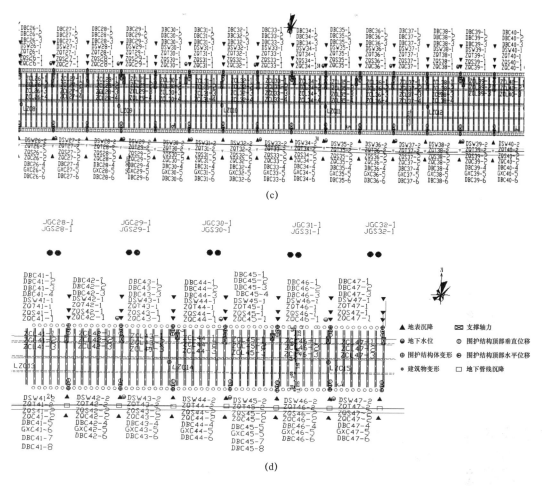

图 14-7　基坑变形控制测点布置图（二）

监测项目包括地表沉降、桩顶竖向位移、桩顶水平位移等（表 14-5），具体监测结果如图 14-8～图 14-16 所示。

监测项目表示方法

表 14-5

序号	监测项目	表示方法
1	地表沉降	DBC
2	桩顶竖向位移	ZQC
3	桩顶水平位移	ZQS
4	立柱水平位移	LZS
5	管线沉降	GXC
6	支撑轴力	ZL
7	地下水位	D3W
8	桥墩沉降	JGC
9	悬吊管线沉降	JZ

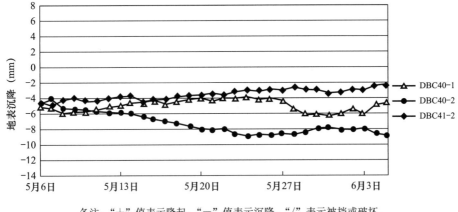

备注:"+"值表示隆起,"-"值表示沉降,"/"表示被挡或破坏。

图 14-8 地表沉降点

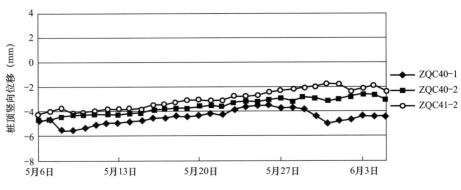

备注:"+"值表示隆起,"-"值表示沉降,"/"表示被挡或破坏。

图 14-9 桩顶竖向位移

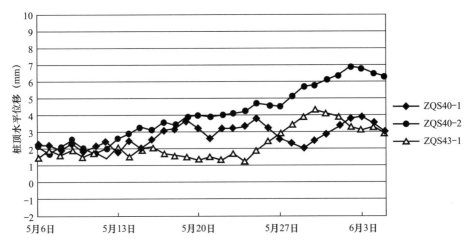

备注:"+"值表示偏向坑内,"-"值表示偏向坑外,"/"表示被挡或破坏。

图 14-10 桩顶水平位移

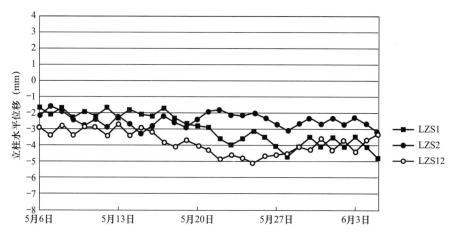

备注：大里程方向为正，小里程方向为负，"/"表示被挡或破坏。

图 14-11　立柱水平位移

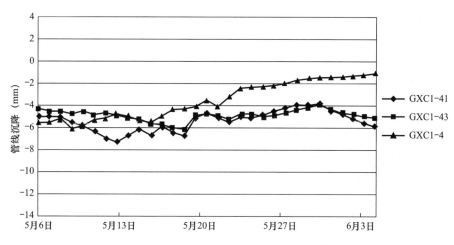

备注："＋"值表示隆起，"－"值表示沉降，"/"表示被挡或破坏。

图 14-12　管线沉降

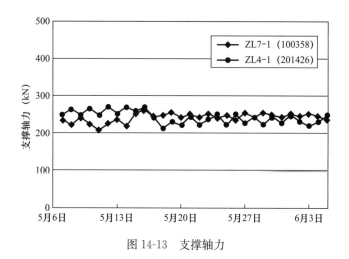

图 14-13　支撑轴力

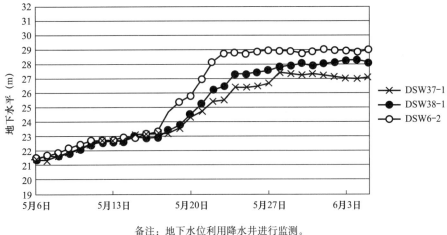

备注：地下水位利用降水井进行监测。

图 14-14　地下水位

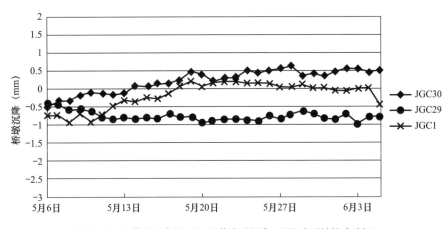

备注："＋"值表示隆起，"－"值表示沉降，"/"表示被挡或破坏。

图 14-15　桥墩沉降

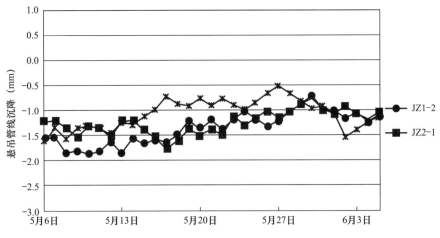

备注："＋"值表示隆起，"－"值表示沉降，"/"表示被挡或破坏。

图 14-16　悬吊管线沉降

明光站—九江北站明挖区间桩体水平位移详见表 14-6。

桩体水平位移监测数据汇总表　　　　　　　　　　　　表 14-6

工程名称			明光站—九江北站明挖区间月报表						
仪器型号：CX-901F					天气情况		晴		
监测时间			×××年×月×日～×××年×月×日						
仪器编号：816132						检定日期：XXX.X.X			
监测孔号	深度(m)	初始值(mm)	上次测值(mm)	本次测值(mm)	变化速率(mm/d)	累计变形(mm)	监测深度-位移变化量曲线图		
ZQT 9-2	−0.5	164.13	166.76	166.53	−0.01	2.40			
	−1	159.54	163.10	162.84	−0.01	3.30			
	−1.5	150.83	154.10	153.75	−0.01	2.92			
	−2	139.83	143.70	143.27	−0.01	3.44			
	−2.5	131.77	135.60	135.27	−0.01	3.50			
	−3	131.13	134.84	134.41	−0.01	3.28			
	−3.5	130.40	134.94	134.15	−0.03	3.75			
	−4	128.92	133.49	132.78	−0.02	3.86			
	−4.5	126.97	131.65	130.77	−0.03	3.80			
	−5	124.34	128.07	127.45	−0.02	3.11			
	−5.5	120.17	123.68	123.44	−0.01	3.27			
	−6	115.14	118.35	118.76	0.01	3.62			
	−6.5	112.25	116.53	116.36	−0.01	4.11			
	−7	110.84	114.84	114.80	0.00	3.96			
	−7.5	108.13	112.06	112.05	0.00	3.92			
	−8	106.10	110.48	110.95	0.02	4.85			
	−8.5	105.48	110.00	110.54	0.02	5.06			
	−9	105.48	109.52	110.01	0.02	4.53			
	−9.5	103.01	107.40	107.94	0.02	4.93			
	−10	99.03	102.52	103.66	0.04	4.63			
	−10.5	94.79	98.91	99.65	0.02	4.86			
	−11	92.01	96.94	97.55	0.02	5.54			
	−11.5	88.29	94.07	94.71	0.02	6.42			
	−12	84.92	92.29	91.85	−0.01	6.93			
	−12.5	80.54	87.43	86.71	−0.02	6.17			
	−13	77.62	84.41	83.70	−0.02	6.08			
	−13.5	73.84	80.02	79.63	−0.01	5.79			
	−14	70.28	76.40	76.30	0.00	6.02			
	−14.5	67.33	72.88	73.07	0.01	5.74			
	−15	64.59	70.56	70.44	0.00	5.85			
	−15.5	59.10	66.29	66.16	0.00	7.06			
	−16	53.66	60.30	60.21	0.00	6.55			
	−16.5	48.08	54.38	54.19	−0.01	6.11			
	−17	41.71	47.81	47.08	−0.02	5.37			
	−17.5	37.38	43.60	42.70	−0.03	5.32			

监测孔号	深度(m)	初始值(mm)	上次测值(mm)	本次测值(mm)	变化速率(mm/d)	累计变形(mm)	监测深度-位移变化量曲线图
ZQT 9-2	-18	35.81	40.71	40.07	-0.02	4.26	
	-18.5	37.85	42.70	41.48	-0.04	3.63	
	-19	42.91	47.75	46.39	-0.05	3.48	
	-19.5	44.05	48.75	47.59	-0.04	3.54	
	-20	42.89	48.33	46.84	-0.05	3.95	
	-20.5	41.04	46.27	45.50	-0.03	4.46	
	-21	37.19	41.81	41.02	-0.03	3.83	
	-21.5	32.99	37.36	36.55	-0.03	3.56	
	-22	27.51	32.23	31.57	-0.02	4.06	
	-22.5	21.98	26.28	25.79	-0.02	3.81	
	-23	16.88	21.43	21.12	-0.01	4.24	
	-23.5	10.33	15.88	14.62	-0.04	4.29	
	-24	3.83	8.85	8.40	-0.02	4.57	
监测结论及建议：无异常变化。"+"值表示向基坑位移，"-"值表示背向基坑位移							

第15章 ▶▶
高架车站（区间）施工关键技术

15.1 概述

成都轨道交通17号线一期工程高架段包括金星站（图15-1）、黄石站、金星站—黄石站高架区间、黄石站—路基过渡段区间高架，如图15-2所示，里程为YDK51＋708～YDK56＋183.6，总长4475.6m。共计桩基913根，基础采用旋挖钻孔灌注桩（均为摩擦桩），其中高架区间段桩基共683根，桩径为1.2m，桩长为20～40m；黄石站桩基230根，桩径为0.8m，桩长约25m。共计混凝土用量为29437m³。

图15-1　金星站

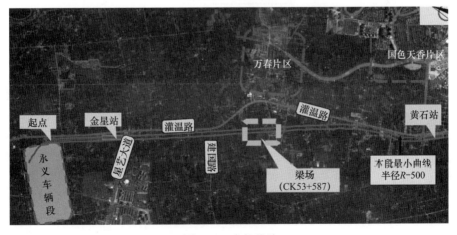

图15-2　高架线路

15.2 桩基施工

以黄石站为例，基础采用旋挖钻孔灌注桩，设计桩径为 0.8m，桩长约 25m，桩端为密实卵石层。车站工程的桩基施工工艺与区间高架桥工程的钻孔灌注桩相同。

15.2.1 桩基施工工艺流程

桩基施工工艺流程如图 15-3 所示。

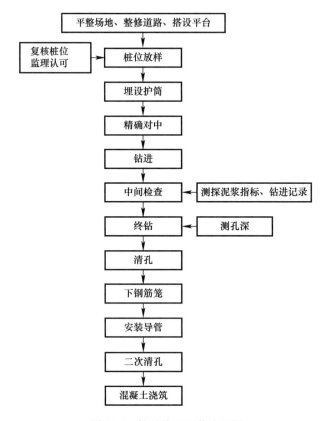

图 15-3 桩基施工工艺流程图

15.2.2 施工关键技术

施工关键技术根据施工流程主要包括测量、试验、钻孔、一次清孔、钢筋笼制作及安装、二次清孔、灌注水下混凝土等方面的总结及问题分析。

1. 测量

（1）主要测量工作

桩基整体施工测量工作主要包括以下内容：

1）加密控制点和引测水准点并上报数据经检查复核后将数据用于施工中。

2）复核设计桩位和标高，无误后由测量人员用全站仪（并带测桩位原地面标高）放样桩位。桩位定测以后设置 4 个护桩，设置在施工范围以外不易破坏的地方，施工中检查护桩的稳定性和准确性。

3）报监理工程师进行复核，经监理工程师检测桩位和护筒标高无误同意后开始施工。

4）在桩基钻孔施工过程中，监理工程师与现场技术管理人员进行旁站工作，且在成孔之前报监理工程师进行护筒顶的标高水准测量并做好原始记录。

5）完善测量资料。

（2）施工过程中的创新点

1）在施工过程中及时进行桩基的测量工作，做到整体桩基在施工过程中的系统性、连续性。

2）在桩基施工前后对桩基的护筒顶面进行测量，对成孔时的护筒顶标高必须复测，指导了后续高程施工控制，且做到了资料及时更新。

2. 试验

在桩基施工过程中，在完成各项试验室检测项目的基础上，同时完成了其他现场试验，如导管水密性试验、泥浆指标试验、混凝土现场施配试验、混凝土坍落度试验等。且现场直径 30cm、每节 2.65m 的导管，经水密性试验均合格。

3. 钻孔

（1）与设计图纸提供的地勘资料对比，地质情况基本吻合，钻孔泥浆指标控制的比重为 1.1，含沙率为 1.5%，钻进均顺利进行。

（2）钻孔到位后，及时进行了清孔，孔底沉渣厚度，高架桥均小于 10cm，金星车站均小于 5cm，满足图纸要求。及时下放钢筋笼，安装导管，然后再次测量沉渣厚度，均满足设计要求。然后往孔内注入反循环泥浆，将孔底沉渣翻起，并及时浇筑封底混凝土，桩基顺利完成灌注。

（3）出现的问题和采取的措施。此桩基为摩擦桩，地质卵石土，施工中必须加强护壁，因此钻孔过程中需经常检测泥浆指标。

4. 一次清孔

一次清孔采用换浆法，目的是逐步置换孔内粗颗粒钻渣悬浮物，保证沉渣厚度。桩基一次清孔用时均在 20min 左右。下钢筋笼前自检泥浆指标如下：泥浆比重为 1.1，含沙率为 1.5%。

5. 钢筋笼制作及安装

整个钢筋笼制作与下放过程较理想，第一次清孔后及时下放钢筋笼，用时约为 1.5h。现场钢筋笼采用分段吊装，控制了主筋焊接时间，备用 2 台电焊机进行施焊。

6. 二次清孔

二次清孔的目的是保证灌注水下混凝土所需的沉渣厚度小于设计规范要求及泥浆指标达到规范条件，保证灌注水下混凝土顺利完成。桩基二次清孔用时均为 15min 左右，泥浆比重为 1.06，含沙率为 1.5%，桥梁施工规范要求灌注泥浆比重为 1.03～1.1，含砂率≤2%，满足规范要求。

7. 灌注水下混凝土

桩基灌注水下混凝土，没有出现塌孔现象。整个灌注过程相对顺利，没有出现堵管、脱管、钢筋笼上浮等现象。首批料斗控制在 4m³ 左右，现场要配备合适的料斗。项目配制的导管按照桩基长度进行配置，施工中按埋管 2～6m 控制拆除导管，均满足施工要求。

15.2.3　机械、人员、材料配置

1. 人员配备情况

（1）生产管理人员

主要生产管理人员见表15-1。

管理人员配置表　　　　　　　　表15-1

序号	人数	岗位	职责
1	1	生产副经理	负责全部施工区间生产管理
2	1	安全总监	负责全部施工区间安全生产
3	1	现场主管	负责全部施工区间生产协调
4	2	技术员	负责所在工点技术工作
5	2	质检员	负责所在工点质检工作
6	2	安全员	负责所在工点安全工作

（2）作业队劳动力部署及任务划分

根据工程特点和工程数量，合理配置劳动力资源，区间桩基施工队与金星车站为同一桩基队伍，桩基施工队伍人员见表15-2。

桩基施工队伍人员安排表　　　　　　　　表15-2

序号	施工队名称	人数	任务划分
1	桩基施工	20	负责永义车辆段至金星站（含）区间、出入段线高架部分桩基
2	泥浆清运组	4	负责桩基施工过程中所有泥浆的清运
3	钢筋笼制作一组	12	负责施工钢筋笼的制作及运输
	合计	36	—

2. 机械设备配置情况

机械设备安排见表15-3。

3. 主要材料配置情况

主要材料配置情况见表15-4。

机械设备安排表　　　　　　　　表15-3

序号	施工队名称	机械配备	数量	施工部位	用途
1	桩基班组	230旋挖钻	2	金星站、永义车辆段至金星站区间、出入段线高架部分	桩基成孔
		吊车25t	1		钢筋笼吊运，混凝土灌注
		挖机200	1		场地平整，泥浆池开挖
		泥浆泵3PNL	3		补浆，排浆
		泥浆搅拌机	3		泥浆制作
2	泥浆清运组	装载机50	2	金星站、永义车辆段至金星站区间、出入段线高架部分	清渣，平整场地
		挖掘机PC220	1		
		挖掘机PC60	1		
		自卸汽车20t	4		
		汽车起重机QY16	1		

序号	施工队名称	机械配备	数量	施工部位	用途
3	钢筋笼制作、安装班组	25t 吊车	2	金星站、永义车辆段至金星站区间、出入段线高架部分	钢筋起吊
		炮车	1		钢筋笼运输
		电焊机 B×1-500	5		焊接钢筋笼
		钢筋切断机	1		钢筋加工
		钢筋调直机	1		钢筋加工
		钢筋弯曲机	1		钢筋加工
		钢筋套丝机	2		钢筋加工
4	项目部	泥浆三件套	3	金星站、永义车辆段至金星站区间、出入段线高架部分	测量泥浆指标
		全站仪	2		测量孔位
		水准仪	2		测量孔口标高
		混凝土坍落度仪	2		测混凝土坍落度
		混凝土试验设备全套	1		—

灌注桩基础材料用量表　　　　　　　　　　　　　　　　表 15-4

序号	材料	规格	工程量	存放地点
1	钢筋	HRB400E	1355.72t	钢筋加工厂
2	钢筋	HPB300	356.2t	钢筋加工厂
3	混凝土	C40	10946.5m³	商混拌合站
4	声测管	44×3	41584.8m	钢筋加工厂
5	普通砖	240×115×53	60m³	—
6	水泥	P.O42.5	9t	—
7	砂	中砂	25m³	—
8	级配碎石	3～10mm	15m³	—
9	钢板	2m×6m×5mm	10 片	—
10	编织袋	—	600 个	—

15.2.4　钻孔灌注桩施工注意事项

钻孔灌注桩基施工属于隐蔽性很强的工程，在施工过程中需严格控制施工要点，现对以下几方面进行论述。

1. 技术准备

（1）图纸审核，掌握工程地质和水文地质资料。

（2）具备水、水泥、砂、石、钢筋等原材料及制品的质量检验报告。

（3）按有关规定制定安全生产、环境保护等措施。

（4）准备施工用的各种报表、规范。

2. 施工场地

施工场地应清除杂物、换填软土并平整夯实，清除面积应满足钻孔需要。

3. 护筒埋设

（1）护筒内径比桩径大 200～400mm。

（2）护筒中心竖直应与桩中心线重合，平面允许误差为 50mm，竖直线倾斜不大于 1‰，陆地可实测定位，水域可依靠导向架定位。

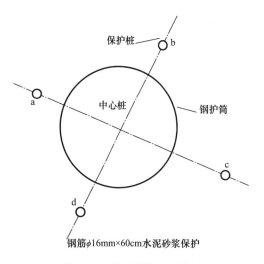

图 15-4　保护桩设置示意图

（3）测量除定出桩位中心位置外，还应在护筒外围设置 4 个护桩，有条件可增设双重护桩，以最终校正桩位的准确性。保护桩设置示意图如图 15-4 所示。

（4）护筒可采用挖坑埋设法，护筒底部和四周所填黏质土必须分层夯实。

（5）护筒高度宜高出地面 0.3m。

（6）护筒的埋设深度应根据设计要求或桩径及水文地质情况确定，一般情况埋置深度宜为 2～3m。

（7）护筒连接处要求筒内无突出物，应耐拉压、不漏水。

4. 制作钢筋笼注意事项

钻孔灌注桩的钢筋笼制作虽说比较简单，但也存在一些通病，在具体操作中需要加强管理。

（1）钢筋笼需在硬化场地并铺方木（或枕木）上进行生产，不允许直接在泥土地上进行生产。

（2）钢筋笼加强箍筋的间距除按设计要求布置外，亦可根据现场钢筋笼制作长度而定，一般情况可参考设计，根据钢筋笼吊装长度而定间距较为合理。

（3）加强箍筋必须设在主筋内侧，环形筋在主筋外侧。加强箍筋应同主筋进行焊接而不是绑扎。

5. 安装钢筋笼时注意事项

（1）起吊前应对清孔后的泥浆、孔底沉淀进行检查。利用探孔器对孔内变形进行检测，各项指标符合要求后，方可进行钢筋笼的安装。

（2）钢筋笼可分一次入孔或多次入孔。在起吊设备、场地许可的情况下，尽量采取一次吊装。为克服钢筋笼的起吊变形，除适当缩短加强筋的距离外，在起吊可能发生变形的最大变形处，应绑扎骨架来加强。分段吊装注意配合足够的满足施工要求的钢筋工、焊工。

（3）下放钢筋笼时要缓慢均匀，根据下笼深度，随时调整钢筋笼入孔的垂直度，尽量避免钢筋笼倾斜及摆动，以防塌孔。

（4）起吊时要有专人统一，注意安全。钢筋笼下端宜提前绑 2 根拉绳，以便人工平衡其稳定入孔。

（5）钢筋笼应牢固定位。提升导管时，须防止钢筋笼被拔起。

（6）钢筋骨架吊放、制作允许偏差应满足以下要求：主筋间距±10mm；箍筋间距±20mm；骨架外径±10mm；骨架倾斜度±0.5％；骨架保护层厚度±20mm；骨架中心平面位置 20mm；骨架顶端高程±20mm；骨架底面高程±50mm。

6. 钻孔桩成孔沉渣过厚的原因

（1）泥浆的性能不能满足要求，造成较大颗粒土下沉。

（2）没有及时观察土层的状况，造成局部泥浆同土层不相适应，并没有及时调整泥浆成分，造成少量塌孔。

（3）急于求成，直接用清水清孔，使较大颗粒土沉落或护壁发生问题造成少量塌孔。

（4）钻孔完毕后，用检（探）孔器检查时，强行下放，造成孔壁滑落。

（5）下放钢筋笼不垂直，挂掉泥皮，造成沉淀过厚。

（6）清孔中钻机所提高度不妥或钻机转速与土粒不相应，使土粒不能上浮，造成沉淀过厚。

7. 灌注水下混凝土前应做的工作

（1）应检测成孔后护筒标高，根据护筒顶标高、设计孔底标高、设计桩顶标高、设计钢筋笼顶标高、预留破除桩头的高度等数据，计算出钢筋笼顶标高、混凝土浇筑顶标高及确定这两个控制面。一般是从护筒顶面向下反算、反测符合要求的米数。孔内有水头或淤泥时，用钢筋或其他硬质杆件测量。

（2）检查砂、石、水泥用量及质量是否满足要求，并根据现场原材料含水量调整现场配合比。配合比用油漆写在牌子上，实行挂牌施工。

（3）计算导管上端料斗的混凝土量是否满足第一次下料后埋设导管下口深度的要求。埋深导管一般要求 1m 以上。

（4）检查泥浆比重是否符合清孔中所提的指标，并检查下放钢筋笼的孔底沉淀层厚度，对不满足要求的要重新清孔，直到满足要求为止。

（5）核定拌合及运输设备的性能及数量，要求必须有备用及备用发电设备，并组织足够的劳动力，以保证灌注的连续性。

（6）对有外加剂的混凝土提前分袋称好每次拌合混凝土所需要的外加剂的重量，以便保证施工时的准确、及时，进一步保证混凝土的质量。

（7）导管使用前应进行水密承压和接头抗压试验，严禁用气压试验。进行水密试验的水压不应小于孔内水深 1.3 倍的压力，也不应小于导管壁和焊缝可能承受混凝土时最大内压力的 1.3 倍。

（8）导管应事先编号顺序，每次使用时都应对法兰盘、橡胶垫圈、连接螺栓、阀门认真检查，必要时再做充水试验。导管上口的浮球，应能顺利沉入孔底。拌合站的上料斗上应放置 5~6cm 的控制筛，以防极少量超粒径颗粒进入导管发生堵管现象。

（9）孔内第一次混凝土浇筑时，导管下口距孔底间距以 0.4m 左右为宜。

8. 水下混凝土灌注质量保证措施

（1）首批灌注混凝土的数量应满足首次埋管深度大于 1m 和填充导管底部的需要。

（2）混凝土拌合物运至地点后，检查其均匀性和坍落度等，如不符合要求，应进行第二次拌合，第二次拌合后仍不符合要求时，不得使用。

（3）首批混凝土下落后，应连续灌注混凝土。

（4）在灌注过程中，特别是在潮汐地区和有承压水地下水地区，应注意保持孔内水头。

（5）在灌注过程中，导管的埋设宜控制在 2~6m。导管内混凝土不满时，应徐徐地灌注，禁止在导管内形成高压气囊。

（6）在灌注过程中，经常测探孔内混凝土面的位置，及时调整导管埋深，导管拆除要迅速。

（7）为防止钢筋笼骨架上浮，当灌注的混凝土顶面距钢筋骨架底部 1m 左右时，降低混凝土的灌注速度。当混凝土拌合物上升到骨架底口 4m 以上时，提升导管，使其底口高于骨架底部 2m 以上，即可恢复正常灌注速度。

（8）灌注的桩顶标高应比设计高出 0.5～1.0m，以保证混凝土的强度，多余部分接桩前必须凿除，残余桩头应无松散层。

（9）灌注过程中，随时测定混凝土上升量，以判定扩孔系数，准确计算出混凝土用量，保证不浪费混凝土。

（10）桩身混凝土灌注工作结束后，处于地面及桩顶以下井孔口的整体式刚性护筒立即拔出；处于地面以上并能拆卸的护筒，待混凝土抗压强度达到 5MPa 后方可拆除。

9. 质量控制指标及检测项目方法

桥梁桩基和钢筋安装施工质量控制指标及试验检测项目方法见表 15-5、表 15-6。

桥梁桩基质量控制指标及试验检测项目　　　　　　　　　　表 15-5

序号	检验项目		规定值或允许偏差	检验方法/频率
1	受力钢筋	根数（根）	符合设计	目测/全部
		直径（mm）	符合设计	游标卡尺量
		焊接质量	符合设计	屈服强度及抗拉强度试验/同批次原材 500 个接头检验一次
		间距（mm）	±20	尺量/每构件检查 2 个断面
2	箍筋、横向水平钢筋、螺旋筋间距（mm）		±10	尺量/每构件检查 5～10 个间距
3	钢筋骨架尺寸（mm）	长	±10	尺量/按骨架总数 30% 抽查
		宽、高或直径	±5	
4	保护层厚（mm）		±5	尺量/每构件沿模板周边检查 8 处

钢筋安装质量控制指标及试验检测项目　　　　　　　　　　表 15-6

项次	检查项目		设计值、规定值或允许偏差	检查方法和频率
1	混凝土强度（MPa）		在合格标准内	以边长 150mm 的立方体试件做抗压试验
2	桩位（mm）		50	全站仪：每桩检查
3	孔深（m）		不小于设计	测绳量：每桩测量
4	孔径（mm）		不小于设计	探孔器：每桩测量
5	钻孔倾斜度（mm）		1% 桩长，且不大于 500	用测壁（斜）仪或钻杆垂线法：每桩检查
6	沉淀厚度（mm）		小于 30cm	标准测锤：每桩检查
7	清孔后泥浆性能	相对密度	1.03～1.1	泥浆比重仪、粘度仪、含砂率器：每桩检测
		粘度	17～20Pa·s	
		含沙率	≤2%	

15.3　高架桥桥梁关键技术

15.3.1　施工准备

根据施工方案，进行场地平整，购置碗扣式支架、顶托、底托、方木、竹胶板、钢管、钢材、压浆剂、水泥等各施工用材料，并对各种抽样材料进行检验、检测，各种技术指标符合设计及规范要求。

15.3.2　地基处理

1. 地基处理必要性

（1）成都市 6～10 月份雨量较大，地基处理可覆盖封闭地基表面，防止雨水冲刷、浸泡造成地基沉陷。

（2）土的变形较大，受到集中荷载时，易产生沉陷，造成沉降过大而局部失稳，从而连带整个支架失稳，混凝土起到分散应力的作用。

（3）混凝土本身的抗剪切强度可以进一步扩大承载范围，从而避免地基应力集中。

2. 地基处理方法

根据原地面地质情况，对满堂支架的搭设场地首先要进行清理、平整，处理前应对处理范围进行测量放样，标出处理边界，处理范围应比支架平面投影周边宽 50cm 以上，并在纵桥向单侧开挖临时排水沟做好排水。对于园林种植土地面，以地面为准换填不少于 30cm 的卵石土（图 15-5），填料铺设前后均采用 22t 振动压路机压实，碾压过程不得少于 6 遍；在承台基坑、泥浆池和软基范围内施工则需要清除淤泥和软基，排干坑内积水，进行填料换填，填料可采用卵石土，分层回填土应整平并用振动压路机碾压密实，分层厚度为 30cm，经试验室采用圆锥动力触探试验（DPT）进行处理后，检测地基承载力不小于 200kPa 即满足设计要求，待监理工程师验收合格后方可进行下步施工。符合要求后采用 C20 混凝土进行硬化处理（图 15-6），厚度为 150mm。

图 15-5　基底采用土灰换填处理

图 15-6　混凝土硬化养护

3. 注意事项

（1）排水沟及集水坑设置的必要性。工程地处多雨地区，设置排水沟及集水坑将更为重要，支架坍塌往往并非支架本身原因，主要是地基承载力不足造成地基下层引发支架失稳。

（2）地基处理质量控制。在浇筑地基混凝土前，在场地中每隔 2～3m 按照梅花形布置标高点，并控制浇筑厚度 15cm。现场施工员应加强控制混凝土厚度与振捣过程，严格按方案进行，因为此时混凝土使用过后将很难查验。

（3）墩身主体结构保护。在浇筑地基混凝土过程中，会与墩身主体结构接触，为防止后期复垦时对墩身主体结构造成破坏，应注意采用土工布或其他隔离材料将地基与墩身隔离。

图 15-7 所示为地基换填现场。

图 15-7　地基换填现场

15.3.3　支架搭设

1. 支架类型

现浇箱梁的支架类型，应根据施工的地形情况、支架的支撑高度等综合考虑。对于地形平坦、支撑高度不高（8m 以下）的现浇箱梁施工宜选用满堂支架施工。

2. 支架验收

支架验收是确保施工安全的重要环节，图 15-8 所示为现场监理工程师与技术员对支架进行验收。

图 15-8　现场监理工程师与技术员对支架进行验收

（1）支架所有构配件应有材料质量说明、证明书及产品合格证书。

（2）支架进场验收可综合外观、钢管边缘管壁厚、钢管整体重量等方面因素。

1）钢管光滑、无裂纹、无锈蚀、无分层、无结巴、无毛刺等，并且不得采用横断面接长钢管。

2）使用游标卡尺测量抽检钢管壁厚，确保符合要求。

3）由于游标卡尺对钢管边缘管壁厚进行检测，钢管内部到底怎么样，不得而知，所以现场仍需对钢管进行称重检测，称重后计算平均壁厚是否符合要求。

4）上碗扣应能上下窜动、转动灵活，并且安装1～4个横杆时，上碗扣均能锁紧。

3. 支架搭设形式

（1）支架搭设

碗扣式满堂支架自下往上布设为：15cm厚C20混凝土垫层＋可调底座＋立杆＋可调顶托＋横向10号工字钢＋10cm×10cm木枋＋15mm厚木模板。箱梁底部的碗扣支架纵×横×步距主要采用90cm×30cm×120cm（腹板区域）、90cm×60cm×120cm（箱室区域）、90cm×90cm×120cm（翼板区域）的形式，底顶板厚度和大于80cm区域支架纵向间距由90cm调整为60cm。支架横断面图如图15-9所示。

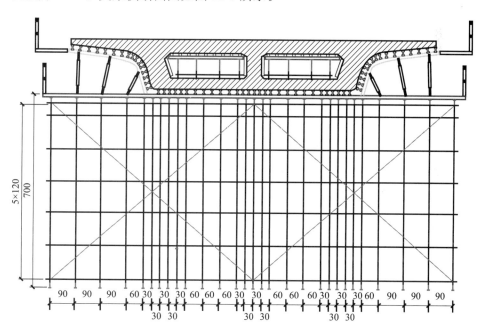

图15-9 支架横断面图（单位：mm）

（2）支架剪刀撑设置

纵向剪刀撑、横向剪刀撑：中间纵、横向由底至顶连续设置剪刀撑，其间距应小于或等于4.5m。

水平剪刀撑：支架高度高于8m，顶端和底部必须设置，中间水平剪刀撑间距应小于或等于8m。

（3）注意事项

1）支架搭设时立杆接头必须呈梅花形错开，同一水平截面立杆接头不能超过50%。

2）支架步距应根据计算确定。

3）剪刀撑与地面的夹角为45°～60°，并且底部必须抵实混凝土垫层。

4）剪刀撑采用扣件式钢管，两钢管搭接不应小于 1m，等间距设置 3 个旋转扣件固定，端部扣件盖板边缘至搭接纵向水平杆杆端距离不应小于 100mm。

5）采用扣件式钢管设置剪刀撑时，钢管与立杆交接处必须采用旋转扣件固定，如钢管与立杆之间有空隙无法固定时，应采用木枋填实空隙，然后采用钢丝进行捆绑固定。

6）脚手架接地防雷措施等应按现行行业标准《施工现场临时用电安全技术规范》JGJ 46—2005 的有关规定执行。

7）支架搭设完成后，应对立杆上碗扣、立杆连接销、斜杆扣接点、扣件等逐一检查。

15.3.4 底模铺设及预压

1. 底模铺设

（1）底模结构

底模采用 10cm×10cm 木枋、δ＝15mm 木模板或竹胶板铺设。腹板和倒角处木枋的中心间距为 20cm，箱室区的中心间距为 30cm，模板接缝处加密木枋保证接缝两端错台不超过 2mm。详见图 15-10。

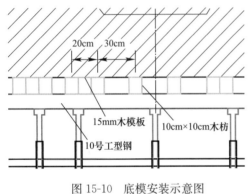

图 15-10　底模安装示意图

（2）竹胶模板

前期施工过程中，主要进场的底模为木模板，但发现木模板使用的周期次数只有 1～2 次，利用率低且混凝土成品效果不佳，后期只能作为内模使用。最后经比较，采用竹胶板，此模板使用率高，韧性强，可循环使用 3～4 次。

2. 预压及沉降观测

支架加载预压采用预压块法。预压块总重量为箱梁自重的 120％。完成底模板安装后，根据不同部位的配重进行箱梁结构全断面预压。

支架预压区域内，监测断面设置在两端及间隔 1/4 长度位置。监测点横桥向布置在底板中间和腹板中间对应位置。在基础及满堂式支架顶面对应位置设置监测点，每个监测断面应对应梁体中心线各布置 5 个以上监测点，如图 15-11、图 15-12 所示。

支架预压按预压单元进行 3 级加载，依次加载的荷载为单元内预压荷载值的 60％、80％、100％。当纵向加载时，从混凝土结构支点开始向跨中处进行对称布载；当横向加载时，从混凝土结构中心线向两侧进行对称布载。载入的荷载分布要尽量与主梁混凝土的分布一致，翼板位置铺设底板面以进行支架预压，加载重量偏差应控制在同级荷载的 5％以内，如图 15-13 所示。

加载分层分级进行，每级加载完成 1h 后，对支架的变形进行一次观测，以后间隔 6h 监测记录各监测点位移量，当相邻两次监测位移平均值之差不大于 2mm 时，方可进行后续加载。全部预压荷载施加完成后，应间隔 6h 监测记录各点位移量，当连续 12h 监测位移平均值之差不大于 2mm 时，方可卸除预压荷载。卸载完成后记录支架的弹性恢复情况。

根据预压试验中的沉降位移观测绘出沉降位移曲线，确定支架的弹性变形和非弹性变形。根据预压变形数值及梁体设计预拱值，进行底模调整，底模调整通过支架顶托进行。

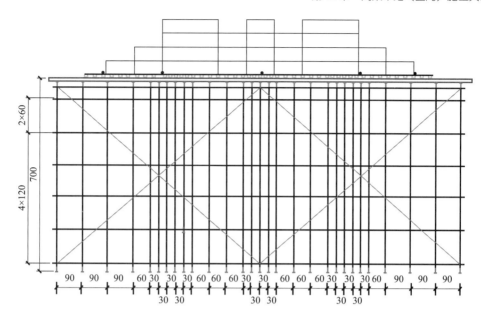

图 15-11　监测点横断面布置示意图（单位：mm）

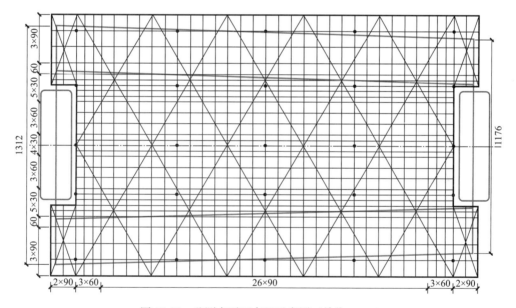

图 15-12　监测点平面布置示意图（单位：mm）

3. 注意事项

（1）在铺设模板时，应注意处理模板拼缝防止漏浆，可使用薄铁皮或双面胶紧密贴合模板，同时板与板的接缝必须位于纵向方木顶面上，否则应对纵向方木的间距进行适当调整。

（2）在铺设时必须使纵、横向模板接缝在一条线上，保证拆模后底板美观，并将方木和上旋的标高调整至设计标高。

15.3.5　支座安装

支座安装前，检查支座连接状况是否正常，不得任意松动上、下支座连接螺栓。凿毛支座就位部位的支承垫石表面，清除预留锚栓孔中的杂物，并用水将支承垫石表面浸湿。用钢楔块楔入支座四角，找平支座，并将支座底面调整到设计标高，在支座底面与支座垫石之间留 20～30mm 空隙。图 15-14 所示为现场支座安装。

图 15-13　现场预压施工

支座灌浆前，检查支座中心位置及标高，按照试验室配合比用重力式无收缩高强度灌注材料灌浆，灌注支座下部及锚栓间隙处，直到从钢模与支座底板周边间隙观察到灌浆材料全部灌满为止。灌浆时只允许一个起点灌，并要保持连续，不能多点起灌，不能停顿。终凝后，拆除模板，拧紧下支座锚栓，待灌注梁体混凝土后，及时拆除支座的上、下支座连接螺栓。安装完毕后对支座情况进行检查，并及时涂装预埋板及锚栓外露面，以免生锈。图 15-15 所示为现场支座灌浆料施工，具体详见示意图 15-16。

图 15-14　现场支座安装

图 15-15　灌浆料施工

15.3.6　侧板安装

侧模采用定型钢模，进场时进行验收，使用卷尺测量模板尺寸使其符合设计要求，用水平尺和塞尺检查模板平整度以确保符合规范要求。

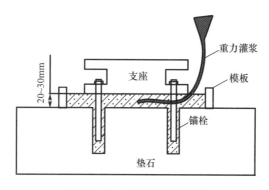

图 15-16　支座灌浆示意图

1. 模板的选择及安装

项目共采用两种形式的侧模板：散拼木塑材料复合模板（图 15-17）、整体钢模板（图 15-18）。

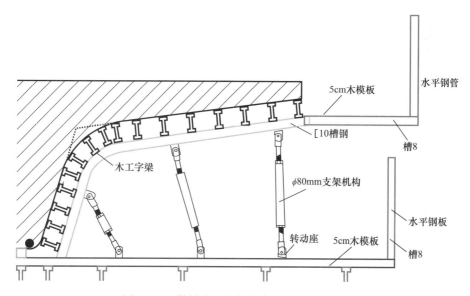

图 15-17　散拼木塑材料复合模板断面示意图

（1）两者模板对比

木塑模板采用人工装拆，场地需求小；并可按需求加工圆弧曲线模板；拼装及调模方便，结构简单；受力性好，作业空间大。但该种安装方式较为繁琐，施工时间较长。在现浇梁前期阶段以及金星站—黄石站高架区间 YG3 号～5 号连续梁施工中主要采用木塑模板，YG3 号～5 号同一截面有两座连续梁，两座连续梁内侧模板安装及拆除受设计与场地影响，采用木塑模板。

整体钢模板比木塑模板安拆方便，采用整体安拆，效率高，满足工期紧的要求。模板采用整体滑移工艺，可节约模板拆除安装时间。

（2）侧模安装

采用的模板为拼装式滑移模板，能够沿顺桥向滑移，模板放置在滑移轨道上，横向设置千斤顶，模板的移动通过小型卷扬机实现（图 15-19）。该模板仅在首次使用时进行拼装，之后通过滑动连续使用，直至区段梁体全部完成后拆除，缩短了工序转换时间和施工成本投入，确保了外观质量统一性。

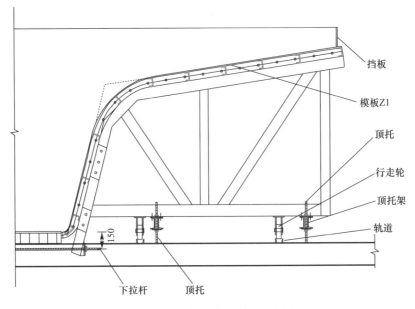

图 15-18 整体钢模板断面示意图

（a）滑移装置安装　　　　　　　　　　（b）侧模安装

（c）模板验收　　　　　　　　　　（d）模板拼装完成

图 15-19 侧模安装

2. 钢模板整体滑移创新设计

（1）整体滑移工艺原理

整体模板设置滚轮和活动轨道，可实现模板的移动使用，如图 15-20 所示。混凝土浇筑完成并达到拆模要求后，拆除桁架下支垫材料，拆除正反丝杆，铺设活动轨道，松下顶升丝杆使模板脱离混凝土面，滚轮落在轨道内。使用卷扬机推动，使模板沿着轨道到达下一段施工梁段，测量复核定位后，进行模板调整就位。模板拆移按单节进行，各节段间采用螺栓加固。模板的调模、拆移过程，均利用正反丝杆进行模板的水平位置调整。

图 15-20　轨道铺设示意图

（2）控制要点

1）为了防止支架在水平荷载作用下倾覆，可设置连墙件将支架与墩身主体结构相连。

2）滑移前以及滑移过程中需检查行走轮、轨道是否固定、损坏。

3）卷扬机拉动模板速率控制在 6～12m/min。

4）模板滑移到位后重新检查支架是否稳定，尤其是顶托是否偏心。

（3）实施成效

1）标准化。新的工序下，省去模板的拆除拼装堆放，满足施工现场标准化管理要求。

2）安全性。减少汽车吊装的次数和持续时间，提高安全性。

3）经济性。降低现场机械设备的租赁费用。

4）高效性。大大节省模板周转的时间，提高现场的管理、施工人员的工作效率。

5）特殊性。在施工场地受限、设备吊装不到的区域可适用。

3. 脱模剂选择

现场翼板使用液压油和模板漆两种脱模剂。液压油成本低，涂刷一次仅叮使用一次，脱模后的混凝土偏淡黄，效果欠佳。模板漆成本略高于液压油，该漆涂在模板上，涂膜坚硬、光亮，防腐防锈，涂刷一次能脱模 2～3 次。脱模后混凝土呈仿大理石状，平整光滑，手感细腻，有光泽，与混凝土颜色一致，基本无需人工修补。图 15-21 所示为模板漆完成现场。

图 15-21　模板漆完成现场

15.3.7　钢筋绑扎和预应力设置

1. 钢筋工程

（1）钢筋下料及加工按钢筋大样图进行，加工完成后，用钢筋运输车运到施工现场，技术员应对出厂钢筋进行把控，不合格的钢筋半成品不允许出厂。

（2）先绑扎底板钢筋，在底板钢筋绑扎的过程中布置底板预应力波纹管，按设计要求安装好波纹管定位钢筋。

（3）底板钢筋完成后，进行腹板钢筋绑扎，在绑扎腹板钢筋的同时，安装腹板预应力波纹管，按设计要求安装波纹管定位钢筋。图 15-22 所示为腹板钢筋安装示意图。

图 15-22　腹板钢筋安装示意图

（4）钢筋安装时，垫块数量不得少于 4 个/m²，绑扎垫块和钢筋的铁丝头不得伸入保护层内，垫块混凝土强度等级为 C50。钢筋安装完成后，检查垫块是否与模板和钢筋支撑牢固，有无支撑不稳定、悬空、损坏和脱落现象，如有，及时增补垫块和更换垫块。

（5）钢筋应进行除锈处理，严禁使用锈蚀的钢筋。

（6）加工好的钢筋要分类、分编号堆码整齐，钢筋存放需下垫上盖。

（7）在部分现浇梁施工当中，受防落梁、预应力管道以及其他预埋件的影响，可适当调整受影响钢筋间距。

（8）在施工过程中，需着重注意特殊部位加强筋的安装，如张拉槽口、支座、防落梁、排水口、进人孔等。

（9）在所有钢筋安装完成后，进行预埋件的绑扎安装，包括：防雷物件、挡水台预埋筋、挡板预埋筋、消防水管基础预埋筋、弱电缆槽预埋筋、道床预埋筋、疏散平台基础预埋筋以及接触网预埋件等。

2. 预应力管道安装

（1）预应力管道安装须在钢筋安装的过程中进行，并非钢筋安装完成后进行。

（2）预应力管道安装前按设计进行坐标放样，方可进行安装。

（3）管道安装完成后，及时进行检查，管道位置及管道连接合格后，方可进行下一管道的安装。

（4）预应力管道采用波纹管，并采用专用接头连接，连接处气密性应符合规定，同时每隔 50cm 利用钢筋准确定位，曲线地段根据具体情况，可适当加密定位钢筋，波纹管定位时，不得损伤波纹管。施工现场波纹管如图 15-23 所示。

图 15-23　波纹管穿束

（5）当管道与非预应力钢筋的位置冲突时应以管道优先的原则安装。

现浇箱梁的预应力施工多为后张拉，所以在钢筋的绑扎过程中必须将预应力管道准确定位或用钢绞线穿入。

3. 钢绞线安装

设计要求钢绞线采用 Φ15.20mm 低松弛钢绞线，标准强度 $f_{pk}=1860MPa$，弹性模量 $E_y=1.95\times105MPa$。穿束方式可采用人工和机械穿束。

（1）预应力筋下料长度应根据设计图和施工用张拉设备的工作长度、锚夹具厚度、外露长度等所需要的长度综合计算求得。

（2）钢绞线不得用电弧切断，钢绞线下料后不得散头。

（3）根据设计每孔钢绞线的束数，进行钢绞线编束，编束间距为 1～1.5m，并编号存放备用。

（4）搬运时不得在地面拖拉。

（5）简支箱梁为纵向预应力体系，所有钢绞线均采取先穿束方式施工。在现场管理人员的指挥下进行穿束。施工过程中，必须安排专人进行指挥操作，保证整个操作过程统一协调。

15.3.8　内模安装及加固

底腹板钢筋绑扎安装完毕后立即对底板、腹板钢筋和波纹管进行全面检查，方可进行内模安装。

内顶模采用 $\phi48mm\times3.5mm$ 扣件式钢管搭建支架，钢管纵向步距均按不大于 100cm 布置，钢管上端采用顶托调节装置，顶托上横向布置 10cm×10cm 木枋作为分配梁，纵向木枋间距为 30cm。钢管立在底板钢筋面上，上下层钢筋间加焊 Φ16 钢筋支撑，底层钢筋与底板面层接触面上加密铺设等强度的混凝土垫块，垫块不少于 4 个/m²，保证每根钢管的受力通过底层钢筋扩散后再通过混凝土垫块传至面层结构。腹板采用安装在横向钢管的顶托调节支撑，如图 15-24 所示。

图 15-24　内模安装

15.3.9　混凝土浇筑

1. 施工准备

混凝土浇筑前，仔细检查支架及模板安装情况，并对所有机械设备、工具以及混凝土供应进行确认。清洗、打扫钢筋、模板上的施工残渣。详细检查内外模拉杆、内模支撑架等隐蔽位置，确保支撑加固可靠。详细检查预留管孔、预埋构件位置等，确保其数量和位置准确。对模板位置及标高进行复测。检查土工布及塑料薄膜等养护用具准备到位。

2. 混凝土浇筑

整孔箱梁混凝土分段一次浇筑成型，采用泵送混凝土施工。混凝土浇筑纵桥向按"斜向分段、水平分层"的方法进行，斜向分段长度宜为 4～5m（图 15-25）。混凝土浇筑应从一端至另一端浇筑，采用两台泵车时应从两端开始对称浇筑。

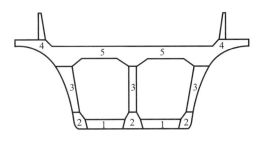

图 15-25　纵桥向浇筑示意图

横桥向按"先底板，再腹板，最后顶板"的顺序进行浇筑，如图 15-26 所示。腹板混凝土的高度应保持基本一致。在新浇筑完成的下层混凝土上再浇筑新混凝土时，应在下层混凝土初凝前浇筑完成上层混凝土。上下层同时浇筑时，上层与下层前后浇筑距离应保持 1.5m 以上。在倾斜面上浇筑混凝土时，应从低处开始逐层扩展升高，保持水平分层。

底板混凝土浇筑时，混凝土可从腹板两侧进入，完成底板部分混凝土浇筑，浇筑完成后及时进行收面（图 15-27）。

图 15-26　混凝土浇筑

图 15-27　混凝土收面

图 15-28　混凝土养护

测，包括支架的沉降和地基的沉降。

浇筑顶板混凝土时应注意控制好顶板厚度和坡度，并对顶板面标高进行精确控制，顶板标高控制点每 2m 布设一个，同时要挂线进行顶板收面，收面完成后，再次进行标高复测，确认无误后，进行覆盖养护（图 15-28）。

3. 支架变形观测

（1）混凝土浇筑过程中必须安排有经验的木工、架子工值班检查模板、支架变形情况，防止发生意外事故。

（2）测量组采用全站仪对支架进行沉降观

（3）观测点的布设与支架预压时的观测点布置相同。观测分浇筑前、浇筑过程中、浇筑后三个阶段进行。

（4）在观测过程中，如出现支架变形过大，必须暂停施工，采取加固措施后，方可继续施工。

（5）施工完成一孔后，根据该孔观测结果，对观测数据进行分析，供下一孔施工提供参考，依据该孔施工情况对支架、模板进行调整和局部加强。

4. 连续浇筑保证措施

（1）提前通知搅拌站备料，保证材料供应及时。

（2）提前掌握混凝土运输道路交通情况，选好备用线路。

（3）浇筑现场清理干净，场地道路保持畅通。

（4）检查备用发电机组工作状态是否正常，应对突发停电状况。

（5）加强机械设备配置及备用，有备用泵车使用。

（6）现场准备充足的彩条布等防雨材料。

5. 混凝土养护

混凝土的养护采用自然洒水覆盖养护，在面层混凝土初凝后，先铺设一层塑料薄膜保湿，待混凝土有一定强度后覆盖湿润土工布。养护期间 1 人专项负责洒水，洒水频率以能保持混凝土表面充分潮湿为度，保证养护不间断，不得形成干湿循环。混凝土养护不应少于 14d，尽量减少收缩、温差的影响，以确保混凝土的施工质量。

当环境温度低于 5℃时，梁表面应采取保温措施，禁止对混凝土洒水。

15.3.10 预应力张拉和压浆

1. 张拉

（1）张拉必须在箱梁混凝土达到设计要求强度（强度及弹性模量达到设计值）方能进行。张拉采用双控方式，以应力控制为主（每束钢绞线张拉控制应力见专项控制应力交底资料）、伸长值校核为辅（图 15-29）。

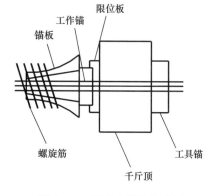

图 15-29 预应力张拉构造图

（2）根据千斤顶、压力表、油泵等进行配套校定后的结论，确定张拉力与压力表读数之间的关系曲线，配套校定好的千斤顶、压力表，油泵必须进行编号以防用错。

（3）该桥使用的千斤顶，使用前必须经过校正，校正有效期为 1 个月，若不到 1 个月，但纵向张拉达到 200 次及在使用过程中出现不正常现象时均必须重新校定。与千斤顶配套使用的油表必须为防振型产品，压力表为 0.4 级以上精密压力表，检定周期为 1 个月（图 15-30）。

（4）对锚夹具的强度、硬度和锚固性能进行检验，锚具表面不得有裂纹、伤痕、锈蚀。厂家提供的资料必须齐全。

（5）预应力钢束在使用前必须做张拉、锚固试验，根据实测管道摩阻系数及偏差系数、实测锚口摩阻损失实测情况，调整张拉控制应力，以保证预施应力准确。

图 15-30　现场张拉设备

（6）预应力钢绞线的张拉程序为：安装工作锚→安装工作夹片→安装限位板→安装千斤顶→安装工具锚→安装工具夹片→初张拉（10%σ_k）→量测初伸长值→张拉至 100%σ_k→持荷 5min→量测终伸长值→锚固→张拉缸回油、工具锚松脱→关闭油泵，张拉缸、顶压缸复位→依次卸下工具夹片、工具锚、千斤顶。

（7）预应力筋的实际伸长值与计算伸长值相差控制在±6%以内。

（8）预应力筋锚固后的外露长度采用机械切割，外露长度不小于预应力筋直径的 1.5 倍，且不小于 30mm。

2. 工具夹片整体顶推板发明设计

数控千斤顶张拉过程中，因行程有限，无法一次张拉到位，需要多次倒顶，倒顶后要对每副夹片进行安装推紧，因安装夹片过程较为繁琐，耗时较长，影响张拉效率及进入下一步工序的时间，施工中优化夹片整体顶推板，缩短张拉用时。

工具夹片整体顶推板设计原理如图 15-31 所示，通过合页或其他可拆卸连接方式使工具夹片、工具锚圈与活塞连接成整体，共同进退。

图 15-31　工具夹片整体顶推板设计原理示意图

该工法具有效率高、安全性能佳的优点。

（1）效率高。整体顶推板所花时间仅为单一捣固一副工具夹片所用时间，相对来说时间大大缩短。钢绞线越多，时间效益越突出。

（2）安全性能佳。张拉时工具夹片被安全地限制在工具锚圈孔内，无法飞出，避免了安全事故的发生。

3. 压浆及封端

为了防止预应力下降，在张拉完成后 48h 之内完成压浆。采用一次压浆工艺进行真空压浆，从波纹管道一端压入，至另一端冒出浆为止。在正式压浆前应先给孔道内压水，检查孔道是否畅通。采用活塞式压浆机进行压浆，最大压力控制在 1.0MPa，待孔另一端流出浓浆后，关闭出浆口，保持 0.5MPa 压力 3min 以上，然后关闭压浆口、卸压（图 15-32）。同时，试验室做好试件。压浆完成后应及时封锚，将张拉槽口及锚具周围凿毛冲洗干净，然后设置钢筋网、支模浇筑封锚（微膨胀）混凝土，按规定进行养护。封锚后进行防水处理，在锚槽外侧、梁端底板及腹板的表面涂刷聚氨酯防水涂料。

图 15-32　现场预应力管道压浆

4. 注意事项

（1）千斤顶使用前必须经过检测机构鉴定。

（2）千斤顶送检时，需委派试验人员到检测机构配合。

（3）张拉时，同条件试块及养护天数到达设计要求。

（4）现场首次张拉前，应对张拉数据进行计算，以验证标定数据的准确性，防止出现超张拉现象。

（5）压浆过程应连续，中途不应停顿。压浆现场发生意外时，立刻采用清水及时将管内未压完浆液压出，防止浆体硬化无法补浆。

（6）压浆后 4h 内所有的阀门不得打开。

（7）当温度低于 5℃时不宜压浆。下雨天压浆，压浆机位置必须搭棚，以防影响压浆质量。

（8）压浆管应选用高强橡胶管，抗压能力≥2MPa，带压压浆时不得破裂，连接要牢固。

15.3.11　支架拆除

1. 支架拆除

待完成预应力张拉压浆且压浆强度达到设计要求后，方可拆除支架。支架拆除应对称均匀，并按照"先支后拆、后支先拆、先中部后两边、从跨中到支座"的顺序进行。支架拆除后，应及时进行维修整理，分类妥善存放，以备后续施工使用。

2. 注意事项

（1）拆除顺序按安装顺序的反方向进行。

（2）拆除作业必须由上而下逐层拆除，严禁上下同时作业。

（3）拆除作业应及时拆除已松开连接的杆、配件，并妥善处理，避免误扶、误靠。

（4）拆下的杆件应以安全方式吊走或运出，严禁抛掷。

15.4　高架车站施工关键技术

高架车站施工关键技术以黄石站为例。黄石站为路侧两层高架车站，车站用地位于生态大道西侧道路，呈南北方向布置，生态大道为双向 4 车道，车站用地为园林和商铺建筑，管线基本位于生态大道路中，对车站结构无控制性影响。车站中心里程 YDK55＋895.040，为地面两层 11m 岛式站台高架车站，采用四柱三跨现浇框架结构，站台雨棚拟采用轻钢结构，局部设置地下消防水池及电缆夹层，基础采用旋挖钻孔灌注桩，桩径为0.8m，桩长约 25m，为摩擦桩。车站总长为 231.6m，总宽为 19m，横向柱网为 5.86m＋6.48m＋5.86m，纵向柱网为 13.0m＋12m×4、12.0m×5、12m×3＋10.01m＋11.0m、12m×4。车站结构长度较大，站厅层、站台层纵向设变形缝三道（缝宽 100mm）。黄石站横剖面图如图 15-33 和图 15-34 所示。

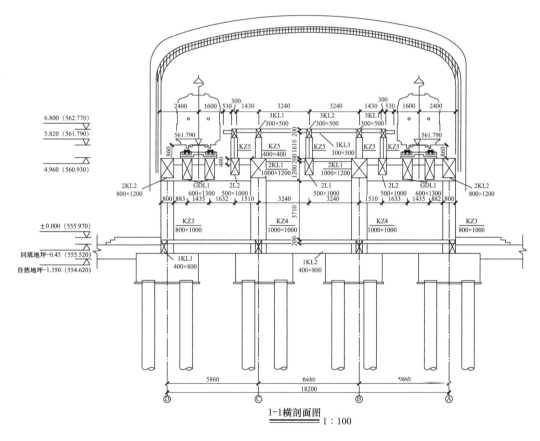

图 15-33　黄石站横剖面图-1

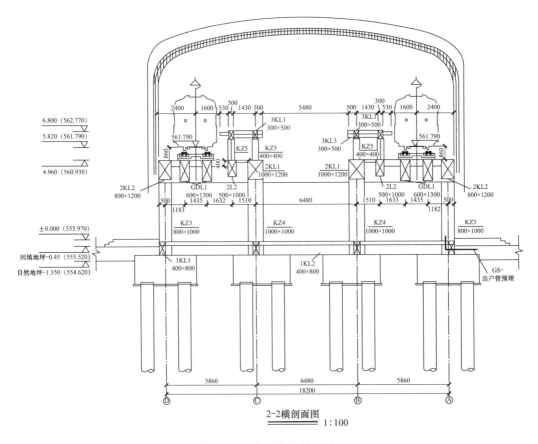

图 15-34 黄石站横剖面图-2

15.4.1 施工总体安排

1. 平面布置

黄石站总平面图如图 15-35 所示。

图 15-35 黄石站总平面图

2. 施工组织安排

本站不受运梁过站影响，主要施工步序为：三通一平→施工围挡→桩基施工（采用机械钻孔灌注桩，在桩基施工之前，需进行单桩竖向静载试验）→开挖基槽，进行承台及基础梁施工，并预埋框架柱纵筋插筋→依次进行框架柱钢筋绑扎、支模、混凝土浇筑（预埋钢屋盖地脚螺栓等埋件）→站台下夹层梁板钢筋绑扎（同时进行轨道梁支座安装）、支模、混凝土浇筑→站台层梁板柱钢筋绑扎、支模、混凝土浇筑→安装工厂预制的屋盖钢结构→装修工程。

15.4.2 主体结构施工

1. 基坑开挖

基坑开挖深度约 1.55m，局部地下室基坑深度约 7m。根据地勘资料，车站涉及范围的地层主要为人工土层、粉质黏土、粉土、细砂及卵石层组成。基坑由浅至深分层开挖，存在深浅不一且间距较近的基坑，开挖过程中注意对桩的保护。

基坑开挖可根据基坑深度和土质情况，采取相应的放坡和支护方式。地下结构施工期间，基坑支护采用土钉＋喷射混凝土边坡支护。基坑开挖采用挖掘机作业，机械开挖至基坑底面设计标高以上 15cm 左右时，改用人工挖土；开挖后基坑底标高以不高于设计底标高为准。基坑四周应设置排水系统，在坡顶及坡底设置排水沟和适当的抽排措施，确保基坑无积水，排水系统由人工配合挖掘机进行施工。消防水池、电缆夹层部位基坑位置施工期间采用管井超前降水，降水点的设置应保证地下水位的有效降低。降水井直径 600mm，井管直径 300mm，井深度约为 15m，沿基坑两侧纵向布置，单侧间距 15m，距离基坑边缘 1.5m，降水深度为不小于基坑底 1m。基坑开挖至设计标高后，应及时报监理工程师对基坑进行验收检测，经监理验收合格后方可进行下道工序施工。基坑边坡顶部 10m 范围内严禁堆放材料及土方等杂物，加强地表水控制，以防造成基坑边坡失稳等。施工期间应对土体侧向变形、土钉支护变形、地面沉降、土钉拉力等数据进行监测，做好坡顶、坡脚部位等紧急防护措施，备好抢险材料。如发现地面开裂、沉降加速等情况，应立即停止施工并采取有效的措施，在经现场施工监理确认安全并上报业主及设计人员确认后方能继续进行施工。

2. 承台及基础系梁

车站承台和基础系梁主要施工顺序为：测量放线→基坑开挖及支护→垫层浇筑→钢筋绑扎→模板安装→浇筑混凝土→拆模→养护→基坑回填。承台及系梁采用木模板进行施工，采用钢管和槽钢作为加固背肋。承台底部浇筑 10cm 垫层施工，承台和系梁同时施工，钢筋绑扎时预埋立柱钢筋。

3. 地下结构

车站的地下结构包括消防水池、电缆夹层、电梯井基础，主要施工顺序为：基坑回填→土方压实→测量放点→垫层浇筑→底板防水施工→底板施工→侧顶板施工→侧顶板防水施工。

承台及基础系梁施工完成后，进行基坑回填，填至地下结构垫层底位置。回填土方应进行压实，压实度不小于 94％。浇筑 10cm 厚垫层，垫层超出地下结构外边沿 10cm。地下结构的防水等级要求为 P8，应按要求进行结构防水，特别是折角及接缝处的防水处理。

4. 墩柱

车站的墩柱为矩形断面现浇框架柱，施工工艺较为简单。墩柱施工工序如下：凿除承台浮浆→测量放线→钢筋安装→模板安装加固→浇筑混凝土→拆模养护。

（1）承台凿除浮浆

墩柱施工前，对墩柱轮廓线范围内的承台顶面混凝土全部凿毛（包括钢筋保护层范围内）。经过凿毛处理后的混凝土表面，用压力水冲洗干净，使表面保持湿润但不积水。

（2）测量放样

由测量班根据设计图纸在桩顶放出方墩边线点，根据方墩边线点用墨斗弹出墩柱边线，据此确定墩柱的轮廓边线。

（3）钢筋制作安装

墩柱钢筋在桩承台施工时预埋主筋，预埋主筋长度要符合设计规范要求，轴线位置严格控制。钢筋在钢筋场集中制作。钢筋、机械连接器、焊条等的品种、规格和技术性能符合规范和设计要求，受力钢筋同一截面的接头数量、搭接长度、焊接和机械接头质量符合施工技术规范要求。墩柱主筋与桩基主筋连接方式根据设计图纸确定。主筋下料时要满足设计长度，并预留伸入盖梁的钢筋。主筋钢筋接头按规范要求错开布置。钢筋下料时，要确保切口端面平整，不得有马蹄形、挠曲、缺角和与钢筋轴线不垂直的现象，确保钢筋端部顺直；同一截面钢筋接头，不能超过截面50％。

定位钢筋要按规范设置，为确保施工过程中钢筋保护层厚度满足设计要求，钢筋四周设置高强度砂浆垫块。垫块根据设计要求的钢筋保护层厚度预先制作或购置。保证浇筑混凝土时钢筋骨架有足够的保护层。钢筋连接完成后报现场监理工程师验收，通过后再进行下道工序施工。

（4）浇筑混凝土

混凝土在拌合站集中拌合，混凝土罐车运送，由吊车吊斗或混凝土泵车泵送，通过串筒，传送到模内，分层浇筑。分层厚度控制在30cm以内，插入式振捣器振捣。

（5）拆模养护

墩柱模板采用吊车配合拆模。拆除模板后，应立即用塑料布包裹墩柱，以防混凝土内的水分蒸发。拆模后需进行洒水养护，养护时间不得小于7d。

5. 站厅层、站台层

站厅层框架梁、板采用满堂支架现浇法施工，施工前先覆土回填基坑并对地面做硬化处理。

采用盘扣满堂支架，支架需用砂袋等载预压以消除非弹性变形。混凝土采用搅拌运输车运输，混凝土输送泵泵送入模。钢筋在加工厂集中加工，运至站位后直接在底模上进行绑扎，外侧模采用钢模板、底模采用木模，模板利用吊车在支架上铺设和拼装，施工工艺如图15-36所示。

（1）支架基础

车站主体结构梁板采用支架现浇，需将原地面杂物清理、整平、碾压，基底土质不符合要求的需要进行换填，基底处理完成后，根据梁板厚度及混凝土方量计算地基需要的承载力，根据计算结果确定支架基础混凝土浇筑厚度。在支架两侧各2m的全范围进行防雨覆盖，并做截水沟，将水及时排出。

（2）支架搭设

混凝土基础达到规定强度后开始支架搭设，支架采用钢管满堂式，钢管间距和步距需根据承载力要求经计算后确定，支架搭设标高通过下底座、上托座和调节杆共同调整。支架上托设工字钢、木板搭设作业平台。

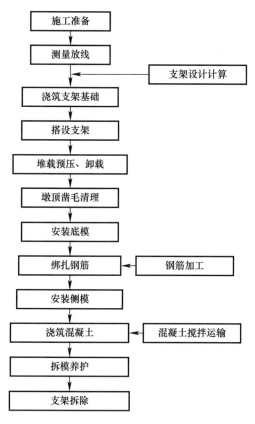

图 15-36　框架梁板施工工艺流程图

（3）模板安装

模板采用 1.8cm 厚高强度竹胶板，10cm 方木作为背肋加固，模板在安装之前全面涂刷脱模剂。模板之间连接部位采用海绵胶条以防漏浆，模板之间的错台不超过 2mm。模板拼接缝要纵横成线，避免出现错缝现象。

底模板布置在支座上托座上，通过调节杆进行调整。框架梁侧模板外侧背设纵横槽钢背肋，用钢管及扣件加固，用以支撑固定侧模板。

（4）钢筋绑扎

钢筋骨架采用钢筋场集中加工制作，现场安装。钢筋绑扎时应严格按照图纸要求进行绑扎，数量到位、位置准确，焊接部位搭接长度和焊缝均要满足要求。钢筋外侧布置混凝土垫块，保证混凝土保护层、垫块强度不得低于结构混凝土强度。

（5）混凝土浇筑

混凝土浇筑采用泵送入模，如图 15-37 所示。坍落度满足规范要求，为减少用水量需掺加早强缓凝剂。在振捣时，配备足够的振捣工，并需有专人监振，杜绝漏振或少振，确保密实。对钢筋较密处应加强振捣，振捣时应注意保护预埋件（图 15-38），同时严格控制水灰比。

图 15-37　混凝土浇筑及振捣

图 15-38　预埋件安装

（6）混凝土养护及拆模

混凝土浇筑完毕及时按要求进行保温养护。混凝土达到规定强度，且达到要求龄期后方可拆除模板及支架。拆除的模板及支架材料应堆放整齐，以方便后续施工。

站台层结构由现浇框架柱、框架梁、混凝土板组成，其施工工艺跟站台厅层梁板柱类似。

第 5 篇

其他关键施工技术

第 16 章 ▶▶

车辆基地施工关键技术

成都轨道交通 17 号线是市域快速轨道交通层次中重要的西部快线。通过主、支线的方式串联了中心城区和温江、双流东升组团，进一步加强了外围组团与中心城区的快速联系。车辆基地包括 1 个停车场和 1 个车辆段，即五桐庙停车场和永义车辆段。本章主要介绍永义车辆段施工关键技术。

16.1 车辆段概况

16.1.1 项目概况

永义车辆段段址位于温江区永义村，如图 16-1 所示，占地面积 31.4ha，段址东侧为灌温生态大道，北侧为镇江路和陈石路，西侧为规划道路及和盛中学校，段址规划为建设

图 16-1　永义车辆段段址示意图

用地，原有农田和少量村舍。车辆段初期承担 17 号线全部车辆的定修任务和部分车辆的临修任务、部分车辆的双周检/三月检任务、部分车辆的停放任务。停车场内主要建筑物包括综合楼、食堂及公寓、污水处理房及垃圾房、降压变电所、洗车机棚及控制室、受电弓轮对检测棚、调机工程车库、材料棚、停车列检库、检修库、综合维修中心、物资总库、杂品库、镟轮库及试车间、消防水池及水泵房（地下）等，总建筑面积 121075m²，车辆占地面积指标 871.9m²。

图 16-2、图 16-3 所示分别为永义车辆段总平面图和永义车辆段鸟瞰图。

1. 出入场线

根据正线线路方案、永义车辆段总图布置方案、车站布置方案、道路规划及行车运营组织等情况，永义车辆段采用双线接金星站的出入线方案。

永义车辆段出入段线双线均在金星站北端接轨，均采用高架及路基形式。出入段线在金星站接轨以后，以平坡与正线并行 200m，然后以 4.26‰ 的下坡下穿左正线及 A4 正线，接入永义车辆段内，车辆段轨面标高为 577.53m。永义车辆段出入段线方案如图 16-4 所示。

2. 总平面布置

永义车辆段出入段线在金星站接轨后进入车辆段。车辆段由西北向东南依次为运用库、检修库、镟轮库及试车线。运用库由停车列检库、双周/三月检库等组成，均采用尽

头式，并列布置于车辆段西南侧。总平面布置及现场布置图分别如图 16-5 和图 16-6 所示。

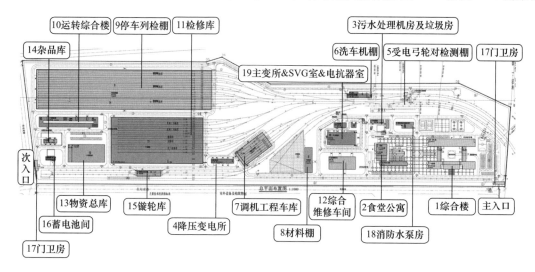

图 16-2　永义车辆段总平面图

图 16-3　永义车辆段鸟瞰图

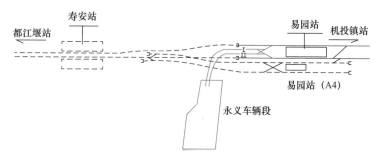

图 16-4　永义车辆段出入段线方案

　　检修库并列布置于运用库东南侧，由定/临修库、静调库、双周/三月检库及辅助生产用房组成。

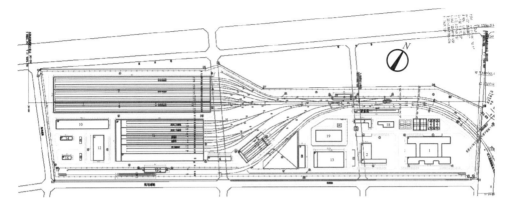

图 16-5　永义车辆段总平面布置示意图

图 16-6　永义车辆段现场布置图

调机工程车库布置于检修库东侧咽喉区附近。

试车线及镟轮库依次布置于检修库东南侧，其中试车线有效长为 1150m，无法满足列车的高速试车，高速试车需考虑在正线区间进行。

综合维修车间、杂品库及蓄电池间布置于检修库西侧空旷地块。

降压变电所布置于咽喉区东南侧、调机工程车库西侧。材料棚及材料堆场、物资总库、主变电所（不计入车辆段）布置于调机工程车库东侧。

洗车线采用咽喉区"八字"式布置，设于出入段线西北侧，列车洗车作业顺畅。

牵出线设于出入段线西北及东南两侧，其中考虑东南侧牵出线作为信号转换轨设置。

厂前区集中设置于咽喉区东南侧，依次布置综合楼、食堂及公寓、污水处理站及垃圾站、消防水池及水泵房，并于咽喉区南侧设置演练线 1 处。

车辆段用地东侧设置主变电所 1 处。设置独立的围墙及道路。

车辆段内设有环形运输道路和消防道路。结合场址周边既有道路情况，车辆段设出入口二处。

通段道路考虑从车辆段主出入口沿规划道路接至南北大道（南北大道为规划道路，温江区拟在车辆段完工前建成，与车辆段同步实施），道路长度约 660m。

永义车辆段房屋建筑面积约 117675m²。车辆段红线内面积约 31.4ha，车辆段着地指标为 871.9m²/辆。

16.1.2　工程重难点

1. 工程设计专业多，专业性强，综合施工能力要求高

车辆段工程项目繁多，内容庞杂，涉及施工专业多，工程量巨大，总建筑面积达 121075 ㎡，工序之间互相干扰大是其重要特征。车辆段内房屋建筑单体工程共 20 座，点多分布广，总建筑面积达 121075 ㎡，在全面施工阶段，面临施工组织难、交叉施工、资源调配紧张等困难，主要体现在机械设备、人员在施工阶段的调配组织难度大，各专业接口繁杂，技术、管理工作量大。

对现场存在的交叉作业进行分析研究，提前做好施工部署，有效地解决了上述问题，满足了各专业的施工需求。

2. 施工接口多，组织协调要求高

各专业间交叉作业，必然存在着各专业之间互相干扰，需要进行内部协调、精心策划、周密部署、统一指挥，除了做好各专业之间的接口协调、配合工作外，还应加强对其他承包商、业主、设计、监理的接口配合工作，并对各种接口进行严格的控制。

面对上述问题，施工管理方面综合考虑、统一指挥、主动协调管理各接口工作。主要是土建施工过程中与机电安装的铁件预埋接口，与给水排水管道、电气及通风管道的预留及预埋管接口、土建与轨道专业的施工接口，各专业之间必须互相有效配合，保证接口施工准时准确，使相互间的施工干扰最小。

3. 工程量大，专业关系复杂是其重要特征

涉及专业多、结构工程量大、各专业间关系复杂，施工难度较大。

为此，提前分区施工，根据各个区的结构特点，合理策划各专业工程的施工工序、施工工期及其施工工期内必须配合的工作项目、要求和标准；同时在施工程序设计上本着同步分区施工、先下后上、先主后次、先大后小、永临结合、绿色施工的原则进行。

4. 土建工程量大，结构复杂，工期紧，周转材料投入量大

工程量非常大，由于土建施工工期限制，脚手架、钢模板及其他设备周转次数少，为保证业主要求的关键工序按时完成，施工中需要投入大量周转材料和设备。

16.2　地基处理施工关键技术

16.2.1　CFG 复合地基施工

1. 工艺性试验

在进行 CFG 桩施工前需进行首件工艺性试验，以复核地质资料以及设备、工艺是否适宜，确定混合料配合比、坍落度、搅拌时间、拔管速度等各项工艺参数。

待对 CFG 桩首件进行工艺性试验后出具《CFG 桩首件施工总结报告》，以经确认的首件施工总结报告中的结论为依据指导 CFG 桩现场大规模施工。

2. 平整场地

在 CFG 桩施工前清除原地面表层土，在旱地及旱田地段挖除地表植物根系，用黏性土回填至原地面，在淤泥质区域按要求进行换填施工，换填要求满足设计及规范要求，对标高不足区域回填至桩顶标高 50cm 以上并碾压密实，使钻机平台满足施工要求。

3. 钻机就位

按照放出的 CFG 桩桩位，现场就位钻机，如图 16-7 所示，钻机就位后进行钻机调整。通过悬挂在钻杆导向架侧面的垂球及在导向架上标出的对照线位置来调整钻机的水平和钻杆垂直度，使钻杆垂直对准桩位中心，确保垂直度及桩位满足设计及规范要求。同时在钻进过程中，随时注意观察垂球并及时调整，确保钻机不倾斜。在钻机导向架的正面用红油漆标出刻度，从钻杆顶部以零刻度开始每 0.5m 标注一次刻度，施工中通过刻度确定进尺深度。

图 16-7　钻机就位

4. 钻进成孔

钻孔开始时，关闭钻头阀门，向下移动钻杆至钻头触及地面并对准桩位，启动电机钻进，钻孔要先慢后快，同时检查孔位偏差并及时纠正，如发现钻杆摇晃或难钻时放慢钻进进尺。钻孔与渣土清运同时进行。根据导向架上标出的进尺标记，钻杆下钻至设计桩底标高时，关闭电机，停止钻进，清理钻孔周围泥土，并在动力头底面停留位置的相应钻机塔身处做醒目标记，作为施工时控制孔深的依据，当动力头底面达到标记处桩长，还应通过电流变化或钻杆摆动情况判断钻头是否达到持力层，进入持力层 50cm，即可终孔。如图 16-8 所示为钻进成孔现场。

在 CFG 桩下钻过程中，如遇孤石等其他障碍无法进入持力层时，应清除障碍后并按相关要求回填至设计标高以上 0.3m 后再进行成桩作业，在局部 CFG 桩已钻至设计桩长时，仍无法进入持力层时应通知监理、设计、地勘等相关单位进行确认，待作出下一步指示后方可继续作业。

图 16-8　钻进成孔

5. 灌注混合料及拔管

CFG 桩成孔到设计标高后，停止钻进，开始泵送混合料（冬期施工时混合料入孔温度不得低于 5℃，对桩头和桩间土采取保温措施），当钻杆芯管充满混合料后开始拔管，严禁先提管后泵料，成桩的提拔速度应按均匀线速度控制，拔管速率应控制在每分钟 1.2～1.5m，如遇淤泥或淤泥质土，应放慢拔管速度。提钻的速度与混合料的泵送速率相协调，保证钻杆内混合料表面高度始终略高于钻杆底出料口。如图 16-9 所示为灌注成桩现场。

成桩过程连续进行，尽量避免因供料问题导致停机待料，如上料不足，在拔管过程中加料。灌注成桩完成后，桩顶采用湿黏土封顶，进行保护。施工桩顶标高超出设计桩顶标高不少于 0.3m。

图 16-9　灌注成桩

当上一根 CFG 桩施工完毕后，移动钻机至下一根施工桩位，重复上述施工顺序及施工方法进行下一根 CFG 桩的施工。施工时由于 CFG 桩的土较多，经常将临近的桩位覆盖，有时还会因钻机支撑时支撑脚压在桩位旁使原标定的桩位发生移动。因此，下一根桩施工时，应根据轴线或周围桩的位置对需施工的桩位进行复核，保证桩位准确。

6. 桩间土清理及桩头切除

当桩身混凝土强度达到设计强度的 70% 时，可进行桩间土方的清除，桩间土层清除后，截除桩顶设计标高以上桩头，截桩采用环切法即在同一水平面采用环切机进行截桩。桩头截断后，用钢钎、手锤将桩顶从四周向中间修平至桩顶设计标高，如桩头仍有浮浆，应凿除做接桩处理。桩与地基之间铺设褥垫层，截桩后桩顶标高应满足设计及规范要求。

清理桩间土及截桩时应注意不得使设计标高以下的桩体断裂和扰动桩间土。如图 16-10 所示为现场清理桩间土，图 16-11 所示为截桩头现场。

图 16-10 清理桩间土

图 16-11 截桩头

7. 碎石垫层施工

CFG 桩施工完毕后将基底以下 300mm 范围内桩头及桩间土采用人工清除，在桩顶范围铺设 300mm 厚级配碎石垫层，铺设范围为基础边外延 500mm。级配碎石最大粒径≤3cm，采用碾压、夯实等方法压实，夯填度不大于 0.9（即压实后的级配碎石垫层厚度与虚铺厚度比不得大于 0.9），压实度符合设计要求。

16.2.2　预应力管桩

预应力管（方）桩施工流程如图 16-12 所示。

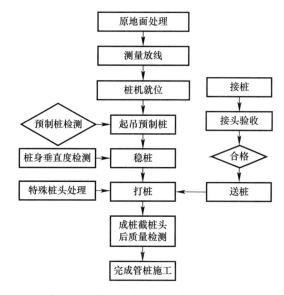

图 16-12　预应力管（方）桩施工流程图

1. 场地准备

清除地表杂物并填平场地中的坑洼处，标高不够区域需要回填至桩顶标高 30cm 以上，并沿场地四周挖沟排水至集水坑进行集中排水。场地地基承载力应不小于施工桩机对地基承载力最低要求的 1.2 倍。

2. 工艺性试验

在进行预应力管（方）桩施工前进行试桩试验以复核地质资料以及设备、工艺，确定贯入度等各项参数。

待对该试桩进行高应变桩身完整性检测试验及单桩竖向静载承载力试验后及时出具《预应力管（方）桩试桩总结报告》，以经确认的总结报告中的结论为依据指导预应力管（方）桩现场大规模施工。

3. 吊桩插桩

根据每孔设计桩长选择每节桩长和施工顺序并编号，最后一节有效桩长不宜小于 5m。利用桩机自身起吊设备按编号顺序吊桩就位。桩锤击过程中修正桩的角度非常困难，因此就位时应正确安放。第一节预应力混凝土方桩（PHS）、管桩（PHC）插入地下时，必须保持位置及方向正确，垂直偏差不超过桩长的 0.5%。桩身垂直度应重点控制入土的第一根桩身的垂直度，从十字交叉的两个方向进行观测，发现偏差后，及时拔出管（方）桩后重新施工，不得强行回扳校正，以免将桩扳裂以致断桩。桩身的不垂直沉入、偏心受力容易将桩体压碎裂而降低桩体的承载力。

4. 沉桩

打桩开始阶段，桩锤起落频度应间断，施打时，随时观察桩身垂直度，以便及时调整，若桩身垂直度符合规范及设计要求，则待土体将桩身挤紧后，开始连续锤击，锤击过程中随时观察情况；若开始施打时，发现桩身有偏斜现象，应立即纠正，常用方法为桩帽下垫厚薄不同的垫层，必要时，也可采用敲楔和拉的方法。方桩混凝土达100%设计强度后方可施工沉桩（图16-13）。

图 16-13 沉桩现场

5. 送桩

送桩深度不应大于2m，当桩顶打至接近地面需要送桩时，应测出桩的垂直度并检查桩顶质量，合格后立即送桩。送桩的最后控制贯入度（mm/10击）应参考同一条桩不送桩时的最后贯入度予以减少，直到送桩至设计标高。同时，最后1m锤数不宜超过300。现场测量人员及时测量桩顶标高。

6. 锤击桩垂直度控制

调校桩的垂直度是保证沉桩质量的关键，必须高度重视。插桩在一般情况下入土50～80cm停止压桩，然后进行垂直度调校。桩的垂直度安排专人采用两台全站仪进行监控，全站仪应设置在不受打桩影响处（约距桩点20m），且互成90°的方向上，并经常加以整平，监测导架保持垂直，通过桩机导架的滑动及停留进行调整。桩的垂直度偏差必须小于等于0.5%，满足要求后方可继续沉桩。在沉桩过程中施工员随时观察桩的进尺变化，如遇地质层有障碍物、桩身偏移等，应及时与设计、监理等有关人员研究处理。

锤击沉桩的允许偏差和检验方法见表16-1。

锤击沉桩允许偏差及检验方法　　　　　　　　　　　　表 16-1

序号	项目	允许偏差	施工单位检验数量	检验方法
1	桩数1～3根桩位	100mm	按桩总数的5%抽样检验，且每检验批不少于10根	测量或尺量
2	桩数4～9根桩位	1/2桩径或边长		
3	直桩垂直度	0.5%		吊线和尺量
4	斜桩倾斜度	15%tanθ		
5	桩顶高程	±50mm		仪器测量

16.3　场内道路、综合管廊施工关键技术

16.3.1　场区道路工程

1. 路基施工

（1）土石方开挖

车辆段范围地质情况主要为人工填筑土、膨胀土、膨胀岩、风化岩。人工杂填土主要

为表层耕植土及水沟淤泥。挖土方总量约为 15.6 万 m³。

1）开挖线放样

由专业测量技术人员依据设计施工图，沿车辆段红线放出开挖线。最后在开挖范围做好开挖控制桩并保护，作为开挖控制的依据。

2）机械挖土

开挖过程中应遵循先边缘后中间的方法，边坡及坑底应留 20cm 人工收尾，以减少对土层的扰动。开挖过程中应随时测量挖深，通过放坡系数计算该挖深处的下边缘位置，并由测量人员撒出白灰线进行控制。如果到达坑底后发现基底土层与地勘资料不一致应立即通知业主、监理、设计部门，以便及时采取措施。坡道处土方收尾采用挖土机进行挖土，装车运走。

（2）土石方回填

1）路堤

由于表层耕植土和水沟淤泥达不到 C 组填料标准，故需挖除表层耕植土及淤泥，换填为 C 组填料，平均深度约 0.5m。

库外股道区路基表层采用"0.5mB 组填料＋0.05m 中粗砂＋复合土工膜＋0.05m 中粗砂"的形式，路基表层以下采用 C 组填料。填方高度小于 2m 时，路基基床范围内达不到 C 组填料标准的杂填土需挖除，换填为 C 组填料。

库内股道区基床表层采用 0.5m 级配碎石，基床表层及路基本体均采用 C 组填料。填方高度小于 2m 时，路基基床范围内达不到 C 组填料标准的杂填土需挖除，换填为 C 组填料。

填料分类按《铁路路基设计规范》TB 10001—2016 执行，填料压实标准详见《地铁设计规范》GB 50157—2013 相关规定。

每个施工单元为一个完整的作业区，包含四个区段：填筑区段、平整区段、碾压区段、检测区段。

2）施工程序

施工准备→填筑试验段→确定工艺→验收下承层→测量放样→集中拌合→检验→填筑→摊铺平整→碾压→修整边坡→检查验收。

土石方回填施工工艺流程如图 16-14 所示。

3）施工工艺

填土前应将基坑（槽）底或地坪上的垃圾等杂物清理干净。回填前应先验收地下室外墙防水及保护墙，待合格后方可下土实施回填。

4）分层铺土

为了控制铺土厚度，在边坡或外墙上划出每层虚土铺放的厚度线，每层土虚铺厚度为 30cm，对于个别打夯机无法通过的地方，采取人工用木夯夯实，虚铺厚度为 20cm。各层虚铺厚度都要拉线找平，与外墙上的虚铺厚度线相等。每层铺摊后，随之耙平。

2. 水泥稳定碎石施工

水泥稳定碎石（石屑）基层采用商品混凝土拌合站拌制，并用自卸汽车运输至施工现场，摊铺机进行摊铺，压路机压实。按照标准化施工及质量管理相关要求，在基层正式开工之前，先进行试验路段施工。路面基层试验段长 200m。主线机动车道路面基层设计厚度为 20cm 厚 4％水泥稳定石屑＋30cm 厚 5％水泥稳定碎石，路面基层设计宽度为 18m。

通过试铺验证：

① 用于施工的集料配合比例。

② 确定水泥稳定级配碎石混合料的松铺系数。

③ 确定水泥稳定级配碎石混合料的拌合、运输、摊铺、压实各工序机械设备以及人员的最佳配置和组合。

④ 压实机械的选择和组合，碾压顺序、速度和遍数。

⑤ 最佳含水量及施工含水量偏差范围。

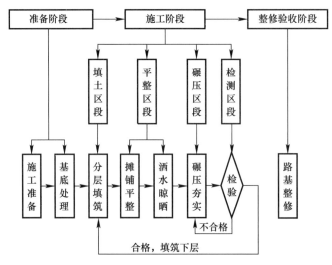

图 16-14　土石方回填施工工艺流程图

路面基层试验段的目的在于收集基础数据，确定标准施工方案，为基层大面积、规范化施工提供依据。施工前对原材料进行标准试验，确定配合比后，进行重型击实试验。

水泥稳定碎石基层施工流程如图 16-15 所示。

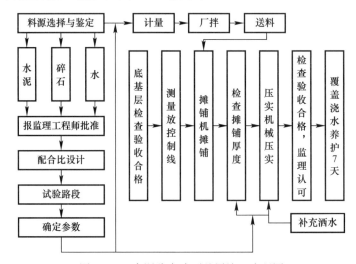

图 16-15　水泥稳定碎石基层施工流程图

（1）摊铺

摊铺水稳料使用水稳摊铺机，路基施工碾压完成后随即摊铺碾压 18cm 厚 6％水泥稳定碎石，应分两层进行压实，并应在当天碾压完成，随后必须保温养护，不使稳定层表面干燥，也不应过分潮湿。注意当日的工作量及当日施工段落的划分，上下两层水稳层注意横向接缝错开 2～3m。

1）摊铺机起步时要注意慢慢调节振动和夯锤频率，与摊铺速度成一定正比关系。摊铺的混合料的密实度要控制在 80％以上。摊铺时要注意含水量大小。

2）采用一台摊铺机作业，摊铺机的最大摊铺宽度应根据混合料不出现离析确定。

3）摊铺时摊铺机采用路侧钢丝控制高程。

4）在摊铺过程中，应根据拌合站生产能力确定摊铺速度，避免摊铺机停机待料和料车扎堆等待的情况。

5）局部离析现象采用细料进行修补。严重部位按照"方补原则"进行换填，挖除深度不得小于 15cm。

6）无法采用机械摊铺的部位采用人工摊铺，人工摊铺时采用挂线法控制高程。斜交桥头等摊铺机无法工作的部位可人工摊铺；正交桥头不允许人工摊铺。

7）正常摊铺时，不得随意调整夯板的振捣频率与摊铺机熨平板仰角。

8）摊铺机摊铺混合料时，因故中断时必须设置横缝。

9）分层施工时，在铺筑上层水泥稳定碎石之前，应始终保持下层表面湿润干净。为增加上下层之间的粘结性，在铺筑上层水泥稳定碎石时，宜在下层表面撒少量水泥或水泥浆。水泥撒布量控制在 2～3kg/m²，水泥浆稠度以撒布均匀为度。喷洒水泥浆时要紧跟在摊铺机前面随撒随铺，以离摊铺机长度不大于 30m 为宜，严禁提前大面积喷洒。

10）在摊铺机后面应设专人消除离析现象，应该铲除局部粗集料"窝"，并用新拌混合料填补。

11）使用装载机配合平地机摊铺水稳层时，水稳料自卸车卸料后，装载机进行初步平整，然后平地机进行精平，压路机最后进行碾压。

（2）碾压

1）每层混合料经摊铺后，及时在全宽范围内进行碾压，边摊铺边碾压完成。

2）先轻型、后重型压路机碾压，光轮压路机和拖式振动压路机按初压、复压、终压顺序组合碾压。

3）首先用振动式压路机静态碾压一遍，然后振动碾压至压实度（通过试验段确定合理的碾压遍数），18～20t 静态压路机碾压 2～3 遍，达到表面密度无轮迹。

4）碾压方向与路中心线平行，直线段由边到中，超高段由内侧到外侧，依次连续均匀碾压，先慢后快，先静压后振压，由弱振到强振，碾压时重叠 1/2 轮宽，且每次必须超过两段的接缝处，碾压时严禁调头、刹车。

5）按试验段铺筑时确定的压实遍数，在全宽、全厚范围内均匀碾压到规定的压实度为止，压实后表面平整，无轮迹或隆起，并有准确的断面和适度的路拱。

6）压实机械无法作业的部位，采用平板振动夯进行夯实。

7）碾压应连续完成，碾压完规定的遍数后，试验员及时取样检测压实度，压实不足及时补压。

8）路肩一同碾压。

9）拌合至碾压成型的时间控制在 24h 内（要求压实度检验一定要及时）。

（3）检验

各项检验应在成型后的 48h 内完成，标高、平整度等几何尺寸满足要求，标高合格率应达到 85％以上，达不到要求的部位，其高出的部分要刮除或洗刨。检验时，首先进行外观检验，外观应无轮迹、无翻浆、表面均匀密实、无明显离析现象、边沿整齐、接头处理平顺。压实度、强度不合格的段落要返工处理。

（4）接头处理

1）水泥稳定料作业摊铺时因故中断时间超过 1h 必须设置横缝，每天收工之后与第二天开工的接头断面也要设置横缝。

2）压路机沿接缝横向碾压，由前一天压实层逐渐推向新铺层，碾压完接缝再正常碾压。

3）两作业段的接缝要与路中心线垂直，同一幅路面要严禁出现纵向接缝现象。

4）每天施工结束后要设施工横缝，用 3m 直尺检测水泥稳定料层端部的平整度，将平整度不合格的混合料铲除，严禁采用企口缝。

（5）养护

洒水养护 7d，在此期间要经常保持其表面湿润，除洒水车外不准任何车辆通行（必须有断交措施，并插牌警示）。养护前三天应选择洒水车，不因喷头角度问题而对水泥稳定沙砾基层产生冲刷，造成局部坑槽。

养护期内如发生病害，及时挖补，挖补压实厚度不小于 8cm，严禁采用薄层"贴补"的修整方法。

路面水稳基层施工主要使用的机械设备见表 16-2。

水稳基层施工主要机械设备表 表 16-2

序号	机械设备名称	规格型号	数量
1	摊铺机	RP952	2
2	振动压路机	XS223J（22t）	3
3	装载机	ZL-50	1
4	运输车	双桥（30m³）	10

3. 沥青摊铺

（1）沥青混合料的摊铺及碾压

1）摊铺要点

先检查摊铺机的熨平板宽度和高度是否适当，并调整好自动找平装置。摊铺时，沥青混合料温度不低于 130～150℃，摊铺厚度为设计厚度乘以松铺系数，沥青混合料的松铺系数通过试铺碾压确定。摊铺后检查平整度及坡度，发现问题及时修整。

2）摊铺作业

做到快卸料、快摊铺、快整平、快碾压，摊铺时的熨平板及其他接触沥青混合料的机具要经常加热。在摊铺沥青混合料前，对接槎处已被压实的沥青层进行预热，沥青混合料摊铺后，在接槎处用热夯夯实，热烙铁熨平，并使压路机沿接槎加强碾压。

3）雨期施工

雨期施工时，应随时关注气象预报，加强工地现场与拌合厂联系，现场缩短施工路段，各工序要紧密衔接。运料汽车和工地备有防雨设施，并做好基层及路肩的排水工作。

下承层潮湿时，无法摊铺沥青混合料，对未经压实即遭雨淋的沥青混合料，要全部清除，更换新料。

4）熨平板加热

每天开始施工前或停工后再工作时，对熨平板进行加热，不低于 65℃，即使夏季热天也如此。但加热熨平板不可火力过猛，以防过热。过热除了易使板本身变形和加速磨损外，还会使铺层表面烫出沥青胶浆和拉沟。因此，一旦发现此种现象立即停止加热。在连续摊铺过程中，当熨平板已充分受热时，暂停对其加热。

5）摊铺机供料机操作

摊铺机刮板输送器的运转速度及闸门的开启度共同影响摊铺室的供料量。摊铺室内最恰当的混合料量是料堆的高度平齐于或略高于螺旋摊铺器的轴心线，即稍微看见螺旋叶片或刚盖住叶片为度，堆料高度沿螺旋全长一致，因此，要求螺旋的转速配合恰当。

闸门的最佳开度，在保证摊铺室内混合料处于上述的正确料堆高度状态下，使刮板输送器和螺旋摊铺器在全部工作时间内都能不停歇地持续工作。最好使它的运转时间占其全部工作时间的 80%～90%。为了保持摊铺室内混合料高度经常处于标准状态，最好的办法就是采用闸门自控系统。

自控供料系统供料，要求运输车辆对摊铺机有足够的持续供料量，使摊铺机能顺次地连续顶推车辆卸料及摊铺作业。

6）摊铺方式

采用两台摊铺机成梯队作业进行联合摊铺，相邻两幅的摊铺有 5～10cm 宽度的摊铺重叠，相邻两台摊铺机相距 10～30m，且不造成前面摊铺的混合料冷却。

7）接槎处理

① 纵向接槎

两条摊铺带相接处，有一部分搭接，才能保证该处与其他部分具有相同的厚度，搭接的前后一致。热接槎施工是在使用两台摊铺机梯队作业时采用的，此时两条毗邻摊铺带的混合料都还处于压实前的热状态，所以纵向接槎易于处理，且连接强度较好。毗邻摊铺带的搭接宽度约为 5～10cm。摊铺带的边缘保持齐整，要求机械在直线上和弯道上行驶始终保持正确位置。为此，可沿摊铺带一侧敷设一根导线，并在机械上安置一根带链条的悬杆，驾驶员只要注视所悬链条对准导向线行驶即可。

② 横向接槎

处理好横向接槎的一个基本原则是，要将第一条摊铺带的尽头边缘锯成垂直面，并与纵向边缘成直角。在预定摊铺段的末端，先撒一薄层砂带，再摊铺混合料，待混合料稍冷却后用切割机将撒砂部分整齐切割后取走，用拖布吸走多余的冷却水，待完全干燥后在端部洒粘层沥青接着摊铺。

横向接缝的碾压，先用双钢轮压路机进行横向碾压。碾压带的外侧放置供压路机行驶的垫木，碾压时压路机位于已压实的混合料层上，伸入新铺层的宽度为 15cm。然后每压一遍向新铺混合料移动 15～20cm，直至全部压在新铺层上为止，再改为纵向碾压。

8）沥青混合料的压实及成型

① 压实工序

压实程序分为初压、复压和终压三道工序。

A. 初压

初压的目的是整平和稳定混合料，同时为复压创造有利条件，是压实的基础，因此要注意压实的平整性。

初压时自重 11t 以上双钢轮双振动压路机（关闭振动装置）压两遍，初压温度不低于 130℃，初压后检查平整度和路拱，必要时予以修整。如在碾压时出现推移，可等温度稍低后再压；如出现横向裂纹，检查原因并及时采取措施纠正。

B. 复压

复压时用 21t 胶轮压路机进行，碾压 4～6 遍至稳定和无明显轮迹，复压温度为 100～120℃。复压的目的是紧密衔接，且一般采用重型压路机。

C. 终压

终压时用自重 11t 以上双轮双振动压路机（关闭振动装置）碾压 2 遍，终压温度不低于 70℃。终压的目的是消除轮迹，最后形成平整的压实面，因此这道工序不采用重型压路机在高温下完成，否则，会影响平整度。

为保证压实表面的平整、密实及外形规则，碾压作业按压实程序的要求进行，并对未压实的边角辅以小型机具压实。

② 压实方式

碾压时压路机由路边压向路中，始终保持压实后的材料作为支承边。双轮压路机每次重叠宜为 30cm。

③ 碾压速度

初压时用 1.5～2.0km/h；复压时钢轮用 2.5～3.5km/h，轮胎用 3.5～4.5km/h，振动用 4～6km/h；终压时钢轮用 2.5～3.5km/h，振动（不加振）用 2～3km/h。

④ 碾压过程

在碾压过程中，为了保持正常的碾压温度范围，每完成一遍重叠碾压，压路机就要向摊铺机靠近一些，变更碾压道时，在碾压区内较冷的一端，并在停止压路机振动的情况下进行。

碾压中，确保压路机滚轮湿润，以免粘附沥青混合料，有时可采用间歇喷水，但要防止用水量过大，以免使混合料表面冷却。

压路机不在新铺混合料上转向、调头、左右移动位置或突然刹车和从碾压完毕的路段进出。碾压后的路面在冷却前，任何机械不在路面上停放，并防止矿料、杂物、油料等落在新铺路面上。路面压实完成最少 12h 后才能开放交通。压实完成后的最低干密度不得小于马歇尔试验确定的最大干密度的 96％。

⑤ 接槎处的碾压

横向碾压开始时，使压路机轮宽的 10～20cm 置于新铺的沥青混合料上碾压，然后逐渐横移直到整个滚轮进入新铺层上，然后进行正常的纵向碾压。纵向接槎碾压，热料层相接（梯队作业时）先压实离中心热接槎两边大约为 20cm 以外的地方，最后压实中间剩下来的一窄条混合料。这样，材料就不可能从旁边挤出，并形成良好的结合。

⑥ 压实质量的检测

压实质量的检测根据有关文件（技术规范）的规定及要求进行。主要检测项目有压实度、厚度、平整度、横坡度，且表现密实均匀。厚度和压实度通过钻取芯样的办法来检测。核子密度仪作为辅助检测，平整度用 3m 直尺量测，横坡度用水准仪量测。

（2）施工质量控制

在施工过程中，由专职的质量检测机构负责施工质量检查与试验。

当检测结果达不到规定要求时追加检测数量，查找原因，做出处理。

沥青混合料拌合厂，对拌合均匀性、拌合温度、出厂温度及各个料仓的用量进行检查，取样进行马歇尔试验、检测混合料的矿料级配和沥青用量。

混合料铺筑现场对混合料质量进行观测，并随时检查厚度、压实度和平整度，并逐个断面测定成型尺寸。

施工厚度质量控制，除在摊铺及压实时量取，并测量钻孔试件厚度外，还应校验出每一天的沥青混合料总量与实际铺筑的面积计算出的平均厚度。

施工压实度的检查以钻孔法为准。用核子密度仪检查时，通过与钻孔密度的标定关系进行换算，并增加检测次数。施工过程中，钻孔的试件编号贴上标签予以保存，以备工程交工验收时使用。

质量检测结果，按 200m 为单位整理成表，连同原始记录一起及时反馈给主管部门。当发现异常时，停止施工，分析原因，找出影响因素，采取措施。

16.3.2 综合管廊施工关键技术

1. 工程概况

综合管沟内收纳的市政管线有电力管、控制电源电缆、弱电、给水、中水、自动喷淋、室内外消防水管、给水管道、中水管以及其他预留管孔。管沟采用矩形箱涵的结构形式，分为双仓，双仓电、水分离，各设一仓。

综合管沟纵断与现场建（构）筑物边界保持一致。管沟正常段均有覆土。

2. 测量放线

在建设、设计、监理单位现场交接测量控制点后，组织对交接桩点的复核测量，建立测量控制网，并在施工区内设立导线点，对最先开工的沟槽放出中线、边线，做好中线、边线，导线点保护措施。

（1）根据控制桩采用全站仪测定管道中心线，在控制桩之间按照图纸要求并结合现场实际设置相应的纵向变坡桩、百米桩等。

（2）放线根据设计图纸放出管沟中线和施工作业带边界桩

（3）施工作业带占地宽度根据设计文件计算。

（4）严格按照设计图纸的要求，复测管沟开挖的几何尺寸、高程等。在管沟回填后立即进行竣工测量。

3. 沟槽、基坑开挖与支护

一般沟槽开挖综合管沟沟槽采用挖掘机配合自卸车开挖，遵循"先深后浅"的原则，人工配合清理坑底。为了防止出现塌方，按设计适当放坡开挖，根据地勘报告揭露箱涵施工土属细中砂层，根据规范要求按照 1:1 放坡进行开挖。基坑底部两侧各加 1m，方便工人安装模板和绑扎钢筋等。为了避免超挖，测量随时跟进，留 20cm 由人工清理，全站仪中心定位，防止中线偏移。根据实际情况，在开挖段可直接放坡开挖到位后装车外运，当无法一次开挖装运时，则进行甩运，具体操作为一台挖掘机纵向开挖，将土方甩至沟顶一侧，上边一台挖掘机装车外运。

基坑开挖遵循"开槽支撑，先撑后挖，分层开挖，严禁超挖"的原则，即先支撑后开挖。钢板桩打设优先采用先静力压桩，打设困难时再考虑采用振动沉桩。

4. 基底垫层

根据设计图纸，综合管沟底部垫层由下到上采用 15cm 厚碎石砂加 15cmClS 混凝土，垫层左右尺寸超出管沟尺寸各 30cm。在槽底开挖清理到位后，应用全站仪定出综合管沟轴线、水平仪测设出高程后立模，模板支撑固定要牢固。模板内的杂物，用水清理干净，模板的缝隙应填塞严密，并涂刷脱模剂。自检合格后报监理工程师，监理确认后方可进行混凝土浇筑。

5. 模板工程

由于综合管沟管线长、工期紧、模板周转少，根据施工经验，大块主模采用高密度覆膜木胶合板，能有效地减少拼缝，保证结构内侧的平整度和光洁度。

6. 模板及支架施工技术要求

模板工程在结构施工中是一个十分重要的环节，其施工质量的好坏将直接影响综合管沟的质量、外形尺寸及结构的抗渗防裂功能。

（1）模板必须支撑牢固、稳定，不得有松动、跑模、超标准变形下沉等现象。对顶板大体积混凝土施工时模板支撑刚度须进行预压试验，并经监理审批。

（2）模板安装前，必须经过正确放样，检查无误后才能立模安装。

（3）模板应拼缝平整严密，并采取措施填缝不得漏浆，模内必须干净。模板安装后应及时报检及浇筑混凝土。

（4）顶板（中板）结构应支立支架后铺设模板，由于管沟净空不大，无须进行预拱度计算，但应考虑预留 1~1.5cm 沉降量以确保净空和限界要求，施工模板时可采取适当的起拱措施。侧墙模板拼缝处贴止水胶带，防止漏浆。

（5）结构变形缝处的端头模板应钉填缝板，填缝板与止水带中心线和变形缝中线重合并用模板固定牢固。止水带不得打孔或用铁钉固定。填缝板的支撑必须牢固，不得跑模。

7. 隔墙脚模

根据结构和模板的尺寸，综合管沟防水混凝土分两次浇筑。第一次浇筑 35cm 厚底板及 30cm 高侧墙混凝土，第二次连同剩余侧墙和顶板一次完工。加固和调整平面位置，内撑钢筋用来保证结构的断面尺寸。第一次模板预留 3cm 混凝土不浇灌，底模不拆除，作为第二次模板的支撑面，从而避免两次混凝土之间出现不平整缝。

8. 钢筋加工、安装

（1）钢筋吊装

根据整体部署采用集中加工，加工场地修建于场内，加工完成后采用车辆运输到施工地点，装卸时严禁自动卸车，应人工配合吊车少量多次进行吊装。

1）应严格按照现行《混凝土结构工程施工质量验收规范》GB 50204—2015 和《给水排水构筑物工程施工及验收规范》GB 50141—2008 进行验收。

2）成型钢筋具有出厂质量证明书和试验报告单。进场钢筋应按有关标准的规定抽样试验合格。

3）钢筋分批堆放整齐，上架堆放，避免锈蚀污染，表面洁净无损。不得使用带有颗粒状和片状老锈的钢筋。

（2）下料

根据设计要求由项目部技术人员出具钢筋下料单交由钢筋班组，根据下料单标明的型号、尺寸对钢筋进行下料。

（3）加工

钢筋下料完成后，根据设计图纸标明的钢筋弯曲形状的要求对下料单钢筋进行弯曲加工，采用弯曲机械作为钢筋弯曲机。

（4）焊接

钢筋的连接采用焊接时，焊接长度为单面焊接焊缝长度大于或等于 $10d$，双面焊接焊缝长度大于或等于 $5d$，d 为钢筋直径。且在同一连接区段内，有接头的受力钢筋截面面积不超过受力钢筋总截面面积的 50%。受力钢筋接头位置宜设置在受力较小处，在同一根钢筋上宜少设接头。

钢筋遇直径或边长不大于 300mm 的孔洞绕过即可，遇直径或边长大于 300mm 孔洞须截断并与孔洞加强筋焊接在一起。

（5）绑扎

根据作用部位的需求，将已加工好的钢筋运至施工现场，按施工图纸的要求将各种钢筋摆放到位，每一钢筋交叉处用扎丝固定，绑扎要牢固，以保证施工时不会出现过大的位移。钢筋网绑扎时绑扎方向要错开，不可往一方向绑扎。

（6）钢筋加工及安装质量标准

钢筋加工及安装质量标准见表 16-3。

钢筋加工及安装质量标准

表 16-3

项次	检验项目			规定值或允许偏差	检查方法和频率
1	受力钢筋间距（mm）	两排以上排距		±5	每构件检查 2 个断面，用尺量
		同排	梁、板、拱肋	±10	
			基础、墩台、柱	±20	
		灌注桩		±20	
2	箍筋、横向水平钢筋、螺旋筋间距（mm）	箍筋、水平筋		+0，−20	每构件检查 5～10 个间距
		螺旋筋		+0，−20	
3	钢筋骨架（mm）	长		±10	按骨架总数 30% 抽查
		宽、高或直径		±5	
4	弯起钢筋位置（mm）			±20	每骨架抽查 30%
5	保护层厚度（mm）	柱、梁、拱肋		±5	每构件沿模板周边检查 8 处
		基础、墩台		±10	
		板		±3	

9. 混凝土施工

综合管沟主体采用钢筋混凝土结构。

（1）混凝土拌合

综合管沟施工所需混凝土在搅拌站按试验配合比进行拌合，拌合过程严格按照相关规范执行。

（2）混凝土浇筑

模板要架立牢固，尤其是挡头板，不能出现胀模现象，混凝土挡头板做到模缝严密，避免出现水泥浆漏失现象且达到表面规则平整。

1）混凝土应分层浇筑、分层振捣，每层厚度不宜超过 300mm，顶、底板混凝土不留施工缝也不分层浇捣，侧墙第一道施工缝一般宜留在墙底腋角以上不小于 20cm 处，施工缝设置时还须与基坑支护桩的横撑结构相协调。相邻两层浇筑时间间隔不超过 2h，确保上、下层混凝土在初凝之前结合好，不形成施工缝。浇筑混凝土的自落高度不得超过 2.0m，超过 2.0m 采用滑管进行浇筑。

2）防水混凝土必须采用机械振捣密实，振捣时间宜为 10～30s，以混凝土开始出浆和不冒气泡为准，并应避免漏振、欠振和超振。当采用插入式振捣时，混凝土浇筑层厚度应不大于振捣器作用部分长度的 1.25 倍；每一振点的振捣延续时间，应使混凝土表面呈现浮浆和不再沉落为止；且移动间距不大于作用半径的 1.5 倍；插入振捣器应尽量避免碰撞钢筋，更不得放在钢筋上振捣；靠近模板时，机头须与模板保持 10cm 距离，振捣机头开始转动以后方可插入混凝土内；使用振动棒时要快插慢拔，上下略有抽动，振完后应徐徐提出。

3）浇筑混凝土时应经常观察模板、支架、钢筋、预埋件和预留空洞的情况，当发现有漏浆、变形和位移时，应及时采取措施进行处理。浇筑孔洞时应由一端开始用"赶浆法"施工，目的是使混凝土的水化热尽快散失，不仅可以避免因浇筑层的长度过大，增大每层的浇筑时间，导致施工冷缝产生，而且由于每层混凝土量不大，全散热快，各层间的约束力不太大，有利于防止温度裂缝和约束裂缝的产生。每层混凝土必须在下层混凝土初凝前浇筑完，逐层覆盖，循序推进，一次浇筑完。

因表面水泥浆较厚，在浇筑 2～3h 后，按标高初步用长刮尺刮平。然后用木板反复搓压数遍，使其表面密实平整，在混凝土初凝前再用铁搓板压光，这样能较好地控制混凝土表面龟裂，减少混凝土表面水分的散失，促进混凝土养护。

4）在施工缝上浇筑混凝土前为使接缝严密，对缝表面应进行凿毛处理，清除浮粒。继续浇筑混凝土前，用水冲洗干净并保持湿润，再铺上一层 20～25mm 厚，其材料和灰砂比与混凝土相同的水泥砂浆，施工缝处的混凝土要充分振捣。

5）防水混凝土结构内部设置的各种钢筋或绑扎铁丝，不得接触模板。钢筋保护层厚度迎水面为 50mm，其他地方为 30mm。固定模板用的螺栓必须穿过混凝土结构时，必须加止水片，止水措施必须符合设计要求，若设计无规定时，应事先征得监理工程师的同意。

6）防水混凝土结构内的预埋铁件、穿墙管道、密集群管、钢筋稠密处，以及结构的后浇缝部位，均为可能导致渗漏水的薄弱之处，应采取切实有效措施，仔细施工，确保混凝土的浇筑质量。

7）防水混凝土结构变形缝的止水构造形式、位置、尺寸，以及止水使用的材料、变形缝填料的物理力学性能应符合设计要求。应加强变形缝处混凝土的浇筑和振捣，保证混凝土的密实，确保防水质量。

8）应急措施。墙身及顶板混凝土施工时，要密切注意天气情况，如果施工中途遇雨，应搭设防雨棚进行施工。

（3）混凝土的养护

1）混凝土养护严格按有关规范、规程的规定进行。在炎热天气下，在混凝土密实成型后进行 30min 的早期养护，不允许在无覆盖的情况下直接在混凝土表面上浇水养护；混凝土浇筑完成后，应在 12h 内对混凝土加以土工布覆盖和浇水。混凝土带模养护时间不少于 14d。

2）养护用水与拌制混凝土相同。每天浇水次数应确保混凝土表面经常处于湿润状态。拆模时混凝土表面温度与环境温度之差不得超过 15℃，以防止混凝土表面产生裂缝。底板、顶板待混凝土终凝后分块砌筑 120mm 高的 1/2 砖墙，采用蓄水 100mm 深养护 7d。

3）混凝土养护采用专人负责制，养护人员分成两班，并做好交接班交底工作。

（4）防水混凝土施工质量措施

1）对原材料进行检验，做好材料送检相关工作。

2）在拌制和浇筑地点测定混凝土坍落度，每工作班不少于两次，掺引气剂的防水混凝土同时测定含气量。

3）检查配筋、钢筋保护层、预埋铁件、穿墙管等细部构造是否符合设计要求，合格后填写隐蔽工程验收单报监理检验认可。

4）结构混凝土的防裂措施：混凝土裂缝宽度设计要求在永久荷载和可变荷载组合作用下，最大裂缝宽度允许值为 0.2mm。

为使混凝土在施工中不出现收缩裂缝拟采取以下措施：

① 采取分段浇筑，以减少混凝土的一次浇注量，控制混凝土的温度应力和混凝土的收缩量。

② 相邻两块板浇筑的间隔时间最少为 7d，从而减少混凝土总的收缩量。对于后浇带部位必须采用补偿收缩性混凝土，以提高混凝土的抗裂性。

③ 控制浇灌混凝土的入模温度，入模温度应低于 30℃，夏季灌注混凝土尽量安排在夜间进行。

④ 混凝土施工时，应振捣密实，保证混凝土的匀质性和密实性，提高混凝土本身的抗裂能力。

⑤ 混凝土表面注意提浆、压光，并严格按要求养护。

⑥ 后补孔采用同标号微膨胀防水混凝土处理。

⑦ 为了减少收缩裂缝，待混凝土表面无水渍时，进行二次碾压抹光。混凝土须养护至其抗压强度达到 $1.2N/mm^2$ 以上方可在上面行走和架设支架、安装模板。

（5）混凝土工程施工技术标准

1）混凝土表面应平整、颜色均匀，施工缝修饰光洁。混凝土构件拆模后表面无麻面、露筋、裂缝、孔洞等缺陷情况，预留孔洞通畅无阻塞。

2）现浇混凝土结构构件允许偏差应符合表 16-4 的规定。

现浇混凝土结构构件的允许偏差　　　　表 16-4

序号	项目		允许偏差（mm）	检验方法
1	轴线位移	独立基础	10	尺量检查
		其他基础	15	—
		墙、梁	8	—

序号	项目		允许偏差（mm）	检验方法
2	标高	层高	±10	用水准仪或尺量检查
		全高	±20	
		底板	+0，−10	
		顶板	±10	
		平整度	10	
3	截面尺寸	基础	+15，−10	尺量检查
4	墙垂直度	每层	5	用2m托线板检查
		全高	$H/1000$ 且<15	用经纬仪或吊线和尺量检查
5	表面平整度		8	用2m靠尺和楔形塞尺检查
6	预埋钢板中心线位置偏移		5	尺量检查
7	预埋管、预埋孔中心线位置偏移		5	
8	预埋螺栓中心线位置偏移		5	
9	预埋洞中心线位置偏移		15	

10. 施工缝及变形缝施工工艺

（1）施工缝

施工缝是在施工过程中，由于必须分部施工而设置的施工接缝，这种接缝是结构自防水的薄弱环节，处理的好坏将会直接影响建筑物的防水质量，因此，须认真做好施工缝的防水处理。

施工缝防水采用3mm中埋式不锈钢板，两侧设宽度150mm止水带防水，钢板宽度300mm，顶、底板不留施工缝也不分层浇捣，侧墙第一道施工缝一般直留在墙底腋角以上30cm处。施工缝设置时还须与基坑支护桩的横撑结构协调：施工过程中应采取预埋注浆管、加焊支撑拉结钢筋等措施保证止水钢板位置及周边混凝土的密实。施工缝必须设置成平缝，在施工缝浇筑混凝土前，除粘钉止水条范围内须抹平压实、压光、不凿毛外，其余混凝土表面须凿毛且清洗干净并保证凿毛质量和接面的清洁，使新旧混凝土结合密实。

（2）变形缝

变形缝是由于结构不同刚度、不均匀受力及考虑到混凝土结构胀缩而设置的允许变形的结构缝隙，它是防水处理和结构外防水中的关键环节。综合管沟标准段长度每12.0m设一道伸缩沉降缝，缝宽30mm，变形缝防水采用中埋式钢边止水带、遇水膨胀橡胶止水条、内抹防水涂料的方式。局部地段可根据现场实际情况调整共同沟的分段长度，单节综合管沟最长不超过18.0m，分缝应与孔洞位置错开，考虑方便施工，在综合管沟平面转折、立面变坡等结构突变的位置分缝。

（3）施工缝及变形缝施工技术要求

施工缝大样图如图16-16所示。

1）采用350mm×10mm钢边橡胶止水带，物理性能符合《地下工程防水技术规范》GB 50108—2008的相关要求。

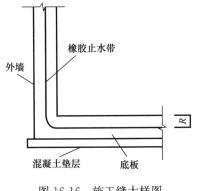

图16-16 施工缝大样图

2）顶、底板不留施工缝也不分层浇捣，侧墙第一道施工缝一般直留在墙底腋角上不小于 20cm 处。施工缝设置时还须与基坑支护桩的横撑结构协调。

3）橡胶止水带在底板与外墙节点处呈水平向竖直过渡的 1/4R 圆弧线（为橡胶止水带至迎水面结构层距离）布置，并应保证止水带的施工质量。

4）必须对进场的止水带进行认真检验，严禁使用不合格产品，检验包括产品合格证、各项指标的检验报告、止水带断面尺寸以及止水带有无破损和断裂。

5）止水带如必须在现场接头（平接）时，一般应采用止水带生产厂家提供的粘具进行硫化热接处理，接缝处必须均匀，不允许有裂口及海绵现象，凸出高度不大于 1.5mm，接缝处强度必须达到原产品强度。

6）止水带必须固定好，以确保止水带在混凝土中的正确位置。

7）变形缝两侧的混凝土不能同时浇筑，必须先浇筑一侧的混凝土，在其强度达到 5MPa 时，拆除模板后，再浇筑另一侧的混凝土，以确保止水带的正确位置和与混凝土的牢固结合。

8）变形缝处的混凝土必须振捣密实，在浇捣混凝土过程中应设专人负责止水带附近的捣实和排气。

9）在支模、拆模及浇筑混凝土的过程中，要注意保护止水带不要损伤，必要时应加隔离保护措施。

（4）防水材料性能及施工技术要求

防水按明挖地下工程设置防水措施，复合设防。主体结构采用防水混凝土，内侧抹防水涂料。变形缝防水采用中埋式钢边止水带、遇水膨胀橡胶止水条、内抹防水涂料的方式。施工缝防水采用中埋式不锈钢板（两侧宽度不小于 150mm）止水带防水。

1）中置式钢边橡胶止水带：宽度不小于 350mm，厚度大于 8mm，物理性能应符合《地下工程防水技术规范》GB 50108—2008 的相关要求。

2）防水涂料：综合管沟沟体内壁须涂聚氨酯防水涂料，厚度 2mm，性能参数应符合《聚氨酯防水涂料》GB/T 19250—2013 的相关要求。

3）施工缝防水：施工缝采用 300mm 宽、3mm 厚不锈钢板止水带防水，施工过程中应采取预埋注浆管、加焊支撑拉结钢筋等措施保证止水钢板位置及周边混凝土的密实。

4）地下结构防水项目的施工应符合《地下工程防水技术规范》GB 50108—2008 相关条文要求。

（5）质量保证技术措施

1）橡胶止水带的安装必须确保"居中、平顺、牢固"，保证搭接长度，严禁采用钢筋、扎丝、铁丝等穿孔固定止水带，并在浇筑混凝土的过程中注意随时检查，防止橡胶止水带移位。

2）各种贯通的施工缝、变形缝止水带的安装应确保形成全封闭的防水带。

3）浇筑混凝土前，人工将原混凝土基面充分凿毛、清洗干净。对施工缝的清洗必须彻底，并用钢刷刷十净，然后铺上一层 30mm 厚与混凝土同标号的水泥浆，以确保施工缝处新旧混凝土间的良好连接。

4）施工缝的止水带采用现场焊接的方法进行连接，搭接长度为 25～30cm，连接部位必须牢固可靠，以免在浇筑混凝土时断开。

5）止水带部位的混凝土浇筑质量直接影响止水效果。因此，在混凝土浇筑时，采用分层铺料、分层振捣的操作方法。具体步骤如下：当混凝土分层铺料至止水带面时，混凝土下料超过止水带 3～5cm，并在止水带外侧斜向止水带底部插入振动器振捣，振捣时间约 50s，移动 40cm，使止水带下部混凝土密实。下层振捣完成后，再铺上层，振捣时间与下层相同。

（6）预埋件、预留孔施工

预留孔洞及预埋件位置的准确程度直接关系到综合管沟结构的使用功能和结构工程的整体质量。为了保证预留孔及预埋件位置准确、数量齐全以及在施工过程中受到保护，施工中做好如下几项工作：

1）认真阅读设计资料，全面了解各类预留孔洞和预埋件的位置、数量、规格及其功能，绘制详细的预留孔和预埋件的布置图纸，防止施工过程中出现错漏。

2）将预留孔和预埋件准确测量放样在模板上，用钢筋固定牢固，确保安放预留孔和预埋件的模型不发生位移及形变，并在施工时加强监控，保证不因施工引起位移。

3）混凝土浇筑顺序的合理性也是确保其位置准确的重要环节，在混凝土浇筑过程中，禁止振捣器直接碰撞预留孔洞模型和各类预埋件，确保预留孔及预埋件周围混凝土的密实。

4）拆模后应立即对预留孔洞及预埋件位置进行复测，确保其位置准确，否则应立即进行必要的修复。

5）施工前建立预埋件档案，对预埋件的埋设情况实行跟踪管理；对施工好的预埋件要采取防锈、包裹、加盖等保护措施。做好预埋件的标识，以便查找。

6）预埋钢板及拉环。各种预埋钢板及拉环应根据设计图纸要求进行锚固钢筋的焊接、定位，定位误差应符合设计文件及国家规范的要求，受力预埋件的锚固筋严禁采用冷加工钢筋。

7）密封接头主要为电缆进出综合管沟及其附属工程而预先在墙体中预埋的接口。密封接头应经过有检验资质的单位进行检验，检验证书应标明对所用的材料或构件所进行的机械试验和化学分析的结果，并呈监理工程师审批。

8）预埋的各种管道材料应符合图纸要求并符合国家有关标准和规定。在混凝土或粒料基座上，管道铺设的线形应顺适，管节之间的连接角应不大于 50°，其端口应用封头堵塞，防异物进入管孔。管道工程应铺设在道路的基层下面，应在路面底基层开始摊铺前完成。

9）综合管沟的结构预埋件采用定型产品，直接到厂家定制好后运到工地，从而既加快了施工进度又保证了施工质量，提高了耐久性能。

10）设计要求：

① 吊环采用 HPB300 级钢筋，锚筋采用 HRB335 级钢筋，锚板采用 Q235 等级的钢板，预埋构件锚筋采用热轧钢筋，严禁使用冷加工钢筋。

② 考虑到管线安装及维护，综合仓中水管及给水管上方需设置吊钩，吊钩沿纵向每隔 5m 设置一处。

③ 中水管及给水管出沟及穿越防火分区时均需设置套管，水管出沟设置柔性防水套管，穿越防火分区设置钢套管。防水套管设置参见结构专业图纸。

（7）土方回填

1）基坑回填在主体结构顶板防水层完成 7d 后开始施工。施工随结构物施工顺序填筑，两侧填土高差不得大于 50cm。

2）台背填土应优先选用渗水性良好的中粗砂，并同时对称回填、分层夯实，分层厚度不大于 0.3m，相对干密度为 0.70 的函顶及台背中粗砂及侧面填土压实度按道路要求且不小于 0.93m。

3）用于填筑的土应经过试验合格并得到监理工程师认可，土中不应含有腐殖土、树根、草籽或其他含有有害物质的材料。

4）填方施工时根据设计断面分层填筑压实，分层的松铺厚度按照监理工程师的要求通过试验确定。

5）采用小型振动打夯机夯实，每层虚铺厚度应视压实机具的功能确定。人工夯土虚铺厚度应小于 20cm。

6）管涵回填采用压路机碾压时，回填厚度不得小于 50cm。

16.4　单体结构施工关键技术

车辆段内房屋建筑单体工程共 20 座，点多分布广，施工组织难，面临交叉施工、资源调配紧张等困难，主要体现在机械设备、人员在施工阶段的调配组织难度大及各专业接口繁杂，技术、管理工作量大。

土建工程量大，结构复杂，工期紧，周转材料投入量大。因土建施工工期限制，脚手架、钢模板及其他设备周转次数少，为保证业主要求的关键工序按时完成，施工中需要投入大量周转材料、设备。特别是工程中主变电所、停车列检库、检修库、物资总库、综合维修中心、调机工程车库单体工程均含有超过 8m 的区域，需要采用高大模板施工。其支撑体系为工程施工的关键技术。

1. 支撑架设计

支撑架搭设均采用扣件式钢管脚手架，根据各单体特性进行脚手架单独设计以满足现场施工要求。

2. 支撑架搭设

根据现场施工浇筑顺序分块分幅搭设，以工期要求为控制性要点进行施工。

3. 脚手架、支撑架构造要求

（1）脚手架基础

外脚手架搭设前应对支撑地基采取夯实、平整或采用 5cm 厚 C15 素混凝土硬化处理，夯实宽度不应低于脚手架搭设宽度，并且应在两侧多夯实或硬化 50cm。脚手架基础应垫设厚度不小于 50mm 的木脚手板，脚手板长度不应低于 2 跨。脚手架基础夯实、平整完毕后经测定地基承载力不小于 120kPa，并组织专业监理工程师进行验收合格后，方可进行下一步工序。

支撑架体主要搭设于砂卵石、回填层及结构板上，砂卵石回填层地基承载力 ≥ 200kPa，结构板混凝土强度为 C30，架体设计基本地基最低承载力要求为 120kPa，现场各项参数均满足现场施工要求。

（2）立杆

1）必须设置纵横扫地杆。纵向扫地杆应采用直角扣件固定在距底座上皮不大于200mm处的立杆上，横向扫地杆也应采用直角扣件固定在紧靠纵向扫地杆下方的立杆上。当立杆基础不在同一高度上时，必须将高出的纵向扫地杆向低处延长两跨与立杆固定，高低差不应大于1m。

2）立杆应采用对接接头，且接头位置不应设置在同步内，同步内隔一根立杆的两个相隔接头在高度方向错开的距离不宜小于500mm；各接头中心至柱节点的距离不宜大于步距的1/3。

3）钢管立杆垂直度偏差不得大于架高的1/300，且不宜大于钢管直径。

4）每根立柱底部应设置底座及垫板，垫板厚度不得小于50mm，垫板宽度不小于200mm。

5）立杆均采用单立杆，单立杆的接长方式应符合规范要求，不可在相同位置进行接长，立杆均需采用对接形式连接，并应注意保证单立杆、相邻立杆之间的接头距离，施工之前做好立杆接长的排版工作，保证架体搭设稳固、可靠。

6）立杆顶层步距内采用搭接时，搭接长度不应小于1m，且不应少于3个扣件。

（3）纵向水平杆

1）纵向水平杆接长宜采用对接扣件连接。对接扣件应交错布置，两根相邻纵向水平杆接头不宜设置在同步或同跨内；不同步或不同跨两个相邻接头在水平方向错开的距离不应小于500mm，各接头中心至最近主节点的距离不宜大于纵距的1/3。

2）搭接长度不应小于1m，应等距离设置3个旋转扣件固定，端部扣件盖板边缘至搭接纵向水平杆端的距离不应小于100mm。

（4）可调托座

可调底座、可调托撑螺杆伸出长度不宜超过300mm，插入立杆内的长度不得小于150mm。

（5）扣件

1）对接扣件的开口应朝上或朝内；扣件螺栓方向尽量一致。

2）扣件螺栓拧紧力矩控制在40～65N·m。

3）在主节点处纵横向水平杆、剪刀撑、横向斜撑等用的直角扣件、旋转扣件的中心点的相互距离不应大于300mm。

4）抗滑扣件间应顶紧，安装完毕应由专职安全、技术人员进行复核验收。

（6）小横杆

每一立杆与大横杆相交处（主节点）都必须设置一根小横杆，并采用直角扣件扣紧在大横杆上，该杆轴线偏离主节点不大于15cm。小横杆间距与立杆纵距相同，且根据作业层脚手板搭设的需要，小横杆伸出外排大横杆边缘距离不小于10cm，伸出里排大横杆距离结构外边缘15cm。上下层小横杆在立杆处错开布置，同层的相邻小横杆在立杆处相向布置。

（7）剪刀撑

1）脚手架四边与中间脚手架立杆应设置一道由下至上的竖向连续式纵向剪刀撑，剪刀撑数量不得少于两道。

2）每道剪刀撑跨越立杆的根数宜按表 16-5 的规定确定。斜杆与地面的倾角宜在 45°～60°之间。

剪刀撑夹角与立杆根数选用　　　　　　　　　　　　　表 16-5

剪刀撑斜杆与地面的倾角	45°	50°	60°
剪刀撑跨越立杆的最多根数	7	6	5

3）剪刀撑与立柱的每个交叉节点须进行扣接，保证架体的整体性。

4）脚手架采用剪刀撑与横向斜撑相结合的方式，随立柱、纵横向水平杆同步搭设，外侧用通长剪刀撑沿架高连续布置，剪刀撑应采用搭接，搭接长度不小于 1000mm 且不少于 3 个扣件。

5）外圈纵向剪刀撑连续设置，横向剪刀撑每隔 6m 设置一道，斜杆与地面的夹角在 45°～60°之间。斜杆相交点处于同一条直线上，并沿架高连续布置，剪刀撑的一根斜杆扣在立杆上，另一根扣在小横杆伸出的端头上，两端分别用旋转扣件固定，在其中间增加 2～4 个扣节点。所有固定点距主节点距离不大于 15cm。

6）剪刀撑的杆件连接采用搭接，其搭接长度≥1000mm，并用不少于 3 个旋转扣件固定，端部扣件盖板的边缘至杆端的距离≥100mm。

（8）脚手板

脚手板采用松木制作，为厚 5cm、宽 35～45cm、长度不小于 4m 的硬木板。在作业层下部架设一道水平兜网，随作业层上升，同时作业层不超过一层。根据施工位置铺设脚手板，脚手板铺设的通道应高于柱子作业面 30cm，以便于施工操作。

脚手板设置在 3 根横向水平杆上，并在两端 8cm 处用直径 1.2mm 的镀锌钢丝箍绕 2～3 圈固定。当脚手板长度小于 2m 时，可采用两根小横杆，并将板两端与其可靠固定，以防倾翻。

1）作业层脚手板应铺满、铺稳，两端要封绳固定。

2）脚手板应设置在三根横向水平杆上，当脚手板长度小于 2m 时，可采用两根横向水平杆支撑，但应将脚手板两端与其可靠固定，严防倾翻。

3）脚手板对接平铺时，接头处必须设两根横向水平杆，脚手板外伸长应取 130～150mm，两块脚手板外伸长度的和不应大于 300mm。

4）脚手板搭接铺设时，接头必须支在横向水平杆上，搭接长度应大于 200mm，其外伸出横向水平杆的长度不应小于 100mm。脚手板接头处理方法如图 16-17 所示。

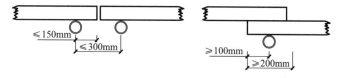

图 16-17　脚手板接头处理方法

（9）连墙件布置要求

1）宜靠近主节点设置，偏离主节点的距离不大于 300mm。

2）应从底层第一步纵向水平杆处开始设置，当该处设置有困难时，应采用其他可靠措施固定。

3）优先采用菱形布置，也可采用方形、矩形布置。

4）必须采用刚性连墙件与建筑物可靠连接。

5）连墙件的构造要求：连墙件中的连墙杆或拉筋宜呈水平设置，当无法水平设置时，与脚手架连接的一端应下斜连接，不应采用上斜连接。

6）连墙件的构造要求：连墙件必须采用可承受拉力和压力的构造，采用拉筋必须配用顶撑，顶撑应可靠地顶在混凝土圈梁、柱等结构部位。拉筋应采用两根以上直径 4mm 的钢丝拧成一股，使用时不应少于 2 股，亦可采用直径不小于 6mm 的钢筋。

7）当脚手架下部暂不能设连墙件时可搭设抛撑。抛撑应采用通长杆与脚手架可靠连接，与地面的倾角应在 45°～60°之间；连接点中心至主节点的距离不应大于 300mm。抛撑应在连墙件搭设后方可拆除。

（10）安全防护措施

脚手架要满挂全封闭式的密目安全网。密目网采用 1.8m×6.0m 的规格，不低于 2000 目，用网绳、铁丝绑扎在大横杆外立杆里侧。作业层网应高于平台 1.2m，并在作业层下步架处设一道水平兜网。在架内高度 3.6m 处设首层平网，往上每隔五步距设隔层平网。

作业层脚手架立杆于 0.6m 及 1.2m 处设有两道防护栏杆，底部侧面设 18cm 高的挡脚板。

（11）人行楼梯马道

1）主变电所独立架体人行马道单独设置，设置位置根据实际需要布置，保证 100m 范围内至少一个上人马道，人行马道采用钢管搭设而成，采用"之"字形，坡度为 1∶3，宽度为 1.2m。

2）马道入口处脚手架立杆挑出 2 跨立杆，保证入口宽度不低于 2.5m，悬挑做法如图 16-8 所示。

3）斜道两侧及平台外围均必须设置斜杆（护身杆）。栏杆设置两道，高度分别为 0.6m 和 1.2m，外侧用密目式安全立网封闭。

4）马道入口悬挑做法：

在出入口两侧的边缘排单立杆处分别增设一根辅立杆，并高于门洞口 1～2 步，立柱用短管斜撑相互联系。上方悬空立柱处增加两根斜杆，斜杆与各主节点相交处用扣件固定。洞口上方增设两道横向支撑，应伸出斜腹杆的端部，以保证立柱悬空处的整体性。门洞两侧分别增加两根斜腹杆，并用旋转扣件固定在与之相交的小横杆的伸出端上，旋转扣件中心线至主节点的距离在 15cm 内。当斜腹杆在 1 跨内跨越 2 个步距时，应在相交的大横杆处增设一根小横杆，将斜腹杆固定在其伸出端上；斜腹杆宜采用通长杆件，必须接长时用对接扣件连接。人行马道及入口处悬挑示意如图 16-18 所示。

（12）架体防雷接地构造

1）脚手架接地、避雷措施执行《施工现场临时用电安全技术规范》JGJ 46—2005 标准。

2）采用避雷针与大横杆连通、接地线与主变电所基础避雷系统连成一体的措施。

3）设置 3 根避雷针，避雷针采用 φ12 镀锌钢筋制作，高度为 1.5m，圆周等分设置在脚手架立杆上，并将所有最上层的大横杆全部连通，形成避雷网络。

4）接地线采用 40mm×4mm 的镀锌扁钢，将立杆分别与主变电所柱内、基础的避雷系统连成一体。接地线的连接应牢靠，与立杆连接采用 2 道螺栓卡箍连接，螺钉加弹簧垫圈以防止松动，保证接触面积不小于 10mm²，并将表面的油漆及氧化层清除干净，露出金属光泽后涂以环氧富锌防锈漆。

5）高低跨水平杆连接构造：

脚手架立杆基础不在同一高度上时，必须将高处的纵向扫地杆向低处延长两跨与立杆固定，高低差不应大于 1m。靠边坡上方的立杆轴线到边坡的距离不应小于 500mm，如图 16-19 所示。

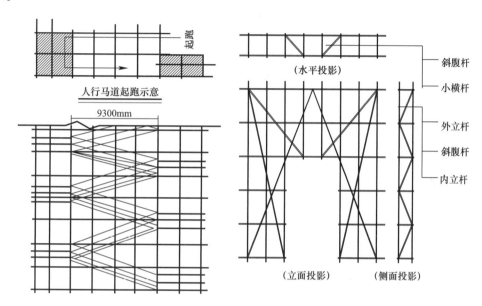

图 16-18　人行马道及入口处悬挑示意图

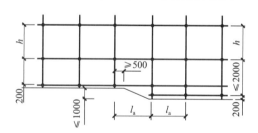

图 16-19　纵横向扫地杆构造（单位：mm）

第 17 章 ▶▶
管片生产关键技术

成都轨道交通 17 号线一期工程全线地下区间隧道均采用单圆盾构法施工,预制装配式单层衬砌。正线区间以及出入段(场)线盾构段均采用厚度为 400mm、内径为 7.5m、外径为 8.3m、环宽为 1.5m 的通用环管片,每环 7 块(4 个标准块,2 个相邻块,1 个封顶块),全线双线管片环数共约 25077 环。

管片预制厂(以下简称"管片厂")负责成都轨道交通 17 号线一期工程管片生产。管片厂占地面积 58341.6m²,约 87.6 亩,位于温江区寿安镇汪家湾社区。管片厂包含的功能区域有生产厂房(包括生产和钢筋加工区)、拌合站、水养区、堆场、办公生活区、试验检测区及其他附属设施。其中厂房占地约 9408m²、水养区占地面积 6624m²、堆场占地面积 11914m²、拌合站占地面积 1870m²、生活区占地面积 6720m²。投入管理、技术人员及生产工人高峰期为 320 人,以满足成都地铁 17 号线盾构预制管片供求高峰期管片的供应生产。

17.1 生产组织管理

17.1.1 生产组织

(1)积极争创"中国交建优质混凝土奖"的创优目标。建立了质量责任制,根据《综合管理体系程序文件》和《质量创优计划》把质量工作落实到各个职能人员和各个工作岗位,各行其职,各尽其责,对工序和工程质量负责到底。严格执行成都轨道交通 17 号线一期工程的 PPP 项目建设模式,确保项目实施期间投资可控,保证项目建设按期完成,保证项目安全、质量、文明施工达标,保证项目运营移交安全顺畅可靠。

争创省(部)级优质工程奖及国家级优质工程奖。建立了质量责任制,根据《综合管理体系程序文件》和《质量创优计划》把质量工作落实到各个职能人员和各个工作岗位,各行其职,各尽其责,对工序和工程质量负责到底。

(2)抽调一批项目骨干组成强有力的项目经理部及管理班子,落实项目经理负责制,选调业务素质高、施工经验丰富、责任心强的专业施工队伍施工。

(3)强化创优意识,在全体管理和施工人员中开展创优目标教育,努力使创优目标活动深入人心。

17.1.2 技术管理

工程开工前,组织施工技术人员熟悉、审查设计图纸,进行图纸会审;并由技术负责人组织编制好施工组织设计,报总工程师、监理单位、总经理部审批,通过后方可进行施工。在每个分项工程施工前，由技术负责人编制专项施工方案，并组织施工员向施工班组长进行质量技术交底。各班组长负责在每天作业前向本班职工进行施工交底，严格执行技术质量保证措施。制定各项技术管理制度和技术资料管理制度，保证有关技术工作正常运行。

17.1.3　质量管理

（1）编制并执行了创优计划和各分部分项的作业指导书，加强过程控制和工序管理，实行"三检制"，及时完整地做好了质量记录和验评资料。

（2）执行综合管理体系程序文件，建立项目质量保证体系和各级质量责任制来明确质量责任。

（3）加强施工过程控制，严把原材料复试和成品、半成品质量关，严格控制工序质量，严格实施隐蔽工程验收，每个分部、分项工程的关键工序（位置）设立质量管理点，贯彻实行自检互检和交接检制度。

（4）严格执行"产优"引路制度。管片的施工由各专业工种技术过硬的施工人员承担，提高管片成品自身质量水平，同时带动工程质量全面提高。

（5）在施工队伍的组建上，选择施工经验丰富的技术型操作工人参与施工，推行工程施工质量奖罚制度。对班组承包价格采用固定单价，根据各个分项的施工质量进行奖罚。

（6）认真做好各类计量器具及检测设备的检定工作，使其所有检测数据和检测结果更具有效性、可靠性。

（7）制定质量通病的预防措施。

（8）成立 QC 小组进行技术难点的现场攻关。

17.1.4　质量保证

施工过程中，严把工程原材料、成品及半成品的进场关和验收关，对进场材料实行台账管理，进行收、发、储、运等环节的技术管理。对进场的钢材、水泥、砂、石及外加剂等材料，首先检查其生产厂家是否具备相应生产资质；再结合出厂合格证和质量检测报告等质保资料，核对现场材料的质量、数量是否达到要求；最后在监理工程师现场见证取样的情况下，送往相关检测鉴定咨询机构试验室进行复试。管片制作分部工程所有原材料经监理见证取样，且 100％合格，详见表 17-1。

管片制作分部工程所有原材料　　　　　　　　　　　　表 17-1

序号	原材料	试验组	合格组	合格率
1	进场钢材	1344	1344	100％
2	进场水泥	306	306	100％
3	粉煤灰	122	122	100％
4	进场砂	443	443	100％
5	石料	736	736	100％
6	进场外加剂	36	36	100％

管片制作工程施工生产所有过程经监理见证取样，混凝土试验抗压、抗渗试验部分数据见表 17-2。

管片制作与生产过程混凝土取样及试验合格率　　　表 17-2

序号	混凝土试验	试验组	合格组	合格率
1	抗压	5725	5725	100%
2	抗渗	849	849	100%

17.1.5　技术创新

在工程施工过程中，严格执行各项施工标准，并通过不断努力对混凝土配合比进行优化，同时管片制作混凝土荣获"中交集团优质混凝土奖"，新技术的应用既保证了工程的施工质量，又加快了材料的周转，节约了施工成本，大大缩短了建设工期，取得了良好的经济效益和社会效益。

下面将详细介绍四套混凝土配合比及其优化创新。

1. 第一套配合比

第一套配合比材料情况见表 17-3。

第一套配合比材料情况表　　　表 17-3

序号	材料名称	水	水泥	细骨料	粗骨料	外加剂	粉煤灰
1	规格	饮用水	P.O42.5	中砂	5~25mm 碎石	JS-PCB	F 类 Ⅱ 级
2	单价（元）	—	440.69	154.68	141.64	179.91	179.91
3	每立方米用量（kg）	136	409	699	1191	4.54	45

根据上述配合比，检测混凝土拌合物性能，实测坍落度为 75mm，符合管片预制配合比设计要求，拌合性能较好，能满足施工要求。

根据该配合比测得的管片试块强度见表 17-4。

第一套配合比管片试块强度　　　表 17-4

天数（d）	实测平均强度（MPa）	富余系数
1	22.3	—
7	53.8	—
28	69.6	1.39

上述结果中 28d 抗压强度达到设计强度等级值的 139%，抗渗等级为 P12，强度明显富余，评定要求只需满足设计强度的 115% 即可，该配合比还可以优化。

2. 第二套配合比

第二套配合比材料情况见表 17-5。

第二套配合比材料情况表　　　表 17-5

序号	材料名称	水	水泥	细骨料	粗骨料	外加剂	粉煤灰
1	规格	饮用水	P.O42.5	中砂	5~25mm 碎石	GRT-HPC	F 类 Ⅱ 级
2	单价（元）	—	440.69	154.68	141.64	179.91	179.91
3	每立方米用量（kg）	136	395	699	1191	4.54	59
4	单方混凝土较第一套配合比结余成本合计：3.65 元						

根据上述配合比，检测混凝土拌合物性能，实测坍落度为 80mm，符合管片预制配合

比设计要求，拌合性能较好，能满足施工要求。

根据该配合比测得的管片试块强度见表 17-6。

第二套配合比管片试块强度　　　　　　表 17-6

天数（d）	实测平均强度（MPa）	富余系数
1	21.5	—
7	51.8	—
28	65.6	1.31

上述结果中 28d 抗压强度达到设计强度等级值的 131%，抗渗等级为 P12，强度明显富余，评定要求只需满足设计强度的 115% 即可，该配合比还可以优化。

3. 第三套配合比

第三套配合比材料情况见表 17-7。

第三套配合比材料情况表　　　　　　表 17-7

序号	材料名称	水	水泥	细骨料	粗骨料	外加剂	粉煤灰
1	规格	饮用水	P·O42.5	中砂	5～25mm 碎石	GRT-HPC	F 类Ⅱ级
2	单价（元）	—	440.69	154.68	141.64	179.91	179.91
3	每立方米用量（kg）	139	385	678	1205	4.48	63
4	单方混凝土较第一套配合比结余成本合计：8.81 元						

根据上述配合比，检测混凝土拌合物性能，实测坍落度为 75mm，符合管片预制配合比设计要求，拌合性能较好，能满足施工要求。

根据该配合比测得的管片试块强度见表 17-8。

第三套配合比管片试块强度　　　　　　表 17-8

天数（d）	实测平均强度（MPa）	富余系数
1	20.9	—
7	51.2	—
28	63.0	1.26

上述结果中 28d 抗压强度达到设计强度等级值的 126%，抗渗等级为 P12，强度还有富余，评定要求只需满足设计强度的 115% 即可，该配合比还可以优化。

4. 第四套配合比

第四套配合比材料情况见表 17-9。

第四套配合比材料情况表　　　　　　表 17-9

序号	材料名称	水	水泥	细骨料	粗骨料	外加剂	粉煤灰
1	规格	饮用水	P·O42.5	中砂	5～25mm 碎石	TL-AB-1	F 类Ⅱ级
2	单价（元）	—	440.60	154.68	141.64	179.91	179.91
3	每立方米用量（kg）	139	385	678	1205	4.38	53
4	单方混凝土较第一套配合比结余成本合计：10.97 元						

根据上述配合比，检测混凝土拌合物性能，实测坍落度为 70mm，符合管片预制配合

比设计要求，拌合性能较好，能满足施工要求。

根据该配合比测得的管片试块强度见表 17-10。

第四套配合比管片试块强度 表 17-10

天数（d）	实测平均强度（MPa）	富余系数
1	20.1	—
7	50.3	—
28	58.5	1.17

上述结果中 28d 抗压强度达到设计强度等级值的 117%，抗渗等级为 P12，强度满足评定要求不小于 115%。

5. 配合比优化创新总结

混凝土共计四套配合比，采用第一套配合比～第四套配合比生产的混凝土 28d 抗压强度达到设计强度百分比分别为 139%、131%、126%、117%（表 17-11）。由此可见前三套配合比强度均有富余空间，可继续进行配合比优化，第四套混凝土配合比已趋近于强度评定要求的最低值 115%。

检测强度达到设计强度百分比 表 17-11

配合比	检测强度
第一套	139%
第二套	131%
第三套	126%
第四套	117%

17.2 管片生产关键技术

17.2.1 管片生产流程图

管片生产流程如图 17-1 所示。

17.2.2 钢筋笼加工

钢筋规格、型号较多，主要规格有 HRB400、HRB10、HRB12、HRB14、HRB14E、HRB16E、HRB18E、HRB20E、HRB22E，钢筋用量较大。钢筋从进场、取样复试、制作、绑扎、验收、成品保护都严格按照规范和技术要求进行操作，保证了钢筋分项工程的质量。在钢筋笼制作过程中严格按照图纸和规范进行，对主筋、箍筋位置等严格控制。钢筋笼焊接完后，由班组自检、项目部预检合格后，报监理单位进行验收，验收合格后签写隐蔽验收记录，再进入下道工序。在混凝土浇捣过程中，由专人负责钢筋笼位置修整，以免钢筋笼位移、保护层厚度不足。

钢筋骨架制作工艺流程如图 17-2 所示。

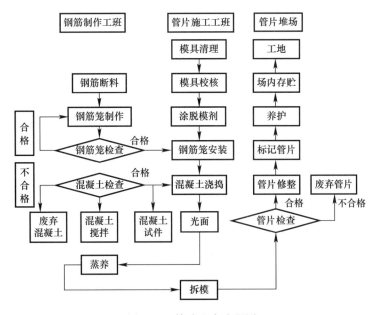

图 17-1 管片生产流程图

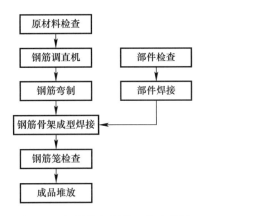

图 17-2 钢筋骨架制作工艺流程图

17.2.3 管片成品生产

1. 管片生产工艺流程

管片成品生产主要工艺流程如图 17-3 所示。

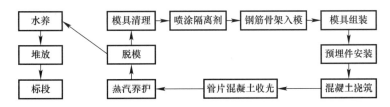

图 17-3 管片成品生产主要工艺流程图

在管片正式生产前，需进行试生产。试生产的管片养护 28d 后，进行三环拼装及"三性"试验（型式检验），检验合格后即可投产。其目的为：

（1）验证模具的精度及可用性。

（2）验证混凝土强度及抗渗性能。

（3）验证钢筋加工台架的可操作性。

（4）调试生产线、车间及搅拌站的各种设备的性能及匹配度。

（5）初步掌握流水作业强度及生产节拍并提出优化措施。

2. 管片生产流水线

管片正式生产工序全部在独立的管片生产车间内流水线上完成。

（1）流水线运行模式

配置 24 套模具。自动流水线配置为 2×（2+3）模式，即两条自动化生产线，每条生产线包括 2 条浇筑线、3 条蒸养线。模具行走装置的动力来源为 6m 以上行程的液压油缸，采用杆式传动方式，杆式传动装置上每隔一个工位距离安装一个单向推力小车。先静停抹面，然后升、恒、降温，整个推力小车传递运输过程，实现管片的自动流水线生产流转。

（2）生产线工位设置

制作完成一片管片的工位设置包括脱模、清模、涂油、钢筋笼下笼、埋件、检查、浇筑和振动、初次抹面、清理模具、自然养护、第二次收面和蒸汽养护。

1）脱模

出模坑道端第 1 个工位为管片脱模工位，作业人员按照规定顺序将模具侧模、端模固定螺栓拆开，用专用脱模管片吊具将管片从模具中吊起，摆放到管片临时修补区，完成管片脱模作业。

管片蒸养强度达到 20MPa 以上，开始脱模。拆模顺序：松开盖板固定卡，拧开模具固定螺栓，先两边后端头。待模具打开后，采用夹具将管片缓慢吊出，翻身后存放于车间临时堆放区，印刷好型号、生产日期、流水号等标识信息。

当气温低时，应做好车间的保温工作，避免穿堂风，并准备薄膜覆盖管片，确保管片温度与环境温差不超过 20℃。脱模后管片与水的温差不超过 20℃时，开始入水池内进行养护。图 17-4 所示为流水生产线管片脱模施工。

图 17-4 流水生产线管片脱模施工

2）清模

清模为作业人员用抹子、刮刀、刷子、压缩空气等专用工具将模具内侧各个表面及各个接缝处的残留混凝土块、混凝土浆等进行彻底清理的作业过程。图 17-5 所示为流水生产线管片模具清理。

图 17-5　流水生产线管片模具清理

3）涂油

如图 17-6 所示，涂油工位上，作业人员首先检查确认模具已经完全清理干净，再使用专用喷油器等工具，对模具内表面及盖板内表面进行喷洒，脱模油的喷涂量必须满足规定要求。

4）钢筋笼下笼

钢筋笼吊装下笼作业工位如图 17-7 所示。

5）埋件

安装各种预埋件。将两边的模具盖板合上，盖板的紧固螺栓必须拧到规定的扭力，然后按设计要求，装配好管片内的各种预埋件。

图 17-6　喷脱模油工位

6）检查

质检人员对前面工位作业质量进行检查确认，防止预埋、紧固、尺寸精度等出现超差情况，从而杜绝不合格品的产生，合上模具盖板也可在此工位进行。图 17-8 所示为钢筋笼安装检查工位。

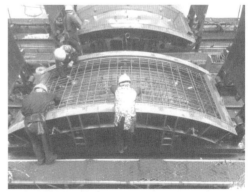

图 17-7　钢筋笼吊装下笼作业工位

7）浇筑和振动

浇筑和振动工位是确保混凝土振捣密实。其标志为混凝土表面停止沉落或者沉落不显著；混凝土表面气泡不再显著冒出；混凝土表面呈水平，并有灰浆出现；混凝土已将模板边角部位填满充实并没有灰浆出现。作业人员完成以上工作后，放下模具小车，按下工作完成按钮，控制系统接收到完成信号，等待下一个模具的到来。图 17-9 所示为流水生产线混凝土浇筑振动室及喂料机构。

图 17-8　钢筋笼安装检查工位

图 17-9　流水生产线混凝土浇筑振动室及喂料机构

8）初次抹面

管片初次抹面如图 17-10 所示。

图 17-10　管片初次抹面

9）清理模具

此工位作业内容主要是对模具的盖板等进行清洁、整洁工作，以便使模具外观保持清洁，延长模具使用寿命。

10）自然养护

静养区位于蒸汽养护室进模门的前端，自然养护是通过静养区来实现，其作用是让混凝土在常温下进行初凝，以达到管片生产的技术要求。在冬季进行生产时，可根据现场实际情况增建保温棚。管片在流水生产线静养区进行自然养护（初凝）如图 17-11 所示。

图 17-11　管片在流水生产线
静养区进行自然养护（初凝）

11）第二次收面

由作业人员对管片的外弧面进行人工修补和光面，对混凝土表面进行全面和最终的处理，以便消除外弧面上的气孔等缺陷，增加管片的抗渗性能，同时也提高管片的外观质量。管片在静养区第二次收面如图 17-12 所示。

图 17-12　管片在静养区第二次收面

12）蒸汽养护

以上工序全部完成后，送入蒸汽养护室进行蒸汽养护（图 17-13）。蒸养窑的每个蒸养区设置温度各不同，静停温度设置为 25～45℃（根据气温调节），升温区温度为 45～55℃，恒

图 17-13　管片蒸汽养护室和出模平移坑道

温区为不高于 60℃，降温基本不通蒸汽为自然温度。升温时速度不超过 15℃/h，防止升温太快管片出现收缩裂纹，最高养护温度为 60℃，恒温 0.5h，降温速度不超过 15℃/h，并保证脱模时管片温度与外界温度差不大于 20℃。在整个过程中做到每半小时查看温度控制表，发现温度偏差过大，应及时调节。

17.2.4 管片成品

管片出模后即进行后续工作：管片成品检查→管片成品修补→标识→水池养护→存放保护→运输出场。

17.3 施工中存在的问题及改进措施

在原材料进场、钢筋半成品加工、成品钢筋制作、钢筋网片安装、混凝土浇筑、养护等施工生产过程中也存在一些质量、安全问题，具体表现为混凝土气泡过多、管片脱模后侧面气泡偏多、管片外弧面外观质量差、钢筋笼焊接过程中个别主筋烧伤严重、钢筋焊接后存在脱焊现象、主筋和箍筋变形、混凝土浇筑时间过长、其他安全隐患等问题。

下面将各问题的原因即具体施工经验一一对应进行介绍，为类似工程提供参考。

1. 混凝土气泡过多

（1）原因分析

模具清理时清理不到位导致混凝土气泡过多。工人对模具清理不认真及对倒角以及榫头等位置清理不到位。

（2）经验措施

项目部工程部轮流值班严格要求工人对止水槽以及榫头等位置进行清理，对工人进行思想教育，加强责任心，同时加强项目部管理人员巡检管控力度。

混凝土气泡过多，经过处理后，其前后对比如图 17-14 所示。

图 17-14 混凝土气泡处理前后对比图

2. 管片脱模后侧面气泡偏多

管片脱模后侧面气泡偏多，经过处理后，其前后对比如图 17-15 所示。图 17-16 所示为现场气泡抽检和采集工作画面。图 17-17 为现场抽检管片气泡分布图。表 17-12 为现状调查统计情况表。

图 17-15 侧面气泡偏多处理前后对比图

图 17-16 气泡抽检、采集

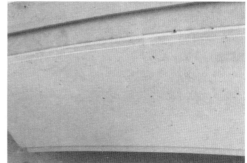

图 17-17 气泡分布图

现状调查统计情况表 表 17-12

序号	单环气泡最大直径（mm）	4	5	6	7	8
1	环数	25	2	2	1	0
2	环数小计（环）	25	5			
3	所占比例	83.3%	16.7%			

根据现场观测及数据统计，抽查的 30 环管片气泡数量全部大于 50 个，气泡最大直径大于等于 5mm 的有 5 环，所占比例为 16.7%。原因分析：在振捣阶段的振捣时间不足、工人不熟练，混凝土内部气泡没有充分排出；混凝土外加剂掺量不均，受混凝土坍落度影响，造成含气量大。

经验措施：在不改变外加剂掺量情况下调整振捣工艺，延长振捣时间及配合振捣棒辅助振捣，同时对振捣工人进行培训，现场技术人员加强对混凝土振捣质量控制，管片脱模后气泡有所减少；根据调整好的振捣工艺再进一步调整混凝土中外加剂的掺量，对比分析调整最佳掺量；让脱模剂厂家到现场查看，根据现场情况调整脱模剂及配方。具体如下：

（1）要求外加剂厂家调整聚羧酸减水剂配方

每批次进场减水剂检测含气量，聚羧酸减水剂含气量控制在1%～2%。实施效果为现场通过对每批次减水剂含气量检测，减水剂中无不均匀大气泡，达到既定目标。

（2）经常性监测坍落度大小并及时调整

包括两种措施，措施1是加强砂石含水量和混凝土坍落度检测。措施2是加强混凝土拌制过程控制。实施后混凝土的坍落度基本控制在5～7cm左右，达到设定目标。

（3）调整混凝土振动时间设定

严格要求中控室操作人员按规定时间操作。通过对中控室自动化生产系统时间设定，并且在现场质检员的监督下，保证了每盘混凝土强振3min，弱振1.5min，实现了设定目标。

（4）实施前后现状对比

对施工生产过程中管片随机抽样了30环检查，检查结果如图17-18、图17-19所示。

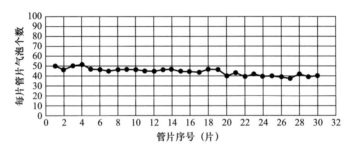

图 17-18　气泡数量分布图

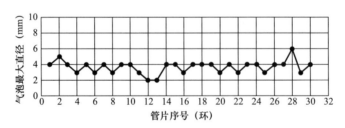

图 17-19　气泡最大直径分布图

以上两个抽样检测图表明，管片外观气泡数量已经明显下降，每环管片气泡数量基本控制在50个以内，且气泡最大直径也基本控制在5mm以内，达到了预期目标（表17-13、表17-14）。

对策实施前后气泡数量对比 表 17-13

序号	项目	对策实施前		对策实施后	
1	气泡数量	50个以下	50个以上	50个以下	50个以上
2	环数	0	30	27	3
3	所占比例	0	100%	90%	10%

对策实施后管片气泡最大直径　　　　　表 17-14

序号	单环最大直径（mm）	4	5	6	7	8
1	环数	2	8	9	9	2
2	环数小计（环）	2	28			
3	所占比例	93.3%	6.7%			

（5）与目标对比

由上可知，对策实施后，预制厂生产的管片 90% 以上外观气泡数量不大于 50 个，93.3% 的管片气泡最大直径不超过 5mm，顺利实现了原定目标（图 17-20）。

图 17-20　经验成果

3. 管片外弧面外观质量差

（1）原因分析

操作工人未按照收面工艺进行收面，管片从浇筑工位出来后直接开始粗收面，此时管片混凝土还未初凝，有一定的流动性，反复收光面 2～3 遍，导致脱模后表面不平顺；混凝土中材料的掺量比例有问题，导致混凝土和易性较差，表面混凝土比较黏稠，收面后达不到应有的效果。

（2）经验措施

加强对工人的教育培训，通过观看视频及参观学习其他单位的管片厂施工过程，总结施工经验，同时随试验室拌制混凝土的性能改变而调整收面时间，初凝前进行收光抹平；试验室再次调整混凝土中材料的掺量，在满足质量及强度的前提下对搅拌的材料进行调整。

管片外弧面外观处理前后对比如图 17-21 所示。

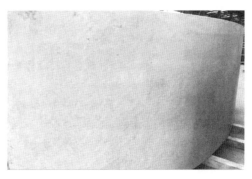

图 17-21　管片外弧面外观处理前后对比图

4. 钢筋笼焊接过程中个别主筋烧伤严重

（1）原因分析

CO_2 保护焊焊接电流过大，工人操作不熟练、不认真。

（2）经验措施

请有操作经验的电焊工对整个钢筋区的焊工进行现场实际操作培训，加强焊接电流控制，同时对工人进行思想教育，加强责任心。

主筋处理前后对比如图 17-22 所示。

图 17-22　主筋处理前后对比图

5. 钢筋焊接后存在脱焊现象

（1）原因分析

网片焊接不牢固，吊装过程中晃动大、互相碰撞。

（2）经验措施

再次对工人进行技术、安全教育培训，在钢筋笼焊接完成后对焊点外 10～20cm 处进行敲击以消除焊接应力而造成起吊后脱焊，对敲击后形成的脱焊现象及时进行补焊，提高钢筋笼骨架的整体性。

钢筋脱焊处理前后对比如图 17-23 所示。

图 17-23　钢筋脱焊处理前后对比图

6. 主筋和箍筋变形

（1）原因分析

进场的钢筋外观质量差，螺纹钢肋宽度大小不一，导致弯弧过程直接变形，与图纸不符；圆钢弯弧过程中直接变形，同一箍筋宽度相差 2cm 以上；钢筋加工设备不稳定，加工的半成品差异较大。

（2）经验措施

要求物资部、试验室加强对原材料进场检验，对存在问题的钢筋坚决不收。同时物资部安排厂家对钢筋设备进行检修，使其满足现场使用要求。

7. 混凝土浇筑时间过长

（1）原因分析

混凝土浇筑时间过长且达到 30min 的原因主要有混凝土的流动性差、混凝土下料口处振捣频率小。由试验人员在搅拌楼操作室进行配合比输入，然后进行混凝土搅拌，搅拌 $2m^3$ 混凝土，搅拌时间为 120s，搅拌完成后由混凝土运输小车运输至振捣室进行浇筑，由于混凝土坍落度较小且混凝土料斗及混凝土运输小车振捣器过小，导致混凝土浇筑时间较长，混凝土不能及时入模，水分散失过快。

（2）经验措施

试验室根据现场混凝土情况对各种材料掺量进行优化，适当地增加混凝土坍落度。对混凝土下料口振捣器进行改造，加大混凝土振捣频率。

8. 其他安全隐患

生产线上模具运行中模具脱轨、模具不动、不按已编系统的程序走位，导致模具顺序打乱；桁吊运行过程中突然中止、不移动；蒸养窑内温度超出规定值，锅炉内系统有问题。

（1）原因分析

生产线运行系统安装调试后出现的问题没有彻底排除，还留有一部分隐患，安装工人不细心；桁吊设备中的感应器需调整，不灵敏；锅炉的系统数据厂家没有设置好，没有与操作手对接清楚。

（2）经验措施

安排专人对生产线、桁吊、锅炉等设备系统排查，专人监督存在的隐患并逐条整改，配备相应的维保人员，对设备定期检测。